时习文库

容斋随笔

〔南宋〕洪迈 著
杜斌 杜贵晨 译注

齊鲁書社
·济南·

图书在版编目（CIP）数据

容斋随笔 / (南宋) 洪迈著 ; 杜斌, 杜贵晨译注.
济南 : 齐鲁书社, 2025. 5. -- ISBN 978-7-5333-5120
-5

Ⅰ. Z429.442

中国国家版本馆CIP数据核字第2025J1B735号

出 品 人：王　路
项目统筹：张　丽
责任编辑：曹新月
装帧设计：亓旭欣

容斋随笔

RONGZHAI SUIBI

〔南宋〕洪迈　著　杜斌　杜贵晨　译注

主管单位	山东出版传媒股份有限公司
出版发行	齊魯書社
社　　址	济南市市中区舜耕路517号
邮　　编	250003
网　　址	www.qlss.cn
电子邮箱	qilupress@126.com
营销中心	（0531）82098521　82098519　82098517
印　　刷	山东临沂新华印刷物流集团有限责任公司
开　　本	710mm × 1000mm　1/16
印　　张	29.75
插　　页	2
字　　数	375千
版　　次	2025年5月第1版
印　　次	2025年5月第1次印刷
标准书号	ISBN 978-7-5333-5120-5
定　　价	119.00元

《时习文库》
专家委员会

《时习文库》
出版委员会

出版说明

文化乃国本所系，国运所依；文化兴盛则国家昌盛，民族强大。在源远流长的中华文化长河中，经典古籍宛如熠熠星辰，承载着先辈们的智慧、思想与情感，是中华民族精神内核的深厚积淀。

2017 年以来，中共中央办公厅、国务院办公厅相继出台《关于实施中华优秀传统文化传承发展工程的意见》及《关于推进新时代古籍工作的意见》等重要文件，有力推动了大众对中华优秀传统文化的关注与重视，古籍事业亦借此良好契机，迎来了前所未有的跨越发展，步入了一个崭新的黄金时代。齐鲁书社作为文化传承的重要阵地，始终秉持对中华优秀传统文化的敬畏之心，肩负守正创新之使命，积建社四十余年之精华，汇国内学界群贤之伟力，隆重推出中华经典名著普及丛书——《时习文库》。

“学而时习之，不亦说乎?”文库之名，正是源自《论语》的这句经典语录。“时习”不仅是对知识的反复学习与实践，更是一种对中华优秀传统文化持续探索、深入理解的态度。文库共分为文化类和文学类两大辑，囊括了经史子集、诗词歌赋、戏曲小说等诸多经典，旨在为读者搭建一座通往中国古代文化瑰宝的坚实桥梁。文库的编纂宗旨在于，引导读者在阅读经典著作的过程中，将学习与思考深度融合，不断从古人的智慧海洋中汲取营养，从而得到心灵的润泽与智慧的启迪。通过对经史子集、诗词歌赋、戏曲小说等多元内容的系统整理与精良审校，让中华古籍真正成为可亲、可读、可传的“活的文化”。

为了确保文库的品质，我们除升级广受好评的原有经典版本作为开发基础外，亦精选其他优质底本，以确保版本选择的卓越性；文库会聚文史学界权威，如高亨、陆侃如、王仲荦、来新夏等学界大家，群贤毕至，各方咸集；文库延聘名家成立专家委员会，严格把控丛书质量，确保学术水准；文库针对不同层次读者，精心设计文化类与文学类品种：前者左原文右译文下注释，后者文中加简注评析，实用性强；文库采用纸面布脊精装，正文小四号字，双色印刷，装帧精美，版面舒朗，典雅大方，方便易读。

在习近平文化思想指导下，《时习文库》的出版是对中华优秀传统文化“两创”“两个结合”的一次重要尝试。我们希望通过这套文库，让更多的人了解和喜爱中国古代典籍，让中华优秀传统文化在新时代焕发出新的生机与活力。同时，我们也期待广大读者在阅读文库的过程中，能够与古圣先贤进行跨越时空的对话，汲取智慧，启迪心灵，不断提升自我的文化素养和精神境界。让我们一起在经典的海洋中遨游，感受中华文化的博大精深，共同书写中华优秀传统文化传承与发展的新篇章。

齐鲁书社

2025 年 3 月

前　言

《容斋随笔》共五集七十四卷，南宋洪迈撰。南宋重文轻武，偏安苟活，却带来了农村和市场的活跃与文化需求的兴旺，推动了勾栏瓦舍、书院讲学和士大夫闲居著书的发达，尤以理学、话本与笔记杂著的发展为最。洪迈的《容斋随笔》就是南宋笔记杂著中最优秀的代表。首集《初笔》问世后不久即传入宫中，宋孝宗就称赞它"煞有好议论"（《容斋续笔序》），继而陆续成书，风行天下。清代《四库全书总目提要》以为"南宋说部，终当以此为首焉"。毛泽东主席当年戎马倥偬，还随身携带此书研读，《容斋随笔》也是他去世前读的最后一部书。至今媒体空前发达，大大压缩了纸本阅读的空间，但此书整理出版已不下十几种版本，其魅力之大，令古之帝王、今之伟人和举世官民格外垂青、雅俗共好，必有其无可替代和不得不然的道理，从来议论纷纷，这里也不揣谫陋，谈一点自己的看法。

一、洪迈其人与著作

洪迈（1123—1202），字景卢，号容斋。南宋鄱阳（今属江西）人。父洪皓（1088—1155），政和五年（1115）进士，高宗建炎三年（1129）奉使金国，被羁十余年。及归，高宗称其“忠贯日月，志不忘君，虽苏武不能过”，遂以“忠义之声闻于天下”（《宋史·洪皓传》）。洪皓有八子，其中长子洪适、次子洪遵、三子洪迈并称“三洪”，最为知名。乃至清初戏剧家洪昇仍被称誉“三洪学士之世胄，累叶清华”（陆繁弨《同生曲序》）

洪迈于南宋高宗绍兴十五年（1145）登博学宏词科，历官起居舍人、中书舍人、同修国史、翰林学士等职，并历诸州知州。宋宁宗嘉泰二年（1202），以端明殿学士致仕，卒年八十岁。谥文敏。其生平事迹，除《容斋随笔》外最可论说者有四：

其一，三洪学士之殿，一代文坛盟主。洪迈与其兄适、遵皆自幼苦读，努力科举。绍兴十二年（1142），父皓羁留在金即将归宋，兄弟三人同试科举中最难的博学宏词科，适、遵中式。三年后，洪迈再试亦得中，赐同进士出身。这在南宋博学宏词科三年一次、每次录取至多不过三人的历史上绝无仅有。“由是三洪文名满天下”（《宋史·洪适传》），“屹为一代诗书礼乐宗主”（南宋丘槱《容斋随笔跋》）。

其二，请使金国不利遭辱，归后罢官名节受损。与父亲洪皓相类，洪迈曾于绍兴三十二年（1162）出使金国，名义是贺金主登位，实际欲趁此际改两国君臣关系为兄弟，并要求金国归还河南失地。然而，其时金强宋弱，这是洪迈仅凭空口根本不可能完成的任务，结果以“使金辱命，论罢之”，而士论亦讥之。

其三，三修国史，成就斐然。洪迈一生三次参与撰修国史，第一次是宋高宗绍兴二十九年（1159）四月至绍兴三十二年（1162）八月，以秘书省校书郎兼国史院编修官，参与修纂神宗、哲宗、徽宗三朝国史；第二次是宋孝宗乾道二年（1166）十月至乾道四年六月，以起居舍人兼实录院修撰、同修国史，主修钦宗朝国史，成

《钦宗实录》四十卷并《钦宗纪》；第三次是宋孝宗淳熙十二年（1185）六月至次年十一月，以敷文阁待制、提举佑神观兼同修国史，接续李焘修成并进上《四朝国史·列传》一百三十五卷。其中本纪、列传部分皆成于洪迈之手，余则多由李焘撰成。

其四，撰作《夷坚志》，编选《万首唐人绝句》。洪迈编述颇丰，但今多已亡佚，存世者除《容斋随笔》外，仍有两种：一是志怪小说集《夷坚志》。其书名取自《列子·汤问》“夷坚闻而志之”，远续《山海经》《搜神记》传统，原成书四百二十卷，可谓皇皇巨著，是宋人志怪小说中篇幅较大的一部。其内容浩繁，虽被讥为“贪多务得，不免妄诞”（《癸辛杂识序》），但世皆好奇，颇为当时和后世的说书人青睐，续作不断。二是《万首唐人绝句》。洪迈在自序中称是书为教稚儿所编。

《夷坚志》今已不全，洪迈笔记小说中唯一保存完好又兼具影响力的就是这部《容斋随笔》。

《容斋随笔》包括《随笔》（或称《初笔》）、《续笔》、《三笔》、《四笔》、《五笔》五集。此书是绍兴三十二年（1162）洪迈使金辱命罢归乡里时开笔的解忧遣兴之作，至淳熙七年（1180）完成《初笔》十六卷，历时十九年。其得孝宗称赞后，乃自谓“书生遭遇，可谓至荣”，愈加奋励，至光宗绍熙三年（1192），又完成《续笔》十六卷。此后于宁宗庆元二年（1196）完成《三笔》十六卷；宁宗庆元三年（1197）完成《四笔》十六卷；至《五笔》之作，作者已风烛残年，仅成十卷而卒。自开笔至绝笔，前后整整四十年。《容斋随笔》是洪迈瘁后半生几乎全部心力打造的事业，其能受到古今文士之雅好与激赏，绝非偶然。

二、《容斋随笔》的名义

容斋中的“斋”字多义，但在这里其同聊斋、荣宝斋中的“斋”一样都是指居所，即起居室或书房等。“容”字寄托着“容斋”的真正寓意，以之为“斋”名的修饰，大约主要体现了斋主的人格理想与学问好尚。

儒家对“容”的阐释与推重，为例甚多。如，《礼记·中庸》曰：“是故居上不骄，为下不倍。国有道，其言足以兴。国无道，其默足以容。诗曰：‘既明且哲，以保其身。’其此之谓与？”又《春秋繁露》曰：“五事：一曰貌，二曰言，三曰视，四曰听，五曰思，何谓也？……思曰容，容者，言无不容。恭作肃，从作乂，明作哲，聪作谋，容作圣。……王者心宽大无不容，则圣能施设，事各得其宜也。”愚以为上引二书所谓“国无道，其默足以容”和“圣能施设”，应该是洪迈自号“容斋”的终极真义，即《孟子·尽心上》所谓“穷则独善其身，达则兼善天下”。

至于有学者认为“容斋”之名或源于苏轼《名容安亭》、陈渊《容斋记》（作于宋徽宗崇宁二年）等，虽更为具体，但洪迈晚陈渊此文二十年生，其名气亦比陈渊大，未必曾读陈渊《容斋记》而袭用此号，或系偶合。因此，笔者欲溯源上引当时科举人士必读之《中庸》与《春秋繁露》二书之义，应可备一说。

至于“随笔”一词，今多视为散文的一个分支，是议论、抒情甚至辨析考订兼杂的一种文体。其称名或即始于此书，意即作者在《初笔序》所说：“意之所之，随即纪录，因其后先，无复诠次，故目之曰‘随笔’。”由此看来，洪迈所说随笔实际就是“笔记”，这也是“随笔”文体在中国最早的或较早的定义。如今讲文学史上

“随笔”一体，就一定要讲到它！洪迈当是无心插柳，却不由自主做了随笔文体的开山祖师。

三、《容斋随笔》的内容与版本

《容斋随笔》卷帙颇多，内容瑰奇浩博，上涉天道，下及地理，旁通万物，深究人文，考辨精慎，议论深刻，引从来读者悉心钻研，赞不绝口。《四库全书总目提要》说：“其中自经史诸子百家，以及医卜星算之属，凡意有所得，即随手札记，辩证考据，颇为精确。”

当代学者王步高先生说：《容斋随笔》涉及的门类十分广泛，举凡天文、历法、动植物、佛教、金石考古、政论、官制、经学、科举、算术、民俗、军事、诗评、文论、语言、文字、音韵、格律、史论、掌故……无不包括，是一本包罗万象的小型百科全书。并将该书主要内容概括为三类：一是考核经史，二是捃拾掌故，三是评藻诗文。

又，今学者许逸民先生主编《容斋随笔全书类编译注》把该书中的条目分为为政通鉴、人物品评、稗史杂记、史论考辨、轶事遗闻、职官选举、学校科试、典章制度、国计民生、动植物产、经史掌故、诗词丛话、文章琐议、字韵训诂、碑帖器物、天文地理、风俗节令、佛学禅理、医卜星相、灾祥术数，共二十类，便于读者从不同角度全面把握此书内容。

但若综合诸家，概括而论，《容斋随笔》的内容实集中于两方面：

第一是史学。诚如张富祥先生《〈容斋随笔〉通说》所言，全书的重点是对史事的杂记、考证和评论，这部分内容中“最多的是历史人物事迹的集录、辨证、比较和评价，其次是历代典章制度特别是官制源流及相关故实的擿抉发覆和辨订，再就是以科举制度为主的文化史料的考察……融汇全书的主要是史学；考证的重点是《史记》《汉书》《后汉书》等宋以前正史的记载，对当代编纂的《新唐书》和《资治通鉴》亦多所辨误"。洪迈早年读书即以史部为重，有《春秋左氏传法语》《史记法语》《前汉法语》《后汉精语》《三国志精语》《晋书精语》《南史精语》《唐书精语》等一系列读史笔记，其于《汉书》《资治通鉴》尤为精熟。洪迈在《容斋四笔》中说："予自少时读班史，今六七十年，何啻百遍，用朱点句，亦须十本。"《宋史》本传也记："（洪）迈考阅典故，渔猎经史，极鬼神事物之变，手书《资治通鉴》凡三。"可见，《容斋随笔》偏重史学的特点正来自洪迈平生沉浸史籍的经历和博闻强识、慎思明辨的学养。

第二是文学。洪迈于文学评论及研究方面颇多卓识。《容斋随笔》中有多处提及杜甫、白居易、苏轼等人，而且所论是非分明。如《初集》卷十六《文章小伎》评杜甫诗"文章一小伎，于道未为尊"句为"失言"等，并未因是杜甫之言便一味阿附吹嘘。《四库全书总目提要》称其"初习词科，晚更内制，于骈偶之文用力独深"，乃为一代四六文名家。

《容斋随笔》一经问世，即为朝野所重。《容斋随笔》（初笔）十六卷完成后即在婺州刊刻，于淳熙年间传入禁中。嘉定五年（1212），即洪迈去世十年后，其侄孙洪伋于赣州刊刻《容斋五笔》，此即嘉定章贡本。嘉定十五年，洪伋移守建宁，再刻《五笔》于建宁，即嘉定建宁本。不过，这两个本子在流传过程中均有散佚，完整的宋刻本今已不存。现今流行的影印《四部丛刊续编》本，即以两种宋嘉定刻本，补以明弘治会通馆本。

四、《容斋随笔》的艺术特点

《容斋随笔》虽因洪迈“随即纪录”“无复诠次”而编次稍显杂乱，但瑕不掩瑜，书中所记每则故事都见解独到，诚所谓厚积薄发者，如《初笔》卷七《七发》：

> 枚乘作《七发》，创意造端，丽旨腴词，上薄《骚》些，盖文章领袖，故为可喜。其后继之者，如傅毅《七激》、张衡《七辩》、崔骃《七依》、马融《七广》、曹植《七启》、王粲《七释》、张协《七命》之类，规仿太切，了无新意。傅玄又集之以为《七林》，使人读未终篇，往往弃诸几格。柳子厚《晋问》，乃用其体，而超然别立新机杼，激越清壮，汉、晋之间诸文士之弊于是一洗矣。东方朔《答客难》，自是文中杰出，扬雄拟之为《解嘲》，尚有驰骋自得之妙。至于崔骃《达旨》、班固《宾戏》、张衡《应间》，皆屋下架屋，章摹句写，其病与《七林》同，及韩退之《进学解》出，于是一洗矣。《毛颖传》初成，世人多笑其怪，虽裴晋公亦不以为可，惟柳子独爱之。韩子以文为戏，本一篇耳，妄人既附以《革华传》，至于近时，《罗文》《江瑶》《叶嘉》《陆吉》诸传，纷纭杂沓，皆托以为东坡，大可笑也。

本则论文学史上散文所谓“七体”，就文章构思、技法的不避模仿与贵在创新，三复举证，论据确凿，层层深入，见出作者胸中的卓识，以及用笔之际才情发越、文思泉涌的创作状态。

书中更因此有大量“翻案”之作。如同集卷十三《孙膑减灶》：

> 孙膑胜庞涓之事，兵家以为奇谋，予独有疑焉。云：“齐军入魏地为十万灶，明日为五万灶，又明日为二万灶。”方师行逐利，每夕而兴此役，不知以几何人给之，又必人人各一灶乎！庞涓行三日而大喜，曰：“齐士卒亡者过半。”则是所过之处，必使人枚数之矣，是岂救急赴敌之师乎！又云：“度其暮当至马陵，乃斫大树，白而书之，曰：‘庞涓死于此树之下。’遂伏万弩，期日暮见火举而俱发。涓果夜至斫木下，见白书，钻火烛之，读未毕，万弩俱发。”夫军行迟速，既非他人所料，安能必其以暮至不差晷刻乎！古人坐于车中，既云暮矣，安知树间之有白书，且必举火读之乎！齐弩尚能俱发，而涓读八字未毕。皆深不可信。殆好事者为之而不精考耳。

本则考证逻辑与上则相反，非累累举例，而是设身处地，据事理人情，推测“孙膑减灶”的不合理之处，揭示了此故事“殆好事者为之”的源起，读者虽不可能起孙膑而问之，但已不容不信其“精考”之揭示耳。

又同集卷十四《汉祖三诈》：

> 汉高祖用韩信为大将，而三以诈临之：信既定赵，高祖自成皋度河，晨自称汉使驰入信壁，信未起，即其卧，夺其印符，麾召诸将易置之。项羽死，则又袭夺其军。卒之伪游云梦而缚信。夫以豁达大度开基之主，所行乃如

是，信之终于谋逆，盖有以启之矣。

此条以“汉祖三诈”之事，证韩信“谋逆”虽非明智，但亦非无故，令人茅塞顿开，而不得不感叹作者治史之明、见事之高！

《容斋随笔》重考据兼尚义理。如《初笔》卷一《解释经旨》：

解释经旨，贵于简明，惟孟子独然。其称《公刘》之诗：“乃积乃仓，乃裹糇粮，于橐于囊，思戢用光，弓矢斯张，干戈戚扬，爰方启行。”而释之之词，但云：“故居者有积仓，行者有裹囊也，然后可以爰方启行。”其称《烝民》之诗：“天生烝民，有物有则，民之秉夷，好是懿德。”而引孔子之语以释之，但曰：“故有物必有则，民之秉夷也，故好是懿德。”用两“故”字，一“必”字，一“也”字，而四句之义昭然。彼训“曰若稽古”三万言，真可覆酱瓿也。

本条称道孟子说《诗》“贵于简明”，既批评了汉儒动辄万言的烦琐考证，又正面提倡了宋人说经重“义理”的时代学风。马元调《重刻容斋随笔纪事》引用其师娄坚的话说：“考据议论之书，莫备于两宋，然北则三刘、沈括，南则文敏兄弟，欧、曾辈似不及也。”“文敏兄弟”即洪迈等“三洪”，意中显指“三洪”学问有“考据议论”兼备的特点。

《容斋随笔》史论高简，切中肯綮。洪迈一生历官内外，奔走宋金，见多识广，又精研历史，非寻常腐儒可比，故其论史多能设身处地、审时度势，高屋建瓴，切中根本。如《初笔》卷十二《曹操用人》：

曹操为汉鬼蜮，君子所不道。然知人善任使，实后世之所难及。荀彧、荀攸、郭嘉皆腹心谋臣，共济大事，无待赞说。其余智效一官，权分一郡，无小无大，卓然皆称其职。恐关中诸将为害，则属司隶校尉钟繇以西事，而马腾、韩遂遣子入侍。当天下乱离，诸军乏食，则以枣祗、任峻建立屯田，而军国饶裕，遂芟群雄。欲复盐官之利，则使卫觊镇抚关中，而诸将服。河东未定，以杜畿为太守，而卫固、范先束手禽戮。并州初平，以梁习为刺史，而边境肃清。扬州陷于孙权，独有九江一郡，付之刘馥，而恩化大行。冯翊困于鄜盗，付之郑浑，而民安寇灭。代郡三单于，恃力骄恣，裴潜单车之郡，而单于詟服。方得汉中，命杜袭督留事，而百姓自乐，出徙于洛、邺者至八万口。方得马超之兵，闻当发徙，惊骇欲变，命赵俨为护军，而相率还降，致于东方者亦二万口。凡此十者，其为利岂不大哉！张辽走孙权于合肥，郭淮拒蜀军于阳平，徐晃却关羽于樊，皆以少制众，分方面忧。操无敌于建安之时，非幸也。

本则析举《三国志·魏书》所记“曹操用人”大事，无可辩驳地证明“（曹）操无敌于建安之时，非幸也”，乃由“用人”之成功。类此甚多，如卷五《平津侯》论公孙弘“足以为贤相”，卷九《陈轸之说疏》批评战国纵横家趋一时之利而不顾是非正义等，皆一语中的，足资当时和后世为政之镜鉴。毛泽东主席临终不忘是书，殆即有此一方面原因乎？

《容斋随笔》论文治史，用世情殷。洪迈自《初笔》得孝宗称赞后愈自奋励，思其书当有“为帝王师”的“资治”“经世”之用，所以字里行间，充斥着“身在江海之上，心居乎魏阙之下”的“资政”情怀。如《续笔》卷四《宣和冗官》：

宣和元年，蔡京将去相位，臣僚方疏官僚冗滥之敝，大略云：“自去岁七月至今年三月，迁官论赏者五千余人。如：辰州招弓弩手，而枢密院支差房推恩者八十四人；兖州升为府，而三省兵房推恩者三百三十六人。至有入仕才二年，而转十官者。今吏部两选朝奉大夫至朝请大夫六百五十五员，横行右武大夫至通侍二百二十九员，修武郎至武功大夫六千九百九十一员，小使臣二万三千七百余员，选人一万六千五百余员。吏员猥冗，差注不行。”诏三省枢密院令遵守成法。然此诏以四月庚子下，而明日辛丑以赏西陲诛讨之功，太师蔡京，宰相余深、王黼，知枢密院邓洵武，各与一子官，执政皆迁秩。天子命令如是即日废格之，京之罪恶至矣！

这则故事直斥蔡京为相冗官滥赏导致行政成本虚高之弊。同题材又有《四笔》卷四《今日官冗》，可见宋朝冗官之弊已是积重难返。而选官是历代王朝执政的核心问题之一，《初笔》卷十六《一世人材》曰：

一世人材，自可给一世之用。苟有以致之，无问其取士之门如何也。今之议者，多以科举经义、诗赋为言，以为诗赋浮华无根柢，不能致实学，故其说常右经而左赋。是不然。成周之时，下及列国，皆官人以世。周之刘、单、召、甘，晋之韩、赵、荀、魏，齐之高、国、陈、鲍，卫之孙、宁、孔、石，宋之华、向、皇、乐，郑之罕、驷、国、游，鲁之季、孟、臧、展，楚之斗、苏、申、屈，皆世不乏贤，与国终毕。汉以经术及察举，魏、晋以州乡中正，东晋、宋、齐以门地，唐及本朝以进士，而参之以任子，皆足以尽一时之才。则所谓科目，特借以为梯阶耳，经义、诗赋，不问可也。

由此可见，洪迈认为“取士之门”皆当注重“实学”，也就是今所谓凭“真本事”，而“所谓科目”皆当因时因势而变。这种选士的观念与思路，在和平年代几乎是“放之四海而皆准”了，其见解明达宏通，腐儒如何想得？《容斋随笔》提倡行事须具体情况具体分析，还表现在书中既收录了《初笔》卷十《临敌易将》：

临敌易将，固兵家之所忌，然事当审其是非，当易而不易，亦非也。秦以白起易王龁而胜赵，以王翦易李信而灭楚，魏公子无忌易晋鄙而胜秦，将岂不可易乎？燕以骑劫易乐毅而败，赵以赵括易廉颇而败，以赵葱易李牧而灭，魏使人代信陵君将亦灭，将岂可易乎？

又收录了《续笔》卷七《将帅当专》：

《周易·师卦》：“六三，师或舆尸，凶。”“九五，长子帅师，弟子舆尸，贞凶。”爻意谓用兵当付一帅，苟其俦杂然临之，则凶矣。舆尸者，众主也。安庆绪既败，遁归相州，肃宗命郭汾阳、李临淮九节度致讨。以二人皆元勋，难相统属，故不置元帅，但以宦者鱼朝恩为观军容宣慰处置使，步骑六十万，为史思明所挫，一战而溃。宪宗讨淮西，命宣武等十六道进军，虽以韩弘为都统，而身未尝至。既无统帅，至四年不克，及裴度一出，才数月即成功。穆宗讨王庭凑、朱克融，时裴度镇河东，亦为都招讨使，群帅如李光颜、乌重嗣，皆当时名将。而翰林学士元稹，意图宰相，忌度先进，与知枢密魏简相结，度每奏画军事，辄从中沮坏之，故屯守逾年，竟无成绩。贞元之诛吴少诚，元和之征卢从史，皆此类也。石晋开运中，为契丹所攻，中国兵力寡弱，桑维翰为宰相，一制指挥节度使十五人。虽杜重威、李守正、张彦泽辈，驽材反虏，然重威为主将，阳城之战，三人者尚能以身徇国，大败强胡，耶律德光乘橐驼奔窜，仅而获免。由是观之，大将之权，其可不专邪？

以上两则故事对看起来似乎主张相左，其实不然。前者讲选将用人之当否，后者乃说用人之或疑或信。作者见事深入，心细如丝，间不容发，读者当然也不可囫囵吞枣，望文生义。也就是说，《容斋随笔》作为洪迈呕心沥血数十年而成的一部学术名著，虽为古今人士所好，但其实并不好（容易）读，故伟人终生不辍。

本书以《四部丛刊续编》本《容斋随笔》为底本，译注仅限《初笔》十六卷，参考了许逸民主编《容斋随笔全书类编译注》（时代文艺出版社 1993 年版）、王彝主编《容斋随笔（全译本）》（北京燕山出版社 1997 年版）、张富祥注《容斋随笔》（河南大学出版社 2018 年版）、张仲裁译注《容斋随笔》（中华书局 2018 年版）等书，谨此致谢！

笔者作本文不过欲简介之，而反复披览之余，参考诸家论议，以上所述论，恐仍不过此书之皮毛，又难免错谬之处。是为序，谨请专家读者指正。

杜贵晨

2025 年 1 月

目 录

CONTENTS

卷第一

二十九则

【原 文】

予老去习懒，读书不多，意之所之，随即纪录，因其后先，无复诠次[①]，故目之曰《随笔》。淳熙庚子[②]，鄱阳洪迈景庐[③]。

【译 文】

我年老懒散惯了，读书不多，有了想法，随手记录，就依时间先后，不再另外编排，因此称之为《随笔》。淳熙庚子年，鄱阳人洪迈字景庐。

注 释

❶ 诠次：选择和编排。诠：通“铨”。 ❷ 淳熙庚子：淳熙七年（1180），岁次庚子。淳熙：南宋孝宗赵昚年号。 ❸ 鄱阳：今属江西。

欧率更帖[①]

【原 文】

临川《石刻杂法帖》一卷[②]，载欧阳率更一帖，云：“年二十余，至鄱阳，地沃土平，饮食丰贱，众士往往凑聚，

【译 文】

临川县有《石刻杂法帖》一卷，载有欧阳询的一幅法帖，帖上写道：“我二十多岁时，到了鄱阳，那里土地肥沃，地势平坦，饮食丰富，物美

每日赏华[3]，恣口所须[4]。其二张才华议论[5]，一时俊杰；殷、薛二侯[6]，故不可言；戴君国士[7]，出言便是月旦[8]；萧中郎颇纵放诞[9]，亦有雅致；彭君摛藻[10]，特有自然，至如《阁山神诗》，先辈亦不能加。此数子遂无一在[11]，殊使痛心。”兹盖吾乡故实也[12]。

价廉，许多文人往往聚在一起，每日赏花，饮酒作乐。其中两位张姓名士才华出众，当为一时俊杰；殷、薛两位士人，更不必多说；戴君为国中杰出人士，品评人物便成定论；萧中郎放纵不羁，但也有高雅情致；彭君施展文才，写的文章更有自然之致，尤其像《阁山神诗》，即使前辈高人也不能超越。这几位先生都不在人世了，实在令人痛心。”这就是我家乡的旧事。

注释

❶ 欧率（lǜ）更：即欧阳询，字信本，潭州临湘（今湖南长沙）人，因其曾官太子率更令，故称。工书法，与虞世南、褚遂良、薛稷并称“初唐四大家”。率更令，职官名，唐时掌知刻漏之事，加掌皇族次序及刑罚等。 ❷ 临川：县名，今属江西。法帖：名家书法的拓本或印本。 ❸ 华：同“花”。 ❹ 恣口：放纵口欲。恣：放纵。 ❺ 议论：此指谈吐。 ❻ 侯：这里是对士人的尊称。 ❼ 国士：一国中才能出众的人物。 ❽ 月旦：即月旦评，谓品评人物。 ❾ 中郎：职官名。秦置，担任宫中宿卫、侍从。其长官称为“中郎将”。放诞：放纵不羁。 ❿ 摛（chī）藻：铺陈辞藻。意谓施展文才。 ⓫ 子：古代对人的尊称。用以称老师或称有道德、有学问的人。 ⓬ 故实：旧事。

罗处士志[1]

【原 文】

襄阳有《隋处士罗君墓志》

【译 文】

襄阳有一通《隋处士罗君墓

曰："君讳靖，字礼，襄阳广昌人[2]。高祖长卿[3]，齐饶州刺史[4]。曾祖弘智[5]，梁殿中将军[6]。祖养、父靖，学优不仕，有名当代。"碑字画劲楷，类褚河南[7]。然父子皆名靖，为不可晓。拓拔魏安同父名屈[8]，同之长子亦名屈，祖孙同名。胡人无足言者，但罗君不应尔也。

志》写道："罗君名靖，字礼，襄阳广昌人。高祖名长卿，曾任南齐饶州刺史。曾祖名弘智，曾任南朝梁殿中将军。祖父名养，父亲名靖，学问都很好而未做官，在当时很有名望。"碑上文字遒劲工整，类似褚遂良的风格。然而父子二人都名靖，让人难以理解。北魏安同之父名屈，安同的长子也名屈，祖孙同名。胡人不值得说，但罗君不应如此。

注释

❶ 处士：本指有才德而隐居不仕的人，后亦泛指未做过官的士人。志：墓志。 ❷ 广昌：今湖北枣阳。 ❸ 高祖：祖父的祖父。 ❹ 齐：此指南齐。萧道成代宋建齐，都建康（今江苏南京），史称南齐。后为梁所灭。饶州：今江西上饶。刺史：职官名。汉武帝元封五年（前106）始置，分全国为十三部（州），各置刺史一人。后世一般指州的行政长官。 ❺ 曾祖：祖父的父亲。 ❻ 梁：南朝梁。萧衍灭南齐后建立，都建康（今江苏南京），国号梁，也称萧梁。后为陈所灭。殿中将军：官名。三国魏置，掌典禁兵督守殿廷。 ❼ 褚河南：即褚遂良，字登善，钱塘（今浙江杭州）人。唐高宗时册封河南郡公，故称。 ❽ 拓拔魏：即北魏，鲜卑族拓跋珪所建，又称后魏、元魏，534年分裂为西魏、东魏。

唐《平蛮碑》[1]

【原文】

成都有唐《平南蛮碑》，开元

【译文】

成都有一通唐代《平南蛮

十九年[2]，剑南节度副大使张敬忠所立[3]。时南蛮大酋长染浪州刺史杨盛颠为边患，明皇遣内常侍高守信为南道招慰处置使以讨之[4]，拔其九城[5]。此事新、旧《唐书》及野史皆不载[6]。肃宗以鱼朝恩为观军容处置使[7]，宪宗用吐突承璀为招讨使[8]，议者讥其以中人主兵柄[9]，不知明皇用守信盖有以启之也。裴光庭、萧嵩时为相，无足责者。杨氏苗裔[10]，至今犹连“晟”字云。

碑》，开元十九年，剑南节度副大使张敬忠所立。当时南蛮大酋长染浪州刺史杨盛颠侵扰边境，唐明皇派遣内常侍高守信为南道招慰处置使领军征讨，夺取九座城池。这件事新、旧《唐书》及野史都没有记载。唐肃宗任命鱼朝恩为观军容处置使，唐宪宗任命吐突承璀为招讨使，议者讥讽皇帝让宦官掌握兵权，不知道唐明皇用高守信已开了先例。当时裴光庭、萧嵩为宰相，这就无足深责了。杨盛颠的子孙后代，至今名字中还都带个“晟”字。

注释

❶ 蛮：古代对南方各族的泛称。 ❷ 开元：唐玄宗李隆基年号。 ❸ 剑南：唐方镇名，治益州（今四川成都）。节度副大使：官名。在军主持事务者称节度副大使知节度事。张敬忠：京兆（今陕西西安）人，以文吏著称。 ❹ 明皇：即唐玄宗李隆基。因谥号为“至道大圣大明孝皇帝”，故称。内常侍：宫廷内官名。 ❺ 拔：夺取，攻克。 ❻ 野史：私人著述的史书。与“正史”相对而言。 ❼ 肃宗：即唐肃宗李亨。鱼朝恩：宦官。唐代宗时，任天下观军容宣慰处置使，后因贪掠无厌，私置刑狱，被宰相元载设计缢杀。 ❽ 宪宗：即唐宪宗李纯。吐突承璀：唐宪宗时宦官，封蓟国公，后被诛。招讨使：官名。为战时权置军事长官，掌招讨事务。 ❾ 议者：指的是参与讨论、提出意见的人。中人：宦官。兵柄：兵权，军权。 ❿ 苗裔：子孙后代。

半择迦[1]

【原 文】

《大般若经》云[2]：梵言“扇搋半择迦”[3]，唐言“黄门”，其类有五：一曰半择迦，总名也，有男根用而不生子；二曰伊利沙半择迦，此云妒，谓他行欲即发，不见即无，亦具男根而不生子；三曰扇搋半择迦，谓本来男根不满，亦不能生子；四曰博叉半择迦，谓半月能男，半月不能男；五曰留拏半择迦，此云割，谓被割刑者。此五种黄门，名为“人中恶趣受身处”[4]。搋，音丑皆反。

【译 文】

《大般若波罗蜜多经》说：梵语“扇搋半择迦”，汉语称“黄门”，共有五类：其一叫半择迦，是总的名称，指有男根能用而不能生子；其二叫伊利沙半择迦，汉语名妒，说他性交时男根才会出现，否则就萎缩不现，也是有男根而不能生子；其三叫扇搋半择迦，指本来男根发育不成熟，也不能生子；其四叫博叉半择迦，说半月能性交，半月不能；其五叫留拏半择迦，这指阉割，是说被割掉了男根的人。这五种黄门，叫作“人中恶趣受身处”。搋字，读作丑皆反。

注 释

❶ 半择迦：梵语。多指各类不能生育的男性。 ❷《大般（bō）若（rě）经》：《大般若波罗蜜多经》，六百卷，唐玄奘译。 ❸ 扇搋（chuāi）：梵语。指不具备外生殖器的男子。 ❹ 恶趣：佛教语。指作恶的人死后堕入的困苦境地。

六十四种恶口[1]

【原 文】

《大集经》载六十四种恶口之业[2]，曰粗语、软语、非时语、妄语、漏语、大语、高语、轻语、破语[3]、不了语、散语、低语、仰语、错语、恶语、畏语、吃语、诤语、谄语、诳语、恼语、怯语、邪语、罪语、哑语、入语、烧语、地语、狱语、虚语、慢语、不爱语、说罪咎语、失语、别离语、利害语、两舌语[4]、无义语、无护语、喜语、狂语、杀语、害语、系语、闲语、缚语、打语、歌语、非法语、自赞叹语、说他过语、说三宝语。

【译 文】

《大方等大集经》记载了六十四种恶口罪业，分别是粗语、软语、非时语、妄语、漏语、大语、高语、轻语、破语、不了语、散语、低语、仰语、错语、恶语、畏语、吃语、诤语、谄语、诳语、恼语、怯语、邪语、罪语、哑语、入语、烧语、地语、狱语、虚语、慢语、不爱语、说罪咎语、失语、别离语、利恶语、两舌语、无义语、无护语、喜语、狂语、杀语、害语、系语、闭语、缚语、打语、歌语、非法语、自赞叹语、说他过语、说三宝语。

注 释

❶ 恶口：即恶语，佛教以恶口为十恶行之一。 ❷《大集经》：全称《大方等大集经》，六十卷，北凉昙无谶等译。 ❸ 破语：用以破斥他人主张之言语。 ❹ 两舌语：在两者之间搬弄是非、挑拨离间之言语。

八月端午

【原 文】

唐玄宗以八月五日生，以其日为“千秋节”[①]。张说《上〈大衍历〉序》云[②]：“谨以开元十六年八月端午赤光照室之夜献之[③]。”《唐类表》有宋璟《请以八月五日为千秋节表》[④]，云：“月惟仲秋，日在端午。”然则凡月之五日皆可称端午也。

【译 文】

唐玄宗八月五日出生，于是把这天定为“千秋节”。张说《上〈大衍历〉序》写道：“谨于开元十六年八月端午红光照室之夜献上。”《唐类表》有宋璟《请以八月五日为千秋节表》，写道：“月在仲秋，日在端午。”如此说，则每月的初五都可称作端午。

注 释

❶ 千秋节：唐开元十七年（729），百官以八月初五为唐玄宗诞辰，定此日为千秋节。 ❷《大衍历》：唐开元年间施行的历法。因推行大衍数预报日食应验，故名。 ❸ 赤光照室：古时认为帝王将相承天景命，降世之时必有异兆，常见的说法有赤光照室、祥龙托胎等。 ❹ 宋璟：字广平。唐时名相，与姚崇并称“姚宋”。表：臣下给君主的奏章。

赞公、少公[①]

【原 文】

唐人呼县令为明府，丞为赞府，尉为少府。《李太白集》有

【译 文】

唐人称呼县令为明府，县丞为赞府，县尉为少府。《李太白集》

《饯阳曲王赞公贾少公石艾尹少公序》[2]，盖阳曲丞、尉，石艾尉也。赞公、少公之语益奇。

有《饯阳曲王赞公贾少公石艾尹少公序》，题中所指为阳曲王县丞、贾县尉，石艾尹县尉。赞公、少公的称呼更是新奇。

注 释

❶ 赞公：县丞的别称。少公：县尉的别称，职掌县内军事、治安事宜。 ❷ 李太白：即李白，字太白，号青莲居士。唐朝伟大的浪漫主义诗人，后世誉为“诗仙”，与“诗圣”杜甫并称“李杜”。阳曲：县名，今属山西太原。石艾：今山西平定。

郭璞葬地[1]

【原 文】

《世说》[2]：“郭景纯过江[3]，居于暨阳[4]。墓去水不盈百步[5]，时人以为近水，景纯曰：‘将当为陆。’今沙涨，去墓数十里皆为桑田。”此说盖以郭为先知也。世传《锦囊葬经》为郭所著，行山卜宅兆者印为元龟[6]。然郭能知水之为陆，独不能卜吉以免其非命乎[7]？

【译 文】

《世说新语》记载：“郭璞南渡以后，寓居暨阳。他为其母、兄所选墓地距离水边不足百步，当时人认为离水太近，郭璞说：‘将来当变成陆地。’现在泥沙淤涨，距墓地几十里的地方都变成了桑田。”这是说郭璞能预先知道。世间流传的《锦囊葬经》是郭璞所著，选墓地看宅基的人把这本书奉为经典。然而，郭璞既然能预知水面变为陆地，却不能占卜趋吉以免杀身之祸吗？

注释

❶郭璞：字景纯，东晋文学家、训诂学家。324年因力阻王敦叛乱被杀。❷《世说》：即《世说新语》，南朝宋刘义庆撰，记述东汉后期到魏晋间一些名士的言行与逸事。 ❸过江：此谓晋室南渡。西晋末年晋元帝司马睿渡江，定都建康（今江苏南京），建立东晋。江：长江。 ❹暨阳：县名，今江苏江阴。❺墓：据考证，此墓应是郭璞母、兄之墓。不盈：不满。 ❻行山：巡视山岳。元龟：本指占卜所用的大龟板，比喻奉为圭臬的文字。 ❼非命：非正常死亡。

黄鲁直诗[1]

【原文】

徐陵《鸳鸯赋》云[2]：“山鸡映水那相得[3]，孤鸾照镜不成双[4]。天下真成长会合，无胜比翼两鸳鸯。”黄鲁直《题画睡鸭》曰：“山鸡照影空自爱，孤鸾舞镜不作双。天下真成长会合，两凫相倚睡秋江[5]。”全用徐语点化之，末句尤精工。又有《黔南十绝》，尽取白乐天语[6]，其七篇全用之，其三篇颇有改易处。乐天《寄行简》诗[7]，凡八韵，后四韵云：“相去六千里，地绝天邈然[8]。十书九不达，何以开忧颜。渴人多梦饮，饥人多梦餐。春来梦何处？合眼到东川[9]。”鲁直翦为两首[10]，其一云：“相望六千里，天地隔江

【译文】

徐陵《鸳鸯赋》写道：“山鸡映水那相得，孤鸾照镜不成双。天下真成长会合，无胜比翼两鸳鸯。”黄庭坚《题画睡鸭》写道：“山鸡照影空自爱，孤鸾舞镜不作双。天下真成长会合，两凫相倚睡秋江。”全是化用徐陵诗句得来，末句尤其精致工巧。黄庭坚又有《黔南十绝》，全部化用白居易诗句，其中七篇全部使用，另三篇稍有改动之处。白居易《寄行简》诗，总共八韵，后四韵写道：“相去六千里，地绝天邈然。十书九不达，何以开忧颜。渴人多梦饮，饥人多梦餐。春来梦何处？合眼到东川。”黄庭坚裁剪为两首，其一是：“相望六千

山。十书九不到，何用一开颜。”其二云：“病人多梦医，囚人多梦赦。如何春来梦，合眼在乡社[11]。”乐天《岁晚》诗七韵，首句云：“霜降水返壑，风落木归山。冉冉岁将晏[12]，物皆复本源。”鲁直改后两句七字，作“冉冉岁华晚，昆虫皆闭关”[13]。

里，天地隔江山。十书九不到，何用一开颜。”其二是：“病人多梦医，囚人多梦赦。如何春来梦，合眼在乡社。”白居易《岁晚》诗共七韵，首句写道：“霜降水返壑，风落木归山。冉冉岁将晏，物皆复本源。”黄庭坚仅改了后两句的七个字，作“冉冉岁华晚，昆虫皆闭关”。

注释

❶ 黄鲁直：即黄庭坚，字鲁直。北宋文学家、书法家，“苏门四学士”之一。❷ 徐陵：字孝穆，号称“一代文宗”，编有《玉台新咏》等。 ❸ 山鸡映水：《异苑》载，山鸡爱其毛羽，映水则舞。 ❹ 孤鸾照镜：罽宾王获一鸾鸟，三年不鸣，闻鸟见其类而后鸣，遂悬镜以映之。鸾睹形慨然悲鸣，哀响中霄。 ❺ 凫：野鸭。❻ 白乐天：即白居易，字乐天，号香山居士，中唐诗人。 ❼ 行简：即白行简，白居易弟。 ❽ 邈然：遥远貌。 ❾ 东川：指剑南东川节度使，治梓州（今四川三台）。白行简当时在剑南东川节度使幕府任职。 ❿ 翦：裁剪。 ⓫ 乡社：犹故乡。 ⓬ 晏：晚。 ⓭ 闭关：蛰伏。

禹治水

【原 文】

《禹贡》叙治水[1]，以冀、兖、青、徐、扬、荆、豫、梁、雍为次。考地理言之，豫居九州中，与兖、徐接境，何为自徐之

【译 文】

《禹贡》讲述大禹治水，以冀州、兖州、青州、徐州、扬州、荆州、豫州、梁州、雍州为顺序。以地理方位来说，豫州位居九州中心，和兖州、

扬，顾以豫为后乎？盖禹顺五行而治之耳。冀为帝都，既在所先，而地居北方，实于五行为水；水生木，木东方也，故次之以兖、青、徐；木生火，火南方也，故次之以扬、荆；火生土，土中央也，故次之以豫；土生金，金西方也，故终于梁、雍。所谓“彝伦攸叙”者此也[2]。与鲧之“汩陈五行”[3]，相去远矣。此说予得之魏幾道[4]。

徐州接界，为什么徐州之后是扬州，反而把豫州放后面呢？大概大禹是顺从五行而治水的。冀州为帝都，应该在先，而地处于北方，对应五行为水；水生木，木代表东方，所以冀州后依次为兖州、青州、徐州；木生火，火代表南方，所以依次是扬州、荆州；火生土，土代表中央，所以依次是豫州；土生金，金代表西方，所以最后是梁州、雍州。这就是所说的“彝伦攸叙”。与鲧“汩陈五行”的做法，相差甚远。这种说法我是从魏幾道那里听来的。

注释

❶《禹贡》：《尚书》篇名。该书将全国分为冀、兖、青、徐、扬、荆、豫、梁、雍九州，是我国最早的一部地理著作。❷彝伦攸叙：指伦常有序。❸鲧：传说为夏禹的父亲。汩：乱。陈：排列。❹魏幾道：即魏志，字幾道。与洪迈为僚友。崇理学，精地理，善考证，通晓五行之说。

《敕勒歌》[1]

【原 文】

鲁直《题阳关图》诗云[2]：“想得阳关更西路，北风低草见牛羊。”又集中有《书韦深道诸帖》云[3]：“斛律明月[4]，胡儿也，

【译 文】

黄庭坚《题阳关图》诗写道：“想得阳关更西路，北风低草见牛羊。”另外，其文集中有《书韦深道诸帖》，写道：“斛律明月，胡

不以文章显，老胡以重兵困敕勒川[⑤]，召明月作歌以排闷。仓卒之间，语奇壮如此，盖率意道事实耳。”予案[⑥]，古乐府有《敕勒歌》，以为齐高欢攻周玉壁而败[⑦]，恚愤疾发[⑧]，使斛律金唱《敕勒》，欢自和之。其歌本鲜卑语[⑨]，语曰：“敕勒川，阴山下。天似穹庐[⑩]，笼罩四野。天苍苍，野茫茫，风吹草低见牛羊。”鲁直所题及诗中所用，盖此也，但误以斛律金为明月。明月名光，金之子也。欢败于玉壁，亦非困于敕勒川。

人，不以文章显名，斛律金以重兵困于敕勒川，召斛律明月作歌解闷。仓促之间，用词如此奇异雄壮，大概是随意唱出当时事情的真实情况。”笔者案，古乐府有《敕勒歌》，说是北齐高欢攻北周玉壁城而败，愤怒过度致使疾病发作，命斛律金唱《敕勒歌》，高欢和唱。这首歌本是鲜卑语，歌词是：“敕勒川，阴山下。天似穹庐，笼罩四野。天苍苍，野茫茫，风吹草低见牛羊。”黄庭坚所记及诗中所用，大概来源于此，但他误把斛律金当作斛律明月。明月名光，是斛律金之子。高欢兵败玉壁城，也不是被困敕勒川。

注释

❶ 敕勒：我国古代北方的少数民族。 ❷ 阳关：古关名，在今甘肃。 ❸ 韦深道：即韦许，字深道。读书通大义，与苏轼、黄庭坚相友。 ❹ 斛律明月：即斛律光，字明月，斛律金之子。精于骑射，当时人称“落雕都督”。 ❺ 老胡：即斛律金。历仕北魏、东魏、北齐三朝。 ❻ 案：作者、编者对有关文字的说明或考证。 ❼ 齐：指北齐，都邺（今河北临漳）。周：北周，此处应为西魏。玉壁：即玉壁城。故址在今山西稷山。 ❽ 恚（huì）愤：愤怒。 ❾ 鲜卑：古代少数民族。东胡的一支。 ❿ 穹庐：古代游牧民族居住的毡帐。

浅妄书

【原 文】

俗间所传浅妄之书，如所谓《云仙散录》《老杜事实》《开元天宝遗事》之属[①]，皆绝可笑。然士大夫或信之，至以《老杜事实》为东坡所作者[②]，今蜀本刻杜集，遂以入注。孔传续《六帖》，采摭唐事殊有工[③]，而悉载《云仙录》中事，自秽其书。《开天遗事》托云王仁裕所著，仁裕五代时人，虽文章乏气骨[④]，恐不至此。姑析其数端以为笑。其一云："姚元崇开元初作翰林学士[⑤]，有步辇之召。"案，元崇自武后时已为宰相，及开元初三入辅矣。其二云："郭元振少时美风姿[⑥]，宰相张嘉贞欲纳为婿，遂牵红丝线，得第三女，果随夫贵达。"案，元振为睿宗宰相[⑦]，明皇初年即贬死，后十年，嘉贞方作相。其三云："杨国忠盛时[⑧]，朝之文武，争附之以求富

【译 文】

世间所传浅陋虚妄的书籍，如所谓《云仙散录》《老杜事实》《开元天宝遗事》之类，都极为可笑。然而读书人中竟有人相信，甚至认为《老杜事实》是苏轼所作，如今蜀地刻印的杜甫集，竟将其引入注释。孔传续作《六帖》，虽然在选摘唐代史事上极有贡献，却把《云仙散录》所记全都收录，自辱其书。《开元天宝遗事》托名王仁裕所著，王仁裕是五代时人，虽然其文章缺乏气势和风骨，恐怕也不至如此不堪。姑且辨析书中几处以为笑谈。其一说："姚崇于开元初年为翰林学士，玄宗有步辇之召。"案，姚崇在武后时已做宰相，到开元初年已三度拜相了。其二说："郭元振年轻时风姿俊美，宰相张嘉贞想要招其为婿，便让其牵红丝线，牵得第三女，此女后来果然随丈夫富贵显达。"案，元振为唐睿宗时宰相，唐明皇初年即流贬至死，又过了十年，张嘉贞才为宰相。其三说："杨国忠显赫时，满朝文武争相趋附以求富贵，只有张

贵，惟张九龄未尝及门。”案，九龄去相位十年，国忠方得官耳。其四云：“张九龄览苏颋文卷[9]，谓为文阵之雄帅[10]。”案，颋为相时，九龄元未达也。此皆显显可言者，固鄙浅不足攻，然颇能疑误后生也。惟张彖指杨国忠为冰山事，《资治通鉴》亦取之[11]，不知别有何据。近岁，兴化军学刊《遗事》[12]，南剑州学刊《散录》[13]，皆可毁。

九龄不曾登门。”案，张九龄被罢宰相十年后，杨国忠才在朝中做官。其四说：“张九龄审阅苏颋文卷，称他为文阵雄帅。”案，苏颋任宰相时，张九龄还没显赫闻达。这些错误都是鲜明可见的，原本鄙陋浅薄不值得批驳，却能迷惑贻误年轻人。只有张彖比杨国忠为冰山一事，《资治通鉴》也予以记载，不知是否另有依据。近年来，兴化军学刊印的《开元天宝遗事》，南剑州学刊印的《云仙散录》，都应该禁毁了。

注释

❶《云仙散录》：又名《云仙杂记》，旧题后唐冯贽撰。该书所录内容颇庞杂，有文人墨客、达官贵人的秘闻轶事，亦涉神异灵怪、风土习俗乃至民间秘方。老杜：即杜甫，字子美，唐代伟大的现实主义诗人，后人称之为“诗圣”“杜工部”。《开元天宝遗事》：五代王仁裕撰。该书为笔记小说集，记载唐玄宗开元、天宝年间各种轶闻奇事。 ❷东坡：苏轼，字子瞻，号东坡居士。眉州眉山（今四川眉山）人。北宋文学家、书法家、美食家。著有《东坡七集》《东坡乐府》等。 ❸采摭：选取。 ❹气骨：指作品的气势和风骨。 ❺姚元崇：即姚崇，本名元崇，为避开元年号而改名，曾任武后、睿宗、玄宗时宰相。 ❻郭元振：名震，字元振，以字行。睿宗、玄宗时期两度拜相。 ❼睿宗：即唐睿宗李旦。 ❽杨国忠：本名钊，为杨贵妃族兄，“安史之乱”时在马嵬驿为士兵所杀。 ❾苏颋（tǐng）：字廷硕，京兆武功（今陕西武功）人，袭封许国公，世称苏许公。苏颋以工文称，朝廷制诰多出其手，与燕国公张说并称“燕许大手笔”。 ❿文阵之雄帅：指在文坛上居首位的人。 ⓫《资治通鉴》：北宋司马光等撰的编年体史书，其名由宋神宗所赐，取鉴于往事、有资于

治道之意。全书共二百九十四卷，上承周威烈王时期，下讫后周显德六年，历叙一千三百六十二年的历史。 ⑫ 兴化军：北宋太平兴国四年（979）改太平军置，治兴化县（今福建仙游东北），太平兴国八年移治莆田县（今福建莆田）。学：州、军所设学校。 ⑬ 南剑州：北宋太平兴国四年（979）置，治剑浦县（今福建南平）。

五臣注《文选》[1]

【原 文】

东坡诋五臣注《文选》[2]，以为荒陋。予观《选》中谢玄晖和王融诗云[3]："阽危赖宗衮[4]，微管寄明牧[5]。"正谓谢安、谢玄[6]。安石于玄晖为远祖，以其为相，故曰"宗衮"。而李周翰注云："'宗衮'谓王导[7]，导与融同宗，言晋国临危[8]，赖王导而破苻坚[9]。'牧'谓谢玄，亦同破坚者。"夫以"宗衮"为王导，固可笑，然犹以和王融之故，微为有说。至以导为与谢玄同破苻坚，乃是全不知有史策，而狂妄注书，所谓小儿强解事也。惟李善注得之[10]。

【译 文】

苏轼批评五臣注《文选》，认为该书荒谬浅陋。我读《文选》中谢朓唱和王融诗："阽危赖宗衮，微管寄明牧。"说的正是谢安、谢玄。谢安是谢朓的远祖，因曾为宰相，因此称"宗衮"。而李周翰注释说："'宗衮'指王导，王导与王融同宗，说晋朝面临亡国危机，倚仗王导而大破苻坚。'牧'指谢玄，与王导一起大破苻坚的人。"把"宗衮"当作王导，固然可笑，然而因为与王融唱和的缘故，还情有可原。至于说王导和谢玄一起大破苻坚，这是完全不懂历史，而狂妄自大胡乱注书，所谓无知小儿不懂装懂。只有李善的注释最准确。

注释

❶ 五臣注《文选》：开元年间，吕延济、刘良、张铣、吕向、李周翰五人共为《文选》作注，称“五臣注”。 ❷ 诋（dǐ）：指责。 ❸ 谢玄晖：即谢朓，字玄晖，南朝齐诗人。与谢灵运并称为“二谢”或“大小谢”。王融：字元长。南朝齐文学家。 ❹ 阽（diàn）危：临危。宗衮：对同族居高位者之称。 ❺ 微管：即“微管仲”的省称，子曰：“微管仲，吾其披发左衽矣。”后遂用为颂扬功勋卓著大臣的典故。明牧：贤明的地方长官。牧：州的长官。 ❻ 谢安：字安石。淝水一战，其指挥军队以弱胜强，功拜太保。谢玄：东晋名将，字幼度，谢安侄。淝水之战中随谢玄大败前秦苻坚。 ❼ 王导：字茂弘，东晋开国元勋。 ❽ 晋国：此指东晋。 ❾ 苻坚：氐族，十六国时前秦君主。淝水之战以后，其国势渐弱。 ❿ 李善：唐训诂学家，注有《文选》六十卷。

文烦简有当

【原文】

欧阳公《进〈新唐书〉表》曰[①]：“其事则增于前，其文则省于旧。”夫文贵于达而已，繁与省各有当也。《史记·卫青传》[②]：“校尉李朔、校尉赵不虞、校尉公孙戎奴[③]，各三从大将军获王[④]，以千三百户封朔为涉轵侯，以千三百户封不虞为随成侯，以千三百户封戎奴为从平侯。”《前汉书》但云[⑤]：“校尉李朔、赵不虞、公孙戎奴，各三从大将军，

【译文】

欧阳修《进〈新唐书〉表》写道：“《新唐书》记载史事比《旧唐书》有所增加，文字却比《旧唐书》简略。”文章贵在达意而已，文字的繁简应酌情而定。《史记·卫青列传》记载：“校尉李朔、校尉赵不虞、校尉公孙戎奴，各三从大将军获王，以千三百户封朔为涉轵侯，以千三百户封不虞为随成侯，以千三百户封戎奴为从平侯。”《前汉书》只记载：“校尉李朔、赵不虞、公孙戎奴各三从大将军，封朔为涉轵侯、不虞为随成侯、戎奴

封朔为涉轵侯、不虞为随成侯、戎奴为从平侯。”比于《史记》五十八字中省二十三字，然不若《史记》为朴赡可喜[6]。

为从平侯。”相比《史记》的五十八字，省了二十三字，但读起来却不如《史记》文字质朴丰富、受读者喜爱。

注释

❶欧阳公：即欧阳修，字永叔，号醉翁，晚号六一居士。谥文忠。北宋政治家、文学家。主修《新唐书》，独撰《新五代史》等。《新唐书》：宋欧阳修、宋祁主撰。该书是一部记载唐代历史的纪传体史书。因之前有五代时刘昫等所撰《唐书》，故称。 ❷卫青：西汉名将，官拜大将军。汉武帝皇后卫子夫之弟。 ❸校尉：军职名。 ❹大将军：此处指卫青。获王：指李朔等三人曾三次跟随卫青俘获匈奴王。 ❺《前汉书》：即《汉书》，东汉班固撰。该书记录西汉一代史事，是我国第一部纪传体断代史。 ❻朴赡：质朴而丰富。

地险

【原文】

古今言地险者，以谓函秦宅关河之胜[1]，齐负海岱，赵、魏据大河，晋表里河山，蜀有剑门、瞿唐之阻，楚国方城以为城，汉水以为池，吴长江万里，兼五湖之固，皆足以立国；唯宋、卫之郊，四通五达，无一险可恃。然东汉之末，袁绍跨有青、冀、幽、并四州，韩遂、马

【译文】

古往今来谈论地势险要的，都说秦国凭借函谷关和黄河之形胜，齐国背靠泰山面临大海，赵国、魏国据有黄河之险，晋国外有大河内有高山，蜀国占有剑门、瞿塘峡险阻，楚国以方城为城墙、汉水为护城河，吴国有万里长江又占据五湖之险，都足以立国；唯有宋、卫两国，四通八达，没有一处天险可倚仗。然而东汉末年，袁绍跨有青、

腾辈分据关中，刘璋擅蜀，刘表居荆州，吕布盗徐，袁术包南阳、寿春，孙策取江东，天下形胜尽矣；曹操晚得兖州，倔强其间[2]，终之夷群雄[3]，覆汉祚[4]。议者尚以为操挟天子以自重，故能成功。而唐僖、昭之时，方镇擅地[5]，王氏有赵百年[6]，罗洪信在魏，刘仁恭在燕[7]，李克用在河东[8]，王重荣在蒲，朱宣、朱瑾在兖、郓，时溥在徐，王敬武在淄、青，杨行密在淮南，王建在蜀，天子都长安，凤翔、邠、华三镇鼎立为梗，李茂贞、韩建皆尝劫迁乘舆[9]；而朱温区区以汴、宋、亳、颍截然中居[10]，及其得志，乃与操等。以在德不在险为言，则操、温之德又可见矣。

冀、幽、并四州，韩遂、马腾之辈分据关中，刘璋占有蜀地，刘表据守荆州，吕布盗取徐州，袁术包揽南阳、寿春，孙策取得江东，天下险要之地瓜分殆尽；曹操较晚才得到兖州，据此崛起，最终消灭各路群雄，颠覆汉室。议者还认为曹操挟持天子以自重，所以才能成功。然而唐僖宗、昭宗之时，藩镇割据，王氏据有赵地一百多年，罗弘信据魏地，刘仁恭据燕地，李克用据河东，王重荣据蒲州，朱瑄、朱瑾据兖州、郓州，时溥在徐州，王敬武在淄州、青州，杨行密在淮南，王建在蜀地，天子端居长安，凤翔、邠、华三镇鼎立拱卫，李茂贞、韩建都曾挟持天子；而朱温以区区汴州、宋州、亳州、颍州截然居中，后来他如愿篡唐，竟然能与曹操相当。要说立国兴邦在于德行而不在于山川之险，那么曹操、朱温的德行又是不难想见的。

注释

❶函秦：泛指关中地区。关：指函谷关。在今河南灵宝。 ❷倔：通“崛”，崛起。 ❸夷：消灭，铲除。 ❹汉祚：指汉朝的国统。 ❺方镇擅地：安史之乱以后，各地节度使拥兵自重，割据自主，朝廷难以节制。 ❻王氏有赵百年：唐德宗建中四年（783），成德节度使王武俊称赵王，朝廷加封其

为同中书门下平章事。王武俊死后，子孙相继为节度使，直至唐亡，前后历时百余年。 ❼ 刘仁恭：唐昭宗乾宁二年（895）为卢龙节度使。后其子刘守光自立为帝，建号大燕。 ❽ 李克用：沙陀族，赐姓李，以平黄巢之功为河东节度使。 ❾ 乘舆：代指天子。 ❿ 朱温：即后梁太祖，唐僖宗赐名全忠。

《史记》世次[①]

【原 文】

《史记》所纪帝王世次，最为不可考信，且以稷、契论之[②]，二人皆帝喾子[③]，同仕于唐虞。契之后为商，自契至成汤凡十三世，历五百余年。稷之后为周，自稷至武王凡十五世，历千一百余年。王季盖与汤为兄弟[④]，而世之相去六百年，既已可疑，则周之先十五世，须每世皆在位七八十年，又皆暮年所生嗣君，乃合此数，则其所享寿皆当过百岁乃可。其为漫诞不稽[⑤]，无足疑者。《国语》所载太子晋之言曰[⑥]：“自后稷之始基靖民[⑦]，十五王而文始平之。”皆不然也。

【译 文】

《史记》所载上古帝王世系相承先后，最不可考信，且以稷、契为例来说。二人都是帝喾之子，同在尧舜时代为官。契的后代建立商朝，自契至商汤共十三代，历时五百余年。稷的后代建立周朝，自稷至周武王共十五代，历时一千一百余年。周文王之父季历和商汤应为兄弟，而年代相差六百年，已经可疑，那么周武王之前的十五代王，必须每代在位七八十年，又都是晚年才生下继位的国君，才能符合这个数字，这样一来他们的寿命都该过了百岁才行。其荒诞不实，是确凿无疑的了。《国语》所载太子晋的话：“自后稷开创基业治理人民，经过十五代而周文王才平定天下。”均与历史不符。

注释

❶世次：世系相承的先后。 ❷稷：即后稷，周的始祖，后世尊其为谷神。契（xiè）：商的始祖。 ❸帝喾（kù）：三皇时代部族首领，号高辛氏。 ❹王季：即季历，亦称公季、王季。周文王之父。 ❺漫诞不稽：荒诞不实，没有根据。 ❻《国语》：相传为春秋时左丘明所作，记载西周末年和春秋时期周、鲁、齐、晋、郑、楚、吴、越八国之事。太子晋：即姬晋，周灵王长子。 ❼靖民：治理人民。

解释经旨

【原文】

解释经旨，贵于简明，惟孟子独然。其称《公刘》之诗①："乃积乃仓②，乃裹糇粮③，于橐于囊④，思戢用光⑤，弓矢斯张，干戈戚扬⑥，爰方启行。"而释之之词，但云："故居者有积仓，行者有裹囊也，然后可以爰方启行。"其称《烝民》之诗⑦："天生烝民，有物有则⑧，民之秉夷⑨，好是懿德⑩。"而引孔子之语以释之，但曰："故有物必有则，民之秉夷也，故好是懿德。"用两"故"字，一"必"字，一"也"字，而四句之义昭然。彼训"曰若稽古"三万言⑪，真可覆酱瓿也⑫。

【译文】

解释经书的意旨，贵在简要明白，只有孟子能够做到。他称颂《公刘》一诗："乃积乃仓，乃裹糇粮，于橐于囊，思戢用光，弓矢斯张，干戈戚扬，爰方启行。"而解释这首诗时，只是说："故居者有积仓，行者有裹囊也，然后可以爰方启行。"他称颂《烝民》一诗："天生烝民，有物有则，民之秉夷，好是懿德。"而引用孔子的话来解释，也只是说："故有物必有则，民之秉夷也，故好是懿德。"用了两个"故"字，一个"必"字，一个"也"字，而四句诗的意思就已明白显豁。像那解释"曰若稽古"四字就用了三万字的，真的可以拿来盖酱缸了。

注释

❶《公刘》：《诗经·大雅》中的篇名。公刘，为后稷曾孙。❷乃积乃仓：粮仓满溢。❸裹糇（hóu）粮：谓携带干粮，以备出征或远行。糇粮：干粮。❹于橐（tuó）于囊：装满口袋。橐：无底的口袋。囊：有底的口袋。❺思戢（jí）用光：和睦安定，使国家富强。思：句首发语词。戢：通"辑"，和睦。❻戚扬：即斧钺。❼《烝民》：《诗经·大雅》中的篇名。烝民：众民。❽有物有则：谓天地间凡事皆有其法则。❾秉夷：持执常道。❿懿德：美德。⓫曰若稽古：原为《尚书·尧典》开篇之言，后用来称述前代名人言行。⓬覆酱瓿（bù）：盖住酱缸。比喻著述毫无价值，不被重视。

《坤》动也刚

【原文】

《坤》卦《文言》曰[①]："坤至柔而动也刚。"王弼云[②]："动之方正，不为邪也。"程伊川云[③]："坤道至柔，而其动则刚，动刚故应《乾》不违。"张横渠云[④]："柔亦有刚，静亦有动，但举一体，则有屈伸、动静、终始。"又云："积大势成而然。"东坡云："夫物非刚者能刚，惟柔者能刚尔。畜而不发，及其极也，发之必决。"张葆光但以训六二之直。陈了翁云："至柔至静，坤之至也。刚

【译文】

《坤》卦《文言》说："坤道至阴至柔而运动起来是阳刚的。"王弼说："运动变化趋向方正，不会走上邪道。"程颐说："坤道至阴至柔，而它运动起来就蕴含阳刚，运动阳刚就顺应《乾》卦而不矛盾。"张载说："柔的事物也有刚的一面，静的事物也有动的一面，任举一卦体，都有屈伸、动静、终始。"又说："蓄积大势而能如此。"苏东坡说："一切事物，并不是刚强的能阳刚，只有阴柔的才能阳刚。蓄积力量而不发作，等到了极点，一旦发作必定冲决一切。"张弼只用来解释六二爻辞中"直"的含义。陈了翁说："至柔至静，是坤的

者道之动，方者静之得，柔刚静动，坤元之道之德也[5]。”郭雍云：“坤虽以柔静为主，苟无方刚之德，不足以含洪光大[6]。”诸家之说，率不外此。予顷见临安退居庵僧昙莹云[7]：“动者谓爻之变也，坤不动则已，动则阳刚见焉。在初为《复》，在二为《师》，在三为《谦》，自是以往皆刚也。”其说最为分明有理。

极致。阳刚是大道的运行，方正是静的属性，柔刚静动，是《坤》卦的道和德。”郭雍说：“坤虽然以柔和静为主要特征，但如果没有方正刚直的卦德，就不能包容一切，发扬光大。”各家对《文言》中这句话的说法，大致不出以上几种。我最近见到临安退居庵僧人昙莹说：“所谓动是指爻的变化，坤不动则已，一动就呈现阳刚。在初爻变化为《复》卦，在二爻变化为《师》卦，在三爻变化为《谦》卦，自此推演皆为阳刚。”他的说法最是明白有理。

注释

❶《文言》：阐释《乾》《坤》二卦卦爻辞的传文。相传为孔子所撰。 ❷王弼：三国魏人。笃好老庄，注《周易》《老子》，开魏晋以后玄学先声。 ❸程伊川：即程颐，世称伊川先生，与其兄程颢共创“洛学”。 ❹张横渠：即张载，世称横渠先生，尊称张子。 ❺坤元：与“乾元”对称。指地之德。 ❻含洪光大：包容一切，并发扬光大。 ❼临安：今浙江杭州。

乐天侍儿

【原文】

世言白乐天侍儿唯小蛮、樊素二人[1]。予读集中《小庭亦有月》一篇云：“菱角执笙簧[2]，谷

【译文】

世人说白居易的侍儿只有小蛮、樊素二人。我读他文集中《小庭亦有月》一诗写道：“菱角

儿抹琵琶[3]。红绡信手舞[4]，紫绡随意歌。”自注曰：“菱、谷、紫、红皆小臧获名[5]。”若然，则红、紫二绡亦女奴也。

执笙簧，谷儿抹琵琶。红绡信手舞，紫绡随意歌。”自注说：“菱角、谷儿、紫绡、红绡，都是小奴的名字。”这样说来，红绡、紫绡也是侍女。

注释

❶ 小蛮、樊素：皆为白居易的舞妓名。唐孟棨《本事诗》说：“白尚书姬人樊素善歌，妓人小蛮善舞。尝为诗曰：樱桃樊素口，杨柳小蛮腰。” ❷ 笙簧：指笙。簧：笙中之簧片。 ❸ 抹：轻按。弹奏琵琶的一种指法。 ❹ 信手：随手。 ❺ 臧获：奴婢的贱称。

白公咏史

【原文】

《东坡志林》云[1]：“白乐天尝为王涯所谗，贬江州司马[2]。甘露之祸[3]，乐天有诗云：‘当君白首同归日[4]，是我青山独往时。’不知者以乐天为幸之，乐天岂幸人之祸者哉？盖悲之也。”予读白集有《咏史》一篇，注云：“九年十一月作。”其词曰：“秦磨利刃斩李斯[5]，齐烧沸鼎亨郦其[6]。可怜黄绮入商洛[7]，闲卧白云歌紫芝[8]。彼为葅醢机上尽[9]，此作鸾

【译文】

《东坡志林》记载：“白乐天曾遭王涯谗言陷害，贬为江州司马。甘露事变后，白居易有诗写道：‘当君白首同归日，是我青山独往时。’不了解的人认为白居易是幸灾乐祸，白居易难道是庆幸别人遭逢灾祸的人吗？这是对甘露事变深感悲痛啊。”我读白居易文集，其中有一篇《咏史》，自注写道：“大和九年十一月作。”诗写道：“秦磨利刃斩李斯，齐烧沸鼎亨郦其。可怜黄绮入商洛，闲卧白云歌紫芝。彼为葅醢机上尽，此作鸾凰

凰天外飞[10]。去者逍遥来者死，乃知祸福非天为。”正为甘露事而作，其悲之之意可见矣。

天外飞。去者逍遥来者死，乃知祸福非天为。”正是为甘露事变而作，他的悲痛之意是很清楚的。

注释

❶《东坡志林》：北宋苏轼撰。《志林》系苏轼晚年所撰史论集，后与苏轼后人裒录遗墨而成的《东坡手泽》合编，而为笔记体的《东坡志林》。 ❷江州：治豫章（今江西南昌）。司马：官名。隋唐时期，州府佐吏有司马一员，位在别驾、长史之下。 ❸甘露之祸：大和九年（835），唐文宗不甘为宦官控制，和李训、郑注谋诛宦官。唐文宗以观露为名，将宦官头目仇士良骗至禁卫军的后院欲斩杀，被仇士良发觉，事遂败露。李训、郑注等朝廷重要官员被宦官杀死，唐文宗被软禁，在这次事变中株连被杀的有千余人，史称“甘露之变”。 ❹白首同归：指一直到头发白了，志趣依然相投。 ❺李斯：楚国上蔡（今河南上蔡）人。从荀子学帝王之术，受秦始皇重用，入秦为相。主张废封建，定郡县，行禁书令，统一文字，变籀文为小篆。后为赵高所害，腰斩于咸阳。 ❻郦其（jī）：即郦食（yì）其。刘邦至高阳，郦食其献计攻下陈留，因封为广野君。楚汉战争中，奉使说齐王田广归汉，而逢韩信乘机袭齐，齐王以为被食其出卖，将食其烹死。 ❼黄绮：汉初商山四皓中夏黄公、绮里季的合称。 ❽紫芝：四皓《采芝操》云：“晔晔紫芝，可以疗饥。”唐人称其为《紫芝曲》或《紫芝歌》。 ❾葅醢（zūhǎi）：古时一种残酷的刑罚，将人杀死后剁成肉酱。 ❿鸾凰：鸾与凰。皆为古代的神鸟。

十年为一秩[1]

【原 文】

白公诗云：“已开第七秩，饱食仍安眠。”又云：“年开第七

【译 文】

白居易有诗写道：“已开第七秩，饱食仍安眠。”又写道：“年开

秩，屈指几多人[2]。”是时年六十二，元日诗也[3]。又一篇云：“行开第八秩，可谓尽天年。”注曰：“时俗谓七十以上为开第八秩。”盖以十年为一秩云。司马温公作《庆文潞公八十会致语》云[4]：“岁历行开九帙新。”亦用此也。

第七秩，屈指几多人。”他作此诗时六十二岁，是正月初一所作的诗。又有一篇写道：“行开第八秩，可谓尽天年。”自注说：“时俗称七十岁以上为开第八秩。”这是以十年为一秩。司马光作《庆文潞公八十会致语》诗云：“岁历行开九帙新。”也是用这个说法。

注释

❶ 秩：古代每十年为一秩。 ❷ 屈指：用手指计算事物的数量。 ❸ 元日：农历正月初一。 ❹ 司马温公：即司马光，字君实，号迂叟，世称涑水先生。北宋政治家、史学家，卒赠温国公。文潞公：即文彦博，字宽夫，封潞国公。北宋政治家、书法家。

裴晋公禊事[1]

【原文】

唐开成二年三月三日，河南尹李待价将禊于洛滨[2]，前一日启留守裴令公[3]。公明日召太子少傅白居易[4]，太子宾客萧籍、李仍叔、刘禹锡[5]，中书舍人郑居中等十五人合宴于舟中[6]，自晨及暮，前水嬉而后妓乐，左笔砚而右壶觞[7]，望之若

【译文】

唐文宗开成二年三月三日，河南府尹李珏准备在洛水之滨修禊，前一天给东都留守裴令公去信。裴令公第二天召集太子少傅白居易，太子宾客萧籍、李仍叔、刘禹锡，中书舍人郑居中等十五人在船中会饮，从早晨到晚上，先是戏水而后观妙妓乐舞，左手持笔赋诗右手举杯畅饮，远远望去犹如神仙，观看的百姓人山人海。裴

仙，观者如堵。裴公首赋一章，四坐继和，乐天为十二韵以献[8]，见于集中。今人赋上巳，鲜有用其事者。予案《裴公传》，是年起节度河东，三年以病丐还东都[9]。文宗上巳宴群臣曲江，度不赴，帝赐以诗，使者及门而度薨，与前事相去正一年。然乐天又有一篇，题云《奉和裴令公三月上巳日游太原龙泉，忆去岁禊洛之作》，是开成三年诗，则度以四年三月始薨，《新史》以为三年，误也。《宰相表》却载其三年十二月为中书令[10]，四年三月薨，而帝纪全失书，独《旧史》纪、传为是。

公首先赋诗一首，在座的人相继唱和，白乐天献诗十二韵，现存于文集中。现在的人赋上巳诗，很少使用这个典故。我考察《旧唐书·裴度传》，裴度本年被起用为河东节度使，开成三年因病乞求回东都。文宗上巳日在曲江池大宴群臣，裴度没有赴会。文宗赐诗给他，使者刚到裴度家门口，裴度就死了，和返回东都的时间相隔一年。然而白乐天又有一首诗，题为《奉和裴令公三月上巳日游太原龙泉，忆去岁禊洛之作》，是开成三年所作，那么裴度是开成四年三月才去世的，《新唐书·裴度传》认为在开成三年是错误的。《新唐书·宰相世系表》却记载他开成三年十二月为中书令，四年三月去世，而《新唐书》帝纪全无记载，只有《旧唐书》中《文宗纪》和《裴度传》的记载是对的。

注释

❶裴晋公：即裴度。其因平定淮西之乱，以功封晋国公，故称。禊（xì）事：禊祭之事。指三月初三上巳临水洗濯、祓除不祥的祭祀活动。 ❷河南尹：官名。为京都洛阳所在河南府长官。洛：即今河南洛河。 ❸留守：官名。古时皇帝巡幸或出征，以亲王、重臣镇守京师，称留守。唐代以洛阳为东都，置留守。 ❹太子少傅：官名。掌辅佐太子，位在太师之后。掌晓三师德行，以谕皇太子，奉太子以观三师之道德。 ❺太子宾客：官名。唐显庆元年（656）置，掌侍从规谏，赞相礼仪。 ❻中书舍人：官名。唐时掌管诏令、侍从、宣

旨、接纳上奏文表等事。 ❼ 壶觞：酒器。 ❽ 十二韵：指白居易《三月三日祓禊洛滨》。 ❾ 丐：乞求。 ❿ 中书令：官名。汉武帝时始设，总管宫廷传宣诏命。唐代时，为中书省长官，与门下、尚书省长官皆为宰相之职。

“司”字作入声[1]

【原 文】

白乐天诗，好以“司”字作入声读，如云“四十著绯军司马，男儿官职未蹉跎”“一为州司马，三见岁重阳”是也[2]。又以“相”字作入声，如云“为问长安月，谁教不相离”是也，“相”字之下自注云：“思必切[3]。”以“十”字作平声读[4]，如云“在郡六百日，入山十二回”“绿浪东西南北路，红栏三百九十桥”是也[5]。以“琵”字作入声读，如云“四弦不似琵琶声，乱写真珠细撼铃”“忽闻水上琵琶声”是也[6]。武元衡亦有句云：“唯有白须张司马，不言名利尚相从。”

【译 文】

白乐天的诗，喜欢把“司”字读作入声，比如“四十著绯军司马，男儿官职未蹉跎”“一为州司马，三见岁重阳”就是这种情况。又把“相”字读作入声，比如“为问长安月，谁教不相离”就是这种情况，“相”字后面自注：“思必切。”把“十”字读作平声，比如“在郡六百日，入山十二回”“绿浪东西南北路，红栏三百九十桥”就是这种情况。把“琵”字读作入声，比如“四弦不似琵琶声，乱写真珠细撼铃”“忽闻水上琵琶声”就是这种情况。武元衡也有诗句：“唯有白须张司马，不言名利尚相从。”

注 释

❶ 入声：古汉语的四声之一，声调短促而急。 ❷ 著绯：指穿红色的官服。

古代官服颜色不同，表示官吏品级高低不同。如唐高宗年间定制：文武三品以上服紫，四品服深绯，五品服浅绯，六品服深绿，七品服浅绿，八品服深青，九品服浅青。 ❸ 切：即反切。古汉语注音方法，用两个字注读另一个字。❹ 平声：古汉语的四声之一。古汉语的平声字在普通话里分化成阴平和阳平两类。通俗地说，平声就是一声或二声，而仄声是三、四声。 ❺ 三百九十桥：语出白居易《正月三日闲行》。三百九十桥，原注："功之官桥大数。"即非确数，表达了白居易对苏州水乡风貌的赞叹。 ❻ 四弦：指琵琶。因有四弦，故称。

乐天新居诗

【原 文】

白乐天自杭州刺史分司东都①，有《题新居呈王尹兼简府中三掾》诗云②："弊宅须重葺，贫家乏羡财③。桥凭川守造，树倩府寮栽④。朱板新犹湿，红英暖渐开。仍期更携酒，倚槛看花来。"乃知唐世风俗尚为可喜。今人居闲⑤，而郡守为之造桥，府寮为之栽树，必遭讥议，又肯形之篇咏哉！

【译 文】

白居易自杭州刺史分司东都，有《题新居呈王尹兼简府中三掾》诗写道："弊宅须重葺，贫家乏羡财。桥凭川守造，树倩府寮栽。朱板新犹湿，红英暖渐开。仍期更携酒，倚槛看花来。"由此可知，唐代风俗还是很好的。如今的官员赋闲在家，而郡守为其造桥，府僚为其种树，必遭讥讽，又怎敢写进诗作里呢！

注释

❶ 分司：职官名。唐以洛阳为东都，诸司分设略同于长安，中央官员在陪都任职者，称为"分司"。 ❷ 掾：古代副官、佐吏的通称。 ❸ 羡财：多余的钱财。 ❹ 倩：雇人做事。寮：同"僚"。 ❺ 居闲：赋闲。

黄纸除书[1]

【原 文】

乐天好用“黄纸除书”字，如：“红旗破贼非吾事，黄纸除书无我名[2]。”“正听山鸟向阳眠，黄纸除书落枕前。”“黄纸除书到，青宫诏命催[3]。”

【译 文】

白居易喜欢用“黄纸除书”四字，如：“红旗破贼非吾事，黄纸除书无我名。”“正听山鸟向阳眠，黄纸除书落枕前。”“黄纸除书到，青宫诏命催。”

注 释

❶黄纸：诏书。因用黄麻纸书写，故称。除书：拜官授职的文书。 ❷红旗破贼非吾事，黄纸除书无我名：出自白居易《刘十九同宿》诗。全诗如下：“红旗破贼非吾事，黄纸除书无我名。唯共嵩阳刘处士，围棋赌酒到天明。”作者自注：“时淮寇初破。”宋人沿用为赞美官军破敌的典实。 ❸青宫：太子居东宫，五行家以青色配东方，故称太子所居之地为“青宫”。这里指太子。是时，白居易除太子左庶子。

白用杜句

【原 文】

杜子美诗云：“夜足沾沙雨，春多逆水风。”白乐天诗“巫山暮足沾花雨，陇水春多逆浪风”[1]，全用之。

【译 文】

杜甫有诗写道：“夜足沾沙雨，春多逆水风。”白居易诗“巫山暮足沾花雨，陇水春多逆浪风”，全都袭用杜甫诗句。

注 释

❶巫山：指今重庆巫山。陇水：河流名。源出陇山，故名。据诗意应指长江。

唐人重服章[1]

【原 文】

唐人重服章，故杜子美有“银章付老翁”“朱绂负平生”“扶病垂朱绂”之句[2]。白乐天诗言银绯处最多，七言如：“大抵著绯宜老大。”“一片绯衫何足道。”“暗淡绯衫称我身。”“酒典绯花旧赐袍[3]。”“假著绯袍君莫笑。”“腰间红绶系未稳[4]。”“朱绂仙郎《白雪》歌[5]。”“腰佩银龟朱两轮[6]。”“便留朱绂还铃阁[7]。”“映我绯衫浑不见。”“白头俱未著绯衫。”“绯袍著了好归田。”“银鱼金带绕腰光。”“银章暂假为专城[8]。”“新授铜符未著绯[9]。”“徒使花袍红似火。”“似挂绯衫衣架上。”五言如：“未换银青绶，唯添雪白须[10]。”“笑我青袍故，饶君茜绶新[11]。”“老逼教垂白，官科遣著绯[12]。”“那知垂白日，始是著绯年。”

【译 文】

唐人最看重服章，所以杜甫有“银章付老翁”“朱绂负平生”“扶病垂朱绂”等诗句。白居易的诗提到银绯的地方最多，七言诗比如：“大抵著绯宜老大。”“一片绯衫何足道。”“暗淡绯衫称我身。”“酒典绯花旧赐袍。”“假著绯袍君莫笑。”“腰间红绶系未稳。”“朱绂仙郎《白雪》歌。”“腰佩银龟朱两轮。”“便留朱绂还铃阁。”“映我绯衫浑不见。”“白头俱未著绯衫。”“绯袍著了好归田。”“银鱼金带绕腰光。”“银章暂假为专城。”“新授铜符未著绯。”“徒使花袍红似火。”“似挂绯衫衣架上。”五言诗比如：“未换银青绶，唯添雪白须。”“笑我青袍故，饶君茜绶新。”“老逼教垂白，官科遣著绯。”“那知垂白日，始是

"晚遇何足言，白发映朱绂[13]。"至于形容衣鱼之句[14]，如："鱼缀白金随步跃，鹄衔红绶绕身飞[15]。"

著绯年。""晚遇何足言，白发映朱绂。"至于形容紫服、鱼袋的诗句，如："鱼缀白金随步跃，鹄衔红绶绕身飞。"

注释

❶ 服章：表示官员身份品秩的服饰。 ❷ 银章：银印。隋唐以后官不佩印，只有随身鱼袋。金银鱼袋等谓之章服，亦简称银章。朱绂：古代礼服上的红色蔽膝，后多借指官服，亦指做官。 ❸ 酒典：典酒。典：抵押。 ❹ 红绶：本指系印的红丝带，后泛指官服的绶带。 ❺ 仙郎：唐代称尚书省各部郎中、员外郎为仙郎。《白雪》：乐曲名。相传为春秋时晋国师旷所作，后来借指高雅音乐或文艺作品。 ❻ 银龟：唐五品以上官员赐佩鱼符，盛以鱼袋，武则天天授元年，改鱼为龟。 ❼ 铃阁：州郡长官办公的地方。 ❽ 专城：州郡行政长官。 ❾ 铜符：铜制鱼符。 ❿ 银青绶：银印青绶。代指高级官阶。 ⓫ 茜绶：茜袍紫绶。 ⓬ 垂白：白发下垂。指年老。 ⓭ 晚遇：晚年显达。 ⓮ 衣鱼：紫服和鱼袋。唐制，三品以上官服紫，五品以上服绯。或有官位不及者，帝特命赐紫服，同时赐鱼袋，以为恩宠。 ⓯ 鹄衔红绶：《唐会要》卷三十二载，"太和六年六月敕，三品已上，许服鹘衔瑞草，雁衔绶带，及对孔雀绫袍袄。四品、五品，许服地黄袍交枝绫"。

诗谶不然[1]

【原　文】

今人富贵中作不如意语，少壮时作衰病语，诗家往往以为谶。白公十八岁，病中作绝句云："久为劳生事，不学摄

【译　文】

现在的人身处富贵却说些不如意的话，正当少壮却说些衰病的话，诗人往往把这当作谶语。白居易十八岁时，在病中作绝句："久为劳生事，不学摄生

生道②。少年已多病，此身岂堪老。”然白公寿七十五。

道。少年已多病，此身岂堪老。”然而，白居易却活到七十五岁。

注释

❶ 诗谶（chèn）：谓所作诗无意中预见了后来发生的事。谶：指将来要应验的预言、预兆。 ❷ 摄生：养生。

青龙寺诗①

【原文】

乐天《和钱员外青龙寺上方望旧山》诗云②：“旧峰松雪旧溪云，怅望今朝遥属君。共道使臣非俗吏，南山莫动《北山文》③。”顷于乾道四年讲筵开日④，蒙上书此章于扇以赐，改“使臣”为“侍臣”云。

【译文】

白居易《和钱员外青龙寺上方望旧山》诗写道：“旧峰松雪旧溪云，怅望今朝遥属君。共道使臣非俗吏，南山莫动《北山文》。”最近于乾道四年御前开讲那天，承蒙皇上把这首诗题写在扇子上赐给我，只是把“使臣”改为“侍臣”。

注释

❶ 青龙寺：即隋灵感寺，唐景云二年（711）改名青龙寺。位于今陕西西安南郊乐游原上。 ❷ 钱员外：即钱徽，吴兴（今浙江湖州）人。工诗善文，与白居易、刘禹锡、韩愈等多有唱酬。上方：佛教用语，指寺院方丈，因位于寺院最高深处而得名。 ❸ 南山：即终南山。动：移。《北山文》：即孔稚珪《北山移文》。文中假借北山口吻，讽刺向慕尘世富贵的俗士。 ❹ 乾道：南宋孝宗赵昚年号。

卷第二

二十四则

唐重牡丹

【原　文】

欧阳公《牡丹释名》云："牡丹初不载文字，唐人如沈、宋、元、白之流[①]，皆善咏花，当时有一花之异者，彼必形于篇什，而寂无传焉，唯刘梦得有《咏鱼朝恩宅牡丹》诗[②]，但云'一丛千朵'而已，亦不云其美且异也。"予案，白公集有《白牡丹》一篇十四韵，又《秦中吟》十篇，内《买花》一章，几百言，云："共道牡丹时，相随买花去。……一丛深色花，十户中人赋[③]。"而讽谕乐府有《牡丹芳》一篇，三百四十七字，绝道花之妖艳，至有"遂使王公与卿士，游花冠盖日相望""花开花落二十日，一城之人皆若狂"之语[④]。又

【译　文】

欧阳修《牡丹释名》说："牡丹最初不见文字记载，唐人如沈佺期、宋之问、元稹、白居易等人，都擅长咏花，当时只要有一种奇花，则必被写入诗中，独牡丹寂寂无传，只有刘禹锡写《咏鱼朝恩宅牡丹》，也只是说'一丛千朵'罢了，也并不言其美丽奇异。"笔者案，白居易诗集中有一首十四韵的《白牡丹》，又有《秦中吟》十篇，其中有一首《买花》，将近一百字，诗写道："共道牡丹时，相随买花去。……一丛深色花，十户中人赋。"而其讽谕乐府诗有一首《牡丹芳》，三百四十七字，极言牡丹花之妖艳，甚至有"遂使王公与卿士，游花冠盖日相望""花开花落二十日，一城之人皆若狂"

《寄微之百韵》诗云："唐昌玉蕊会[5]，崇敬牡丹期[6]。"注："崇敬寺牡丹花，多与微之有期。"又《惜牡丹》诗云："明朝风起应吹尽，夜惜衰红把火看。"《醉归盩厔》诗云[7]："数日非关王事系，牡丹花尽始归来。"元微之有《入永寿寺看牡丹》诗八韵，《和乐天秋题牡丹丛》三韵，《酬胡三咏牡丹》一绝[8]，又有五言二绝句。许浑亦有诗云："近来无奈牡丹何，数十千钱买一窠[9]。"徐凝云："三条九陌花时节[10]，万马千车看牡丹。"又云："何人不爱牡丹花，占断城中好物华。"然则元、白未尝无诗，唐人未尝不重此花也。

这样的诗句。又有《寄微之百韵》诗写道："唐昌玉蕊会，崇敬牡丹期。"自注："崇敬寺有牡丹花，常与元微之相约去观赏。"又有《惜牡丹》诗写道："明朝风起应吹尽，夜惜衰红把火看。"《醉归盩厔》诗写道："数日非关王事系，牡丹花尽始归来。"元微之有八韵诗《入永寿寺看牡丹》、三韵诗《和乐天秋题牡丹丛》、绝句《酬胡三咏牡丹》，又有五言绝句二首。许浑也有诗写道："近来无奈牡丹何，数十千钱买一窠。"徐凝有诗写道："三条九陌花时节，万马千车看牡丹。"又写道："何人不爱牡丹花，占断城中好物华。"如此说来，元稹、白居易并非没有牡丹诗，唐人也不是不看重牡丹花。

注释

❶ 沈：即沈佺期，唐代诗人，与宋之问齐名，并称"沈宋"。宋：即宋之问。元：即元稹，唐代诗人，与白居易相善，并称"元白"。白：即白居易。❷ 刘梦得：即刘禹锡。 ❸ 中人：中等人家。 ❹ 冠盖：官员穿戴的服饰和乘坐的车辆，借指官吏。 ❺ 唐昌：即唐昌观。位于长安安业坊，以玄宗女唐昌公主而得名。玉蕊：唐昌观中有玉蕊花，传为公主所植。 ❻ 崇敬：即崇敬尼寺。位于长安靖安坊。本为僧寺，唐高宗时立为崇敬尼寺。 ❼ 盩厔（zhōuzhì）：县名。今陕西周至。 ❽ 胡三：即作者友人胡杲，曾任怀州司马，后弃官归隐，吟诗参禅，称"胡隐士"。因家中排行第三，故称胡三。 ❾ 窠

(kē)：同“棵”。 ⑩三条九陌：指京城的纵横大道。

长歌之哀

【原　文】

“嬉笑之怒，甚于裂眦[1]；长歌之哀，过于恸哭。”此语诚然。元微之在江陵，病中闻白乐天左降江州[2]，作绝句云：“残灯无焰影憧憧[3]，此夕闻君谪九江[4]。垂死病中惊起坐，暗风吹雨入寒窗。”乐天以为：“此句他人尚不可闻，况仆心哉[5]！”微之集作“垂死病中仍怅望”，此三字既不佳，又不题为病中作，失其意矣。东坡守彭城，子由来访之，留百余日而去，作二小诗曰[6]：“逍遥堂后千寻木[7]，长送中宵风雨声[8]。误喜对床寻旧约[9]，不知漂泊在彭城。”“秋来东阁凉如水，客去山公醉似泥[10]。困卧北窗呼不醒[11]，风吹松竹雨凄凄。”东坡以为读之殆不可为怀，乃和其诗以自解。至今观之，尚能使人凄然也。

【译　文】

“嬉笑之怒，甚于裂眦；长歌之哀，过于恸哭。”这话确实不虚。元微之在江陵时，病中听说白居易贬官江州的消息，于是抱病作一绝句：“残灯无焰影憧憧，此夕闻君谪九江。垂死病中惊起坐，暗风吹雨入寒窗。”白乐天说：“这诗其他人听了都承受不了，何况是作为当事人的我呢！”元稹集中有“垂死病中仍怅望”，“仍怅望”三字既不好，又不题“病中作”，这就失其本意了。苏东坡任彭城太守时，苏子由前来看望他，淹留一百多天方离去，作了两首小诗：“逍遥堂后千寻木，长送中宵风雨声。误喜对床寻旧约，不知漂泊在彭城。”“秋来东阁凉如水，客去山公醉似泥。困卧北窗呼不醒，风吹松竹雨凄凄。”苏东坡读后实在难以排遣伤感之情，于是和诗两首宽慰自己。至今读起来，仍使人感到凄凉悲伤。

注释

❶ 裂眦（zì）：谓因发怒而眼睛睁得极大，眼眶似乎要裂开。形容极其愤怒的神态。眦：眼角。 ❷ 左降：贬官。 ❸ 憧憧：晃动，摇曳不定。 ❹ 谪：特指官吏因罪被降职或流放。 ❺ 仆：谦称。 ❻ 二小诗：即苏辙所作《逍遥堂会宿二首》。 ❼ 逍遥堂：徐州官府内之厅堂。千寻：古代八尺为一寻。千寻，形容极高或极长。 ❽ 中宵：半夜。 ❾ 对床：两人对床而卧。比喻朋友或手足相聚。 ❿ 山公：指山简，名士山涛之子。 ⓫ 困卧北窗：《晋书》载，“（陶潜）尝言夏月虚闲，高卧北窗之下，清风飒至，自谓羲皇上人”。后以此典形容人生活闲散自适，心境安逸。

韦苏州[①]

【原 文】

《韦苏州集》中有《逢杨开府》诗云[②]：“少事武皇帝[③]，无赖恃恩私[④]。身作里中横，家藏亡命儿。朝持樗蒲局[⑤]，暮窃东邻姬[⑥]。司隶不敢捕[⑦]，立在白玉墀[⑧]。骊山风雪夜，长杨羽猎时[⑨]。一字都不识，饮酒肆顽痴[⑩]。武皇升仙去[⑪]，憔悴被人欺[⑫]。读书事已晚，把笔学题诗。两府始收迹[⑬]，南宫谬见推[⑭]。非才果不容，出守抚茕嫠[⑮]。忽逢杨开府，论旧涕俱垂。”味此诗，盖应物自叙其少年事也，其不羁乃如此。李肇

【译 文】

《韦苏州集》中有《逢杨开府》一诗写道：“少事武皇帝，无赖恃恩私。身作里中横，家藏亡命儿。朝持樗蒲局，暮窃东邻姬。司隶不敢捕，立在白玉墀。骊山风雪夜，长杨羽猎时。一字都不识，饮酒肆顽痴。武皇升仙去，憔悴被人欺。读书事已晚，把笔学题诗。两府始收迹，南宫谬见推。非才果不容，出守抚茕嫠。忽逢杨开府，论旧涕俱垂。”品味此诗，应是韦应物自述其少年时的情形，想不到他竟如此放荡不羁。李肇《国史补》载：“韦应物生性高洁，生活俭朴，清心寡欲，

《国史补》云[16]："应物为性高洁，鲜食寡欲[17]，所居焚香扫地而坐，其为诗驰骤建安已还[18]，各得风韵。"盖记其折节后来也[19]。《唐史》失其事，不为立传。高適亦少落魄[20]，年五十始为诗，即工。皆天分超卓，不可以常理论云。应物为三卫[21]，正天宝间[22]，所为如是，而吏不敢捕，又以见时政矣。

在住所燃香扫地而坐，他的诗极具建安风骨，富有风韵。"这是记载他改变志向以后的情形。《唐书》没有记载他的史事，也没有为他立传。高適也是少年落魄，到五十岁时才学习作诗，但一作就极其精妙。这些都出于天资过人，不能以常理看待。韦应物列身三卫，正是天宝年间，他所作所为如此，而官吏不敢抓捕，又可想见当时的朝政状况了。

注释

❶韦苏州：即韦应物，曾任苏州刺史，故称。　❷开府：原为开建府署、辟置官属之意，此处指府兵军职。　❸武皇帝：本指汉武帝，唐人多借指唐玄宗。❹无赖：谓放刁，撒泼。恩私：恩宠。　❺樗（chū）蒱：古代的一种赌博游戏。投掷有颜色的五木等，以颜色决胜负，类似今日的掷骰子。　❻东邻姬：借指美女。　❼司隶：司隶校尉。这里指京师负责治安的官员。　❽白玉墀（chí）：指宫殿前的玉石台阶。此处指韦应物少时宿卫宫中事。　❾长杨：汉宫名。因宫中有垂杨数亩，故名。羽猎：打猎。打猎时士卒负有羽箭，故称。　❿顽痴：愚钝无知。　⓫升仙：谓玄宗崩逝。　⓬憔悴：失意，落魄。　⓭两府：指河南、京兆二府。代宗朝韦应物曾为河南府兵曹参军、京兆府功曹参军。收迹：收敛形迹。　⓮南宫：尚书省。　⓯出守：由京官出为太守。茕嫠（qiónglí）：孤苦无依之人。　⓰《国史补》：又名《唐国史补》，三卷，唐李肇撰。该书记载了唐开元至长庆一百多年间的史事，涉及当时社会风尚、职官及选举制度的沿革等。　⓱鲜食：少食。此指生活俭朴。　⓲驰骤：奔竞。建安：此指建安风骨。指汉魏之际曹操父子和建安七子等人诗文刚健遒劲的风格。　⓳折节：改变平素志行。　⓴高適：中唐时期边塞诗人，封渤海县侯，

因曾任散骑常侍，世称高常侍。 ㉑ 三卫：禁卫军亲卫、勋卫和翊卫的合称。 ㉒ 天宝：唐玄宗李隆基年号。

古行宫诗[1]

【原 文】

白乐天《长恨歌》《上阳人歌》[2]，元微之《连昌宫词》[3]，道开、天间宫禁事，最为深切矣。然微之有《行宫》一绝句云："寥落古行宫，宫花寂寞红。白头宫女在，闲坐说玄宗。"语少意足，有无穷之味。

【译 文】

白乐天《长恨歌》《上阳人歌》，元微之《连昌宫词》，写玄宗开元、天宝年间宫闱中事，最是深刻切实。然而元稹另有《行宫》一绝写道："寥落古行宫，宫花寂寞红。白头宫女在，闲坐说玄宗。"语约义丰，有无穷的韵味。

注 释

❶ 行宫：供帝王出行时居住的宫室。 ❷《长恨歌》：诗篇名，唐白居易作。该诗写唐明皇和杨贵妃的爱情故事，以及杨贵妃死后唐明皇对她的思念，是著名的长篇叙事诗。《上阳人歌》：即《上阳白发人》，唐白居易作。该诗通过描写一位上阳宫女长达四十余年的幽居遭遇，揭示了"后宫佳丽三千人"的悲惨命运，是一首政治讽谕诗。 ❸《连昌宫词》：诗篇名，唐元稹作。该诗通过一个老人之口叙述连昌宫的变迁，反映了唐朝自唐玄宗至唐宪宗时期的兴衰历程，是一首长篇叙事诗。

隔是

【原文】

乐天诗云："江州去日听筝夜，白发新生不愿闻。如今格是头成雪，弹到天明亦任君。"元微之诗云："隔是身如梦，频来不为名。怜君近南住，时得到山行。""格"与"隔"二字义同，"格是"犹言"已是"也。

【译文】

白乐天有诗写道："江州去日听筝夜，白发新生不愿闻。如今格是头成雪，弹到天明亦任君。"元微之有诗写道："隔是身如梦，频来不为名。怜君近南住，时得到山行。""格"与"隔"二字意义相同，"格是"相当于说"已是"。

张良无后[1]

【原文】

张良、陈平[2]，皆汉祖谋臣[3]，良之为人，非平可比也。平尝曰："我多阴谋，道家之所禁。吾世即废矣，以吾多阴祸也[4]。"平传国至曾孙，而以罪绝，如其言。然良之爵但能至子，去其死财十年而绝[5]，后世不复绍封[6]，其祸更促于平，何哉？予盖尝考之，沛公攻峣关[7]，秦将欲连和，良曰："不如因其

【译文】

张良、陈平，都是汉高祖刘邦的谋臣，但张良的为人，却不是陈平所能比的。陈平曾说："我经常使用阴谋诡计，这是道家所禁忌的。我的封国很快就会被废，因为我会遭到上天的惩罚。"陈平的封国传至他的曾孙，便因罪而废绝，正如他所说。然而张良的爵位只传到他儿子，距他去世才十年就被废绝，后世也不再被续封，张良之祸比陈平来得更快，为什么呢？我曾考察过，沛公攻打峣关，秦将想投降，张良说：

懈怠击之。”公引兵大破秦军。项羽与汉王约中分天下[8]，即解而东归矣[9]。良有“养虎自遗患”之语[10]，劝王回军追羽而灭之。此其事固不止于杀降也[11]，其无后宜哉！

“不如趁他守备松懈时发动偷袭。”刘邦于是引兵大破秦军。项羽与刘邦约定平分天下，项羽随后带兵由咸阳返楚。张良有“养虎自遗患”之言，劝刘邦回兵追击项羽而消灭他。张良这两件事比杀害降兵还过分，所以张良无后也就不奇怪了！

注释

❶张良：字子房，西汉开国功臣，因功封留侯，与韩信、萧何并称“汉初三杰”。 ❷陈平：西汉开国功臣，获封曲逆侯。 ❸汉祖：即汉高祖刘邦，秦末陈胜起事，其亦起兵于沛，号为沛公。西汉开国皇帝。 ❹阴祸：冥冥之中将要受到的惩罚。 ❺财：通“才”。 ❻绍封：汉代分封方式之一。绍：继也。诸侯封国已绝，再封其子孙为侯，以彰其功德者，曰绍封。 ❼峣（yáo）关：古关名。故址在陕西商洛西北，因临峣山得名。 ❽项羽：名籍。秦二世元年(前209)，随叔父项梁起兵于吴（今江苏苏州）。后在巨鹿破釜沉舟，大败秦军主力。前207年，以刘邦为汉王，自立为西楚霸王。后与刘邦争天下，兵败自刎而死。 ❾东归：项羽生长于楚地，欲由咸阳返楚，所以称东归。 ❿养虎自遗患：即“养虎遗患。” ⓫杀降：杀害已投降的敌人。

周亚夫[1]

【原文】

周亚夫距吴、楚[2]，坚壁不出[3]。军中夜惊，内相攻击扰乱，至于帐下，亚夫坚卧不起[4]，顷之，复定。吴奔壁东

【译文】

周亚夫率兵抵抗吴、楚叛军，固守军营不出。军中夜间惊扰，甚至相互攻击，一直闹到中军帐下，周亚夫仍按兵不动，一会儿，军营又安定下来。吴军

南陬[5]，亚夫使备西北，已而果奔西北，不得入。《汉史》书之[6]，以为亚夫能持重。案，亚夫军细柳时，天子先驱至，不得入。文帝称其不可得而犯。今乃有军中夜惊相攻之事，安在其能持重乎？

攻打军营东南角，周亚夫命令防备西北，不久吴军果然攻打西北，不能攻入。《汉书》记载这件事，认为周亚夫用兵老成持重。案，周亚夫屯兵细柳营时，天子的前导到达，不能进入军营。汉文帝称赞他不可侵犯。如今竟然有军队夜间惊扰相互攻击之事，怎么能说他用兵老成持重呢？

注释

❶周亚夫：西汉名将，驻屯细柳，治军谨严有方。汉景帝时期率军平定吴楚七国之乱，迁丞相。后被诬谋反，绝食而死。 ❷距：通“拒”，抵抗。吴、楚：西汉封国。汉景帝据御史大夫晁错建议实行削藩，于是吴王刘濞联合楚王刘戊等七位宗室诸侯王发动叛乱，史称“七国之乱”。 ❸坚壁：固守军营。壁：军营。 ❹坚卧：谓按兵不动。 ❺陬（zōu）：角落。 ❻《汉史》：班固所撰《汉书》。

汉轻族人

【原　文】

爰盎陷晁错[1]，但云：“方今计，独有斩错耳。”而景帝使丞相以下劾奏[2]，遂至父母妻子同产无少长皆弃市[3]。主父偃陷齐王于死[4]，武帝欲勿诛[5]，公孙丞相争之[6]，遂族

【译　文】

袁盎陷害晁错，只是说：“为今之计，只有杀掉晁错而已。”而汉景帝指使丞相以下官员弹劾他，竟至晁错的父母妻儿兄弟姐妹不分老幼都被斩首示众。主父偃陷害齐王致死，汉武帝本不想杀他，丞相公孙弘坚持要杀，于是主父偃被诛灭全族。郭解的

偃。郭解客杀人[7]，吏奏解无罪，公孙大夫议，遂族解。且偃、解两人本不死，因议者之言，杀之足矣，何遽至族乎？汉之轻于用刑如此！

门客杀人，官吏上奏判郭解无罪，公孙弘论议定罪，于是郭解被诛灭全族。主父偃、郭解二人罪不至死，因为议者主张要杀，杀了他本人也就够了，何至于诛灭其全族呢？汉朝就是如此轻率地动用重刑！

注释

❶ 爰盎：即袁盎。吴楚七国叛乱，袁盎奏请斩晁错以平众怒，叛乱平定后封为楚相。后遭到梁王忌恨，为刺客所杀。晁错：汉文帝时，因通晓文献典故，为太常掌故。汉景帝时迁御史大夫。汉景帝采纳其削藩建议，后因吴楚七国以诛晁错为名起兵反叛，被问斩。 ❷ 景帝：即汉景帝刘启。 ❸ 同产：同母所生。弃市：于闹市执行死刑，并将尸体弃置街头示众。 ❹ 主父偃：汉武帝时任郎中，再迁至中大夫，后出任齐相，究治齐王淫佚之行，齐王被迫自杀，武帝怒主父偃胁迫齐王致死，主父偃以此获罪，遂被族诛。齐王：即齐厉王刘次景，与胞姐乱伦，被齐相主父偃追究其事，畏罪自杀。 ❺ 武帝：即汉武帝刘彻。自其始，帝王有年号。 ❻ 公孙丞相：即公孙弘。汉武帝元朔年间，由御史大夫升任丞相，封平津侯。 ❼ 郭解：汉武帝时游侠。后因门客杀人，被御史大夫公孙弘指为“以睚眦杀人”“大逆无道”，遂族诛。客：门客。

漏泄禁中语[1]

【原文】

京房与汉元帝论幽、厉事[2]，至于十问十答。《西汉》所载君臣之语[3]，未有如是之详尽委曲者[4]。盖汉法，漏泄

【译文】

京房和汉元帝讨论周幽王、周厉王的事情，竟至十问十答。《汉书》所记载君臣问答，没有这样详尽细致的。汉朝法律，泄漏禁中对话是大

省中语为大罪，如夏侯胜出[5]，道上语，宣帝责之[6]，故退不敢言，人亦莫能知者。房初见帝时，出为御史大夫郑君言之[7]，又为张博道其语[8]，博密记之，后竟以此下狱弃市。今史所载，岂非狱辞乎[9]？王章与成帝论王凤之罪[10]，亦以王音侧听闻之耳[11]。

罪，比如夏侯胜出宫，传扬皇帝之言，汉宣帝斥责他，因而退下不敢再说，别人无从知晓。京房初见汉元帝时，出来对御史大夫郑弘说了，又向张博讲了皇帝说的话，张博悄悄记下来，后来京房竟因此被下狱斩首。如今史书所载的君臣问答，岂非狱中的供词吗？王章和汉成帝议论王凤之罪，也是因为王音在旁边偷听而泄漏给王凤的。

注释

❶ 禁中：亦称“禁省”“省中”，指帝王所居。 ❷ 京房：今文《易》学“京氏学”的开创者。因与宦官石显争权，被下狱处死。幽：指周幽王。厉：指周厉王。 ❸《西汉》：即《汉书》。 ❹ 详尽委曲：指对事情的经过了解得十分详细。 ❺ 夏侯胜：西汉经学家，《今文尚书》“大夏侯学”的开创者。 ❻ 宣帝：即汉宣帝刘询。 ❼ 御史大夫郑君：即御史大夫郑弘。永光二年（前42）任御史大夫。后坐与京房论议免，自杀。御史大夫：官名。秦置，其位次于丞相，职掌弹劾、纠察及掌管图籍秘书。 ❽ 张博：京房岳父，与京房同死，被腰斩。 ❾ 狱辞：犹供词。 ❿ 王章：少以文学为官，汉成帝时为京兆尹。后被王凤陷害，下狱死。成帝：即汉成帝刘骜。王凤：汉元帝皇后王政君之兄。汉成帝立，以大司马、大将军领尚书事，兄弟五人同日封侯，称为“五侯”。 ⓫ 王音：汉元帝皇后王政君从弟。汉成帝时，得悉王章劾凤专权，乃具以告凤，以此得为御史大夫。

田　叔[①]

【原 文】

贯高谋弑汉祖[②]，事发觉，汉诏赵王[③]，有敢随王罪三族[④]，唯田叔、孟舒等自髡钳随王[⑤]，赵王既出，上以叔等为郡守。文帝初立，召叔问曰："公知天下长者乎[⑥]？"曰："故云中守孟舒[⑦]，长者也。"是时，舒坐虏大入云中免。上曰："虏入云中，孟舒不能坚守，士卒死者数百人，长者固杀人乎？"叔叩头曰："夫贯高等谋反，天子下明诏，赵有敢随张王者，罪三族。然孟舒自髡钳，随张王，以身死之，岂自知为云中守哉！是乃所以为长者。"上曰："贤哉孟舒！"复召以为云中守。案，田叔、孟舒同随张王，今叔指言舒事，几于自荐矣。叔不自以为嫌，但欲直孟舒之事，文帝不以为过，一言开悟，为之复用舒，君臣之诚意相与如此。

【译 文】

贯高图谋行刺汉高祖，事情败露，汉高祖下诏给赵王张敖，有敢跟随赵王的诛灭三族，唯有田叔、孟舒等自行剃发钳颈跟随赵王，赵王被赦出狱，高祖任命田叔等人为郡守。汉文帝初登皇位，召田叔问道："公知道天下谁是贤者吗？"田叔回答说："前云中郡太守孟舒，是真正的贤者。"当时，孟舒因为匈奴攻入云中郡而被罢免。文帝说："匈奴攻入云中，孟舒不能坚守，士卒死了几百人，难道贤者就这样让别人去死吗？"田叔叩头说："当年贯高等谋反，天子下明诏，赵国有敢跟随赵王张敖的，诛灭三族。然而孟舒自行剃发钳颈，跟随赵王，准备以身替赵王死，哪里认为自己会做云中太守呢！所以说他是位贤者。"文帝说："孟舒真是贤才啊！"再次征召孟舒为云中太守。案，田叔、孟舒一同跟随赵王，如今田叔直言孟舒之事，几乎就等于自荐了。但田叔并不避嫌，只想说明白孟舒的事情，汉文帝也不认为有什么过错，从一席话中受到启发，重新起用孟舒，君臣之间的诚意相交就是如此。

注释

❶田叔：汉高祖时任云中太守，文帝时坐法失官，后复为鲁相。❷贯高：汉初赵国相。因汉高祖刘邦从平城过赵时辱骂赵王张敖，贯高便与赵王图谋行刺高祖，高祖九年（前198）事发，虽受酷刑，但他大义凛然，揽罪于己。刘邦被其感动，赦免贯高和赵王。贯高以己实有谋弑之罪，乃自杀。弑（shì）：臣杀死君主。❸赵王：此处指张敖。汉初异姓诸侯王。❹三族：说法不一。一说指父母、兄弟、妻子，一说指父、子、孙，一说指父族、母族、妻族。❺髡（kūn）钳：古代刑罚。谓剃去头发，用铁圈束颈。❻长者：指德高望重的人。此为贤者。❼云中：即云中郡。

孟舒、魏尚[①]

【原文】

云中守孟舒，坐虏大入云中免。田叔对文帝曰：“匈奴来为边寇，孟舒知士卒罢敝[②]，不忍出言，士争临城死敌，如子为父，以故死者数百人。孟舒岂驱之哉！”上曰：“贤哉孟舒！”复召以为云中守。又，冯唐对文帝曰：“魏尚为云中守，虏尝一入，尚率车骑击之。士卒终日力战。上功莫府[③]，坐首虏差六级[④]，下吏削爵[⑤]。臣以为陛下罚太重。”上赦魏尚，复以为云中守。案，孟舒、魏尚，

【译文】

云中太守孟舒，因匈奴攻入云中而被免官。田叔对汉文帝说：“匈奴进犯边境，孟舒知道士兵疲顿困乏，不忍心下令出战，士兵却争相上城拼死御敌，就像儿子保护父亲，因此战死几百人。孟舒哪能驱使他们去送死呢！”皇上说：“孟舒真是贤才啊！”于是，又征召孟舒任云中太守。另有记载，冯唐对汉文帝说：“魏尚为云中太守，匈奴曾经进犯，魏尚率骑兵迎击，士兵终日鏖战。向军府上报战功，因为多报了六颗首级，就被交付有司审讯，革除官爵。臣认为陛下处罚太重。”皇上赦免了魏尚，仍让他任云中太守。案，孟舒、魏尚都在汉

皆以文帝时为云中守，皆坐匈奴入寇获罪，皆得士死力，皆用他人言复故官，事切相类，疑其只一事云。

文帝时为云中太守，都因为匈奴入侵而获罪，都得到士卒拼死力战，又都因为他人进言而官复原职，事情极其相似，我怀疑是同一件事。

注释

❶ 魏尚：汉文帝时为云中太守。后因上报朝廷的杀敌数字与实际不符，被削职查办。后经冯唐劝说文帝，复为太守。 ❷ 罢（pí）敝：疲惫困顿。 ❸ 莫府：本指将帅在外的营帐。将帅的府署。 ❹ 级：秦制，战争中斩敌首一，赐爵一级，称为首级。后以"级"为所斩之首的量词。 ❺ 下吏：交付司法官吏审讯。

秦用他国人

【原 文】

七国虎争天下，莫不招致四方游士①。然六国所用相，皆其宗族及国人，如齐之田忌、田婴、田文②，韩之公仲、公叔，赵之奉阳、平原君，魏王至以太子为相。独秦不然。其始与之谋国以开霸业者③，魏人公孙鞅也④。其它若楼缓赵人⑤，张仪、魏冉、范雎皆魏人⑥，蔡泽燕人⑦，吕不韦韩人⑧，李斯楚人，

【译 文】

七国争雄天下，无不招募四方游说之士。然而六国所任用的相国，都是他们的宗族和自己国家的人，如齐国的田忌、田婴、田文，韩国的公仲侈、公叔伯婴，赵国的奉阳君、平原君，魏王甚至让太子为相国。只有秦国不是这样。最初与秦国谋划国策开创霸业的，是卫国人公孙鞅。另外，楼缓是赵国人，张仪、魏冉、范雎都是魏国人，蔡泽是燕国人，吕不韦是韩国人，李斯是楚国人，秦王都把国事托付给他

皆委国而听之不疑[9]，卒之所以兼天下者，诸人之力也。燕昭王任郭隗、剧辛、乐毅[10]，几灭强齐，辛、毅皆赵人也。楚悼王任吴起为相[11]，诸侯患楚之强，盖卫人也。

们而没有疑心，秦之所以最后能够兼并天下，就是依赖这些人的力量。燕昭王任用郭隗、剧辛、乐毅，几乎灭掉强大的齐国，剧辛、乐毅都是赵国人。楚悼王任用吴起为相国，各诸侯国都惧怕楚国的强大，吴起是卫国人。

注释

❶四方游士：四方游说之士。　❷田忌：齐国名将。田文：即孟尝君。与魏国信陵君无忌、赵国平原君赵胜、楚国春申君黄歇并称“战国四公子”，皆以礼贤下士、广纳门客著称。　❸谋国：谋划取得国家政权。　❹公孙鞅：又称商鞅。卫国人。他为秦相时，积极实施变法，使秦国成为富裕强大的国家。秦孝公死，他被诬谋反，车裂而死。　❺楼缓：赵国人，纵横家。入秦为相，联合赵、宋，谋抗齐、魏、韩三国。　❻张仪：魏国人。纵横家。相秦惠王，以连横之策游说六国共同事秦。魏冉：楚国人，秦昭王母宣太后弟，数任秦相，封于穰，称穰侯。范雎（jū）：亦作范且。魏国人。战国时期秦昭王相，封应侯。❼蔡泽：善辩多智，任秦昭王相，献计灭西周，封纲成君。　❽吕不韦：卫国濮阳（今河南濮阳）人。在邯郸遇时在赵国为人质的秦公子子楚，以其“奇货可居”，乃使子楚得归秦嗣位，以功为相。嬴政（秦始皇）即位，尊为仲父。　❾委国：指以国事相托。　❿燕昭王：战国时期燕国国君。在位期间招贤纳士，与燕人同甘苦，燕国日益富强。郭隗：燕人。燕昭王为报齐灭燕之仇，拜访郭隗，求计问策。郭隗鼓励燕昭王广纳社会贤才，建筑“黄金台”，于是贤士争赴燕国，燕国始强。乐（yuè）毅：辅佐燕昭王振兴燕国，官拜燕国上将军，受封昌国君。　⓫楚悼王：战国时期楚国国君。任用吴起变法，国富兵强。

曹参、赵括[1]

【原 文】

汉高祖疾甚，吕后问曰[2]：“萧相国既死，谁令代之？”上曰：“曹参可。”萧何事惠帝[3]，病，上问曰：“君即百岁后[4]，谁可代君？”对曰：“知臣莫若主。”帝曰：“曹参何如？”曰：“帝得之矣。”曹参相齐，闻何薨，告舍人趣治行[5]：“吾且入相。”居无何[6]，使者果召参。赵括自少时学兵法，其父奢不能难[7]，然不谓善，谓其母曰：“赵若必将之，破赵军者必括也。”后廉颇与秦相持[8]，秦应侯行千金为反间于赵，曰：“秦之所畏，独赵括耳。”赵王以括代颇将[9]。蔺相如谏，王不听。括母上书言括不可使，王又不听。秦王闻括已为赵将，乃阴使白起代王龁[10]，遂胜赵。曹参之宜为相，高祖以为可，惠帝以为可，萧何以为可，参自以为可，

【译 文】

汉高祖病重，吕后问他：“萧相国死了，谁能接替他呢？”皇上说：“曹参可以。”萧何辅佐汉惠帝，病重，皇帝问他：“您百年之后，谁可以接替您？”萧何回答说：“了解臣子的无过于君主。”惠帝说：“曹参怎么样？”萧何说：“陛下找到合适的人了。”曹参正在齐国为相，听说萧何去世，马上催促仆从整理行装，说：“我要入朝当丞相了。”过了不久，朝廷使者果然来召曹参。赵括自小学习兵法，他父亲赵奢也辩不过他，然而不说他学得好，而对他母亲说：“赵国如果一定要以赵括为大将，葬送赵军的一定是赵括。”后来廉颇与秦军相持，秦国应侯范雎花千金到赵国实施反间计，说：“秦国真正害怕的，只有赵括而已。”赵王于是让赵括代替廉颇为大将。蔺相如劝谏，赵王不听。赵括的母亲上书说赵括不堪使任，赵王又不听。秦王听说赵括已为赵将，就暗中让白起代替王龁为主将，于是大胜赵军。曹参适合做丞相，汉高祖认为可行，汉惠帝认为可行，萧何认为

故汉用之而兴。赵括之不宜为将，其父以为不可，母以为不可，大臣以为不可，秦王知之，相应侯知之，将白起知之，独赵王以为可，故用之而败。呜呼！将相安危所系，可不监哉！且秦以白起易王龁，而赵乃以括代廉颇，不待于战，而胜负之形见矣。

可行，曹参自己也认为可行，所以用曹参而汉朝兴盛。赵括不适合为将，他父亲认为不可，他母亲认为不可，赵国大臣认为不可，秦王知道，秦国相应侯知道，秦将白起知道，唯独赵王认为可用，所以用赵括为将而赵军大败。呜呼！将相关系国家安危，能不慎重吗！并且秦国以白起换王龁，而赵国竟以赵括代替廉颇，不等开战，而胜负就很清楚了。

注释

❶曹参：西汉开国功臣。继萧何为相，秉承“萧规曹随”，为“文景之治”奠定基础。赵括：战国时期赵国人，名将赵奢之子。在秦赵长平之战中兵败身死，赵军四十余万被俘坑杀。❷吕后：即吕雉。汉高祖刘邦之妻。❸惠帝：即汉惠帝刘盈。❹百岁：死的讳称。❺趣：通“促”。催促。治行：整理行装。❻无何：没有多久。❼奢：即赵奢。战国时期赵国名将，封号马服君。难：辩论。❽廉颇：战国末期赵国名将。秦赵之战中，他拥兵坚守，使秦军三年不得推进。❾赵王：即赵孝成王。战国时期赵国国君。❿白起：又称公孙起。战国时期秦国名将。长平之战大败赵军，将四十余万赵军坑杀。王龁(hé)：战国时期秦国名将。

信近于义

【原　文】

“信近于义，言可复也。恭近于礼，远耻辱也。因不失

【译　文】

《论语·学而》：“信近于义，言可复也。恭近于礼，远耻辱也。因不

其亲，亦可宗也[1]。”程明道曰：“因恭信而不失其所以亲近于礼义，故‘亦可宗’。”伊川曰：“因不失于相近，亦可尚也。”又曰：“因其近礼义而不失其亲，亦可宗也。况于尽礼义者乎？”范纯父曰[2]：“君子所因者本，而立爱必自亲始，亲亲必及人。故曰‘因不失其亲’。”吕与叔分为三事[3]。谢显道曰[4]：“君、师、友三者，虽非天属[5]，亦可以亲，舍此三者之外，吾恐不免于谄贱。惟亲不失其所亲，然后为可宗也。”杨中立曰[6]：“信不失义，恭不悖礼，又因不失其亲焉，是亦可宗也。”尹彦明曰[7]：“因其近，虽未足以尽礼义之本，亦不失其所宗尚也。”予切以谓义与礼之极，多至于不亲，能至于不失其亲，斯为可宗也。然未敢以为是。

失其亲，亦可宗也。”程颢说：“凭着恭敬和诚信而不失其亲近于礼义的根本，所以说‘亦可宗’。”程颐说：“（尽管礼义可能难以直接看到，）但凭着恭敬和诚信，我们仍可以接近并崇尚它。”又说：“凭着它们接近于礼义而不失去所亲近的人，也是可以尊崇的。何况完全合乎礼义呢？”范纯父说：“君子所凭依的是本性，而建立仁爱必须自亲近的人开始，亲爱关系亲近的人必然会推及他人。所以说‘因不失其亲’。”吕大临把“信”“恭”“亲”分为三端进行解释。谢良佐说：“君、师、友三类人，虽然不是血亲，也是可以亲近的，除此三类之外，我就怀疑不免于谄媚和卑贱。只有亲近那些应该亲近的人，然后才值得尊崇。”杨时说：“诚信而不失掉义，恭敬而不违背礼，又不失掉亲情，这也值得崇尚。”尹焞说：“依靠关系亲近的人，虽然不足以完全达到礼义之根本，也不失为可以崇尚的。”我深刻认识到义和礼做到极致，往往变得丧失亲情，能够做到不丧失亲情的人，这才是值得尊崇的。然而不敢自以为是。

注释

❶ 可宗：可靠。 ❷ 范纯父：即范祖禹。宋仁宗嘉祐八年（1063）进士，

官至翰林学士。 ❸ 吕与叔：即吕大临。吕大临曾学于程颐，与谢良佐、游酢、杨时并称“程门四先生”。 ❹ 谢显道：即谢良佐，学者称上蔡先生。宋神宗元丰八年（1085）进士，受学于二程，有《论语说》《上蔡语录》。 ❺ 天属：天性相连。指血亲。 ❻ 杨中立：即杨时，号龟山，学者称龟山先生。与罗从彦、李侗并称为“南剑三先生”，被后世尊为“闽学鼻祖”。 ❼ 尹彦明：即尹焞。年少时师事程颐。著有《论语解》。

刚毅近仁

【原　文】

刚毅者，必不能令色[1]。木讷者[2]，必不为巧言。此“近仁”“鲜仁”之辨也。

【译　文】

性格刚毅的人，必定不会面貌谄媚。木讷的人，必定不会花言巧语。这是区分“近仁”“鲜仁”的要领。

注　释

❶ 令色：谄媚的脸色。 ❷ 木讷：指人质朴而不善辞令。

忠恕违道

【原　文】

曾子曰[1]：“夫子之道，忠恕而已矣。”《中庸》曰：“忠恕违道不远。”学者疑为不同。伊川云：“《中庸》恐人不喻，乃指而示之近。”又云：“忠恕固可以贯

【译　文】

曾子说：“夫子之道，忠恕而已矣。”《中庸》说：“忠恕违离道不远。”学者们怀疑这两种说法不同。伊川先生说：“《中庸》怕人们弄不清楚，就指出忠恕接近道。”又说：“忠恕固然是可以贯

道，子思恐人难晓[2]，故降一等言之。”又云：“《中庸》以曾子之言虽是如此，又恐人尚疑忠恕未可便为道。故曰‘违道不远’。”游定夫云[3]：“道一而已，岂参彼此所能豫哉！此忠恕所以违道，为其未能一以贯之也。虽然，欲求入道者，莫近于此，此所以‘违道不远’也。”杨中立云：“忠恕固未足以尽道。然而‘违道不远’矣。”侯师圣云：“子思之忠恕，施诸己而不愿，亦勿施于人。此已是‘违道’。若圣人，则不待施诸己而不愿，然后勿施诸人也。”诸公之说，大氐不同。予切以为道不可名言，既丽于忠恕之名[4]，则为有迹，故曰“违道”。然非忠恕二字，亦无可以明道者，故曰“不远”，非谓其未足以尽道也。违者违去之谓，非违畔之谓[5]。老子曰：“上善若水，水善利万物而不争。处众人之所恶，故几于道。”苏子由解云[6]：“道无所不在，无所不利，而水亦然。然而既已丽于形，则于道有间矣，故曰‘几于道’。然而可名

穿道的，子思怕人难以理解，所以才退一步来解释。”又说：“《中庸》因为曾子的话虽是如此说，但又怕人怀疑忠恕不一定就是道，所以说‘违道不远’。”游酢说：“道的本原只有一个，岂能相互比较而言！忠恕之所以‘违道’，是因为它不能一以贯之。即便如此，想要学习道，没有比忠恕更接近的了，这就是为什么说‘违道不远’。”杨时说：“忠恕固然不足以概括道，然而它‘违道不远’。”侯师圣说：“子思所讲的忠恕，尚且不愿加在自己身上，也不愿加在别人身上。这已经是‘违道’。至于圣人，则是先不愿加在自己身上，然后才不愿加在别人身上。”诸公的说法，不尽相同。我私下认为道不可用概念来表述，既附着于忠恕之名，这就有了形迹，所以说“违道”。然而除了“忠恕”二字，也没有可以阐明道的，所以说“不远”，并不是说它不足以概括道。“违”是距离的意思，不是违背的意思。老子说：“上善若水，水善利万物而不争，处众人之所恶，故几于道。”苏辙阐释说：“道无所不在，无所不利，水也是如此。然而既已附着形迹，则和道就有了差别，所以说‘几于道’。然而可以用来形容的善，没有比这

之善，未有若此者。故曰‘上善’。”其说与此略同。

更好的，所以说是‘上善’。”这和我的看法大致相同。

注释

❶ 曾子：即曾参，被后世尊称为“宗圣”。春秋时期鲁国人。孔子弟子。❷ 子思：即孔伋，字子思。鲁国人，孔子嫡孙。❸ 游定夫：即游酢，字子通，后改为定夫，世称廌山先生。早年师事程颢、程颐，为“程门四先生”之一。著有《易说》《中庸义》《论语孟子杂解》等。❹ 丽：附着，依附。❺ 违畔：即违叛。❻ 苏子由解：即苏辙《老子解》。

求为可知

【原 文】

“不患无位，患所以立。不患莫己知，求为可知也。”为之说者皆以为当求为可知之行。唯谢显道云：“此论犹有求位求可知之道，在至论则不然，难用而莫我知，斯我贵矣，夫复何求？”予以为君子不以无位为患，而以无所立为患；不以莫己知为患，而以求为可知为患。第四句盖承上文言之。夫求之有道，若汲汲然求为可知①，则亦无所不至矣。

【译 文】

“不患无位，患所以立。不患莫己知，求为可知也。”解释这句话的人，都认为应当追求足以被别人知道的本领。唯有谢良佐说：“这一说法尚有求名位、求被人了解的想法，准确的解释不是这样说的，没被任用而又没人知道自己，这样自己就可贵了，还要追求什么呢？”我认为君子不以没有官位为虑，而以没有立身的本领为虑；不以没人知道自己为虑，而以怎么追求被人知道的本领为虑。第四句是承接上文说的。原本追求名利要遵循正道，如果急切追求为人所知，那就无所不用其极了。

注释

❶ 汲汲：心情急切的样子。

里 仁

【原 文】

“里仁为美。择不处仁，焉得智？”孟子论函、矢、巫、匠之术[1]，而引此以质之。说者多以“里”为“居”，居以亲仁为美。予尝记一说云：函、矢、巫、匠皆里中之仁也，然于仁之中，有不仁存焉，则仁亦在夫择之而已矣。尝与郑景望言之[2]，景望不以为然。予以为此特谓闾巷之间所推以为仁者[3]，固在所择，正合孟子之意。不然，仁之为道大矣，尚安所择而处哉？

【译 文】

“里仁为美。择不处仁，焉得智？”孟子评论函人、矢人、巫医、棺匠等职业时，引用孔子之言作为评判标准。解释的人大多把“里”字解释为“居”字，指居处以亲近仁人为好。我曾记得有一种说法：函人、矢人、巫医、棺匠都是里中的仁人，但在这些本性仁爱的人身上，还有不仁的存在，那么仁也就在于如何选择谋生之术罢了。我曾和郑伯熊说起过这层意思，他不同意。我认为这里只是说里巷之间所公认的仁人，关键在于职业的选择，正合孟子之意。不然的话，仁作为大道实在广博，还需要选择地方而居处吗？

注释

❶ 函：函人，制造铠甲的人。矢：矢人，制造弓箭的人。 ❷ 郑景望：即郑伯熊，字景望，以振兴伊洛之学为己任，事功学派的重要人物。与弟伯英齐名，时人称为大郑公、小郑公。 ❸ 闾巷：里巷，乡里。

汉采众议

【原 文】

汉元帝时，珠崖反[1]，连年不定。上与有司议大发军，待诏贾捐之建议[2]，以为不当击。上以问丞相、御史，御史大夫陈万年以为当击，丞相于定国以为捐之议是，上从之，遂罢珠崖郡。匈奴呼韩邪单于既事汉[3]，上书愿保塞上谷以西[4]，请罢边备塞吏卒，以休天子人民[5]。天子令下有司议，议者皆以为便，郎中侯应习边事，以为不可许。上问状，应对十策[6]，有诏勿议罢边塞事。成帝时，匈奴使者欲降，下公卿议，议者言宜如故事受其降。光禄大夫谷永以为不如勿受[7]，天子从之。使者果诈也。哀帝时[8]，单于求朝，帝欲止之，以问公卿，亦以为虚费府帑[9]，可且勿许。单于使辞去。黄门郎扬雄上书谏[10]，天子寤

【译 文】

汉元帝时，珠崖郡发生叛乱，连续几年平定不了。元帝与有关大臣商议派大军平叛，待诏贾捐之建议，认为不应出兵。元帝便问丞相、御史，御史大夫陈万年认为应当出兵，丞相于定国认为贾捐之的建议对，元帝采纳了贾捐之的建议，于是撤销了珠崖郡。匈奴呼韩邪单于既已归附汉朝，上书愿意保卫上谷郡以西的边塞，请求汉朝撤走守备边防的军队，以便人民休养生息。元帝命有关大臣商议，议者都认为可行，郎中侯应熟悉边境事务，认为不能答应。元帝向他询问详细情由，侯应列出十条不能答应的理由，元帝随后下诏命令不再讨论边塞撤兵之事。汉成帝时，匈奴使者想要归降，此事交付公卿商议，议者都说可以依照旧例接受归降。光禄大夫谷永认为不可接受归降，成帝采纳了他的意见。后来证明匈奴使者果然是诈降。汉哀帝时，单于请求朝见皇帝，哀帝想要拒绝，便征求公卿的意见，公卿也都认为白白耗费国库钱财，不宜答应。单于使者便辞别而去。黄门郎扬雄上书进谏，哀帝才醒悟过来，

焉[11]，召还匈奴使者，更报单于书而许之。安帝时[12]，大将军邓骘欲弃凉州[13]，并力北边，会公卿集议，皆以为然，郎中虞诩陈三不可，乃更集四府[14]，皆从诩议。北匈奴复强[15]，西域诸国既绝于汉[16]，公卿多以为宜闭玉门关绝西域[17]。邓太后召军司马班勇问之[18]，勇以为不可，于是从勇议。顺帝时，交趾蛮叛[19]，帝召公卿百官及四府掾属，问以方略，皆议遣大将发兵赴之，议郎李固驳之，乞选刺史太守以往，四府悉从固议，岭外复平。灵帝时，凉州兵乱不解，司徒崔烈以为宜弃，诏会公卿百官议之，议郎傅燮以为不可，帝从之。此八事者，所系利害甚大，一时公卿百官既同定议矣，贾捐之以下八人，皆以郎、大夫之微，独陈异说。汉元、成、哀、安、顺、灵皆非明主，悉能违众而听之，大臣无贤愚亦不复执前说，盖犹有公道存焉。每事皆能如是，天

又召还匈奴使者，重新写了同意单于朝见的诏书。汉安帝时，大将军邓骘想放弃凉州，以便加强北方的边防，朝廷召集公卿集体商议，都认为这么做是对的，郎中虞诩陈述了三条不可放弃的理由，于是又召集四府商议，都认同虞诩的建议。北匈奴再度强盛起来，西域各国随即断绝了和汉朝的联系，公卿们大多主张关闭玉门关，与西域断绝往来。邓太后召见军司马班勇询问他的意见，班勇认为不应闭关，于是邓太后采纳了班勇的建议。顺帝时，交趾蛮发起叛乱，皇帝召见公卿百官及四府僚属，询问应对之法，大臣们都建议派大将率兵征讨，议郎李固反对这项提议，请求选派刺史太守前去安抚，四府都认同李固的建议，岭南又重新安定下来。汉灵帝时，凉州兵乱不止，司徒崔烈认为应该放弃凉州，朝廷于是召集公卿百官商议，议郎傅燮认为不可，皇帝听从了傅燮的意见。这八件事，利害关系重大，当时公卿百官已经达成定议，贾捐之以下八人，均以郎官、大夫的卑微身份，独自提出不同意见。汉元帝、成帝、哀帝、安帝、顺帝、灵帝都不是英明君主，却能否决众人决议而采纳他们的正确意见，大臣无论贤愚也不再坚执前面的建议，这说明当时公道尚存。如果每件事都能这样，天下难

下其有不治乎？

道还治理不好吗？

注释

❶ 珠崖：郡名，又称“朱崖”，汉武帝置，治瞫都（今海南海口），因崖边出产珍珠，故名。 ❷ 待诏：官名。汉代征士未有正官者，均待诏公车，其特异者待诏金马门，备顾问，后遂以待诏为官名。 ❸ 呼韩邪（yé）单（chán）于：挛鞮氏，名稽侯珊。汉宣帝时，呼韩邪单于为其兄所败，甘露二年（前52）降汉。 ❹ 上谷：即上谷郡，治今河北怀来东南。 ❺ 休：休养生息。 ❻ 策：文体名。 ❼ 光禄大夫：官名。汉朝光禄勋属官，掌议论应对。 ❽ 哀帝：即汉哀帝刘欣。 ❾ 府帑：国库。 ❿ 黄门郎：即黄门侍郎。秦代初置，即给事于宫门之内的郎官，是皇帝近侍之臣，可传达诏令。扬雄：又作杨雄，西汉末年辞赋家、思想家。 ⓫ 寤：同“悟”。 ⓬ 安帝：即东汉安帝刘祜。 ⓭ 凉州：汉武帝置，为十三刺史部之一。东汉时治陇县（今甘肃张家川）。 ⓮ 四府：东汉以太尉、司徒、司空、大将军（或太傅）府为四府。 ⓯ 北匈奴：东汉时匈奴分裂为南、北二部，汉人对留居漠北的匈奴部族的称谓。北匈奴一度强盛，威震西域。 ⓰ 西域诸国：即西域三十六国。指玉门关以西、巴尔喀什湖以东以南广大地区。 ⓱ 玉门关：关名。汉武帝置。因西域输入玉石时取道于此而得名。汉时为通往西域各地的门户。故址在今甘肃敦煌西北。 ⓲ 邓太后：即汉和帝皇后邓绥。 ⓳ 交趾：汉武帝时所置十三刺史部之一，辖境相当于今广东、广西的大部和越南的北部、中部。东汉时改为交州。

汉母后①

【原文】

汉母后预政②，不必临朝及少主，虽长君亦然。文帝系周勃③，薄太后曰④：“绛侯绾

【译文】

汉朝母后干预朝政，不一定非要亲自临朝听政或是在皇帝年幼不能理政之时，即使成年皇帝在位，她们也

皇帝玺[5]，将兵于北军[6]，不以此时反，今居一小县，顾欲反邪？”帝谢曰：“吏方验而出之。”遂赦勃。吴、楚反，诛，景帝欲续之，窦太后曰[7]：“吴王老人也，宜为宗室顺善，今乃首乱天下，奈何续其后！”不许吴，许立楚后。郅都害临江王[8]，窦太后怒，会匈奴中都以汉法[9]，帝曰：“都忠臣。”欲释之。后曰：“临江王独非忠臣乎？”于是斩都。武帝用王臧、赵绾，太皇窦太后不悦儒术，绾请毋奏事东宫[10]，后大怒，求得二人奸利事以责上[11]，上下绾、臧吏，杀之。窦婴、田蚡廷辩[12]，王太后大怒不食，曰：“我在也，而人皆藉吾弟[13]，且帝宁能为石人邪！”帝不直蚡，特为太后故杀婴。韩嫣得幸于上[14]，江都王为太后泣[15]，请得入宿卫比嫣，后繇此衔嫣[16]，嫣以奸闻，后使使赐嫣死。上为谢，终不能得。成帝幸张放，太后以为言[17]，帝常涕泣而遣之。

可以干预朝政。汉文帝拘禁周勃，薄太后说：“绛侯周勃以前掌管皇帝印玺，统领北军，不在那时造反，如今住在一个小县，反而要造反吗？”文帝告罪说：“狱吏正在查证情况，准备释放。”于是赦免了周勃。吴王、楚王谋反，被诛，汉景帝打算续封他们的后代，窦太后说：“吴王是长辈，本应为宗室顺从善道，如今带头祸乱天下，为何还要续封他的子孙！”不允许续封吴王子孙，同意续封楚王子孙。郅都害死临江王，窦太后大怒，恰好匈奴借汉朝法令陷害郅都，景帝说：“郅都是忠臣。”要赦免他。太后说：“临江王难道不是忠臣吗？”于是斩杀郅都。汉武帝任用王臧、赵绾，窦太后不喜欢儒术，赵绾请求武帝不必向窦太后奏事，窦太后大怒，查访到两人非法谋取利益的事，以此质问武帝。武帝只好把赵绾、王臧交付司法吏，斩杀二人。窦婴、田蚡当廷争辩，王太后大怒，不吃不喝，说：“我还活着，人们就都凌辱我弟弟，难道皇帝就当石头人吗！”武帝本来认为田蚡不对，只是为了太后的缘故而斩杀窦婴。韩嫣为汉武帝宠幸，江都王向太后哭泣，请求像韩嫣一样到皇宫值宿，太后由此衔恨韩嫣，韩嫣的奸情败露，太后派人赐死韩嫣。武帝为他求情，终不能赦免。汉成帝宠幸张放，太后有意见，成帝只好哭着把张放打发走了。

注释

❶母后：帝王之母。 ❷预政：此指干预朝政。 ❸系：拘禁。周勃：西汉开国功臣，以军功封绛侯。吕后死，与陈平等共诛诸吕，迎汉文帝即位。后被人诬陷谋反下狱，得薄太后相救方免其罪。 ❹薄太后：即薄姬，汉文帝刘恒生母。 ❺绾：掌管。 ❻北军：汉代守卫京师的屯卫兵，以屯守长安城北，故称。 ❼窦太后：汉文帝皇后，景帝生母。武帝即位，尊为太皇太后。 ❽临江王：即临江王刘荣。原为皇太子，后因事被废为临江王。 ❾中：陷害。❿东宫：此指窦太后，因其所居长乐宫在未央宫之东，故称。 ⓫奸利：指非法谋取的利益。 ⓬窦婴：窦太后之侄。平定七国之乱后，因功封魏其侯。田蚡（fén）：汉景帝王皇后同母弟。武帝即位，封武安侯。 ⓭藉：凌辱，践踏。⓮韩嫣：韩王信（非淮阴侯韩信）的曾孙，汉武帝宠臣。 ⓯江都王：即江都王刘非。汉景帝之子。吴楚七国叛乱时，他上书自请击吴，被任为将军，吴破，徙为江都王。 ⓰繇：同“由”。衔：衔恨。 ⓱太后：指王政君。汉元帝刘奭的皇后，汉成帝刘骜的生母。

田千秋、郅恽[1]

【原文】

汉武帝杀戾太子[2]，田千秋讼太子冤，曰：“子弄父兵当何罪？”帝大感悟，曰：“父子之间，人所难言也。公独明其不然，公当遂为吾辅佐。”遂拜为丞相。光武废郭后，郅恽言曰：“夫妇之好，父不能得之于子，况臣能得之于君乎！是臣所不敢言。虽然，愿陛下念其可否

【译文】

汉武帝杀了戾太子，田千秋为太子诉冤，说：“儿子擅动父亲的军队该当何罪？”武帝听闻深有感悟，说：“父子之间的事，外人很难说。唯独你能言明太子未反，将来你要助我治理国家。”于是拜为丞相。汉光武帝要废郭皇后，郅恽进言说：“夫妇之间的关系，父亲尚且无法同儿子谈论，何况君臣之间呢！所以臣不敢评议。即使这样，也希望陛下考虑是否

之计，无令天下有议社稷而已[3]。”帝曰：“恽善恕己量主。”遂以郭氏为中山王太后，卒以寿终。此二人者，可谓善处人骨肉之间，谏不费词，婉而能入者矣。

妥当，不要让天下人议论社稷就好。”光武帝说：“郅恽善于以恕己之心体谅君主。”于是封郭氏为中山王太后，最后得以善终。田千秋、郅恽二人，可谓善于协调人们骨肉之间的关系，说话简明扼要，婉转入耳，容易为皇上采纳。

注释

❶ 田千秋：即车千秋。汉武帝时上书为戾太子诉冤，武帝感悟，擢用为大鸿胪，数月后任丞相，封富民侯。昭帝时田千秋以老年朝见，得乘小车入宫殿中，因号车丞相。 ❷ 戾太子：即刘据，汉武帝嫡长子，受江充诬陷而举兵，兵败自杀。其孙刘询即位为汉宣帝，追谥“戾”，史称戾太子。 ❸ 社稷：土神与谷神，古时重农，君主都祭祀社稷。后来就以社稷代指国家。

戾太子

【原文】

戾太子死，武帝追悔，为之族江充家[1]。黄门苏文助充谮太子，至于焚杀之。李寿加兵刃于太子，亦以它事族。田千秋以一言至为丞相，又作思子宫，为归来望思之台。然其孤孙囚系于郡邸[2]，独不能释之，至于掖庭令养视而不问也[3]，岂

【译文】

戾太子死后，汉武帝非常后悔，因此将江充灭族。宦官苏文曾帮助江充诬陷太子，以至于被烧死。李寿持兵器围捕太子，也因别的事情被灭族。田千秋因为进言为太子鸣冤而拜丞相，武帝又建思子宫，修筑归来望思台。然而他的孙子刘病已被囚禁在郡邸狱，却不予释放，由掖庭令养护，而武帝不闻不问，难道是汉朝法

非汉法至严，既坐太子以反逆之罪，虽心知其冤，而有所不赦者乎？

令极严，既已坐实太子谋反之罪，即使心里知道他的冤屈，也不能赦免吗？

注释

❶江充：本名齐，字次倩。江充与太子刘据有仇隙，乘武帝患病之际，诬陷太子行巫蛊之事，太子惧，起兵杀之，旋兵败自尽。 ❷孤孙：指汉宣帝刘询，汉武帝曾孙。祖父戾太子因巫蛊之祸自杀，父母皆遇害，刘询于襁褓之中被收系郡邸狱。郡邸：即郡邸狱。汉王侯、郡守府邸中所设的监狱。 ❸掖庭令：官名。掌管宫女及供御杂务，兼管宫中诏狱，由宦官充任，权势颇重。

灌夫、任安

【原文】

窦婴为丞相，田蚡为太尉，同日免。蚡后为丞相，而婴不用，无势，诸公稍自引而怠骜[①]，唯灌夫独否。卫青为大将军，霍去病财为校尉[②]，已而皆为大司马。青日衰，去病日益贵。青故人门下多去事去病，唯任安不肯去。灌夫、任安，可谓贤而知义矣，然皆以它事卒不免于族诛，事不可料如此。

【译文】

窦婴为丞相，田蚡为太尉，两人同日被免官。田蚡后来任丞相，而窦婴再没被任用，失去了权势，门客渐渐自行远离和怠慢他，只有灌夫不然。卫青任大将军时，霍去病才为校尉，不久两人都为大司马。卫青渐渐失势，霍去病却越发显贵。卫青的门客大多去追随霍去病，只有任安不肯离去。灌夫、任安，可以说是贤明而重义之人，然而都因其他事情被灭族，世间事竟是如此不可预料。

注释

❶ 怠骜（ào）：亦作“怠傲”，怠忽傲慢。 ❷ 霍去病：西汉名将，封冠军侯，曾六次出击匈奴。

单于朝汉

【原文】

汉宣帝黄龙元年正月[1]，匈奴单于来朝，二月归国，十二月帝崩。元帝竟宁元年正月[2]，又来朝，五月帝崩。故哀帝时，单于愿朝，时帝被疾[3]，或言匈奴从上游来厌人[4]，自黄龙、竟宁时，中国辄有大故，上由是难之。既不许矣，俄以扬雄之言，复许之。然元寿二年正月[5]，单于朝，六月帝崩。事之偶然符合有如此者。

【译文】

汉宣帝黄龙元年正月，匈奴单于前来朝见，二月回国，十二月宣帝驾崩。汉元帝竟宁元年正月，单于又前来朝见，五月元帝驾崩。所以汉哀帝时，单于希望前来朝见，当时哀帝疾病缠身，有人说匈奴从西北上方以巫术致灾祸于人，自黄龙、竟宁以来，凡单于前来朝见则国家即有大丧，哀帝因此很为难。本已拒绝了，不久因为扬雄的建议，又答应单于前来朝见。然而元寿二年正月，单于前来朝见，六月哀帝即驾崩。世间竟然有如此巧合之事。

注释

❶ 黄龙：汉宣帝刘询年号。 ❷ 竟宁：汉元帝刘奭年号。 ❸ 被疾：谓疾病缠身。 ❹ 上游：西北地形高，故称上游。厌（yā）：即厌胜，古代方术，以诅咒制服人或物。 ❺ 元寿：汉哀帝刘欣年号。

卷第三

二十一则

进士试题

【原 文】

唐穆宗长庆元年，礼部侍郎钱徽知举[①]，放进士郑朗等三十三人[②]，后以段文昌言其不公，诏中书舍人王起、知制诰白居易重试[③]，驳放卢公亮等十人[④]，贬徽江州刺史。白公集有奏状论此事[⑤]，大略云："伏料自欲重试进士以来[⑥]，论奏者甚众。盖以礼部试进士，例许用书策[⑦]，兼得通宵，得通宵则思虑必周，用书策则文字不错。昨重试之日，书策不容一字，木烛只许两条，迫促惊忙，幸皆成就，若比礼部所试，事校不同。"及驳放公亮等敕文，以为《孤竹管赋》出于《周礼》正经[⑧]，阅其程试之文，多是不知

【译 文】

唐穆宗长庆元年，礼部侍郎钱徽任主考官，放榜录取进士郑朗等三十三人，后来因为段文昌说他不公正，诏令中书舍人王起、知制诰白居易重新主持考试，驳放卢公亮等十人，贬钱徽为江州刺史。白居易文集里有奏状评论此事，大略说："自从朝廷要重试进士以来，上书论奏的人很多。礼部试进士，旧例允许携带书籍，也准许通宵答题，通宵答题则考虑问题必定周全，使用书籍则文字不会出差错。昨日重新考试，不许携带书籍，也只给两条木烛，士子们仓促惊慌，所幸也都完成，和礼部考试相比，事体有很大不同。"驳放卢公亮等的敕文，以为《孤竹管赋》出自《周礼》正经，批阅这些人的考试文卷，其大多不知事情原委。可知

本末。乃知唐试进士许挟书及见烛如此。国朝淳化三年，太宗试进士，出《卮言日出赋》题[9]，孙何等不知所出，相率扣殿槛乞上指示之[10]，上为陈大义。景德二年[11]，御试《天道犹张弓赋》，后礼部贡院言[12]，近年进士，惟钞略古今文赋，怀挟入试，昨者御试以正经命题[13]，多懵所出，则知题目不示以出处也。大中祥符元年[14]，试礼部进士，内出《清明象天赋》等题[15]，仍录题解，摹印以示之。至景祐元年[16]，始诏御药院[17]，御试日进士题目，具经史所出，摹印给之，更不许上请。

唐代进士考试允许带书籍和蜡烛。本朝淳化三年，太宗亲自试进士，出题为《卮言日出赋》，孙何等人不知出处，相继叩击殿槛乞求皇上指示，皇上向他们说明大意。景德二年，御试《天道犹张弓赋》，其后礼部贡院上奏说，近年进士，只会抄录古今文赋，挟带应试，昨日御试以正经命题，大多人懵然无知。由此可知，题目没有标明出处。大中祥符元年，礼部考选进士，宫里出《清明象天赋》等题目，仍旧抄录题解，印好拿给考生看。到景祐元年，就诏令御药院，凡御试进士的题目，明确经史出处，摹写印好后发给考生，不许再问皇帝。

注释

❶知举：即“知贡举”。唐宋时特派主持进士考试的大臣。 ❷放：放榜。科举时公布考试录取者的名单和名次。 ❸知制诰：官名。唐翰林学士加知制诰者起草诏令。白居易时为主客郎中知制诰。 ❹驳放：谓科举时代否定已发榜公布的中式者而贬黜之。 ❺白公集有奏状论此事：见白居易《论重考试进士事宜状》。 ❻伏：敬辞。 ❼许用书策：允许挟带书册入场。 ❽正经：与诸子相对的儒家五经之正典。 ❾卮（zhī）言日出：语出《庄子·寓言》。卮言：不着边际支离破碎的言论。日出：每天都有出现。 ❿殿槛（jiàn）：宫殿栏杆。 ⓫景德：宋真宗赵恒年号。 ⓬贡院：科举考试机构和场所。 ⓭御试：殿试。科举时代，帝王亲自于殿廷内考试贡举之士，为科举考试中最高一

级考试。 ⑭ 大中祥符：宋真宗赵恒年号。 ⑮ 清明象天：出自《荀子·乐论》。 ⑯ 景祐：宋仁宗赵祯年号。 ⑰ 御药院：官署名。北宋时设于禁中。掌按验秘方、调制药剂以供皇帝及宫中使用。

儒人论佛书

【原 文】

韩文公《送文畅序》[1]，言儒人不当举浮屠之说以告僧[2]。其语云："文畅，浮屠也。如欲闻浮屠之说，当自就其师而问之，何故谒吾徒而来请也？"元微之作《永福寺石壁记》云："佛书之妙奥，僧当为予言，予不当为僧言。"二公之语，可谓至当。

【译 文】

韩愈《送文畅序》，说儒生不应当和僧人谈论佛家学说。序中说："文畅，是僧人。如果想了解佛家学说，应当去问他师父，为什么前来问我们呢？"元稹作《永福寺石壁记》云："佛经的奥妙，僧人应当对我讲，我不应当对僧人讲。"两位先生所说的话，可谓非常恰当。

注 释

❶ 韩文公：即韩愈，字退之。郡望昌黎，世称"韩昌黎"。谥"文"，故称"韩文公"，"唐宋八大家"之一。 ❷ 浮屠：译自梵语，指佛陀、和尚、佛塔。

和《归去来》[1]

【原 文】

今人好和《归去来词》，予

【译 文】

如今的文人喜欢唱和《归去来

最敬晁以道所言。其《答李持国书》云："足下爱渊明所赋《归去来辞》[②]，遂同东坡先生和之，仆所未喻也。建中靖国间[③]，东坡《和归去来》初至京师，其门下宾客从而和者数人，皆'自谓得意'也，陶渊明纷然一日满人目前矣。参寥忽以所和篇示予[④]，率同赋。予谢之曰：'童子无居位，先生无并行，与吾师共推东坡一人于渊明间可也。'参寥即索其文袖之，出吴音曰[⑤]：'罪过公，悔不先与公话。'今辄以厚于参寥者为子言。昔大宋相公谓陶公《归去来》是南北文章之绝唱[⑥]，'五经'之鼓吹[⑦]。近时绘画《归去来》者，皆作大圣变[⑧]，和其辞者，如即事遣兴小诗[⑨]，皆不得正中者也。"

辞》，我最敬佩晁说之所说的话。他的《答李持国书》说："先生您喜欢陶渊明所作《归去来辞》，于是与东坡先生和它，这我就不明白了。建中靖国年间，东坡的《和归去来》刚传至京城，他的弟子宾客随他唱和的有好几个人，都自认为写得不错，真是一日之间满眼都是陶渊明了。参寥忽然把他唱和的陶诗拿给我看，大略也是此间所作。我告诉他说：'童子不可占据高位，不可同长辈并肩同行，我与大师共推东坡先生与陶渊明并驾齐驱就足够了。'参寥随即就把他的和诗要回去，装在袖子里走了，并用吴语说：'对不起先生，我后悔没有早点向您请教。'现在我就把爱重参寥子的话对您说一遍。以前大宋相公宋庠称陶渊明《归去来》是南北朝文章之绝唱，'五经'的传播者。近来画《归去来》的都画成了大圣变，唱和《归去来辞》的作品，如同随兴而作以抒发情怀的小诗，这都没能真正领会其宗旨。"

注释

❶《归去来》：即陶渊明所作《归去来兮辞》。 ❷ 足下：敬辞，古代下称上或同辈相称时所用。 ❸ 建中靖国：宋徽宗赵佶年号。 ❹ 参寥：即道潜。北宋诗僧，与苏轼诸人交好。 ❺ 吴音：吴地方言。 ❻ 大宋相公：即宋庠

(xiáng)，初名郊，字公序。与弟宋祁俱有文名，并称“二宋”。南北：南北朝。❼鼓吹：本指鼓吹乐。现指宣扬、宣传。 ❽大圣：佛教称佛或菩萨。变：变相，以绘画或雕刻表现佛经故事的艺术形式。 ❾遣兴：指诗文随兴而作，以抒发情怀。

四海一也

【原 文】

海一而已，地之势西北高而东南下，所谓东、北、南三海，其实一也。北至于青、沧，则云北海，南至于交、广，则云南海，东渐吴、越，则云东海，无由有所谓西海者。《诗》《书》《礼》经所载四海①，盖引类而言之。《汉·西域传》所云蒲昌海②，疑亦渟居一泽尔③。班超遣甘英往条支④，临大海，盖即南海之西云。

【译 文】

大海只有一个而已，地势西北高而东南低，所谓东海、北海、南海三海，其实是一个海。北边到青州、沧州，就叫北海；南边到交州、广州，就叫南海；东边到吴、越，就叫东海，不可能有所谓西海。《诗经》《尚书》《礼》所记载的四海，大概是援引同类而说。《汉书·西域传》所说的蒲昌海，怀疑只是水流汇聚的一个湖泽罢了。班超派遣甘英出使条支，到达海边，大概就是南海的西面。

注 释

❶《诗》：即《诗经》，我国最早的诗歌总集，保存诗歌三百零五篇，故又称《诗三百》，为儒家经典之一。《礼》：记古代礼法之书，有《仪礼》《周礼》《礼记》三种，合称“三礼”，为儒家经典。 ❷蒲昌海：今新疆罗布泊。又名盐泽。 ❸渟（tíng）：水积聚而不流动。 ❹班超：东汉名将。汉明帝永平年间，率三十六人出使西域，镇守西域三十一年，官至西域都护，封定远侯。甘

英：东汉使臣、外交家。汉和帝永元九年（97），甘英奉班超之命出使大秦（罗马帝国），至今波斯湾，为海所阻，乃还。条支：即塞琉古王国，位于丝绸之路要道，领有叙利亚、小亚细亚大部，东达伊朗高原东部的广大地区。

李太白

【原 文】

世俗多言李太白在当涂采石①，因醉泛舟于江，见月影俯而取之，遂溺死，故其地有捉月台。予案，李阳冰作太白《草堂集序》云②："阳冰试弦歌于当涂③，公疾亟④，草稿万卷，手集未修，枕上授简⑤，俾为序⑥。"又李华作《太白墓志》，亦云："赋《临终歌》而卒⑦。"乃知俗传良不足信，盖与谓杜子美因食白酒牛炙而死者同也⑧。

【译 文】

世间多传说李白在当涂采石矶，因醉酒泛舟江上，看到水中月影俯身去捞取，结果失足落水淹死，所以采石矶有捉月台。笔者案，李阳冰所作太白《草堂集序》写道："我为当涂县令时，李白病势危急，有草稿万卷，还没有修改定稿，他在病榻上将文稿托付于我，让我作序。"又有李华作《太白墓志》，也写道："李白作《临终歌》而死。"如此方知世间传言实不可信，大概与传说杜甫因喝了白酒、吃了烤牛肉饱胀而死一样荒唐可笑。

注 释

❶ 当涂：今属安徽。采石：即采石矶，原名牛渚矶。位于今安徽马鞍山。❷ 李阳冰：宝应元年（762）任当涂县令。李白晚年住在李阳冰家，称其从叔。❸ 弦歌：《论语·阳货》记孔子学生子游任武城宰，以弦歌为教民之具。后因以"弦歌"为出任邑令之典。 ❹ 疾亟：病情危急。 ❺ 授简：给予简札。又谓嘱人写作。 ❻ 俾（bǐ）：使。 ❼《临终歌》：今作《临路歌》，李白绝笔。诗

云："大鹏飞兮振八裔，中天摧兮力不济。余风激兮万世，游扶桑兮挂左袂。后人得之传此，仲尼亡兮谁为出涕？" ❽牛炙：烤牛肉。

太白雪谗

【原 文】

李太白以布衣入翰林[1]，既而不得官。《唐史》言高力士以脱靴为耻[2]，摘其诗以激杨贵妃[3]，为妃所沮止[4]。今集中有《雪谗诗》一章[5]，大率载妇人淫乱败国，其略云："彼妇人之猖狂，不如鹊之强强。彼妇人之淫昏，不如鹑之奔奔。坦荡君子，无悦簧言[6]。"又云："妲己灭纣[7]，褒女惑周[8]。汉祖吕氏，食其在傍[9]。秦皇太后[10]，毐亦淫荒。蝃蝀作昏[11]，遂掩太阳。万乘尚尔[12]，匹夫何伤。词殚意穷，心切理直。如或妄谈，昊天是殛[13]。"予味此诗，岂非贵妃与禄山淫乱，而白曾发其奸乎？不然，则"飞燕在昭阳"之句[14]，何足深怨也！

【译 文】

李白以平民身份入职翰林院，后来却没有得到官职。《新唐书》记载高力士以给李白脱靴为耻，于是便选取李白诗句以激怒杨贵妃，杨贵妃便阻止为李白授官。现在李太白集中有《雪谗诗》一首，大致是讲妇人淫乱败坏国政，大略写道："彼妇人之猖狂，不如鹊之强强。彼妇人之淫昏，不如鹑之奔奔。坦荡君子，无悦簧言。"又写道："妲己灭纣，褒女惑周。汉祖吕氏，食其在傍。秦皇太后，毐亦淫荒。蝃蝀作昏，遂掩太阳。万乘尚尔，匹夫何伤。词殚意穷，心切理直。如或妄谈，昊天是殛。"我体会这首诗，难道不是杨贵妃与安禄山私通淫乱，而李白曾揭发过他们的奸情吗？不然的话，"飞燕在昭阳"的诗句，哪里值得杨贵妃如此怨恨呢！

注释

❶ 布衣：指平民。 ❷《唐史》：即《新唐书》。高力士：宦官，唐玄宗宠臣。 ❸ 杨贵妃：即杨玉环，初嫁寿王李瑁为妃，天宝三载（744）入宫，次年封为贵妃。安史之乱时，随玄宗出逃，至马嵬坡，被缢死。 ❹ 沮止：阻止。❺《雪谗诗》：即李白所作《雪谗诗赠友人》。 ❻ 簧言：指动听而不实之言。❼ 妲（dá）己：纣王之妃。 ❽ 褒女：即褒姒（sì），周幽王宠妃，生性不爱笑，周幽王为博其一笑，不惜烽火戏诸侯，后西周为犬戎所灭。 ❾ 食其：即审食（yì）其（jī）。从刘邦起兵，灭项羽后，被封为辟阳侯。吕后当政时期，被任为左丞相，为吕后所宠幸。后为淮南王刘长所杀。 ❿ 秦皇太后：嬴政（秦始皇）之母，因与嫪（lào）毒私通，秦王政与其断绝母子关系。 ⓫ 蝃蝀（dìdōng）：虹的别称。作昏：古人认为虹乃阴阳交会而生，是天地的淫气，故云。 ⓬ 万乘：古时指天子。周制，天子地方千里，出兵车万乘，诸侯地方百里，出兵车千乘，故称天子为“万乘”。 ⓭ 昊天：即天。殛：诛杀。 ⓮ 飞燕：即赵飞燕，本为阳阿公主家歌女，体轻善舞，故名飞燕。后得汉成帝宠幸，立为皇后，居昭阳殿。

冉有问卫君[①]

【原文】

冉有曰：“夫子为卫君乎？”子贡曰[②]：“吾将问之。”入，曰：“伯夷、叔齐[③]，何人也？”曰：“古之贤人也。”曰：“怨乎？”曰：“求仁而得仁，又何怨！”出，曰：“夫子不为也。”说者皆评较蒯聩、辄之是非[④]，多至数百言，惟王逢原以十字蔽

【译文】

冉有问：“夫子赞成卫君吗？”子贡说：“我去问问夫子。”进到孔子屋里，问：“伯夷、叔齐，是什么样的人？”孔子说：“古代的贤人。”子贡说：“他们怨悔吗？”孔子说：“追求仁德便得到了仁德，又有什么可怨悔呢？”子贡出来，说：“夫子不赞成卫君。”解释者都评论蒯聩和辄二人的是非，多到几百字，只有

之[5]，曰："贤兄弟让，知恶父子争矣。"最为简妙。盖夷、齐以兄弟让国，而夫子贤之，则不与卫君以父子争国可知矣。晁以道亦有是语，而结意不同。尹彦明之说，与逢原同。唯杨中立云："世之说者，以谓'善兄弟之让，则恶父子之争可知'，失其旨矣。"其意为不可晓。

王逢原用十多个字来概括，说："赞成兄弟让国，可知夫子反对父子相争。"最为简洁精妙。伯夷、叔齐兄弟让国，夫子称他们为贤人，就可知其反对卫君父子相争了。晁说之也有这样的话，而归结的意思不同。尹焞的解释，和王逢原相同。只有杨时说："当世的解释者，认为'赞成兄弟让国，就可知反对父子相争'，遗失了这段话的主旨。"他的意思无法让人明白。

注释

❶冉有：即冉求，字子有，尊称"冉子"，春秋时期鲁国人。孔子弟子。以政事见称，尤擅长理财，曾担任季氏宰。 ❷子贡：即端木赐，复姓端木，字子贡。孔子弟子，善于雄辩，历仕鲁国、卫国。 ❸伯夷、叔齐：商朝末年孤竹国君之子。后天下宗周，伯夷、叔齐耻食周粟，饿死于首阳山。 ❹蒯聩(kuǎikuì)：即卫庄公，卫灵公之子，春秋时期卫国国君。辄：即蒯辄，蒯聩之子。先是灵公太子蒯聩因谋杀灵公夫人南子未成，出奔于宋，后又逃至晋。灵公死，辄立为君。晋国送蒯聩归国，借机侵卫。卫国抵御晋兵且拒绝蒯聩归国。蒯聩、蒯辄二人为父子，却为争夺君位而抛却亲情，成为仇敌。 ❺王逢原：即王令，初字钟美，后改字逢原。世称"广陵先生"。与王安石为知己。

《商颂》[1]

【原　文】

宋自微子至戴公[2]，礼乐废

【译　文】

宋国从微子到宋戴公，礼乐败

坏。正考甫得《商颂》十二篇于周之太师[3]，后又亡其七，至孔子时，所存才五篇尔。宋，商王之后也，于先代之诗如是，则其它可知。夫子所谓“商礼吾能言之，宋不足证也”，盖有叹于此。杞以夏后之裔[4]，至于用夷礼，尚何有于文献哉！郯国小于杞、宋[5]，少昊氏远于夏、商[6]，而凤鸟名官[7]，郯子枚数不忘[8]，曰：“吾祖也，我知之。”其亦贤矣。

坏。正考甫从周太师那里得到《商颂》十二篇，后来又遗失了七篇，到孔子时，仅存五篇而已。宋国，是商王朝的后裔，对待祖先的诗尚且如此，那其他也就可想而知了。孔子所说的“商代的礼我能说明，但宋国已不能够验证”，大概就是有感于此。杞国是夏王朝的后裔，竟然用夷人的礼节，哪里还谈得上什么文献呢！郯国小于杞国、宋国，少昊氏比夏、商的年代久远，而对用凤鸟命名官职之事，郯子还能一一道来牢记不忘，说：“这是我祖先的制度，我是知道的。”郯子也可称为贤人。

注释

❶《商颂》：《诗经》中三颂（《商公》《周颂》《鲁颂》）之一，共五篇，内容多为对殷代先公先王的称颂。 ❷ 微子：姓子，名启。商纣王庶兄。封于微，故称微子。周公旦诛灭武庚后，被封于宋，为宋国始祖。戴公：即宋戴公。西周时期宋国国君。 ❸ 正考甫：春秋时期宋国大夫。孔子先祖。 ❹ 杞：诸侯国名。周封大禹的后人东楼公于杞地（今河南杞县），以延续杞国（夏朝）国祚，是为西周杞国。夏后：夏后氏，既指夏禹，也指夏王朝。 ❺ 郯（tán）国：诸侯国名。周封少昊氏后裔于此（今山东郯城），后被越所灭。 ❻ 少昊氏：又称金天氏，相传为已姓，名挚（或作质），系黄帝之子，能继太昊之德，故称少昊。都于曲阜，设官分职，皆以鸟名，死后葬于云阳。 ❼ 凤鸟名官：凤鸟氏，少昊氏的官员，执掌天文历法。 ❽ 郯子：春秋时郯国国君。

俗语有所本

【原文】

俗语谓钱一贯有畸曰千一、千二[①]，米一石有畸曰石一、石二[②]，长一丈有畸曰丈一、丈二之类。案，《考工记》[③]："殳长寻有四尺[④]。"注云[⑤]："八尺曰寻，殳长丈二。"《史记·张仪传》"尺一之檄"[⑥]，汉淮南王安书云"丈一之组"[⑦]，《匈奴传》"尺一牍"[⑧]，《后汉》"尺一诏书"，唐"城南去天尺五"之类[⑨]，然则亦有所本云。

【译文】

俗语说钱一贯有余叫千一、千二，米一石有余叫石一、石二，长一丈有余叫丈一、丈二之类。案，《考工记》说："殳长寻有四尺。"郑玄注释说："八尺为一寻，殳长丈二。"《史记·张仪列传》说"尺一之檄"，西汉淮南王刘安《上书谏伐南越》说"丈一之组"，《汉书·匈奴传》说"尺一牍"，《后汉书》说"尺一诏书"，唐代俗语"城南去天尺五"之类，如此说来俗语也是有根据的。

注释

❶贯：旧时用绳索穿钱，每一千文为一贯。畸：零头，余数。 ❷石：一百二十市斤为一石。 ❸《考工记》：《周礼》篇名，亦称《冬官考工记》，记述百工之事。 ❹殳（shū）：兵器名。多用竹木制作，有棱无刃。 ❺注：此谓《周礼》郑玄注。 ❻檄：古代官府用于征召、晓谕、声讨等的文书。 ❼淮南王安：即淮南王刘安。好文学，招致宾客方术之士数千人，编成《淮南子》一书。书：即刘安《上书谏伐南越》。组：印绶。 ❽尺一牍：又称"尺一板"。古时天子诏书写于一尺一寸长的诏板上，故称天子诏为尺一牍。 ❾城南去天尺五：杜甫《赠韦七赞善》言"尔家最近魁三象，时论同归尺五天"。俚语曰：城南韦杜，去天尺五。

鄱阳学[1]

【原 文】

鄱阳学在城外东湖之北，相传以为范文正公作郡守时所创[2]。予考国史，范公以景祐三年乙亥岁四月知饶州[3]，四年十二月，诏自今须藩镇乃得立学，他州勿听。是月，范公移润州[4]。《余襄公集》有《饶州新建州学记》[5]，实起于庆历五年乙酉岁[6]，其郡守曰都官员外郎张君[7]，其略云："先是郡先圣祠宫栋宇隳剥[8]，前守亦尝相土，而未遑缔治[9]，于是即其基于东湖之北偏而经营之。"浮梁人金君卿郎中作《郡学庄田记》云[10]："庆历四年春，诏郡国立学[11]，时守都官副郎张侯谭始营之[12]，明年学成。"与余公记合。范公在饶时，延君卿置馆舍[13]，使公有意建学，记中岂无一言及之！盖是时公既为执政，去郡十年矣。所谓"前守相土"者，不知为何人。

【译 文】

鄱阳学官在城外东湖的北面，相传是文正公范仲淹为郡守时所创建。我考察国史，范仲淹在景祐三年乙亥岁四月任饶州知州，四年十二月，皇帝下诏从今往后只有藩镇才可建立学官，别的州不许建。当月，范仲淹改任润州。《余襄公集》中有一篇《饶州新建州学记》，可知州学始建于庆历五年乙酉岁，当时郡守是都官员外郎张君，大概是说："此前本郡先圣祠宫建筑毁败，前任郡守也曾实地察看，只是没来得及修建，于是张君就其地基在东湖北面建起学宫。"浮梁人金君卿郎中所作《郡学庄田记》写道："庆历四年春，诏令郡国建立学校，当时郡守都官员外郎张谭着手营建，第二年学校建成。"和余襄公的记载相合。范仲淹在饶州时，延请金君卿建立馆舍，假如范仲淹有意建立州学，难道金君卿记文中会一字不提吗？当时范仲淹已入朝执掌朝政，离开饶州十年了。所谓前任郡守也曾实地察看，不知道是何人。

注释

❶学：此指地方官办学校。　❷范文正公：即范仲淹。其官至参知政事，发起“庆历新政”，推行改革。卒谥文正，世称“范文正公”。　❸景祐：宋仁宗赵祯年号。知：官制用语。初为兼官形式之一，即以他官暂时主持某一官署事务。宋朝派遣中央官员主持州、军、县等地方事务，多用此称。饶州：今江西鄱阳。　❹润州：今江苏镇江。　❺余襄公：即余靖，本名希古，字安道。卒谥襄，后人尊称“忠襄公”。　❻庆历：宋仁宗赵祯年号。　❼都官员外郎：刑部都官司次官。北宋初为正六品寄禄官，不预司务，元封改制后始为正七品职事官。　❽先圣祠宫：指孔庙建筑。隳（huī）剥：损坏剥落。　❾未遑：没有时间顾及，来不及。　❿浮梁：县名。今属江西。　⓫郡国：汉初，兼采封建及郡县之制，分天下为郡与国。郡直属中央，国分封诸王、侯，封王之国称王国，封侯之国称侯国。后亦以“郡国”泛指地方行政区划。　⓬都官副郎：都官员外郎。　⓭延：聘请。

国忌休务①

【原文】

《刑统》载唐大和七年敕②：“准令：‘国忌日，唯禁饮酒、举乐。’至于科罚人吏③，都无明文。但缘其日不合厘务④，官曹即不得决断刑狱，其小小笞责，在礼、律固无所妨。起今以后，纵有此类，台府更不要举奏⑤。”《旧唐书》载此事，因御史台奏均王傅王堪男国忌日于私第科决作人⑥，故降此诏。盖唐

【译文】

《刑统》记载唐文宗大和七年敕令：“依据律令：‘国忌日，只禁止饮酒、奏乐。’至于处罚吏民，都没有明文规定。但因为这一天不宜处理公务，所以官府就不能审判案件，其中小的责罚，在礼制、律令方面都无妨。从今以后，即使有这类事，御史台也不用再上奏章检举。”《旧唐书》记载此事，是因为御史台检举均王的师傅王堪之子在国忌日那天在家处罚工匠，所以才

世国忌休务，正与私忌义等[7]，故虽刑狱亦不决断，谓之不合厘务者，此也。今在京百司[8]，唯双忌作假[9]，以其拜跪多，又昼漏已数刻[10]。若单忌，独三省归休耳[11]，百司坐曹决狱[12]，与常日亡异[13]，视古谊为不同[14]。元微之诗云："缚遣推囚名御史[15]，狼藉囚徒满田地[16]。明日不推缘国忌。"又可证也。

颁布这道诏书。大概唐代国忌日不处理公务，恰与私忌日的道理一样，因而即使有案件也不做判决，说不应处理公务，就是指这个。如今在京城的官员，只有双忌日才给假，因为拜跪太多，时间又耗费许多。如果是单忌日，只有三省官员可回家休息，其余百官办公断案，与平日没有两样，这与古时制度有所不同。元微之有诗写道："缚遣推囚名御史，狼藉囚徒满田地。明日不推缘国忌。"又可以为证。

注释

❶国忌：皇帝、皇后的忌日。休务：指停止办理公务。 ❷《刑统》：指《宋刑统》，全称《宋建隆详定刑统》。北宋建隆四年（963）颁行，窦仪等撰，中国历史上第一部刊版印行的法典。 ❸科罚：处罚。 ❹不合厘务：不处理公务。厘：治理。 ❺台府：即御史台。举奏：上奏章检举。 ❻均王：唐代宗之子李遐。科决：审理判决。作人：指役夫、匠人等劳动者。 ❼私忌：私家的忌日。指父母及祖父母、曾祖父母死日。 ❽百司：百官。 ❾双忌：宋代历世帝、后忌日，若某日只为某人忌日，称"单忌"或"只忌"；若有二人忌日在同一日者，称"双忌"；若有三人忌日在同一日，称"三忌"。旧时国忌的烦琐礼仪，朝廷百官都要参加。作假：放假。 ❿昼漏：谓白天的时间。漏：漏壶，古代计时的器具。 ⓫三省：尚书省、中书省、门下省的合称。 ⓬坐曹：指官吏在衙门里办公。 ⓭亡异：无异。 ⓮古谊：同"古义"。古代典籍之义理。这里指古时制度。 ⓯推囚：审问犯人。 ⓰狼藉：比喻行为放纵，不守法纪。

汉昭、顺二帝

【原 文】

汉昭帝年十四，能察霍光之忠[①]，知燕王上书之诈[②]，诛桑羊、上官桀[③]，后世称其明。然和帝时[④]，窦宪兄弟专权[⑤]，太后临朝，共图杀害。帝阴知其谋，而与内外臣僚莫由亲接，独知中常侍郑众不事豪党[⑥]，遂与定议诛宪，时亦年十四，其刚决不下昭帝，但范史发明不出[⑦]，故后世无称焉。顺帝时，梁商为大将军辅政[⑧]，商以小黄门曹节用事于中[⑨]，遣子冀与交友[⑩]，而宦官忌其宠，反欲害之。中常侍张逵、蘧政、杨定等，与左右连谋，共谮商及中常侍曹腾、孟贲[⑪]，云欲议废立，请收商等案罪。帝曰："大将军父子我所亲，腾、贲我所爱，必无是，但汝曹共妒之耳[⑫]。"逵等知言不用，遂出矫诏收缚腾、贲。帝震怒，收逵等杀之。此事尤与昭帝相类。

【译 文】

汉昭帝十四岁时，就能察知霍光的忠诚，知晓燕王上书欺诈，诛杀桑弘羊、上官桀，后世称其圣明。然而汉和帝时，窦宪兄弟专权，窦太后临朝听政，共同图谋杀害皇帝。汉和帝暗中知道了这一阴谋，而又无法接近内外大臣，只知道中常侍郑众不亲附豪门奸党，就与郑众定计诛杀窦宪，当时也是十四岁，刚毅果决不输昭帝，但范晔《后汉书》没有说明这一点，所以后世没人称赞和帝。汉顺帝时，梁商任大将军辅佐朝政，梁商因为小黄门曹节当权，就让儿子梁冀与他交友，但其他宦官妒忌他们受宠，反而要加害他。中常侍张逵、蘧政、杨定等人，与皇帝身边的人合谋，共同诬陷梁商及中常侍曹腾、孟贲，说他们想要废除旧主另立新君，请求抓捕梁商等人治罪。顺帝说："大将军父子为我所亲近，曹腾、孟贲等人为我所喜爱，他们一定不会做这种事，只是你们都妒忌他们罢了。"张逵等人知道顺帝不相信他们的话，就假托诏令逮捕曹腾、孟贲。顺帝大怒，逮捕张逵等人处死。于此，和昭帝极其霍光忠于国，而为子禹覆其宗⑬，梁商忠于国，而为子冀覆其宗，又相似。但顺帝复以政付冀，其明非昭帝比，故不为人所称。

相似。霍光忠于国家却因其子霍禹而灭族，梁商忠于国家却因其子梁冀而灭族，这两件事也相似。但是顺帝又把朝政交付梁冀，因此他的英明不能和昭帝相比，所以才不为后人称道。

注释

❶ 霍光：霍去病异母弟。汉武帝临终时，授霍光大将军、大司马，辅佐幼主。汉昭帝时获封博陆侯，得以专擅朝政二十年。 ❷ 燕王：指刘旦，汉武帝第三子。后因谋反事泄自杀。 ❸ 桑羊：即桑弘羊。汉武帝时任治粟都尉，领大司农。武帝崩，与大将军霍光受遗诏辅佐昭帝。元凤年间，被卷入燕王刘旦的谋反事件，牵连被杀。 ❹ 和帝：即汉和帝刘肇。 ❺ 窦宪：汉和帝母窦太后胞兄，领兵出塞大破匈奴，拜大将军，位在三公之上，骄横跋扈。永元四年（92），汉和帝定计逮捕窦氏党羽，收回了窦宪的大将军印绶，册封冠军侯，遣返于封地，迫其自杀。 ❻ 中常侍：官名。西汉时皇帝近臣，给事左右，职掌顾问应对。东汉时由宦官专任。郑众：汉和帝时宦官，与和帝定谋诛窦宪，以功授大长秋，封鄛乡侯。 ❼ 范史：指南朝宋范晔所著《后汉书》。 ❽ 梁商：其女为汉顺帝皇后。顺帝阳嘉四年官拜大将军，梁商谦恭谨慎，尽心尽职，为人尊重。 ❾ 曹节：东汉宦官。顺帝初为小黄门，桓帝时迁中常侍、奉车都尉，灵帝时以定策功封长安乡侯，与宦官王甫等矫诏发兵杀大将军窦武及太傅陈蕃等人，后领尚书令，卒赠车骑将军。用事于中：当权。 ❿ 冀：即梁冀。梁商之子。梁冀接替父亲梁商为大将军，专擅朝政，先后立冲、质、桓三帝。延熹二年（159），桓帝与中常侍单超等人共谋，派兵捕之，梁冀自杀。 ⓫ 曹腾：汉顺帝时为中常侍，拥立汉桓帝有功，封费亭侯。 ⓬ 汝曹：你们。 ⓭ 禹：即霍禹。大司马霍光之子。地节四年（前66），图谋废黜汉宣帝，事泄被杀。

三女后之贤

【原 文】

王莽女为汉平帝后①，自刘氏之废，常称疾不朝会。莽敬惮伤哀②，欲嫁之，后不肯，及莽败，后曰："何面目以见汉家③？"自投火中而死。杨坚女为周宣帝后④，知其父有异图，意颇不平，形于言色，及禅位，愤惋逾甚⑤。坚内甚愧之，欲夺其志⑥，后誓不许，乃止。李昪女为吴太子琏妃⑦，昪既篡吴，封为永兴公主，妃闻人呼公主，则流涕而辞。三女之事略同，可畏而仰，彼为其父者，安所置愧乎！

【译 文】

王莽的女儿是汉平帝的皇后，自从王莽篡汉以后，她经常称病不参加朝会。王莽对她又敬畏又心疼，想让她再嫁，她坚决不肯，等到王莽败亡，她说："我有什么面目见汉室的人啊？"于是投火而死。杨坚的女儿是周宣帝的皇后，她知道父亲有篡位之意，心里愤愤不平，并且通过言谈举止表现出来，等到后周禅位给杨坚时，她更加愤恨。杨坚心里愧对她，想让她改嫁，她坚决不同意，杨坚只好作罢。李昪的女儿为吴国太子杨琏之妃，李昪篡吴后，封她为永兴公主，太子妃每听到有人叫她公主，就痛哭流涕推却不受。这三位女子的事迹大致相同，让人敬畏仰慕，作为她们的父亲，难道不感到羞愧吗！

注 释

❶ 王莽：汉元帝皇后王政君之侄，西汉末以外戚掌权。初始元年（8）代汉建新，年号始建国。地皇四年（23）为绿林军所灭。 ❷ 敬惮：敬畏。 ❸ 汉家：汉室，汉朝。 ❹ 杨坚：即隋文帝，隋朝开国皇帝。周宣帝：即宇文赟（yūn），北周末帝。 ❺ 愤惋：怅恨，愤恨。 ❻ 欲夺其志：这里指劝其改嫁。 ❼ 李昪（biàn）：本名李知诰，又名徐知诰，五代时吴国丞相徐温养子。天祚三

年（937）受吴主杨溥禅让，建立大齐，后又自称唐室后裔，复李姓，改国号唐，史称南唐。吴太子琏：即杨琏，杨溥长子。始封江都王，后被立为太子，娶徐知诰的女儿为妻。徐知诰（李昪）篡吴后，降封其为弘农郡公兼中书令。

贤父兄子弟

【原 文】

宋谢晦为右卫将军[1]，权遇已重，自彭城还都迎家，宾客辐凑[2]。兄瞻惊骇曰[3]："汝名位未多，而人归趣乃尔，此岂门户之福邪？"乃以篱隔门庭，曰："吾不忍见此。"又言于宋公裕[4]，特乞降黜，以保衰门[5]。及晦立佐命功，瞻意忧惧，遇病，不疗而卒。晦果覆其宗。颜竣于孝武有功，贵重，其父延之常语之曰[6]："吾平生不喜见要人，今不幸见汝。"尝早诣竣，见宾客盈门，竣尚未起，延之怒曰："汝出粪土之中[7]，升云霞之上，遽骄傲如此，其能久乎？"竣竟为孝武所诛。延之、瞻可谓贤父兄矣。隋高颎拜为仆射，其母戒之，曰："汝富贵已极，但有一斫头尔！"颎由是常恐祸变，及罢免

【译 文】

南朝宋谢晦为右卫将军，权势很大，从彭城回京迎接家眷，宾客争相去拜访，车马云集。其兄谢瞻惊慌害怕地说："你名声地位还不高，而众人就如此讨好你，这哪里是家门之福呢？"于是用篱笆隔开庭院，说："我不忍心看到这种情况。"又上奏宋公刘裕，特意请求将谢晦贬职，以保全寒门。等到谢晦拥立宋文帝，谢瞻心中忧惧不已，因此患病，不治身亡。谢晦后来果然被灭族。颜竣对宋孝武帝有功，身份贵重，其父颜延之经常对他说："我平生不喜欢见到有权势的人，如今不幸见到你。"有天一早，颜延之去看颜竣，看到宾客盈门，而颜竣尚未起床，颜延之大怒说："你出身卑贱，如今平步青云，就如此骄矜，这哪能长久呢？"颜竣后来终被孝武帝诛杀。颜延之、谢瞻可以说是贤明的父兄。隋朝时高颎拜为仆射，他母亲告诫他说："你富贵已极，只剩一个砍头而已！"高颎因此常常害

为民，欢然无恨色，后亦不免为炀帝所诛。唐潘孟阳为侍郎，年未四十，母曰："以尔之材，而位丞郎[8]，使吾忧之。"严武卒，母哭曰："而今而后，吾知免为官婢。"三者可谓贤母矣。褚渊助萧道成篡宋为齐[9]，渊从弟炤谓渊子贲曰："不知汝家司空将一家物与一家，亦复何谓！"及渊为司徒，炤叹曰："门户不幸，乃复有今日之拜。"渊卒，世子贲耻其父失节，服除遂不仕，以爵与其弟，屏居终身[10]。齐王晏助明帝夺国[11]，从弟思远曰："兄将来何以自立？若及此引决[12]，犹可保全门户。"及拜骠骑将军，集会子弟，谓思远兄思微曰："隆昌之末，阿戎劝吾自裁[13]，若从其语，岂有今日！"思远曰："如阿戎所见，今犹未晚也。"晏叹曰："世乃有劝人死者。"晏果为明帝所诛。炤、贲、思远，可谓贤子弟矣。

怕有祸变发生，等到被罢免为民，欣喜异常，毫不怨恨，后来也不免被隋炀帝诛杀。唐朝潘孟阳为侍郎时，还不到四十岁，他母亲说："以你的才能，而位居丞郎，让我很担心。"严武去世，严母哭道："从今往后，我知道不会被没为官婢了。"这三位可以说是贤明的母亲了。褚渊帮助萧道成篡宋建齐，褚渊堂弟褚炤对褚渊之子褚贲说："不知道你家司空把一家的政权送给另一家，是什么意思！"等到褚渊当了司徒，褚炤叹息说："家门不幸，竟会有今天的封拜。"褚渊死后，褚贲以父亲失节为耻，服丧期满后就不再做官，把爵位让给弟弟，隐居终身。南齐王晏帮助齐明帝夺取帝位，堂弟王思远对他说："兄长将来如何立身？如果现在自杀，还可以保全家族。"王晏官拜骠骑将军，召集子弟聚会，对思远的哥哥思微说："隆昌末年，堂弟劝我自杀，如果听了他的话，哪里会有今日？"思远说："依我所见，如今自杀也还不晚。"王晏叹息说："这世上竟有劝人死的。"王晏后来果然被齐明帝诛杀。褚炤、褚贲、王思远，可以说是贤明的子弟。

注释

❶右卫将军：禁卫军主要统帅之一，负责宫禁宿卫。❷辐凑：如车辐集中于车毂。形容人物聚集、稠密。❸瞻：即谢瞻。右卫将军谢晦之兄。❹宋公裕：即宋武帝刘裕。南朝刘宋开国皇帝。❺衰门：衰落的门户。常作谦辞。❻延之：即颜延之。南朝刘宋文学家，与谢灵运齐名，世称“颜谢”。❼粪土：比喻出身卑贱。❽丞郎：尚书左右丞、六部侍郎通称。❾褚渊：早年便有时誉，娶宋文帝之女，后助萧道成代宋建齐。❿屏居：退隐，屏客独居。⓫王晏：齐明帝时，王晏有佐命之功，领太子少傅，封曲江县侯。后遭明帝疑忌，以谋反罪处死。⓬引决：自杀。⓭阿戎：晋宋间对堂弟的称呼。

蔡君谟帖[1]

【原 文】

蔡君谟一帖云：“襄昔之为谏臣[2]，与今之为词臣[3]，一也。为谏臣有言责，世人自见疏，今无是焉，世人见亲。襄之于人，未始异之，而人之观故有以异也。”观此帖，乃知昔时居台谏者，为人所疏如此[4]。今则反是。方为此官时，其门挥汗成雨，一徙它局，可张爵罗[5]，风俗偷薄甚矣[6]。又有送荔枝与昭文相公一帖云[7]：“襄再拜，宿来伏惟台候起居万福[8]。闽中荔枝，唯陈家紫号为第一[9]，辄献左右[10]，以

【译 文】

蔡襄有一书帖写道：“我蔡襄过去为谏官，与今日为词臣，原本一样。为谏臣有言事的职责，世人见了自然疏远，今日没有言责，世人就和我亲近。我对待他人，没有什么变化，而世人看我却有所不同。”看了此帖，才知道过去位居台谏的官员，为人疏远至此。如今正好相反。刚任谏官时，其府第门前人多的挥汗如雨，一旦调任他处，则门可罗雀，这世风也太过于浇薄了。又有一份送荔枝给昭文相公的帖子写道：“蔡襄再拜，一向念及您的起居平安万福。闽中的荔枝，只有陈家紫号称第一，现在献

伸野芹之诚[11]，幸赐收纳，谨奉手状上闻[12]，不宣[13]。襄上昭文相公阁下[14]。”是时，侍从与宰相往还[15]，其礼盖如是。今之不情苛礼[16]，吁可厌哉！

上，以表献芹之诚，希望您收下，谨奉手状呈告此事，不一一细说。蔡襄谨上昭文相公阁下。”当时，侍从官和宰相往来，其礼节大概如此。如今那些不出于真心的烦琐礼节，真是令人讨厌啊！

注释

❶ 蔡君谟：即蔡襄，字君谟。天圣八年（1030）进士，曾任馆阁校勘、龙图阁直学士、枢密院直学士、翰林学士等职，在朝为谏官时，以直言著称，也是北宋书法家，与苏轼、米芾、黄庭坚合称“宋四家”。 ❷ 谏臣：掌谏诤的官员。 ❸ 词臣：文学侍从之臣。 ❹ 台谏：御史台官与谏官之合称。 ❺ 爵罗：捕雀的网。爵，通“雀”。 ❻ 偷薄：风俗浇薄，不敦厚。 ❼ 昭文相公：北宋宰相兼昭文馆大学士的简称。此指文彦博。 ❽ 台候：敬辞。用于问候对方的寒暖起居。 ❾ 陈家紫：指陈紫荔枝。蔡襄《荔枝谱》：“陈紫：因治居第、平窊坎而树之，或云厥土肥沃之致。今传其种子者，皆择善壤，终莫能及。是亦赋生之异也。” ❿ 左右：信札亦常用以称呼对方。不直称对方，仅称他的左右以示尊敬。 ⓫ 野芹：即野芹。喻指微薄的礼品。 ⓬ 手状：谒见时的名帖，因为多为亲笔书写，故称。 ⓭ 不宣：谓不一一细说。旧时书信末尾常用此语。 ⓮ 阁下：对他人的敬称，多用于书信。古时三公开阁，郡守亦有阁，故以“阁下”为显贵者之敬称，后来平民相称也可用之。 ⓯ 侍从：宋代称大学士至待制为侍从官，因常在皇帝左右备顾问，故名。 ⓰ 不情：指不诚，不出于真心。苛礼：烦琐的礼节。

亲王与从官往还[1]

【原　文】

神宗有御笔一纸[2]，乃为颍

【译　文】

神宗皇帝有一纸御札，是他为

王时封还李受门状者[3]。状云："右谏议大夫、天章阁待制兼侍讲李受起居皇子大王[4]。"而其外封，题曰："台衔回纳[5]。"下云："皇子忠武军节度使、检校太尉、同中书门下平章事、上柱国颍王名[6]，谨封。"名乃亲书。其后受之子覆以黄[7]，缴进，故藏于显谟阁[8]。先公得之于燕[9]，始知国朝故事，亲王与从官往还公礼如此[10]。

颍王时缄封退还李受的拜帖。拜帖写道："右谏议大夫、天章阁待制兼侍讲李受起居皇子大王。"而其外封皮，题写着："台衔回纳。"下面写道："皇子忠武军节度使、检校太尉、同中书门下平章事、上柱国颍王名，谨封。"名字是亲笔书写。后来李受之子用黄纸重录覆于原件之上，进呈朝廷，因此就收藏在显谟阁。先父在燕都得到这份御札，才知道本朝旧事，亲王和侍从官往来的官方礼节是这样的。

注释

❶亲王：皇帝近支亲属中封王者。 ❷神宗：即宋神宗赵顼（xū）。 ❸颍王：宋英宗治平元年（1064），赵顼进封颍王。封还：缄封退还，以示谦逊不敢收受。门状：名帖，即名片。 ❹右谏议大夫：唐德宗贞元四年（788），分置左、右谏议大夫，右隶中书省，掌侍从赞相，规谏讽谕。天章阁待制：宋仁宗时置，以他官兼任，掌侍从备顾问，有所献纳则请对或奏对。侍讲：掌进读书史，讲释经义，备顾问应对。起居：请安。 ❺台衔：对他人姓名与官衔的敬称。回纳：奉还别人赠送之物。 ❻检校：官制用语。为代理之意。同中书门下平章事：官名。简称同平章事。初用于唐太宗时，自高宗始，实际担任宰相者，或加以同中书门下平章事的名义。上柱国：官名。战国时楚国置，仅次于令尹，后来成为高级荣誉官衔。唐宋以上柱国为武官勋爵中的最高级。 ❼覆以黄：以黄纸重录覆于原件之上。 ❽显谟阁：宋哲宗元符元年（1098）建，专藏神宗御制、御书。 ❾先公：指洪迈父亲洪皓，于宋高宗建炎年间出使金国，被扣留十余年，归赠徽猷阁直学士，后为秦桧所忌，谥号忠宣。 ❿公礼：官方的礼节。

三传记事[①]

【原 文】

秦穆公袭郑，晋纳邾捷菑，三传所书略相似。《左氏》书秦事曰[②]："杞子自郑告秦曰：'潜师以来[③]，国可得也。'穆公访诸蹇叔[④]，蹇叔曰：'劳师以袭远[⑤]，非所闻也，且行千里，其谁不知！'公辞焉，召孟明出师。蹇叔哭之曰：'孟子，吾见师之出，而不见其入也。'公曰：'尔何知？中寿，尔墓之木拱矣。'蹇叔之子与师，哭而送之，曰：'晋人御师必于殽[⑥]，殽有二陵焉，必死是间，余收尔骨焉。'秦师遂东。"《公羊》曰："秦伯将袭郑[⑦]，百里子与蹇叔子谏曰[⑧]：'千里而袭人，未有不亡者也。'秦伯怒曰：'若尔之年者，宰上之木拱矣[⑨]，尔曷知！'师出，百里子与蹇叔子送其子而戒之曰：'尔即死，必于殽嵚岩[⑩]，吾将尸尔焉。'

【译 文】

秦穆公偷袭郑国，晋国送捷菑返回邾国，《春秋》三传记载的内容大致相同。《左传》记载秦国偷袭之事说："杞子派人从郑国向秦国报告说：'如果暗中派兵前来，可以一举灭掉郑国。'秦穆公就这件事征求蹇叔的意见，蹇叔说：'疲劳之师袭击远国，这种事我没听说过，况且千里行军，人家会不知道吗！'穆公不听，让孟明率军出征。蹇叔哭着对孟明说：'孟明啊，我看得到军队出征，却看不到它回来。'穆公派人对蹇叔说：'你懂什么？要是只活中等的寿命，你坟上的树已经双手合抱了！'蹇叔的儿子也随军出征，蹇叔哭着送他说：'晋国人必定会在殽山截击我军，殽山有东西两座山，你必定会死在那里，到时我去那里收你的尸骨。'秦国军队于是向东进发。"《公羊传》记载说："秦伯准备偷袭郑国，百里奚和蹇叔劝谏说：'千里行军偷袭别人，没有不败亡的。'秦伯恼怒地说：'像你们这种年纪的，坟上的树已经双手合抱了，你们懂什么！'大军出发，百里奚和蹇叔送别儿子并告诫他们子揖师而行，百里子与蹇叔子从其子而哭之。秦伯怒曰：‘尔曷为哭吾师？’对曰：‘臣非敢哭君师，哭臣之子也。’”《穀梁》曰：“秦伯将袭郑，百里子与蹇叔子谏曰：‘千里而袭人，未有不亡者也。’秦伯曰：‘子之冢木已拱矣，何知？’师行，百里子与蹇叔子送其子而戒之，曰：‘女死必于殽之岩唫之下[11]，我将尸女于是。’师行，百里子与蹇叔子随其子而哭之，秦伯怒，曰：‘何为哭吾师也？’二子曰：‘非敢哭师也，哭吾子也，我老矣，彼不死，则我死矣。’”其书邾事，《左氏》曰：“邾文公元妃齐姜生定公[12]，二妃晋姬生捷菑。文公卒，邾人立定公。捷菑奔晋，晋赵盾以诸侯之师八百乘纳之。邾人辞曰：‘齐出貜且长。’宣子曰：‘辞顺而弗从，不祥。’乃还。”《公羊》曰：“晋郤缺帅师革车八百乘[13]，以纳接菑于邾娄[14]，力沛然若有余而纳之，邾娄人

说：‘你们必定会死在殽山险峻的山岩间，到时我去收尸。’大军出发，他们的儿子作揖随军而去，百里奚与蹇叔跟在儿子后面哭泣。秦伯恼怒道：‘你们为什么哭我的军队？’他们回答说：‘我们不敢哭君王的军队，我们哭的是自己的儿子。’”《穀梁传》记载：“秦穆公准备偷袭郑国，百里奚和蹇叔劝谏说：‘千里行军去偷袭别人，没有不败亡的。’秦伯说：‘你们坟上的树该有双手合抱粗了，你们懂什么？’大军出发，百里奚和蹇叔送别儿子并告诫他们，说：‘你们必定会死在殽山险峻的山崖之下，到时我去那里收尸。’大军出发，百里奚和蹇叔跟在儿子后面哭泣，秦伯恼怒地说：‘你们为什么哭我的军队？’两人回答说：‘我们不敢哭军队，是哭自己的儿子，我老了，他不死，我也要死了。’”关于邾国之事，《左传》说：“邾文公的元妃齐姜生了定公，次妃晋姬生了捷菑。邾文公卒，邾国人立定公为君。捷菑逃亡到晋国，晋国赵盾率领诸侯的军队以八百辆战车送捷菑回邾国。邾国人辞谢说：‘齐姜生的貜且年长。’赵宣子说：‘言辞合理而不听从，不吉祥。’于是就回去了。”《公羊传》说：“晋国郤缺率领八百辆战车，要将捷菑纳入邾娄国为君，军力雄厚足够达到目的。邾娄国人辞谢说：‘捷菑，是晋

辞曰：‘接菑，晋出也，貜且，齐出也。子以其指，则接菑也四，貜且也六，子以大国压之，则未知齐、晋孰有之也。贵则皆贵矣，虽然，貜且也长。’郤缺曰：‘非吾力不能纳也，义实不尔克也。’引师而去之。”《穀梁》曰：“长毂五百乘[15]，绵地千里，过宋、郑、滕、薛[16]，夐入千乘之国[17]，欲变人之主，至城下，然后知，何知之晚也！捷菑，晋出也。貜且，齐出也。貜且，正也。捷菑，不正也。”予谓秦之事，《穀梁》纡余有味；邾之事，《左氏》语简而切。欲为文记事者，当以是观之。

姬所生；貜且，是齐姜所生。您用手指打比方，那么支持捷菑的只有四指，支持貜且的则有六指，您若是以大国兵力来压服，那么不知道齐、晋两国谁能如意。捷菑与貜且地位同样尊贵，虽说这样，但貜且年长。’郤缺说：‘并不是我的力量不足以送捷菑回国，是在道义上不能胜过你。’于是带领军队离去。”《穀梁传》说：“战车五百乘，连绵一千里，经过宋、郑、滕、薛，远达堂堂邾国，想更换他们的国君，到了国都城下，才知道不行，怎么知道得这么晚呢！捷菑，是晋姬所生。貜且，是齐姜所生。貜且，是嫡长子。捷菑，是庶子。”我认为三传记秦国事，《穀梁传》纡余有味；记邾国事，《左传》语言简明贴切。想要学写文章叙事，应当好好学习这两本书。

注释

❶ 三传（zhuàn）：指《春秋》三传，即《春秋左氏传》《春秋公羊传》《春秋穀梁传》。 ❷《左氏》：即《春秋左氏传》，又称《左传》，相传为左丘明所撰。 ❸ 潜师：秘密出兵。 ❹ 蹇叔：春秋时秦国贤大夫。原隐居齐国，百里奚知其贤，推荐给秦穆公，后助秦穆公完成西戎霸业。 ❺ 劳师：使军队劳累。 ❻ 殽（yáo）：即崤山，又名嵚崟山。在今河南洛宁。山分东西二崤，中有谷道，坂坡陡峻，为古代军事要地。 ❼ 秦伯：即秦穆公。周代分封诸侯有公、侯、伯、子、男五等爵位。秦属伯一等，故得称秦伯。 ❽ 百里子：即百里奚，百

里氏，名奚，号五羖大夫。秦穆公时贤相。 ⑨宰：坟墓。 ⑩嵚岩：外倾的山岩。 ⑪岩唫（yín）：高而险的山崖。唫：同“崟”，高耸貌。 ⑫邾文公：名蘧篨（qúchú），邾国国君，曾三次迁都，最后迁至绎。元妃：国君或诸侯的嫡妻。 ⑬革车：古代兵车的一种。 ⑭邾娄：即邾国。 ⑮长毂（gǔ）：指兵车。 ⑯滕：春秋诸侯国名。在今山东滕州。薛：春秋诸侯国名。在今山东滕州南。 ⑰敻（xiòng）：广阔遥远。

张嘉贞

【原 文】

唐张嘉贞为并州长史、天兵军使[①]，明皇欲相之，而忘其名，诏中书侍郎韦抗曰：“朕尝记其风操[②]，今为北方大将，张姓而复名，卿为我思之。”抗曰：“非张齐丘乎？今为朔方节度使[③]。”帝即使作诏以为相。夜阅大臣表疏[④]，得嘉贞所献，遂相之。议者谓明皇欲大用人，而卤莽若是[⑤]，非得嘉贞表疏，则误相齐丘矣。予考其事，大为不然。案，开元八年，嘉贞为相，而齐丘以天宝八载始为朔方节度[⑥]，相去三十年，安得如上所云者！又，是时明皇临御未久[⑦]，方厉精为治，不应置相而

【译 文】

唐朝张嘉贞为并州长史、天兵军节度使，唐明皇想任命他为宰相，却忘记了他的名字，于是便传诏中书侍郎韦抗说：“朕曾记得其风范操守，今为北方大将，姓张，名是两个字，你替我想想。”韦抗说：“莫非是张齐丘？今为朔方节度使。”明皇即命其拟诏任命张齐丘为宰相。晚上批阅大臣的奏章，看到张嘉贞上呈的奏疏，这才回忆起是张嘉贞，于是便任命他为宰相。议者说唐明皇想提拔人才，而行事却如此鲁莽，如果不是见到张嘉贞的奏章，就误用张齐丘为宰相了。我考证此事，事实不是这样。案，开元八年，张嘉贞为宰相，而张齐丘在天宝八载才任朔方节度使，时间相差三十年，怎么会像以上所说的那样！又，当时唐明皇登基不久，正励精图治，

不审其名位，盖郑处诲所著《明皇杂录》妄载其事[8]，史家误采之也。《资治通鉴》弃不取云。

不应该发生任命宰相而不清楚他的姓名职位之事，这是郑处诲所著《明皇杂录》一书胡乱记载史事，史家错误采用罢了。《资治通鉴》就弃而不用。

注释

❶ 天兵军：军镇名。《新唐书》："突厥九姓新内属，杂处太原北，嘉贞请置天兵军，绥护其众。" ❷ 风操：风范操守。 ❸ 朔方：唐方镇名。亦称"灵州""灵武"，开元时置，为玄宗时边防十节度使之一，治灵州（今宁夏灵武西南）。 ❹ 表疏：奏章。 ❺ 卤莽：鲁莽。卤，通"鲁"。 ❻ 载：唐玄宗天宝三载（744），改年为载，唐肃宗乾元元年（758）复称年。 ❼ 临御：谓君临天下，治理国政。 ❽《明皇杂录》：唐郑处诲撰。二卷，《补遗》一卷，记载唐玄宗时逸事，偶亦兼及肃、代二朝史实。

张九龄作牛公碑

【原文】

张九龄为相，明皇欲以凉州都督牛仙客为尚书[1]，执不可，曰："仙客，河湟一使典耳[2]，擢自胥史，目不知书，陛下必用仙客，臣实耻之。"帝不悦，因是遂罢相。观九龄集中，有《赠泾州刺史牛公碑》，盖仙客之父，誉之甚

【译文】

张九龄担任宰相时，唐明皇想提拔凉州都督牛仙客为尚书，张九龄坚决反对，说："牛仙客，只是河湟的一名小官而已，提拔自胥史，又不会识文断字，陛下非要任命牛仙客为尚书，我深觉耻辱。"唐明皇很不高兴，因而罢免了张九龄的宰相之职。我看张九龄文集中，有《赠泾州刺史牛公碑》，记的是牛仙客的父亲，而且对其评价很高，

至，云："福善莫大于有后，仙客为国之良，用商君耕战之国，修充国羌胡之具[3]，出言可复，所计而然，边捍长城[4]，主恩前席[5]。"正称其在凉州时，与所谏止尚书事，亦才一年，然则与仙客非有夙嫌，特为公家忠计耳[6]。

说："牛公最大的福分莫过于有后代，仙客是国家贤臣，能用商鞅奖励耕战的强国之策，完善赵充国治理羌胡的措施，言出必得，所用计谋皆能成功，又屯兵守护边疆，特受皇帝赏识。"正是称誉牛仙客在凉州时的所作所为，与谏阻牛仙客担任尚书之事，也仅隔一年，如此说来，张九龄并非与牛仙客有旧怨，只不过是为国家考虑尽忠职守而已。

注释

❶都督：官名。历代职掌不一，唐时为地方军政长官。牛仙客：由小吏起官至河西节度使、朔方行军大总管，天宝初位至宰相。 ❷河湟：黄河与湟水的并称。此指黄河、湟水两水之间的地区，在今青海东部。使典：官府衙门办理文书的小吏。 ❸充国：即赵充国。西汉名将。羌胡之具：指赵充国以屯田为主，抗击匈奴、平定羌人的措施。 ❹边捍：边防。 ❺前席：移坐向前。❻忠计：尽忠思虑。

唐人告命[1]

【原文】

唐人重告命，故颜鲁公《自书告身》[2]，今犹有存者。韦述《集贤注记》记一事尤著，漫载于此："开元二十三年七月，制加皇子荣王已下官爵[3]，令宰相

【译文】

唐人重视告命，所以颜真卿作《自书告身》，今天仍有留存。韦述《集贤注记》所记载的一件事更为明显，我随手记在这里："开元二十三年七月，皇帝下诏加封皇子荣王以下诸王官爵，命令宰相及朝廷官

及朝官工书者，就集贤院写告身以进④，于是宰相张九龄、裴耀卿、李林甫，朝士萧太师嵩、李尚书暠、崔少保琳、陈黄门希烈、严中书挺之、张兵部均、韦太常陟、褚谏议庭诲等十三人⑤，各写一通，装缥进内⑥，上大悦，赐三相绢各三百匹，余官各二百匹。”以《唐书》考之，是时，十三王并授开府仪同三司，诏诣东宫、尚书省⑦，上日百官集送⑧，有司供张设乐，悉拜王府官属，而不书此事。

员中擅长书法的，去集贤院书写告身进呈，于是宰相张九龄、裴耀卿、李林甫，朝官太子太师萧嵩、兵部尚书李暠、太子少保崔琳、黄门侍郎陈希烈、中书侍郎严挺之、兵部侍郎张均、太常卿韦陟、谏议大夫褚庭诲等十三人，每人各写一道，装裱进呈，皇帝大喜，赐三位宰相绢各三百匹，其余官员绢各二百匹。”根据《唐书》考证，当时，十三王都被授予开府仪同三司，诏令他们前往东宫、尚书省，上朝除拜官爵之日百官一同相送，有司设宴奏乐，各王府都设有属官，而《唐书》没有记载此事。

注释

❶ 告命：特指告身，授官的凭证。 ❷ 颜鲁公：即颜真卿。安史之乱时与从兄杲卿起兵平乱，代宗时封鲁郡公，故称“颜鲁公”。德宗时，李希烈叛乱，颜真卿奉旨劝谕叛将李希烈，凛然拒贼，终被缢杀。颜真卿书法精妙，世称“颜体”，为“楷书四大家”之一。《自书告身》：即颜真卿于唐德宗建中元年（780）被委任为太子少保时自书的告身。 ❸ 制：帝王的命令。荣王：指李琬，唐玄宗第六子，开元二年（714）封甄王，十二年（724）改封荣王。 ❹ 集贤院：此指唐代集贤殿书院，每以宰相一人为学士，知院事，掌理秘书图籍等事。 ❺ 朝士：朝廷之士，泛称中央官员。陈黄门希烈：即陈希烈。早年精通道学，专以神仙符瑞取媚玄宗，累迁崇玄馆大学士、黄门侍郎。天宝五载（746），被李林甫荐为宰相，于安史之乱中降敌，后被赐死。张兵部均：即张均，名相张说之子，袭封燕国公，曾为兵部侍郎、刑部尚书等职，因安史之乱中受伪职，被论罪流放。 ❻ 装缥：装裱。缥：青白色的丝织品。 ❼ 东宫：太子居东宫，

故用以指代太子。 ❽ 上日：指上朝除拜官爵之日。

典章轻废

【原 文】

典章故事[1]，有一时废革遂不可复者。牧守铜鱼之制[2]，新除刺史给左鱼[3]，到州取州库右鱼合契。周显德六年，诏以特降制书，何假符契？遂废之。唐两省官上事，宰臣送上，四相共坐一榻，各据一隅，谓之押角[4]。晋天福五年，敕废之。

【译 文】

典章制度，有一旦废除就不能再恢复的。例如，州郡长官使用铜鱼符的制度，即新任命的刺史发给左鱼符，到州以后取出州库的右鱼符合契验证。后周显德六年，下诏说：任官时特下诏书，哪里还须鱼符合契？就把这一制度废除了。唐代中书、门下两省官员上任仪式，宰相亲临，四位宰相同坐一榻，各占一角，称为押角。后晋天福五年，下诏废除了这一制度。

注 释

❶ 典章故事：旧日的典章制度。 ❷ 铜鱼：铜制鱼形符信。古代官员用以证明身份或征调兵将的凭证。 ❸ 左鱼：符契的左半。唐宋时符契作鱼形，故名。古代调动军队或任免州郡长官等时使用。双方各执其一，左右合符，以为凭信。 ❹ 各据一隅，谓之押角：唐李涪《刊误·压角》“两省官上事日，宰相临焉，上事者设床几，面南而坐，判三道案。宰相别施一床，连上事官床，坐于西隅，谓之压角”。

卷第四

二十三则

张浮休书[①]

【原　文】

张芸叟《与石司理书》云[②]："顷游京师，求谒先达之门[③]，每听欧阳文忠公、司马温公、王荆公之论[④]，于行义文史为[⑤]多，唯欧阳公多谈吏事。既久之，不免有请：'大凡学者之见先生，莫不以道德文章为欲闻者，今先生多教人以吏事，所未谕也。'公曰：'不然。吾子皆时才，异日临事当自知之。大抵文学止于润身[⑥]，政事可以及物。吾昔贬官夷陵，方壮年，未厌学，欲求《史》《汉》一观[⑦]，公私无有也。无以遣日，因取架阁陈年公案[⑧]，反覆观之，见其枉直乖错，不可胜数，以无为

【译　文】

张舜民《与石司理书》写道："近来游历京城，到德高望重的前辈家拜访，常听到欧阳文忠公修、司马温公光、王荆公安石等人的议论，以道德文史方面的内容为多，只有欧阳公多谈论政事。时间久了，不免有人向他请教：'大凡学生拜见先生，无不想听先生讲道德文章之事，如今先生多教人处理政事，我不太明白其中的道理。'欧阳公说：'话不是这样说。你们都有治世的才干，他日为官治理政事就会知道。大凡文学仅限于使自身受益，而政事则会影响他人。我以前贬官夷陵，正值壮年，还有心学习，想找《史记》《汉书》研读，但公家和私人都没有。无以打发时间，就取来架阁库中的陈年案卷，反复阅读，发现其中的冤假错案，数不胜数，把无说

有，以枉为直，违法徇情，灭亲害义，无所不有。且夷陵荒远褊小，尚如此，天下固可知也。当时仰天誓心，曰：“自尔遇事不敢忽也。”’是时苏明允父子亦在焉[9]，尝闻此语。”又有《答孙子发书》，多论《资治通鉴》，其略云：“温公尝曰：‘吾作此书，唯王胜之尝阅之终篇，自余君子求乞欲观，读未终纸，已欠伸思睡矣。书十九年方成，中间受了人多少语言陵藉[10]。’”云云。此两事，士大夫罕言之，浮休集百卷[11]，无此二篇。今豫章所刊者，附之集后。

成有，把理亏的当作有理的，违法徇情，伤害亲情、损坏道义，无所不有。何况夷陵偏远狭小，尚且如此，整个国家就可想而知了。当时我对天发誓，说：“从此以后处理政事绝不敢大意。”’当时苏洵父子也在座，曾听到这番话。”另外有《答孙子发书》，主要谈论《资治通鉴》，大致说：“司马温公曾说：‘我编著《资治通鉴》，只有王益柔曾经读完过，其他人想要阅读，一页没有读完，就已打哈欠、伸懒腰，昏昏欲睡了。这部书历时十九年才完成，这中间遭受了多少人的闲言碎语。’”等等。这两件事，士大夫很少说起，张舜民《画墁集》一百卷中，也没有这两篇。现在豫章郡的刻本，把这两篇附在全集的末尾。

注释

❶ 张浮休：即张舜民，字芸叟，号浮休居士。治平二年进士，其人慷慨喜论事，善为文。北宋文学家、画家。著有《画墁集》。 ❷ 石司理：疑指石公弼，初名公辅，字国佐。元祐六年（1091）进士，累迁殿中侍御史、左司谏。大观年间，为御史中丞，后进兵部尚书，以枢密直学士知襄州。 ❸ 先达：有学问、道德的前辈。因先我而闻道，故称。 ❹ 欧阳文忠公：即欧阳修，谥文忠。司马温公：即司马光，卒赠温国公。王荆公：即王安石，宋神宗元丰三年（1080）封荆国公，世称王荆公。 ❺ 行义：品行道义。 ❻ 润身：使自身受益。 ❼《史》《汉》：《史记》和《汉书》。 ❽ 架阁：架阁库。宋代掌储藏帐籍文书的机构。 ❾ 苏明允：即苏洵，字明允，号老泉，亦称老苏。与子苏轼、

苏辙合称“三苏”。⑩陵藉：欺辱践踏。⑪浮休集百卷：即张舜民《画墁集》一百卷。

温公客位榜[1]

【原 文】

司马温公作相日，亲书榜稿揭于客位，曰：“访及诸君，若睹朝政阙遗、庶民疾苦，欲进忠言者，请以奏牍闻于朝廷[2]，光得与同僚商议，择可行者进呈，取旨行之。若但以私书宠谕[3]，终无所益。若光身有过失，欲赐规正，即以通封书简分付吏人[4]，令传入，光得内自省讼[5]，佩服改行。至于整会官职差遣、理雪罪名[6]，凡干身计[7]，并请一面进状[8]，光得与朝省众官公议施行。若在私第垂访，不请语及。某再拜咨白[9]。”乾道九年，公之曾孙伋出镇广州[10]，道过赣[11]，获观之。

【译 文】

司马光担任宰相时，亲自书写告示张贴在会客的地方，说：“来访的诸君，如果看到朝廷政事有所缺失、百姓疾苦，想提出中肯意见的，请以奏牍形式上奏朝廷，我会和同僚商议，选择可行的进呈皇上，奉旨施行。如果只以私人书信通知我，最终没有什么好处。如果我自身有过失，诸君要给予批评指正，就请将密封的书信交付吏员，让他们转交给我，我好反躬自省，认真改过。至于知会官职差遣、平反罪名，凡是牵涉百姓利益的，都请向朝廷投进诉状，我好与朝廷诸位官员公开讨论施行。如果到我家私下拜访，请不要谈论公事。司马光再拜禀告。”乾道九年，司马光的曾孙司马伋出镇广州，路过赣州，我有幸看过榜文。

注释

❶ 榜：公开张贴的文书、告示。 ❷ 奏牍：犹奏章。 ❸ 宠谕：称人对己赞誉的敬辞。 ❹ 通封：密封。 ❺ 省讼：反省自责。 ❻ 整会：知会，正式通知。官职差遣：宋朝任官制度有官、职、差遣之分别。官，为虚衔，表官员的品阶俸禄，主要用来确定待遇、等级；职事，指馆职或贴职，通常为荣誉性职务；差遣，即官员被委派去执行某项任务。理雪：昭雪，申雪。 ❼ 干身计：涉及为自身考虑之事。 ❽ 进状：指向朝廷投进诉状。 ❾ 咨白：禀告。 ❿ 曾孙伋：即司马伋，司马光族曾孙。 ⓫ 赣：赣州，今属江西。

李颀诗[①]

【原 文】

欧阳公好称诵唐严维诗“柳塘春水慢，花坞夕阳迟”[②]，及杨衡“竹径通幽处，禅房花木深”之句[③]，以为不可及。予绝喜李颀诗云：“远客坐长夜，雨声孤寺秋。请量东海水，看取浅深愁。”且作客涉远，适当穷秋[④]，暮投孤村古寺中，夜不能寐，起坐凄恻，而闻檐外雨声，其为一时襟抱[⑤]，不言可知，而此两句十字中，尽其意态，海水喻愁，非过语也。

【译 文】

欧阳修喜欢称诵唐人严维的诗句“柳塘春水慢，花坞夕阳迟”，以及杨衡“竹径通幽处，禅房花木深”之句，认为不可企及。我却非常喜欢李颀的诗：“远客坐长夜，雨声孤寺秋。请量东海水，看取浅深愁。”在远方做客时，恰值深秋，傍晚时投宿在孤村古寺中，夜里睡不着，坐起身独自凄凉，而听到房檐下淅淅沥沥的雨声，此时此刻的情怀，不说也能体会到，而这两句十个字，道尽了其中的情思意态，用海水比喻哀愁，也绝不是什么过分的言辞。

注释

❶ 李颀（qí）：唐诗人，与王维、王昌龄、高適等交往唱和。 ❷ 柳塘：周围植柳的池塘。 ❸ 禅房：僧人所居房间，也泛指寺院。 ❹ 穷秋：晚秋，深秋。指农历九月。 ❺ 襟抱：襟怀抱负。此指情怀。

诗中用“茱萸”字[1]

【原 文】

刘梦得云：“诗中用‘茱萸’字者凡三人。杜甫云‘醉把茱萸子细看’[2]，王维云‘插遍茱萸少一人’[3]，朱放云‘学他年少插茱萸’[4]，三君所用，杜公为优。”予观唐人七言，用此者又十余家，漫录于后。王昌龄“茱萸插鬓花宜寿”[5]，戴叔伦“插鬓茱萸来未尽”，卢纶“茱萸一朵映华簪”[6]，权德舆“酒泛茱萸晚易醺”，白居易“舞鬟摆落茱萸房”“茱萸色浅未经霜”，杨衡“强插茱萸随众人”，张谔“茱萸凡作几年新”，耿沣“发希那敢插茱萸”[7]，刘商“邮筒不解献茱萸”[8]，崔橹“茱萸冷吹溪口香”，周贺“茱萸城里一尊前”，比之杜句，真不侔矣[9]。

【译 文】

刘禹锡说：“诗中用‘茱萸’字眼的共有三人。杜甫‘醉把茱萸子细看’，王维‘插遍茱萸少一人’，朱放‘学他年少插茱萸’，三君所用，以杜甫的为最好。”我看唐人的七言诗，使用“茱萸”字眼的有十多家，随便摘录如下。王昌龄“茱萸插鬓花宜寿”，戴叔伦“插鬓茱萸来未尽”，卢纶“茱萸一朵映华簪”，权德舆“酒泛茱萸晚易醺”，白居易“舞鬟摆落茱萸房”“茱萸色浅未经霜”，杨衡“强插茱萸随众人”，张谔“茱萸凡作几年新”，耿沣“发希那敢插茱萸”，刘商“邮筒不解献茱萸”，崔橹“茱萸冷吹溪口香”，周贺“茱萸城里一尊前”，和杜甫的诗句相比，真不能相提并论。

注释

❶ 茱萸：植物名。生于川谷，其味香烈。古人于重阳节登高，以茱萸插鬓，祛邪避灾。 ❷ 子细：即仔细。 ❸ 王维：字摩诘。开元九年（721）登进士第，官至尚书右丞。精通诗、书、画、音乐等。其诗多咏山水田园，有“诗佛”之称。 ❹ 朱放：唐德宗贞元初，征为右拾遗，随即谢病。有诗名，武元衡称其为“诗家第一流”。 ❺ 王昌龄：工诗，有“诗家夫子”“七绝圣手”之称。著有《诗格》等。 ❻ 卢纶：“大历十才子”之一。华簪：华贵的冠簪。 ❼ 耿沣（wéi）：“大历十才子”之一。 ❽ 刘商：唐诗人，其所作《胡笳十八拍》最为著名。 ❾ 不侔：不相等，不等同。

鬼宿度河①

【原 文】

宋苍梧王当七夕夜②，令杨玉夫伺织女度河，曰：“见，当报我；不见，当杀汝。”钱希白《洞微志》载③，苏德哥为徐肇祀其先人，曰：“当夜半可已。”盖俟鬼宿度河之后。翟公巽作《祭仪》十卷，云：“或祭于昏，或祭于旦，皆非是，当以鬼宿度河为候，而鬼宿度河，常在中夜，必使人仰占以俟之。”叶少蕴云④：“公巽博学多闻，援证皆有据，不肯碌碌同众⑤，所见必过人。”予案，天上经星终古不

【译 文】

宋苍梧王在七月初七夜，命令杨玉夫观察织女渡河，说：“看见，就告诉我；看不见，我就杀了你。”钱易《洞微志》记载，苏德哥为徐肇祭祀他的祖先，说：“到夜半就可以祭祀了。”大概是等鬼宿渡河之后。翟汝文作《祭仪》十卷，说：“有些人在黄昏祭祀，有些人在早晨祭祀，其实都不正确，应当以鬼宿渡河时为准，而鬼宿渡河，常在半夜，一定要派人仰观天象耐心等候。”叶梦得说：“翟公巽学问渊博，见多识广，引证都有根据，不肯随众附和，他的见解必有过人之处。”我认为，天上的恒星永远不

动[6]，鬼宿随天西行，春昏见于南，夏晨见于东，秋夜半见于东，冬昏见于东，安有所谓度河及常在中夜之理？织女昏晨与鬼宿正相反，其理则同。苍梧王荒悖小儿，不足笑。钱、翟、叶三公，皆名儒硕学，亦不深考如此。杜诗云："牛女漫愁思，秋期犹渡河。""牛女年年渡，何曾风浪生。"梁刘孝仪诗云："欲待黄昏至，含娇浅渡河。"唐人七夕诗皆有此说，此自是牵俗遣词之过[7]。故杜老又有诗云："牵牛出河西，织女处其东。万古永相望，七夕谁见同？神光竟难候，此事终蒙胧。"盖自洞晓其实，非它人比也。

动，鬼宿随天体向西运行，于春天黄昏出现在南方，夏天早晨出现在东方，秋天夜半出现在东方，冬天黄昏出现在东方，哪里有所谓渡河及常在半夜的道理？织女星早晚的方位与鬼宿正相反，道理则相同。苍梧王是荒谬小儿，不值得一笑。钱易、翟汝文、叶梦得三公，都是名儒饱学之士，竟然也不深加思考。杜甫有诗写道："牛女漫愁思，秋期犹渡河。""牛女年年渡，何曾风浪生。"南朝梁刘孝仪有诗写道："欲待黄昏至，含娇浅渡河。"唐人的七夕诗均有这种说法，应该是附和遣词的过错。因此，杜甫又有诗写道："牵牛出河西，织女处其东。万古永相望，七夕谁见同？神光竟难候，此事终蒙胧。"杜甫大概是洞晓了其中的真实情况，不是他人所能比的。

注释

❶鬼宿度河：指半夜间，午夜。河是井宿中的南北河星，在鬼宿旁边，要在半夜时分，方能看见鬼宿和井宿，故云。　❷苍梧王：即南朝宋后废帝刘昱，宋明帝刘彧长子，谥封苍梧王。　❸《洞微志》：北宋志怪小说集，钱易撰。该书录唐以来各种诡谲之事。　❹叶少蕴：即叶梦得，字少蕴，号石林居士。南宋文学家、经学家、藏书家，著有《石林燕语》《石林诗话》等。　❺碌碌：随众附和。　❻经星：恒星。　❼牵俗：迁就世俗。

府名军额[1]

【原 文】

雍州，军额曰永兴，府曰京兆，而守臣以“知永兴军府事兼京兆府路安抚使”结衔[2]。镇州，军额曰成德，府曰真定，而守臣以“知成德军府事兼真定府路安抚使”结衔；政和中[3]，始正以府额为称。荆州，军额曰荆南，府曰江陵，而守臣则曰“知荆南”，通判曰“通判荆南”[4]，自余掾幕县官则曰“江陵府”；淳熙四年，始尽以“江陵”为称。孟州，军额曰河阳三城，无府额，而守臣曰“知河阳军州事”。陕州无府额，而守臣曰“知陕州军府事”，法令行移[5]，亦曰“陕府”。

【译 文】

雍州，军名为永兴，府名为京兆，而镇守地方的长官以“知永兴军府事兼京兆府路安抚使”结衔。镇州，军名为成德，府名为真定，而镇守地方的长官以“知成德军府事兼真定府路安抚使”结衔；政和年间，才正式用府名来称呼。荆州，军名为荆南，府名为江陵，而镇守地方的长官则称“知荆南”，通判称“通判荆南”，其余掾属幕僚县官则称“江陵府”；淳熙四年，才全用“江陵”为名。孟州，军名为河阳三城，没有府名，而镇守地方的长官称“知河阳军州事”。陕州没有府名，而镇守地方的长官称“知陕州军府事”，颁布法令签发公文，也称“陕府”。

注释

❶ 额：名。 ❷ 结衔：也叫“系衔”。旧时官员在某些正式文书和著述上具名时，把表示自己身份的所有官衔按一定顺序罗列，称“结衔”。 ❸ 政和：宋徽宗赵佶年号。 ❹ 通判：官名。宋初始于诸州府设置，即共同处理政务之

意。地位略次于州府长官，但握有连署州府公事和监察官吏的实权，号称监州。　❺行移：签发公文。

马融、皇甫规

【原 文】

汉顺帝时，西羌叛[①]，遣征西将军马贤将十万人讨之。武都太守马融上疏曰："贤处处留滞，必有溃叛之变。臣愿请贤所不用关东兵五千[②]，裁假部队之号[③]，尽力率厉[④]，三旬之中必克破之[⑤]。"不从。贤果与羌战败，父子皆没，羌遂寇三辅[⑥]，烧园陵[⑦]。诏武都太守赵冲督河西四郡兵追击[⑧]。安定上计掾皇甫规上疏曰[⑨]："臣比年以来[⑩]，数陈便宜。羌戎未动，策其将反，马贤始出，知其必败。愿假臣屯列坐食之兵五千[⑪]，出其不意，与冲共相首尾。土地山谷，臣所晓习，可不烦方寸之印、尺帛之赐，可以涤患。"帝不能用。赵冲击羌不利，羌寇充斥，凉部震恐[⑫]，冲战死，累年然后定。案，马

【译 文】

汉顺帝时，西羌发生叛乱，朝廷派征西将军马贤率领十万大军征讨。武都太守马融上奏说："马贤领军处处停滞不前，必会发生溃乱叛变的事情。我愿率领马贤所不用的五千关东兵，假借其他部队番号，竭尽全力激励士兵，一个月内必平定西羌。"朝廷不采纳。马贤果然被西羌打败，父子二人都战死，西羌乘势侵扰京畿地区，焚毁汉皇家陵园。朝廷诏令武都太守赵冲统领河西四郡之兵追击西羌。安定郡上计掾皇甫规上疏说："我最近几年，多次陈奏对付西羌的策略。西羌还未兴兵，我就料到它即将反叛，马贤刚一出征，我就知道他必败无疑。希望给我五千屯列未用之兵，出其不意，与赵冲前后夹击。我非常熟悉这一带的山川地理，不用朝廷赐给我印绶和布帛，就能清除边患。"皇帝不采纳。赵冲攻打西羌失利，羌寇充斥四方，凉州震恐，赵冲也不幸战死，又经多年征战才平定叛乱。我认为马融、皇甫规的话，清楚

融、皇甫规之言，晓然易见，而所请兵皆不过五千，然讫不肯从，乃知宣帝纳用赵充国之册为不易得[13]，所谓明主可为忠言也。

明了，并且他们所要的兵都不过五千，然而朝廷始终不答应，由此可知汉宣帝能够采纳赵充国的策略实属难得，这就是所谓只有英明君主才可以向其进忠言。

注释

❶ 西羌：西汉时对居于陇西郡（治今甘肃临洮南）以西以南羌人的泛称。❷ 关东：函谷关以东。❸ 裁假：假借。❹ 率厉：激励。❺ 克破：击溃。❻ 三辅：西汉治理京畿地区的三个职官（左冯翊、右扶风、京兆尹）的合称。汉初京畿官称内史，景帝二年分置左、右内史，与主爵中尉（后改主爵都尉）同治长安城，合称三辅。借指京畿之地。❼ 园陵：指皇家陵园。❽ 河西四郡：即武威郡、张掖郡、酒泉郡、敦煌郡。❾ 上计掾：佐理州郡上计事务的官吏。❿ 比年：连年。⓫ 坐食：不劳而食。⓬ 凉部：凉州刺史部。汉武帝时，分天下为十三州，各置刺史，凉州刺史部下辖陇西、天水、安定、北地、酒泉、张掖、敦煌、武威、金城、西海共十郡。⓭ 册：同“策”。

孟蜀避唐讳[1]

【原 文】

《蜀本石九经》皆孟昶时所刻[2]，其书“渊”“世”“民”三字皆缺画，盖为唐高祖、太宗讳也[3]。昶父知祥[4]，尝为庄宗、明宗臣[5]，然于“存”“勖”“嗣”“源”字乃不讳。前蜀王氏已称

【译 文】

《蜀本石九经》都是后蜀孟昶时所刻，上面凡“渊”“世”“民”三字都缺笔，这是为唐高祖、唐太宗避讳。孟昶之父孟知祥，曾为后唐庄宗和明宗时臣子，但对于“存”“勖”“嗣”“源”字却不避讳。前蜀王建已称帝，

帝[6]，而其所立龙兴寺碑，言及唐诸帝，亦皆平阙[7]，乃知唐之泽远矣[8]。

而其所立龙兴寺碑，提及唐朝诸位皇帝，也都采用平阙式，可知大唐恩泽深远。

注释

❶孟蜀：即后蜀，五代十国之一。后唐西川节度使孟知祥据蜀称帝，国号“蜀”，故称“孟蜀”。 ❷《蜀本石九经》：即《孟蜀石经》，因刻于广政年间，又称“广政石经”。由后蜀宰相毋昭裔督造，刻成《孝经》《论语》《尔雅》《毛诗》《礼记》《仪礼》《周易》《尚书》《周礼》《左传》十种。 ❸唐高祖：即唐高祖李渊。唐朝开国皇帝。太宗：即唐太宗李世民。 ❹知祥：即孟知祥。五代十国后蜀开国皇帝。 ❺庄宗：即后唐庄宗李存勖。后唐开国皇帝。明宗：指后唐明宗李嗣源。 ❻前蜀：五代十国之一。907年，由王建所建，定都于成都。前蜀历二主，共23年。 ❼平阙：即平阙式。唐公文书式。平，指行文时逢特定的字要移行抬头书写；阙，指行文时，逢特定的字要阙字空格。 ❽泽远：恩泽深远。

翰苑亲近

【原　文】

白乐天《渭村退居寄钱翰林》诗，叙翰苑之亲近云：“晓从朝兴庆[1]，春陪宴柏梁[2]。……分庭皆命妇，对院即储皇。贵主冠浮动，亲王辔闹装[3]。金钿相照耀，朱紫间荧煌[4]。球簇桃花骑，歌巡竹叶觞[5]。洼银中贵带[6]，昂黛内人妆[7]。

【译　文】

白居易《渭村退居寄钱翰林》诗，叙述翰林院与内廷的亲近关系，诗云：“晓从朝兴庆，春陪宴柏梁。……分庭皆命妇，对院即储皇。贵主冠浮动，亲王辔闹装。金钿相照耀，朱紫间荧煌。球簇桃花骑，歌巡竹叶觞。洼银中贵带，昂黛内人妆。赐禊赐禊东城下[8]，颁酺曲水傍[9]。樽罍分圣酒[10]，妓乐借仙倡[11]。”盖唐世宫禁与外廷不至相隔绝，故杜子美诗：“户外昭容紫袖垂[12]，双瞻御座引朝仪。”又云：“舍人退食收封事[13]，宫女开函近御筵。”而学士独称内相[14]，至于与命妇分庭[15]，见贵主冠服、内人黛妆，假仙倡以佐酒[16]，它司无此也。

东城下，颁酺曲水傍。樽罍分圣酒，妓乐借仙倡。”大概唐代宫禁与外朝没有相互隔绝，所以杜甫有诗写道：“户外昭容紫袖垂，双瞻御座引朝仪。”又写道：“舍人退食收封事，宫女开函近御筵。”而翰林学士独称内相，以至和命妇分处庭中，看见公主的冠服、宫女的妆容，让仙倡陪同宴饮，是其他部门比不上的。

注释

❶ 兴庆：兴庆宫。唐朝长安城中的皇宫。因其位于西内太极宫和东内大明宫以南，故又称为“南内”。 ❷ 柏梁：柏梁台。 ❸ 闹装：用金银珠宝等杂缀而成的腰带或鞍、辔之类饰物。 ❹ 朱紫：朱衣紫绶，古代显贵者的服色。借指高官。荧煌：闪耀辉煌。 ❺ 竹叶：酒名。泛指美酒。 ❻ 洼银：中间下凹的银钿，代指精美的银饰。中贵：中贵人。皇帝所宠信的宦官。 ❼ 昂黛：高挑的黛眉。 ❽ 赐禊：上巳祓禊。 ❾ 酺（pú）：酺宴，国有吉庆，许赐臣民聚会饮酒。 ❿ 樽罍（zūnléi）：樽与罍皆盛酒器。圣酒：御酒。 ⓫ 仙倡：乐舞中扮演神仙的艺人。倡：歌舞艺人。 ⓬ 昭容：女官名。 ⓭ 退食：退朝而食于家，表示退朝回家之意。封事：密封的奏章，古时大臣上书言事，为防泄漏，用袋封缄，故称。 ⓮ 内相：唐开元年间，改翰林供奉为学士，专掌内命，参裁朝廷大议，人称“内相”。后以“内相”为翰林学士的别称。 ⓯ 分庭：分处庭中。 ⓰ 佐酒：陪同宴饮。

宁馨、阿堵

【原 文】

“宁馨”“阿堵”，晋宋间人语助耳[①]。后人但见王衍指钱云：“举阿堵物却[②]。”又山涛见衍[③]，曰：“何物老媪，生宁馨儿？”今遂以“阿堵”为钱，“宁馨儿”为佳儿，殊不然也。前辈诗“语言少味无阿堵，冰雪相看有此君”[④]，又“家无阿堵物，门有宁馨儿”，其意亦如此。宋废帝之母王太后疾笃，帝不往视，后怒谓侍者：“取刀来，剖我腹，那得生宁馨儿！”观此，岂得为“佳”！顾长康画人物[⑤]，不点目睛，曰：“传神写照，正在阿堵中。”犹言“此处”也。刘真长讥殷渊源曰：“田舍儿，强学人作尔馨语。”又谓桓温曰：“使君，如馨地宁可斗战求胜？”王导与何充语，曰：“正自尔馨。”王恬拨王胡之手，曰：“冷如鬼手馨[⑥]，强来捉人臂！”至今吴中人语言尚多用“宁

【译 文】

“宁馨”“阿堵”，是晋宋时期人说话的助语词。后人只看到王衍指着钱说：“搬掉阿堵物。”又山涛见到王衍时说：“什么样的老妇人，能生宁馨儿？”如今便认为“阿堵”是钱，“宁馨儿”是好孩子，其实完全不是这么回事。前人有诗“语言少味无阿堵，冰雪相看有此君”，又有“家无阿堵物，门有宁馨儿”，意思也是指“钱”和“好孩子”。宋废帝的母亲王太后病势沉重，废帝不去看望，太后怒气冲冲地对侍者说：“取刀来，剖开我的肚子，怎么会生宁馨儿！”品味这句话，“宁馨儿”怎么会是“好孩子”呢！顾恺之画人物，不点眼睛，说：“传神写真，正在阿堵中。”阿堵就是说“此处”。刘惔讥讽殷浩说：“庄稼佬，硬要模仿他人作尔馨语。”又对桓温说：“使君，如馨地怎可战斗取胜？”王导对何充说：“正自尔馨。”王恬拨开王胡之的手，说：“冷如鬼手馨，强来捉人臂！”至今吴中人方言还多用“宁馨”

馨”字为问，犹言“若何”也。刘梦得诗：“为问中华学道者，几人雄猛得宁馨？”盖得其义，以“宁”字作平声读。

一词发问，好比说“如何”。刘禹锡有诗写道：“为问中华学道者，几人雄猛得宁馨？”可以说准确理解了这个词，他把“宁”字当作平声来读。

注释

❶语助：助词，语言中不表示实在意义的虚词。 ❷举阿堵物却：《晋书·王衍传》载，“（王衍嫉其妻郭氏）之贪鄙，故口未尝言钱。郭欲试之，令婢以钱绕床，使不得行。衍晨起见钱，谓婢曰：‘举阿堵物却！’” ❸山涛：魏晋名士，好老庄，与嵇康、阮籍、向秀、阮咸、王戎、刘伶诸人相友善，常宴集于竹林之下，世称“竹林七贤”。 ❹此君：《晋书·王徽之传》载，“尝寄居空宅中，便令种竹。或问其故，徽之但啸咏，指竹曰：‘何可一日无此君邪？’”后用以竹子的代称。 ❺顾长康：即顾恺之，小字虎头。顾恺之博学多才，擅诗赋、书法，尤善绘画。世人称其有三绝：画绝、才绝和痴绝。 ❻鬼手：鬼的手。亦用作詈辞。

凤毛

【原文】

宋孝武嗟赏谢凤之子超宗曰①：“殊有凤毛。”今人以子为凤毛，多谓出此。案《世说》，王劭风姿似其父导②，桓温曰：“大奴固自有凤毛③。”其事在前，与此不同。

【译文】

宋孝武帝赞赏谢凤之子谢超宗说：“真有凤毛。”今人称儿子为凤毛，大多认为出自这里。案，《世说新语》记载，王劭风姿神似其父王导，桓温说：“大奴确实有凤毛。”这事发生在前，与宋孝武帝所说意思不同。

注释

❶嗟赏：赞赏，叹赏。谢凤：谢灵运之子。超宗：即谢超宗。勤奋好学，具有文才，盛得名誉。得到宋孝武帝赞赏“凤毛麟角”。　❷王劭：丞相王导之子，美姿容，有风操。　❸大奴：指王劭。

牛　米

【原　文】

燕慕容皝以牛假贫民[①]，使佃苑中，税其什之八；自有牛者，税其七。参军封裕谏[②]，以为魏晋之世，假官田牛者不过税其什六，自有牛者中分之，不取其七八也。予观今吾乡之俗，募人耕田，十取其五，而用主牛者，取其六，谓之“牛米”，盖晋法也。

【译　文】

前燕慕容皝把耕牛借给贫民，令他们租种苑囿中的田地，收取八成租税；自己有耕牛的，收取七成租税。参军封裕进谏，认为魏晋时期，租借官田和耕牛的不过收取六成租税，自有耕牛的收取五成租税，没有收取七八成租税的。我看如今家乡的习惯，雇人耕田，收取五成租税，而用雇主耕牛的，收取六成租税，称为“牛米”，这大概是晋朝的旧制。

注释

❶燕：十六国之一。鲜卑贵族慕容皝所建政权，国号为“燕”，史称前燕。慕容皝：字元真，小字万年。十六国时期前燕开国君主。　❷参军：官名。掌参谋军务。

为文矜夸过实

【原 文】

文士为文，有矜夸过实[1]，虽韩文公不能免。如《石鼓歌》[2]极道宣王之事，伟矣。至云："孔子西行不到秦，掎摭星宿遗羲娥[3]。""陋儒编《诗》不收拾，二《雅》褊迫无委蛇[4]。"是谓三百篇皆如星宿[5]，独此诗如日月也。"二《雅》褊迫"之语，尤非所宜言。今世所传石鼓之词尚在，岂能出《吉日》《车攻》之右[6]？安知非经圣人所删乎[7]！

【译 文】

文人写文章时，有骄傲自夸而导致言过其实之处，即使韩愈也不能幸免。比如，《石鼓歌》极力称扬周宣王的伟业。甚至说："孔子西行不到秦，掎摭星宿遗羲娥。""陋儒编《诗》不收拾，二《雅》褊迫无委蛇。"这是说《诗经》三百篇都如星辰，只有石鼓文才像日月。"二《雅》褊迫"这种话，韩愈最不该说。如今世间流传的石鼓词还在，哪能超过《小雅》的《吉日》《车攻》呢？又怎么知道不是孔子删《诗》时把它删除的呢？

注释

❶ 石鼓：我国传世珍贵文物，是今存最早的石刻，其形如鼓，俗称石鼓。因铭文中多言周秦贵族田猎纪功之事，故又称"猎碣"。韩愈著有《石鼓歌》。❷ 矜夸：骄傲自夸。 ❸ 掎摭（jǐzhí）：摘取，取得。羲娥：借指日月。 ❹ 陋儒：学识浅陋的儒生。二《雅》：指《诗经》中的《小雅》和《大雅》。褊迫：狭窄闭塞。委蛇（yí）：从容舒徐。 ❺ 三百篇：《诗经》有三百零五篇，故称。❻《吉日》《车攻》：均为《诗经·小雅》篇名。 ❼ 圣人所删：指孔子将《诗经》由原有的三千余篇删定为三百零五篇。

《送孟东野序》[1]

【原 文】

韩文公《送孟东野序》云：“物不得其平则鸣。”然其文云：“在唐虞时，咎陶、禹其善鸣者[2]，而假之以鸣。夔假于《韶》以鸣[3]。伊尹鸣殷，周公鸣周[4]。”又云：“天将和其声，而使鸣国家之盛。”然则非所谓“不得其平”也。

【译 文】

韩愈《送孟东野序》写道：“万物不得其公平就会发声。”然而，他却在文中写道：“在尧舜时，皋陶、大禹是善于发声的，就凭此而鸣。夔借助《韶》乐而鸣。伊尹鸣于商朝，周公鸣于周朝。”又说：“上天将和其声，而让他们歌颂国家兴盛。”如此说来，就不是所说的“不得其平”了。

注释

❶ 孟东野：即孟郊，字东野。与韩愈交谊颇深。孟郊工诗，有“诗囚”之称。序：赠序，临别赠言的文章。 ❷ 咎陶（yáo）：即皋陶，担任虞舜的司法官，以公平正直闻名天下。 ❸ 夔：虞舜的乐官。《韶》：舜所作著名乐曲。 ❹ 周公：即姬旦，周文王之子，辅助武王灭纣，建周王朝，封于鲁。因采邑在周，故称周公。

喷嚏

【原 文】

今人喷嚏不止者，必噀唾祝云：“有人说我。”[1] 妇人尤甚。

【译 文】

今天的人打喷嚏不止时，一定要吐唾沫祝告说：“有人说我”。妇予案《终风》诗[2]："寤言不寐[3]，愿言则嚏[4]。"郑氏笺云[5]："我其忧悼而不能寐，女思我心如是，我则嚏也。今俗人嚏，云'人道我'，此古之遗语也。"乃知此风自古以来有之。

女尤其如此。我查考《诗经·邶风·终风》诗写道："寤言不寐，愿言则嚏。"郑玄注释说："我心怀忧愁而不能入睡，你是这样的思念我，我就打喷嚏。如今世人打喷嚏，说'有人说我'，这是前人流传下来的话。"由此可知，这种风俗自古就有。

注释

❶ 噀（xùn）唾：吐唾沫。表示鄙弃。 ❷《终风》：《诗经·邶风》篇名。❸ 寤言：醒后说话。 ❹ 愿言：思念殷切。 ❺ 郑氏：指郑玄，字康成，北海高密（今山东高密）人。东汉经学家，遍注五经，今存有《毛诗传笺》、"三礼"注等。

野史不可信

【原 文】

野史杂说，多有得之传闻及好事者缘饰，故类多失实，虽前辈不能免，而士大夫颇信之。姑摭真宗朝三事于左[1]。魏泰《东轩录》云[2]："真宗次澶渊[3]，语寇莱公曰：'虏骑未退[4]，何人可守天雄军？'公言参知政事王钦若[5]。退即召王于行府[6]，谕以上意，授敕俾行。王未及有言，公

【译 文】

野史杂说，多来自传闻及好事的人夸饰，所以大多失实，即使前辈高人也不能免，然而士大夫却很相信。姑且摘取真宗朝的三件事于下。魏泰《东轩笔录》记载："真宗驾临澶渊，对寇准说：'辽兵未退，谁可守天雄军？'寇准说参知政事王钦若可以。寇准退下后立即在行府召见王钦若，告诉他皇帝的旨意，授予敕书命其出发。王钦若

遽酌大白饮之[7]，命曰'上马杯'，且曰：'参政勉之，回日即为同列也。'王驰骑入魏，越十一日，虏退，召为同中书门下平章事。或云王公数进疑词于上前，故莱公因事出之。"予案，澶渊之役乃景德元年九月，是时莱公为次相，钦若为参政。闰九月，钦若判天雄。二年四月，罢政。三年，莱公罢相，钦若复知枢密院，至天禧始拜相，距景德凡十四年。其二事者，沈括《笔谈》云[8]："向文简拜右仆射，真宗谓学士李昌武曰：'朕自即位以来，未尝除仆射，敏中应甚喜。'昌武退朝，往候之，门阑悄然[9]。明日再对，上笑曰：'向敏中大耐官职。'"存中自注云："向公拜仆射年月，未曾考于国史，因见中书记，是天禧元年八月，而是年二月王钦若亦加仆射。"予案，真宗朝自敏中之前，拜仆射者六人：吕端、李沆、王旦皆自宰相转，陈尧叟以罢枢密使拜，张齐贤以故相拜，王钦若自枢密使转。及敏中转右仆射，

还没来得及说话，寇准就满斟一大杯酒让他喝，名为'上马杯'，并且说：'王参政勉力为之，回来咱们就是同一班列了。'王钦若快马加鞭到了魏州，过了十一天，辽兵退，召王钦若为同中书门下平章事。有人说王钦若经常在皇上面前说寇准的坏话，因此寇准借这事把他排挤出去。"我查考，澶渊之战是在景德元年九月，当时寇准为副丞相，王钦若为参知政事。闰九月，王钦若判天雄军。景德二年四月，罢参知政事。景德三年，寇准罢相，王钦若复知枢密院，直到天禧年间才拜相，距景德年间共十四年。第二件事，沈括《梦溪笔谈》记载："向敏中拜右仆射，宋真宗对翰林学士李宗谔说：'朕自即位以来，还不曾任命仆射，向敏中对此应该很高兴。'李宗谔退朝后，去看望向敏中，看到他门庭寂然。第二天把该情况上报皇帝，真宗笑着说：'向敏中适合做大官。'"沈括自注说："向公拜仆射的时间，未曾载于国史，因看见中书省记录，才知是在天禧元年八月，而这年二月王钦若也加仆射。"我查考，真宗朝自向敏中之前，拜仆射者有六人：吕端、李沆、王旦都自宰相转官，陈尧叟罢枢密使而拜，张齐贤以故相拜，王钦若自枢密使转

与钦若加左仆射同日降制，是时李昌武死四年矣。昌武者，宗谔也。其三事者，存中《笔谈》又云："时丁晋公从真宗巡幸，礼成，诏赐辅臣玉带[⑩]。时辅臣八人，行在祗候库止有七带[⑪]，尚衣有带[⑫]，谓之'比玉'，价直数百万，上欲以足其数。公心欲之，而位在七人之下，度必不及己，乃谕有司：'某自有小私带可服，候还京别赐可也。'既各受赐，而晋公一带仅如指阔，上顾近侍速易之，遂得尚衣御带。"予案，景德元年真宗巡幸西京[⑬]，大中祥符元年巡幸泰山，四年幸河中[⑭]，丁谓皆为行在三司使[⑮]，未登政府[⑯]。七年，幸亳州，谓始以参知政事从。时辅臣六人，王旦、向敏中为宰相，王钦若、陈尧叟为枢密使，皆在谓上，谓之下尚有枢密副使马知节，即不与此说合。且既为玉带，而又名"比玉"，尤可笑。魏泰无足论，沈存中不应尔也。

官。等向敏中转官右仆射，与王钦若加左仆射同一天降制书，这时李昌武已死四年了。昌武，名宗谔。第三件事，沈括《梦溪笔谈》又记载："当时丁谓随真宗巡幸，封禅礼成，诏赐辅臣玉带。当时辅臣共八人，行在祗候库只有七条玉带，尚衣库有御用玉带，名为'比玉'，一条价值数百万，皇上想用它凑足八条之数。丁谓想得到比玉，而地位又在七人之下，估计轮不到自己，就告诉有关官员：'我有小的私人玉带可用，等回京再赐给我亦可。'等各位辅臣都受赐，丁晋公的玉带仅有一指宽，真宗回头命近侍赶快换下，这样丁谓就得到了尚衣库御带。"我查考，景德元年真宗巡幸西京，大中祥符元年巡幸泰山，四年巡幸河中，丁谓都任行在三司使，不是政府要员。七年，真宗巡幸亳州，丁谓才以参知政事身份相随。当时辅臣六人，王旦、向敏中为宰相，王钦若、陈尧叟为枢密使，地位都在丁谓之上，丁谓之下还有枢密副使马知节，这就和此说不太相符。况且既为玉带，而又名"比玉"，更为可笑。魏泰不值一提，沈括却不应如此。

注释

❶ 真宗：即宋真宗赵恒。 ❷《东轩录》：北宋魏泰撰。即《东轩笔录》，十五卷，记载北宋太祖至神宗朝旧事，尤以王安石变法事记录尤详。 ❸ 澶渊：故址在今河南濮阳西。 ❹ 虏骑：此指辽兵。 ❺ 参知政事：职官名。唐初以参知政事为他官参预宰相事务的职名。宋以同中书门下平章事为宰相，以参知政事为副宰相，辅助宰相处理政务。 ❻ 行府：官署名。宋朝皇帝出征，则于所至之处置，设知行府事或权知行府事。 ❼ 大白：酒杯。 ❽《笔谈》：即《梦溪笔谈》，内容涉及天文、历法、气象、地质、地理、物理、化学、生物、农业、医药、历史、文学、艺术等诸多领域。 ❾ 门阑：门庭。 ❿ 辅臣：辅弼之臣。 ⓫ 行在：天子出游，中途停顿、住宿的地方。祗候库：宋官署名。掌储存钱帛、器皿、衣服等，以备皇帝殿庭赏赐或诏令颁赐。 ⓬ 尚衣：即尚衣库。宋官署名。掌皇帝所用驾头、服御、袍服、伞扇等物。 ⓭ 西京：宋以汴京为东京，洛阳为西京。 ⓮ 河中：即河中府，在今山西永济。 ⓯ 三司使：职官名。统领盐铁、度支、户部，掌国家财用大计，应四方贡赋出入。 ⓰ 政府：唐宋时称宰相处理政务的处所为政府。

谤书[1]

【原文】

司马迁作《史记》，于《封禅书》中[2]，述武帝神仙、鬼灶、方士之事甚备[3]，故王允谓之谤书。国朝景德、祥符间[4]，治安之极，王文穆、陈文忠、陈文僖、丁晋公诸人造作天书符瑞[5]，以为固宠容悦之计[6]。及真宗上仙[7]，王沂公惧贻后世讥议，故

【译文】

司马迁作《史记》，在《封禅书》中，记述汉武帝关于神仙、灶神、方士之事甚为详备，所以王允称之为谤书。本朝景德、大中祥符年间，政治清明，社会安定，王钦若、陈尧叟、陈彭年、丁谓等人假造天书符瑞，作为固宠取悦圣意的手段。等到真宗逝世，王曾担心这会遭到后世议论，因此请求把天书

请藏天书于梓宫以灭迹[8]。而实录之成，乃文穆监修，其载崇奉宫庙[9]，祥云、芝鹤，唯恐不详，遂为信史之累[10]，盖与太史公谤书意异而实同也[11]。

藏入真宗梓宫以消灭证据。而真宗实录，是王钦若监修的，其中记载崇奉宫观，祥云、灵芝、仙鹤等，唯恐不够详细，于是成为信史的污点，这与太史公的谤书真是有异曲同工之妙。

注释

❶谤书：指《史记》。《后汉书·蔡邕传》："昔武帝不杀司马迁，使作《谤书》，流于后世。"李贤注："凡史官记事，善恶必书。谓迁所著《史记》，但是汉家不善之事，皆为谤也。" ❷《封禅书》：《史记》篇名。 ❸鬼灶：灶神。 ❹祥符：即大中祥符，宋真宗赵恒年号。 ❺天书：上天或神仙所降赐的书。 ❻容悦：谓曲意逢迎，以取悦于上。 ❼上仙：死亡的委婉说法。多用于帝王。 ❽梓宫：皇帝、皇后的棺椁。 ❾宫庙：即宫观。 ❿信史：纪事真实可信、无所讳饰的史籍。 ⓫太史公：即司马迁。

王文正公

【原文】

祥符以后，凡天书礼文、宫观典册、祭祀巡幸、祥瑞颂声之事，王文正公旦实为参政、宰相，无一不预。官自侍郎至太保，公心知得罪于清议[1]，而固恋患失，不能决去。及其临终，乃欲削发僧服以敛，何

【译文】

真宗大中祥符以后，凡是天书礼仪、宫观策命、祭祀巡幸、祥瑞颂德之事，文正公王旦身为参知政事、宰相，无一不参预。王旦从侍郎一路官至太保，他心知得罪了朝野清议，而又贪恋官位，患得患失，不能坚决辞官归乡。到他临终时，却想削发为僧要求穿僧服入殓，这又有何益呢？魏

所补哉！魏野赠诗，所谓“西祀东封今已了，好来相伴赤松游[2]”，可谓君子爱人以德，其箴戒之意深矣[3]。欧阳公神道碑[4]，悉隐而不书，盖不可书也。虽持身公清[5]，无一可议，然特张禹、孔光、胡广之流云。

野赠王旦诗，所谓“西祀东封今已了，好来相伴赤松游”，真称得上君子爱人以德，其劝诫之意深远。欧阳修所作王文正公神道碑，对于这些事情全都隐而不记，大概是他认为不能写上去吧。王旦虽然持身公正清廉，后人没有任何非议，但也不过是张禹、孔光、胡广一类人罢了。

注释

❶ 清议：对时政的公正评论。 ❷ 西祀东封：指大中祥符元年（1008），宋真宗东封泰山，王旦为封禅大礼使。十二月，王旦加中书侍郎兼刑部尚书。二年，遣使祷北岳、西岳、后土、河渎诸祠。四年，又亲至汾阴（今山西万荣）祭祀后土。赤松：赤松子，上古传说中的神仙，神农时的雨师，至昆仑山，常入西王母石室，随风雨上下。 ❸ 箴戒：规劝，告诫。 ❹ 神道碑：立于墓道前记载死者生平事迹的石碑。 ❺ 持身：立身，修身。公清：清廉无私。

晋文公[1]

【原　文】

晋公子重耳自狄适它国凡七[2]，卫成公、曹共公、郑文公皆不礼焉，齐桓公妻以女，宋襄公赠以马，楚成王享之，秦穆公纳之，卒以得国。卫、曹、郑皆同姓[3]，齐、宋、秦、

【译　文】

晋公子重耳自狄逃亡共经过七个国家，卫成公、曹共公、郑文公都不以礼相待，齐桓公把女儿嫁给他，宋襄公赠送他马匹，楚成王设宴招待他，秦穆公热情接纳他，最终得以归国为君。卫、曹、郑三国国君与重耳都是同姓，齐、宋、秦、楚四国都是异姓，

楚皆异姓[4]，非所谓“岂无他人，不如同姓”也。晋文公卒未葬，秦师伐郑灭滑[5]，无预晋事，晋先轸以为秦不哀吾丧，而伐吾同姓[6]，背秦大惠，使襄公墨衰绖而伐之[7]。虽幸胜于殽，终启焚舟之战[8]，两国交兵，不复修睦者数百年。先轸是年死于狄，至孙縠而诛灭[9]，天也。

可见不是像《诗经》所说的那样“岂无他人，不如同姓”。晋文公死后尚未下葬，秦国军队讨伐郑国、消灭滑国。这原本与晋国无关。晋国先轸却认为秦国在晋国大丧之时不派人前来吊丧，反而讨伐我的同姓国，因此背弃秦国以前的大恩，让晋襄公身穿黑色丧服讨伐秦国。虽然在殽山之战侥幸取胜，最终却导致焚舟大战，两国持续交战，相互敌对数百年。先轸这一年在与狄人交战时阵亡，到他的孙子先縠时又被诛灭全族，真是天意。

注释

❶晋文公：即晋文公姬重耳，春秋时期晋国国君。骊姬之乱时被迫流亡，备尝艰辛，后在秦穆公的支持下返国为君。“春秋五霸”之一。 ❷狄：北方部族名。 ❸卫、曹、郑皆同姓：晋国与卫、曹、郑三国皆姬姓诸侯国。 ❹齐、宋、秦、楚皆异姓：齐国姜姓，宋国子姓，秦国嬴姓，楚国芈姓。 ❺滑：滑国，春秋时期诸侯国名。在今河南洛阳偃师区，与晋同为姬姓。后被秦国所灭。❻伐吾同姓：郑、滑与晋同为姬姓诸侯国。 ❼墨衰绖（cuīdié）：黑色丧服。❽焚舟：军队渡河后自焚其舟，以示必死的决心。《左传·文公三年》：“秦伯伐晋，济河焚舟。”杜预注：“示必死也。” ❾縠：即先縠，先轸之孙。晋楚邲之战时，其因指挥失当，致晋军大败，惧罪，乃与赤狄联合为乱，后被灭族。

南夷服诸葛[1]

【原 文】

蜀刘禅时[2]，南中诸郡

【译 文】

蜀汉后主刘禅在位时，南中各郡

叛[3]，诸葛亮征之，孟获为夷汉所服[4]，七战七擒，曰："公，天威也，南人不复反矣。"《蜀志》所载，止于一时之事。国朝淳化中[5]，李顺乱蜀，招安使雷有终遣嘉州士人辛怡显使于南诏[6]，至姚州，其节度使赵公美以书来迎云："当境有泸水[7]，昔诸葛武侯戒曰：'非贡献征讨，不得辄渡此水；若必欲过，须致祭，然后登舟。'今遣本部军将赍金龙二条、金钱三十文并设酒脯[8]，请先祭享而渡。"乃知南夷心服，虽千年如初。呜呼，可谓贤矣！事见怡显所作《云南录》[9]。

发生叛乱，丞相诸葛亮率军征讨，孟获被当地夷汉百姓拥为首领，诸葛亮与他交战七次，擒获他七次。孟获于是说："丞相您有上天的威严，南中人再也不反叛了。"《三国志·蜀志》（实为《华阳国志·南中志》）所载，只是蜀汉一时之事。本朝淳化年间，李顺在蜀地叛乱，招安使雷有终派遣嘉州士人辛怡显出使南诏，到达姚州，节度使赵公美派人带着书信前来迎接说："当地境内有泸水，当年诸葛亮告诫说：'如果不是进贡和征讨，不能轻易渡过这条河；如果一定要过，必须先前往祭祀，然后登舟渡河。'如今我派遣本部军将带着两条金龙、三十文金钱，并设下酒肉祭品，请先行祭祀再渡河。"才知道南夷人对诸葛亮由衷佩服，即使千年以后一如当初。唉，诸葛亮可称为贤才啊！此事见于辛怡显所作至道《云南录》。

注释

❶ 南夷：旧指南方的少数民族。诸葛：即诸葛亮，字孔明，三国时蜀汉丞相。 ❷ 刘禅：即蜀汉后主，刘备之子，小名阿斗。 ❸ 南中：指今川南及云贵一带。 ❹ 孟获：南中地区首领。刘备去世后，他据兵叛乱，后来被诸葛亮率领大军擒拿后赦免，遂降服。 ❺ 淳化：宋太宗赵光义年号。 ❻ 南诏：古国名。在今云南一带。唐时有六诏，蒙舍诏在最南，治羊苴咩城（今云南大理），后来统一其他五诏，国号南诏。 ❼ 泸水：古水名。指今雅砻江下游和金沙江汇合雅砻江以后一段。 ❽ 酒脯：酒和干肉。后亦泛指酒肴。 ❾《云南录》：即至道《云

南录》，北宋辛怡显撰，详细记载了从蜀中至云南的道里、山川及风俗习惯等。

二疏赞[1]

【原 文】

作议论文字，须考引事实无差忒[2]，乃可传信后世。东坡先生作《二疏图赞》云：“孝宣中兴[3]，以法驭人。杀盖、韩、杨[4]，盖三良臣。先生怜之，振袂脱屣[5]。使知区区[6]，不足骄士。”其立意超卓如此。然以其时考之，元康三年二疏去位，后二年盖宽饶诛，又三年韩延寿诛，又三年杨恽诛。方二疏去时，三人皆亡恙[7]。盖先生文如倾河[8]，不复效常人寻阅质究也[9]。

【译 文】

作议论性文章，必须考证所引事实没有差错，才能把真实历史流传于后世。东坡先生作《二疏图赞》说：“孝宣中兴，以法驭人。杀盖、韩、杨，盖三良臣。先生怜之，振袂脱屣。使知区区，不足骄士。”东坡先生立意如此超然卓异。然而根据当时历史考证，汉宣帝元康三年疏广、疏受已辞官，两年后盖宽饶被诛，又过三年韩延寿被诛，又三年后杨恽被诛。疏广、疏受辞官之时，这三人都还平安无恙。这大概是东坡先生文思如江河之水流畅奔放，不像常人那样细读查考史实罢了。

注 释

❶ 二疏：指汉宣帝时名臣疏广与兄子疏受。时疏广为太傅，疏受为少傅，同时以年老乞致仕，时人贤之。赞：文体名，以颂扬人物为主旨。 ❷ 差忒(chātè)：失误。 ❸ 孝宣中兴：汉宣帝刘询开创的盛世。其励精图治，开创了国力强盛、四夷宾服、经济繁荣、民生富庶的局面，故史家谓之“孝宣中兴”。 ❹ 盖：指盖宽饶。汉宣帝时为太中大夫、司隶校尉，刚直奉公，故称“虎

臣”。后因宣帝信谗不纳，自杀。韩：指韩延寿。宣帝时为左冯翊，后遭萧望之嫉忌，劾其在东郡僭越不道，被诛。杨：指杨恽。以父荫入仕，因告发霍氏谋反有功，封平通侯，历官中郎将、光禄勋等。后因与友人孙会宗通信时表达出对朝廷的不满，论罪大逆不道，被腰斩。❺振袂（mèi）脱屣（xǐ）：挥动衣袖，脱掉鞋子。此谓二疏去职。❻区区：形容微不足道。❼亡恙：平安。❽倾河：谓河水倾泻直下。形容文辞流畅奔放。❾质究：查考。

李宓伐南诏[1]

【原 文】

唐天宝中，南诏叛，剑南节度使鲜于仲通讨之[2]，丧士卒六万人。杨国忠掩其败状，仍叙其战功。时募兵击南诏，人莫肯应募，国忠遣御史分道捕人，连枷送诣军所，行者愁怨，所在哭声振野。至十三载，剑南留后李宓将兵七万往击南诏[3]。南诏诱之深入，闭壁不战[4]，宓粮尽，士卒瘴疫及饥死什七八[5]，乃引还。蛮追击之，宓被擒，全军皆没。国忠隐其败，更以捷闻，益发兵讨之。此《通鉴》所纪。《旧唐书》云：“李宓率兵击蛮于西洱河[6]，粮尽军旋，马足陷桥，为阁罗凤所擒[7]。”《新唐书》亦云：

【译 文】

唐朝天宝年间，南诏反叛，剑南节度使鲜于仲通率兵征讨，折损士卒六万人。杨国忠向朝廷隐瞒战败之事，仍然给他记上战功。当时招募士兵攻打南诏，人们都不肯应募，杨国忠派遣御史分道抓人，抓到后枷锁相连送往军营，被抓的人满腹愁怨，所到之处哭声遍野。到天宝十三载，剑南留后李宓领兵七万进击南诏。南诏诱敌深入，关闭城门不应战。李宓粮草耗尽，士卒因感染瘟疫及饥饿而死的十之七八，李宓无奈撤兵。南诏引兵追击，李宓被擒，全军覆没。杨国忠隐瞒战败之事，反而向朝廷报捷，然后增派军队讨伐。这是《资治通鉴》的记载。《旧唐书》记载：“李宓率兵在西洱河攻打南诏，粮草耗尽，在撤退军队时，马足陷在

“宓败死于西洱河。”予案：高適集中有《李宓南征蛮》诗一篇，序云：“天宝十一载，有诏伐西南夷，丞相杨公兼节制之寄，乃奏前云南太守李宓涉海自交趾击之，往复数万里，十二载四月，至于长安。君子是以知庙堂使能，而李公效节。予忝斯人之旧，因赋是诗。”其略曰：“肃穆庙堂上，深沉节制雄。遂令感激士[8]，得建非常功。鼓行天海外[9]，转战蛮夷中。长驱大浪破，急击群山空。饷道忽已远[10]，县军垂欲穷[11]。野食掘田鼠，晡餐兼僰僮[12]。收兵列亭候[13]，拓地弥西东。泸水夜可涉，交州今始通。归来长安道，召见甘泉宫[14]。”其所称述如此。虽诗人之言，未必皆实，然当时之人所赋，其事不应虚言，则宓盖归至长安，未尝败死，其年又非十三载也。味诗中掘鼠餐僮之语，则知粮尽危急，师非胜归明甚。

桥上，被阁罗凤擒获。”《新唐书》也记载：“李宓在西洱河战败身亡。”我考证：高適集中有《李宓南征蛮》诗一首，诗序云：“天宝十一载，皇帝下诏征讨南诏，丞相杨国忠兼领剑南节度使，于是上奏请前云南太守李宓渡海绕道交趾攻打南诏，往返数万里。天宝十二载四月，李宓回到长安。人们因此知道朝廷善于用人，而李宓也为国尽忠。我作为李宓老友，因此写下这首诗。”诗中写道：“肃穆庙堂上，深沉节制雄。遂令感激士，得建非常功。鼓行天海外，转战蛮夷中。长驱大浪破，急击群山空。饷道忽已远，县军垂欲穷。野食掘田鼠，晡餐兼僰僮。收兵列亭候，拓地弥西东。泸水夜可涉，交州今始通。归来长安道，召见甘泉宫。”高適在诗中如此称赞李宓。可见，即使是诗人的话，未必都真实，然而既为当时人所作诗，这件事不会是虚构，那么李宓回到了长安，并没有战败身亡，这一年也不是天宝十三载。品味诗中掏田鼠吃僰僮等语，就知道当时军粮已尽，形势危急，很明显李宓不是战胜归来。

注释

❶ 李宓：唐朝天宝初年，任姚州都督。天宝十三载（754），李宓以侍御史、剑南道留后与何履光等带兵十余万征伐南诏，兵败后投水殉国。 ❷ 鲜于仲通：本名鲜于向。开元进士，天宝十载（751）攻打南诏战败，仅以身免，迁为京兆尹。 ❸ 留后：唐中叶后，藩镇坐大，节度使遇有事故，往往以其子侄或亲信将吏代行职务，称节度留后或观察留后。亦有叛将推翻统帅，自称留后，而后由朝廷补行正式任命者。 ❹ 闭壁：关闭城门。谓只守不战。 ❺ 瘴疫：瘴气瘟疫。 ❻ 西洱河：源出云南洱海。 ❼ 阁罗凤：南诏王，父为皮逻阁，后袭封云南王。 ❽ 感激士：意气激越的人。 ❾ 鼓行：击鼓行军。天海：形容相距极远的地方。 ❿ 饷道：运军粮的道路。 ⓫ 县军：深入敌方阵地，孤立无援的军队。县，通“悬”。 ⓬ 晡：申时。下午三点到五点。僰（bó）僮：被掠卖为奴的僰人。 ⓭ 亭候：古代边境用以瞭望和监视敌情的岗亭、土堡。 ⓮ 甘泉宫：汉宫名。遗址在今陕西淳化西北甘泉山上。秦曾在此建林光宫，汉武帝在秦林光宫的基础上，以甘泉山为名，在其旁建甘泉宫。

浮梁陶器[①]

【原文】

彭器资尚书文集有《送许屯田》诗[②]，曰：“浮梁巧烧瓷，颜色比琼玖[③]。因官射利疾[④]，众喜君独不[⑤]。父老争叹息，此事古未有。”注云：“浮梁父老言，自来作知县不买瓷器者一人，君是也。作饶州不买者一人，今程少卿嗣宗是也。”惜乎不载许君之名。

【译文】

彭汝砺尚书文集里有《送许屯田》诗，诗中写道：“浮梁巧烧瓷，颜色比琼玖。因官射利疾，众喜君独不。父老争叹息，此事古未有。”自注说：“浮梁的父老说，从来在浮梁做知县而不买浮梁瓷器的只有一人，就是许君。做饶州知州不买浮梁瓷器的只有一人，就是现任程少卿名嗣宗。”可惜他没有记下许君大名。

注释

❶浮梁：今江西景德镇。 ❷彭器资尚书：即彭汝砺，字器资。许屯田：即许彭年。宣和年间曾任浮梁知县。屯田：屯田官。 ❸琼玖：美玉名。 ❹射利：谋取利益。 ❺不：同“否”。

卷第五

二十五则

汉唐八相

【原 文】

萧、曹、丙、魏、房、杜、姚、宋为汉、唐名相①，不待诵说。然前六君子皆终于位，而姚、宋相明皇，皆不过三年。姚以二子及亲吏受赂，其罢犹有说；宋但以严禁恶钱及疾负罪而妄诉不已者②，明皇用优人戏言而罢之③；二公终身不复用。宋公罢相时，年才五十八，后十七年乃薨。继之者如张嘉贞、张说、源乾曜、王晙、宇文融、裴光庭、萧嵩、牛仙客，其才可睹矣。唯杜暹、李元纮为贤，亦清介龊龊自守者④。“释骐骥而不乘⑤，焉皇皇而更索⑥”，可不惜哉！萧何

【译 文】

萧何、曹参、丙吉、魏相、房玄龄、杜如晦、姚崇、宋璟为汉唐名相，自不用细说。然而前六位君子都终于宰相之位，而姚崇、宋璟在唐明皇时任宰相，都不过三年。姚崇因为两个儿子及亲信官员收受贿赂，被罢免宰相还事出有因；宋璟仅仅因为严禁劣质钱币流通及痛恨有罪却不断上诉的人，唐明皇就听信优伶的一句戏言，将他罢黜；姚崇、宋璟二公终身没再被起用。宋璟被罢相时，才五十八岁，又过了十七年才去世。后来继任宰相的如张嘉贞、张说、源乾曜、王晙、宇文融、裴光庭、萧嵩、牛仙客等人，这些人的才能如何，显而易见。只有杜暹、李元纮尚能称为贤才，也只算是清廉自守而已。“抛弃骏马而不乘，惊慌匆忙另寻什么”，真可惜啊！萧何将死，所推荐的贤才

且死，所推贤唯曹参；魏、丙同心辅政；房乔每议事，必曰非如晦莫能筹之；姚崇避位⑦，荐宋公自代。唯贤知贤，宜后人之莫及也！

只有曹参；魏相、丙吉同心辅佐国政；房玄龄每次商议国事，必定说没有杜如晦就不能筹划决策；姚崇辞去相位，举荐宋璟代替自己。只有贤才了解贤才，后人望尘莫及啊！

注释

❶ 萧：指萧何。曹：指曹参。丙：指丙吉。西汉名相，与魏相并有时名，号为“丙魏”。魏：指魏相。西汉名相。房：指房玄龄，唐名相，与杜如晦共理朝政，史称“房谋杜断”。杜：指杜如晦。唐名相。姚：指姚崇。宋：指宋璟。 ❷ 恶钱：质量低劣的钱币。 ❸ 优人：古代以乐舞、戏谑为业的艺人。 ❹ 清介：清正耿直。龊龊：拘谨，谨小慎微。 ❺ 释：抛弃。骐骥：良马。 ❻ 皇皇：同“遑遑”。惊恐匆忙，心神不定。 ❼ 避位：让位，辞职。

六卦有《坎》

【原 文】

《易·乾、坤》二卦之下，继之以《屯》《蒙》《需》《讼》《师》《比》。六者皆有《坎》，圣人防患备险之意深矣。

【译 文】

《易经》中《乾》《坤》二卦之后，紧接着就有《屯》《蒙》《需》《讼》《师》《比》。这六卦之中都有《坎》卦卦象，圣人防灾患、备险厄的用意是很深的。

晋之亡与秦、隋异

【原 文】

自尧、舜及今，天下裂而复合者四：周之末为七战国，秦合之；汉之末分为三国，晋合之；晋之乱分为十余国，争战三百年，隋合之；唐之后又分为八九国，本朝合之。然秦始皇一传而为胡亥[①]，晋武帝一传而为惠帝，隋文帝一传而为炀帝，皆破亡其社稷。独本朝九传百七十年，乃不幸有靖康之祸[②]，盖三代以下治安所无也[③]。秦、晋、隋皆相似，然秦、隋一亡即扫地[④]，晋之东虽曰“牛继马后”[⑤]，终为守司马氏之祀，亦百有余年。盖秦、隋毒流四海，天实诛之，晋之八王擅兵[⑥]，孽后盗政[⑦]，皆本于惠帝昏蒙[⑧]，非得罪于民，故其亡也，与秦、隋独异。

【译 文】

从尧、舜到现在，天下由分裂复归统一共有四次：周朝末年分裂为战国七雄，秦朝统一；东汉末年分裂为三国，晋朝统一；晋朝末年大乱，分裂为五胡十六国，争战持续三百年，隋朝统一；唐朝之后又分裂为八九个小国，本朝统一。然而秦始皇传一世而为胡亥，晋武帝传一世而为晋惠帝，隋文帝传一世而为隋炀帝，都葬送了江山社稷。唯独本朝传位九代一百七十年，才不幸遭遇靖康之难，大概三代以来没有如此安定和平的。秦朝、晋朝、隋朝都有相似之处，然而秦、隋一旦败亡就彻底消亡了，东晋虽然有“牛继马后”之谶，但最终守住了司马氏的社稷，也享国一百多年。大概是秦、隋毒流四海，上天要诛灭它们。晋朝时发生八王之乱，贾南风盗取权柄，都是惠帝愚昧无能所致，并不是获罪于百姓。因此，它的灭亡，与秦朝、隋朝灭亡不同。

注释

❶ 秦始皇：即嬴政。在位期间灭韩、赵、魏、燕、楚、齐，至公元前221年完成统一大业，结束了战国纷争割据的局面，建立中国历史上第一个中央集权国家。自称始皇帝。胡亥：即秦二世，秦始皇少子，为李斯、赵高拥立。陈胜、吴广农民起义爆发后，秦二世被赵高逼迫自杀。 ❷ 靖康之祸：指靖康二年（1127）金朝南下攻取北宋首都东京汴梁，掳走徽、钦二帝，导致北宋灭亡的历史事件。 ❸ 三代：夏、商、周三朝。 ❹ 扫地：谓彻底消亡。 ❺ 牛继马后：晋代谶语。谓将有牛姓者代司马氏继承帝位。《晋书·元帝纪》："初，《玄石图》有'牛继马后'，故宣帝深忌牛氏，遂为二榼，共一口，以贮酒焉，帝先饮佳者，而以毒酒鸩其将牛金。而恭王妃夏侯氏竟通小吏牛氏而生元帝。" ❻ 八王擅兵：即八王之乱。西晋宗室间争夺皇权的变乱。因晋惠帝痴呆不能任事，汝南王司马亮、楚王司马玮、赵王司马伦、齐王司马冏、长沙王司马乂、成都王司马颖、河间王司马颙、东海王司马越等先后起兵，战乱历时十六年。 ❼ 孽后盗政：即晋惠帝皇后贾南风专擅朝政，后贾南风死于赵王司马伦之手。 ❽ 昏蒙：愚昧，糊涂。

上官桀

【原 文】

汉上官桀为未央厩令[①]，武帝尝体不安，及愈，见马，马多瘦，上大怒："令以我不复见马邪？"欲下吏[②]，桀顿首曰："臣闻圣体不安，日夜忧惧，意诚不在马。"言未卒，泣数行下。上以为忠，由是亲近，至于受遗诏辅少

【译 文】

西汉时上官桀担任未央厩令，汉武帝曾身患疾病，病愈后到马厩察看，看见马匹大多瘦弱，大怒道："你认为我再也见不到这些马了吗？"就想把上官桀治罪。上官桀立即叩头说："我听说皇上身体欠安，日夜担忧恐惧，心思的确不在马上。"话没说完，就已泪流满面。武帝认为他一片忠心，从此把他当作近臣，最后受遗诏辅佐幼主。义纵任

主。义纵为右内史[3]，上幸鼎湖[4]，病久，已而卒起，幸甘泉，道不治，上怒曰："纵以我为不行此道乎？"衔之，遂坐以它事弃市。二人者其始获罪一也，桀以一言之故超用，而纵及诛，可谓幸、不幸矣！

右内史时，武帝巡幸鼎湖宫，病了很久，后来康复了，驾幸甘泉宫，看到道路没有修好，发怒道："义纵你认为我再也走不了这条路了吗？"武帝对此事心怀怨恨，就借其他事将义纵在闹市斩首示众。这两个人当初获罪的情形是一样的，上官桀因一句话得到破格提拔，而义纵却被斩首示众，可以说有人幸运、有人不幸了。

注释

❶ 未央：未央宫。汉代宫殿。故址在今陕西西安的长安故城内。厩令：官名。秦汉皆置，掌皇帝车乘及宫中马匹。 ❷ 下吏：交付廷尉治罪。 ❸ 右内史：官名。秦汉皆置内史，掌治京师。 ❹ 鼎湖：即鼎湖宫。西汉武帝时建。在今陕西蓝田。

金日磾[1]

【原文】

金日磾没入宫，输黄门养马[2]。武帝游宴见马，后宫满侧，日磾等数十人牵马过殿下，莫不窃视，至日磾，独不敢。日磾容貌甚严，马又肥好，上奇焉，即日拜为马监[3]，后受遗辅政。日磾与上官桀皆

【译文】

金日磾被没入皇宫，发放到黄门署养马。汉武帝游宴时看马，两侧站满了嫔妃宫女，金日磾等数十人牵着御马从殿前经过，几乎没有不偷看宫女的，到了金日磾，只有他不敢偷看。金日磾容貌威严，养的马又肥壮，武帝内心惊异，当天便任命他为马监，后来他又接受遗诏辅佐朝政。金日磾

因马而受知，武帝之取人，可谓明而不遗矣。

与上官桀都因马而受皇帝知遇，武帝选拔人才，可以说是明察而无遗漏。

注释

❶ 金日（mì）磾（dī）：原为匈奴休屠王太子，归降汉朝后，蒙赐金姓。汉武帝临终，下诏金日磾与霍光、上官桀、桑弘羊共同辅佐汉昭帝。 ❷ 黄门：官署名。黄门之署，职任亲近，以供天子，百物在焉。 ❸ 马监：官名。掌马政。

汉宣帝忌昌邑王①

【原 文】

汉废昌邑王贺而立宣帝，贺居故国，帝心内忌之，赐山阳太守张敞玺书，戒以谨备盗贼。敞条奏贺居处，著其废亡之效。上知贺不足忌，始封为列侯。光武废太子彊为东海王而立显宗②，显宗即位，待彊弥厚。宣、显皆杂霸道③，治尚刚严，独此事，显优于宣多矣。

【译 文】

汉朝废黜昌邑王刘贺而立汉宣帝，刘贺回到原来的封国，宣帝内心疑忌刘贺，赐给山阳太守张敞诏书，告诫他要谨慎防备乱贼。张敞逐条陈奏刘贺日常生活，写明刘贺被废之后的具体情况。宣帝知道刘贺不足为虑，才封他为列侯。汉光武帝废太子刘彊为东海王而立刘庄（即汉明帝）为太子，明帝即位后，对待刘彊更为优厚。宣帝、明帝都用霸道治国，崇尚严刑峻法，唯有这件事，明帝做的要比宣帝好很多。

注释

❶ 昌邑王：即海昏侯刘贺，又称西汉废帝。 ❷ 太子彊：汉光武帝刘秀长子，母为废后郭圣通。建武二年（26）册立为皇太子。建武十七年（41）随着生母郭圣通的被废，审时度势，主动辞让太子之位。建武十九年（43），光武帝改封刘彊为东海王。显宗：即汉明帝刘庄，庙号显宗。 ❸ 霸道：指国君以武力、刑法、权势等统治天下的政策。

平津侯[①]

【原文】

公孙平津本传称其意忌内深[②]，杀主父偃，徙董仲舒[③]，皆其力。然其可称者两事：武帝置苍海、朔方之郡，平津数谏，以为罢弊中国以奉无用之地[④]，愿罢之。上使朱买臣等难之，乃谢曰："山东鄙人[⑤]，不知其便若是，愿罢西南夷，专奉朔方。"上乃许之。卜式上书[⑥]，愿输家财助边，盖迎合主意。上以语平津，对曰："此非人情，不轨之臣不可以为化而乱法，愿勿许。"乃罢式。当武帝好大喜功而能如是，概之后世，

【译文】

《史记·平津侯列传》说公孙弘疑忌心重，为人严酷，杀主父偃、贬董仲舒都是其一力促成。然而他可为人称道之事有两件：一是汉武帝置苍海、朔方二郡时，公孙弘对此多次劝谏，认为是将国力白白消耗在无用的地方，希望撤除二郡。武帝命朱买臣等人责问他，他谢罪说："我原本是山东边鄙之人，不知道设立朔方郡有这么多好处，希望暂停通使西南夷，集中力量经营朔方郡。"武帝同意了。二是卜式上书皇帝，请求输纳家财资助边防，这是为了迎合武帝攻打匈奴的想法。武帝将此事告知公孙弘，公孙弘回答说："这不符合人之常情，图谋不轨的臣子不足以教化百姓反而会扰乱国法，希望陛下不要答应。"于是武帝罢免了卜式。遇汉武帝这类好大喜功之主而能如此劝谏，即使放在后世，公孙

足以为贤相矣！惜不以式事载本传中。

弘也足以称为贤相了！可惜史家没有把卜式之事记入平津侯本传。

注 释

❶ 平津侯：即公孙弘。 ❷ 本传：传记文的一种，记载一人的生平事迹及其著作等。意忌：疑忌。 ❸ 徙：贬谪。 ❹ 罢弊：疲劳困顿。 ❺ 鄙人：边鄙之人。 ❻ 卜式：河南（今河南洛阳）人。以牧羊致富。因见武帝连年征伐匈奴，上书愿以家财之半助边。武帝任为中郎，后官至御史大夫，赐爵关内侯。

韩信、周瑜

【原 文】

世言韩信伐赵[①]，赵广武君请以奇兵塞井陉口[②]，绝其粮道，成安君不听[③]。信使间人窥知其不用广武君策[④]，还报，则大喜，乃敢引兵遂下，遂胜赵。使广武计行，信且成禽[⑤]，信盖自言之矣。周瑜拒曹公于赤壁，部将黄盖献火攻之策，会东南风急，悉烧操船，军遂败。使天无大风，黄盖不进计，则瑜未必胜。是二说者，皆不善观人者也。夫以韩信敌陈馀，犹以猛虎当羊豕

【译 文】

世人说韩信讨伐赵国时，赵国广武君李左车建议用一支奇兵阻塞井陉口，切断汉军的粮道，成安君陈馀没有听从他的建议。韩信派出的间谍探知成安君不采纳广武君的计策，回来报告，韩信听后大喜，才敢率军而下，最后战胜赵国。假如广武君的计策得以实施，韩信一定被擒，这是韩信自己说的话。周瑜在赤壁抗击曹操，部将黄盖献火攻之策，恰好东南风急，将曹操战船全部烧毁，曹军因此大败。假如那天没有刮大风，黄盖没献火攻之策，那么周瑜未必能够取胜。这两种说法，都是不善于观察人的。以韩信对付陈馀，如同猛虎对付猪羊。韩

尔。信与汉王语，请北举燕、赵，正使井陉不得进，必有它奇策矣。其与广武君言曰：“向使成安君听子计，仆亦禽矣。”盖谦以求言之词也。方孙权问计于周瑜，瑜已言：“操冒行四患，将军禽之宜在今日。”刘备见瑜，恨其兵少，瑜曰：“此自足用，豫州但观瑜破之[6]。”正使无火攻之说，其必有以制胜矣。不然，何以为信、瑜！

信对汉王说，请求从北面攻取燕、赵，即使井陉口不能通过，也必定另有奇谋。他对广武君说：“假如成安君采纳您的计谋，我一定战败被擒。”这大概是韩信自谦以便征求意见的说辞。当孙权向周瑜问计时，周瑜已指出：“曹操贸然进军犯了四条兵家大忌，将军要擒曹操就在当下。”刘备见周瑜时，为其军队太少而遗憾，周瑜说：“这些足够用，豫州您只看我如何大破曹军。”即使没有火攻之策，周瑜也必有克敌制胜的办法。不然的话，他们怎么能成为韩信、周瑜呢！

注释

❶韩信伐赵：汉高祖时，汉将韩信带兵数万，攻打在井陉的赵国军队。韩信采用陷于死地而后生的计策，大败赵军。　❷广武君：即李左车。赵国名将李牧之孙，秦汉之际谋士，秦亡后李左车辅佐赵王歇，封广武君。井陉（xíng）口：要隘名，太行山支脉井陉山之要隘，是秦汉时的军事要地。　❸成安君：即陈馀。项羽分封诸侯王时，陈馀只被封为侯，心有不满，于是联合齐王田荣击走赵王张耳，立赵歇为赵王，自立为代王，号“成安君”。韩信伐赵，陈馀兵败被杀。❹间人：间谍。　❺禽：同“擒”。　❻豫州：指刘备，因其曾为豫州牧，故称。

汉武赏功明白

【原 文】

卫青为大将军，霍去病始为校尉，以功封侯，青失两将军，亡翕侯[①]，功不多，不益封[②]。其后各以五万骑深入，去病益封五千八百户，裨校封侯益邑者六人[③]，而青不得益封，吏卒无封者。武帝赏功，必视法如何，不以贵贱为高下，其明白如此。后世处此，必曰青久为上将，俱出塞致命[④]，正不厚赏，亦当有以尉其心，不然，它日无以使人，盖失之矣。

【译 文】

卫青当大将军时，霍去病才是个校尉，后来因立下军功封冠军侯。卫青征讨匈奴时折损两部人马，翕侯赵信战败投降匈奴，因所立战功不多，不再加封。这件事之后，卫青、霍去病各率五万骑兵深入匈奴腹地，霍去病加封五千八百户，偏裨将校封侯增加食邑者六人，而卫青不得加封，手下吏卒也没有得到封赠。汉武帝论功行赏，必定依照成规行事，不以身份贵贱论高下，他的圣明就在于此。后世对待这类情况，必定会说卫青早已是上将军，又都出塞为国效命，即使没有厚赏，也应当有所表示来抚慰其心，不然，他以后就无法指挥将士。这种说法是失当的。

注 释

❶ 翕（xī）侯：指赵信，匈奴人，本是匈奴小王，后来战败投降汉朝，改名赵信，被封为翕侯。后复降匈奴。 ❷ 益封：增加封邑。 ❸ 裨（pí）校：偏裨将校。 ❹ 致命：犹捐躯。此指为国效命。

周、召、房、杜[①]

【原　文】

召公为保[②]，周公为师[③]，相成王为左右。观此二相，则刑措四十年[④]，颂声作于下，不言可知。唐贞观三年二月，房玄龄为左仆射，杜如晦为右仆射，魏徵参预朝政。观此三相，则三百年基业之盛，概可见矣。

【译　文】

召公为太保，周公为太师，辅佐周成王执掌朝政。考察此二相，刑罚置而不用长达四十年，朝野上下齐声称颂，其善政不言而喻。唐太宗贞观三年二月，房玄龄为左仆射，杜如晦为右仆射，魏徵参预朝政。纵观这三位宰相，那唐朝三百年基业的盛况，也就可见一斑了。

注　释

❶ 召（shào）：指召公，周武王之臣，因封地在召，故称。 ❷ 保：即太保。职官名，西周始置，辅弼国君之官。 ❸ 师：即太师。职官名，西周始置。为辅弼国君之官。 ❹ 刑措：刑法置放不用。

三代书同文

【原　文】

三代之时，天下书同文，故《春秋左氏》所载人名字，不以何国，大氐皆同。郑公子归生，鲁公孙归父，蔡公孙归生，楚仲

【译　文】

三代之时，天下用同样的文字，所以《春秋左氏传》记载的人名和字，不论哪个国家的，都大抵相同。郑国公子归生，鲁国公孙归父，蔡国公孙归生，楚国仲归，齐

归，齐析归父，皆字子家。楚成嘉，郑公子嘉，皆字子孔。郑公孙段、印段，宋褚师段，皆字子石。郑公子喜，宋乐喜，皆字子罕。楚公子黑肱，郑公孙黑，孔子弟子狄黑，皆字子晰。鲁公子翚，郑公孙挥，皆字子羽。郏子克，楚斗克，周王子克，宋司马之臣克，皆字曰仪。晋籍偃、荀偃，郑公子偃，吴言偃，皆字曰游。晋羊舌赤，鲁公西赤，皆字曰华。楚公子侧，鲁孟之侧，皆字曰反。鲁冉耕，宋司马耕，皆字曰牛。颜无繇、仲由，皆字曰路。

国析归父，都以子家为字。楚国成嘉，郑国公子嘉，都以子孔为字。郑国公孙段、印段，宋国褚师段，都以子石为字。郑国公子喜，宋国乐喜，都以子罕为字。楚国公子黑肱，郑国公孙黑，孔子弟子狄黑，都以子晰为字。鲁国公子翚，郑国公孙挥，都以子羽为字。郏国子克，楚国斗克，周朝王子克，宋国司马桓魋的家臣克，都以仪为字。晋国籍偃、荀偃，郑国公子偃，吴国言偃，都以游为字。晋国羊舌赤，鲁国公西赤，都以华为字。楚国公子侧，鲁国孟之侧，都以反为字。鲁国冉耕，宋国司马耕，都以牛为字。颜无繇、仲由，都以路为字。

周世中国地[1]

【原 文】

成周之世[2]，中国之地最狭，以今地里考之[3]，吴、越、楚、蜀、闽皆为蛮，淮南为群舒[4]，秦为戎。河北真定、中山之境，乃鲜虞、肥、鼓国[5]。河东之境，有赤狄、甲氏、留吁、铎辰、潞

【译 文】

成周时期，中央之国疆域最为狭小，以今天的地理考察，吴、越、楚、蜀、闽都是蛮族所居，淮地为群舒国，秦地为戎。河北路真定、中山一带，是鲜虞、肥国、鼓国。河东路境内，有赤狄、甲氏、留吁、铎辰、潞国。洛阳

国[6]。洛阳为王城[7]，而有杨、拒、泉、皋、蛮氏、陆浑、伊、雒之戎[8]。京东有莱、牟、介、莒[9]，皆夷也。杞都雍丘[10]，今汴之属邑[11]，亦用夷礼。邾近于鲁，亦曰夷。其中国者，独晋、卫、齐、鲁、宋、郑、陈、许而已，通不过数十州[12]，盖于天下特五分之一耳。

是王城，而有杨、拒、泉、皋、蛮氏、陆浑、伊、雒等戎族。京东路有莱、牟、介、莒等国，都属夷族。杞国都城雍丘，是今天汴京的属县，也使用夷人的礼节。邾国邻近鲁国，也称夷。真正属于中国的，只有晋、卫、齐、鲁、宋、郑、陈、许诸国，总共不过几十个州，大概仅为天下的五分之一而已。

注释

❶中国：中央之国。华夏族多在黄河南、北建都，以为居天下之中，故称其地为中国。　❷成周：古地名。即西周的东都洛邑。故址在今河南洛阳。这里借指周公辅成王的兴盛时代。　❸地里：地域。　❹群舒：周时偃姓诸国，在今安徽六安一带。　❺鲜虞：春秋时白狄的一支，春秋末年建立中山国。肥：春秋国名。在今河北藁城。鼓：春秋国名。白狄所建，在今河北晋州。　❻赤狄：春秋时狄人的一支，因其俗尚赤衣而得名。地在今山西长治一带。甲氏：春秋时赤狄的一支。地在今河北曲周一带。留吁：春秋时赤狄的一支。地在今山西长治屯留区南。铎辰：春秋时赤狄的一支。分布在今山西境内。潞：春秋国名。春秋时赤狄的一支。在今山西潞城东北。　❼王城：都城。　❽杨：春秋戎邑。在今河南洛阳偃师区西南，伊水东。拒：春秋戎邑。在今河南洛阳南。泉：春秋戎邑。在今河南洛阳西南。蛮氏：即"戎蛮"。在今河南伊川西南。陆浑：即陆浑戎。一名阴戎。春秋允姓戎别部。在今河南栾川、嵩县、伊川三县境。　❾莱：莱夷。在今山东半岛东。牟：东夷古国。在今山东济南莱芜区东。介：东夷古国。在今山东胶州西南。莒（jǔ）：国名。在今山东莒县。　❿雍丘：今河南杞县。　⓫汴：汴京。今河南开封。　⓬通：总共。

李后主、梁武帝[1]

【原 文】

东坡书李后主去国之词云："最是苍皇辞庙日[2]，教坊犹奏别离歌，挥泪对宫娥。"以为后主失国，当恸哭于庙门之外，谢其民而后行，乃对宫娥听乐，形于词句。予观梁武帝启侯景之祸[3]，涂炭江左[4]，以致覆亡，乃曰："自我得之，自我失之，亦复何恨。"其不知罪己[5]，亦甚矣。窦婴救灌夫，其夫人谏止之，婴曰："侯自我得之，自我捐之，无所恨！"梁武用此言而非也。

【译 文】

苏东坡抄录南唐李后主亡国离京之词："最是苍皇辞庙日，教坊犹奏别离歌，挥泪对宫娥。"认为李后主亡国时，应当到太庙门外放声痛哭，向百姓谢罪而后起程，但他竟然对着宫女听其演奏乐曲，还写在词里。我在史书上看到梁武帝引发侯景之乱，使江东地区生灵涂炭，以致国家覆亡，梁武帝竟然说："江山是我自己得来，又从我这里失去，没什么可悔恨的。"梁武帝不知引咎自责，也太过分了。窦婴相救灌夫，他的夫人劝阻他，窦婴说："侯爵自我手上得到，又从我这里失去，没什么可悔恨的！"梁武帝引用这句话是不合适的。

注 释

❶ 李后主：即南唐后主李煜。工书画，知音律，能诗文，尤擅作词，称为"千古词帝"。梁武帝：即梁武帝萧衍。南朝梁开国皇帝。太清二年（548），东魏降将侯景发动叛乱，次年渡江攻破建康，萧衍被囚死于建康台城。萧衍善音律，精书法，博通文史。 ❷ 苍皇：匆促忙乱。辞庙：家国沦亡，辞别宗庙。表示离开祖先创建的国家。 ❸ 侯景之祸：侯景本为东魏叛将，梁武帝中大同二年（547）率部降梁，因对梁与东魏通好心怀不满，遂于548年又举兵叛梁，

549年攻陷建康台城，囚死梁武帝。 ❹江左：古时在地理上以东为左，江左也叫“江东”，指长江下游南岸地区，也指东晋、宋、齐、梁、陈各朝统治的全部地区。 ❺罪己：引咎自责。

诗什

【原文】

《诗》二《雅》及《颂》前三卷题曰[1]：“某诗之什。”陆德明释云[2]：“歌诗之作[3]，非止一人，篇数既多，故以十篇编为一卷，名之为什。”今人以诗为篇什，或称誉他人所作为佳什[4]，非也。

【译文】

《诗经》的二《雅》及《颂》前三卷题为：“某诗之什。”陆德明解释说：“歌诗的创作，非由一人，因篇数较多，而以十篇编为一卷，名之为什。”今人把诗称作篇什，或称赞他人所作为佳什，这并非用其本义。

注释

❶《颂》：祭祀时用的乐歌，有《周颂》《鲁颂》《商颂》。 ❷陆德明：名元朗，字德明。唐经学家、训诂学家，著有《经典释文》等。 ❸歌诗：入乐歌唱的诗，与徒诗相对。 ❹佳什：好诗，优美的诗作。

《易举正》

【原文】

唐苏州司户郭京有《周易举正》三卷[1]，云：“曾得王辅嗣、韩康伯手写注定传授真本[2]，比校

【译文】

唐代苏州司户参军郭京著有《周易举正》三卷，写道：“我曾得到王弼、韩伯手写校定传授的

今世流行本及国学、乡贡举人等本[③]，或将经入注，用注作经，《小象》中间以下句[④]，反居其上，爻辞注内移[⑤]，后义却处于前，兼有脱遗、两字颠倒、谬误者，并依定本举正其讹，凡一百三节。”今略取其明白者二十处载于此：《坤》初六：“履霜，坚冰至[⑥]。”《象》曰[⑦]：“‘履霜’，阴始凝也。驯致其道，至‘坚冰’也[⑧]。”今本于象文“霜”字下误增“坚冰”二字。《屯》六三《象》曰：“‘即鹿无虞何’，以从禽也[⑨]。”今本脱“何”字。《师》六五：“田有禽，利执之，无咎。”元本“之”字行书向下引脚，稍类“言”字，转写相仍，故误作“言”，观注义亦全不作“言”字释也。《比》九五《象》曰：“‘失前禽’，舍逆取顺也。”今本误倒其句。《贲》：“亨。不利有攸往。”今本“不”字误作“小”字。“刚柔交错，天文也；文明以止，人文也。”注云：“刚柔交错而成文焉，天之文也。”今本脱“刚柔交错”一句。《坎》卦“习坎”上脱“坎”字[⑩]。《姤》九

真本，拿它来做比勘校订，当今流行本及国学、乡贡举人等版本，有的将经文混入注文，有的将注文误作经文，《小象传》后半部的句子，反而放在爻辞前面，爻辞注后移，后面的释文却排在前面，同时有文字脱漏、两字颠倒、谬误的情况，都依据定本举正它的讹误，共一百零三节。”现在选取其中简明易晓的二十处记载如下：《坤》初六：“履霜，坚冰至。”《象传》说：“‘履霜’，阴始凝也。驯致其道，至‘坚冰’也。”今本在象文“霜”字后面误增“坚冰”二字。《屯》六三《象传》：“‘即鹿无虞何’，以从禽也。”今本脱漏“何”字。《师》六五：“田有禽，利执之，无咎。”原本的“之”字行书笔画延伸，有点像“言”字，转写相沿，所以误作“言”字，细察注文的意思也根本不当作“言”字解释。《比》九五《象传》：“‘失前禽’，舍逆取顺也。”今本误将两句前后颠倒。《贲》：“亨。不利有攸往。”今本“不”字误作“小”字。“刚柔交错，天文也；文明以止，人文也。”注文说：“刚柔交错而成文焉，天之文也。”今本脱漏“刚柔交错”一句。《坎》卦“习坎”

四："包失鱼。"注："二有其鱼，故失之也。"今本误作"无鱼"。《蹇》九三："往蹇来正。"今本作"来反"。《困》初六《象》曰："'入于幽谷'，不明也。"今本"谷"字下多"幽"字。《鼎·象》："圣人亨以享上帝，以养圣贤。"注云："圣人用之，上以享上帝，而下以养圣贤。"今本正文多"而大亨"三字，故注文亦误增"大亨"二字。《震·象》曰："不丧匕鬯[11]，出可以守宗庙社稷[12]，以为祭主也[13]。"今本脱"不丧匕鬯"一句。《渐·象》曰："君子以居贤德，善风俗[14]。"注云："贤德以止巽则居，风俗以止巽乃善。"今本正文脱"风"字。《丰》九四《象》："'遇其夷主'，'吉'，志行也。"今文脱"志"字。《中孚·象》："'豚鱼吉'，信及也。"今本"及"字下多"豚鱼"二字。《小过·象》："柔得中，是以可小事也。"今本脱"可"字，而"事"字下误增"吉"字。六五《象》曰："'密云不雨'，已止也。"注："阳已止下故也。"今本正文作

上脱漏"坎"字。《姤》九四："包失鱼。"注："二有其鱼，故失之也。"今本误将"失鱼"写作"无鱼"。《蹇》九三："往蹇来正。"今本"来正"作"来反"。《困》初六《象传》："'入于幽谷'，不明也。"今本"谷"字下多出"幽"字。《鼎·象辞》："圣人亨以享上帝，以养圣贤。"注文说："圣人用之，上以享上帝，而下以养圣贤。"今本正文多出"而大亨"三字，所以注文也误增"大亨"二字。《震·象辞》说："不丧匕鬯，出可以守宗庙社稷，以为祭主也。"今本脱漏"不丧匕鬯"一句。《渐·象传》说："君子以居贤德，善风俗。"注文说："贤德以止巽则居，风俗以止巽乃善。"今本正文脱漏"风"字。《丰》九四《象传》："'遇其夷主'，'吉'，志行也。"今本文字脱漏"志"字。《中孚·象辞》："'豚鱼吉'，信及也。"今本"及"字下多出"豚鱼"二字。《小过·象辞》："柔得中，是以可小事也。"今本脱漏"可"字，而"事"字下误增"吉"字。六五《象传》说："'密云不雨'，已止也。"注："阳已止下故也。"今本正文作"已上"，所以注文也

"已上"，故注亦误作"阳已上故止也"。《既济·彖》曰："既济亨小，小者亨也。"今本脱一"小"字。《系辞》："二多誉，四多惧。"注云："惧，近也。"今本误以"近也"字为正文，而注中又脱"惧"字。《杂卦》："《蒙》稚而著。"今本"稚"误作"杂"字。予顷于福州道藏中见此书而传之[15]，及在后省[16]，见晁公武所进《易解》[17]，多引用之，世罕有其书也。

误作"阳已上故止也"。《既济·彖辞》说："既济亨小，小者亨也。"今本脱漏一个"小"字。《系辞》："二多誉，四多惧。"注文说："惧，近也。"今本误把"近也"二字当作正文，而注文中又脱漏"惧"字。《杂卦》："《蒙》稚而著。"今本"稚"误作"杂"字。我前不久在福州道藏中见到此书而四处宣扬，后来在中书门下后省，读到晁公武进献的《易诂训传》，其中多处引用此书，而世间很难见到这本书。

注释

❶ 司户：职官名。主掌地方上户口、钱粮等。 ❷ 真本：典籍的原本。 ❸ 比校：考证校订。国学：国子监。指国家设立的学校。 ❹《小象》：《易经》各卦附有《象传》，其中说明各爻爻象的叫"小象"。 ❺ 爻辞：指《易经》中每卦下诠解六爻要义的文辞。 ❻ 履霜，坚冰至：踩着霜，坚冰将要到来。❼《彖》：《彖传》。相传为孔子所作，解释卦名、卦义、爻辞。 ❽ 驯致：逐渐达到。 ❾ 从禽：追逐禽兽。谓田猎。 ❿ 习坎：即两坎相重。 ⓫ 不丧匕鬯(chàng)：形容军纪严明，百姓安居，不扰宗庙祭祀。匕、鬯：古代祭祀宗庙用物，借指宗庙祭祀。 ⓬ 宗庙：天子、诸侯祭祀祖先的处所。 ⓭ 祭主：主祭的人。 ⓮ 君子以居贤德，善风俗：君子因此培养贤德，美化风俗。 ⓯ 福州道藏（zàng）：即《政和万寿道藏》。宋徽宗政和年间刊印的道教经典总集。⓰ 后省：中书门下后省的简称。宋朝时中书、门下二省设于宫禁之外，故总称中书门下外省，为了与设于禁中的政事堂相区别，宋神宗元丰八年（1085），正式改称中书门下后省。 ⓱ 晁公武：人称"昭德先生"。南宋目录学家、藏书家。

其惟圣人乎

【原 文】

《乾》卦："其惟圣人乎。"魏王肃本作"愚人"①，后结句始作"圣人"。见陆德明《释文》。

【译 文】

《乾》卦："其惟圣人乎。"三国时曹魏王肃本作"愚人"，后面的结句才作"圣人"。见陆德明《经典释文》。

注 释

❶ 王肃：三国时期曹魏经学家，遍注群经，其所注经学被称作"王学"。

《易·说卦》

【原 文】

《易·说卦》荀爽《九家集解》①，《乾》为木果之下，更有四，曰为龙，为车，为衣，为言。《坤》后有八，曰为牝②，为迷，为方，为囊，为裳，为黄，为帛，为浆。《震》后有三，曰为王，为鹄③，为鼓。《巽》后有二，曰为杨，为鹳。《坎》后有八，曰为宫，为律④，为可，为栋，为丛

【译 文】

《周易·说卦》荀爽《九家集解》说，在《乾》为木果之下，还有四种象征：为龙，为车，为衣，为言。《坤》卦另有八种象征：为牝，为迷，为方，为囊，为裳，为黄，为帛，为浆。《震》卦另有三种象征：为王，为鹄，为鼓。《巽》卦另有两种象征：为杨，为鹳。《坎》卦另有八种象征：为宫，为律，为可，为栋，为

棘[5]，为狐，为蒺藜，为桎梏[6]。《离》后有一，曰为牝牛。《艮》后有三，曰为鼻，为虎，为狐。《兑》后有二，曰为常，为辅颊[7]，注云："常，西方神也。"陆德明以其与王弼本不同，故载于《释文》。案，《震》为龙，与《乾》同，故虞翻、干宝本作"駹"[8]。

丛棘，为狐，为蒺藜，为桎梏。《离》卦另有一种象征：为牝牛。《艮》卦另有三种象征：为鼻，为虎，为狐。《兑》卦另有两种象征：为常，为辅颊。注释说："常，是西方神。"陆德明鉴于这些说法与王弼注本不同，所以将其载入《经典释文》。案，《震》为龙，与《乾》卦相同，故虞翻、干宝本"龙"写作"駹"。

注释

❶ 荀爽：东汉经学家，尤深于《易》，其学称为"荀氏《易》"。 ❷ 牝（pìn）：鸟兽的雌性。 ❸ 鹄（hú）：天鹅。 ❹ 律：律令。 ❺ 丛棘：丛生的荆棘。拘留罪犯的处所。 ❻ 桎梏：脚镣和手铐。 ❼ 辅颊：面颊。 ❽ 虞翻：三国吴经学家。干宝：东晋文学家、经学家，撰有《搜神记》等。駹（máng）：面额为白色的马。

元二之灾[1]

【原 文】

《后汉·邓骘传》："拜为大将军，时遭元二之灾，人士饥荒[2]，死者相望，盗贼群起，四夷侵畔[3]。"章怀注云[4]："元二，即元元也。古书字当再读者，即于

【译 文】

《后汉书·邓骘传》："（邓骘）被任命为大将军，当时遭逢元二之灾，民众饥荒，饿死的人随处可见，盗贼蜂起，四方夷狄反叛入侵。"章怀太子注释说："元二，就是元元。古书里某字要重复的，

上字之下为小二字，言此字当两度言之。后人不晓，遂读为元二，或同之阳九[5]，或附之百六，良由不悟，致斯乖舛[6]。今岐州《石鼓铭》，凡重言者皆为二字，明验也。”汉碑有《杨孟文石门颂》云[7]：“中遭元二，西夷虐残。”《孔耽碑》云：“遭元二轗轲[8]，人民相食。”赵明诚《金石跋》云[9]：“若读为元元，不成文理，疑当时自有此语，《汉》注未必然也。”案，王充《论衡·恢国篇》云[10]：“今上嗣位，元、二之间，嘉德布流。三年，零陵生芝草。四年，甘露降五县。五年，芝复生。六年，黄龙见。”盖章帝时事。考之本纪，所书建初三年以后诸瑞皆同，则知所谓元二者，谓建初元年、二年也。既称嘉德布流以致祥瑞，其为非灾眚之语[11]，益可决疑。安帝永初元年、二年，先零滇羌寇叛[12]，郡国地震、大水。邓骘以二年十一月拜大将军，则知所谓元二者，谓永初元年、二年也。凡汉碑重文不皆用小二字，岂有范史一部唯独

即在第一个字之后写一个小二字，表明此字要读两遍。后人不懂，于是读作元二，有人解释为阳九，有人附会为百六，都是因为不懂，才导致这种错误。现在岐州所见《石鼓铭》中，凡是重复的字后都写个二字，就是明证。”汉碑《杨孟文石门颂》说：“中遭元二，西夷虐残。”《孔耽碑》说：“遭元二轗轲，人民相食。”赵明诚《金石录·跋尾》说：“如果读为元元，于文理不通，怀疑当时有这种说法，《后汉书》的注释未必对。”案，王充《论衡·恢国篇》说：“当今皇上继承君位，元、二之间，美德广布。三年，零陵郡生灵芝草。四年，五个县有甘露降下。五年，灵芝复生。六年，黄龙出现。”这是汉章帝时的事情。查考《章帝本纪》，所记载的建初三年以后各年的祥瑞完全相同，就可知所谓元二，就是指建初元年、二年。既然说因美德广布而招来祥瑞，那么元二不是指灾祸的词语，更是毋庸置疑。汉安帝永初元年、二年，先零羌叛乱，各地发生地震、洪水灾害。邓骘于二年十一月拜大将军，就知所谓元二，说的是永初元年、二年。汉碑凡是重复用字并不都用小二字，难道只是范晔《后汉书》一部书有这种说法？我

一处如此？予兄丞相作《隶释》⑬，论之甚详。予修国史日，撰《钦宗纪赞》，用“靖康元二之祸”，实本于此。

兄长丞相洪适著《隶释》，对此问题论述得非常详尽。我编纂国史的时候，撰《钦宗纪赞》，有“靖康元二之祸”的说法，其根据就在于此。

注释

❶元二：古代术数语。谓一元之中，有天地二厄，即阳九与百六。后因以指灾年、厄运。 ❷人士：民众。 ❸四夷：古时华夏族对东夷、南蛮、西戎、北狄各族的统称。侵畔：反叛入侵。畔：通“叛”。 ❹章怀：即章怀太子李贤，唐高宗第六子，上元二年（675）立为太子，永隆元年（680）废为庶人。武则天临朝，迫令其自杀，唐睿宗即位，追谥“章怀”。其曾召集文官注释《后汉书》，史称“章怀注”。 ❺阳九：术数家以四千六百一十七岁为一元，初入元一百零六岁，内有旱灾九年，谓之“阳九”。 ❻乖舛：错误。 ❼《杨孟文石门颂》：简称《石门颂》。东汉建和二年（148），由当时汉中太守王升撰文、书佐王戎书丹刻于陕西汉中褒城石门崖壁上的一方摩崖石刻。书体劲挺多姿，是汉隶名碑。 ❽轗（kǎn）轲：坎坷。 ❾《金石跋》：指《金石录·跋尾》。赵明诚积得三代彝器及汉唐以来石刻，为之考订年月，辨伪纠谬，写成跋尾共计五百零二篇。跋：文体名，写于书籍、文章等后面的文字，多属评介、鉴定性质。 ❿王充：东汉思想家、文学批评家、唯物主义哲学家，无神论者。撰有《论衡》一书。 ⓫灾眚（shěng）：灾殃，祸患。 ⓬先零（lián）：汉时羌族的一支。分布在湟水下游以北。 ⓭予兄丞相：指洪适。《隶释》：二十七卷，是集录汉魏碑刻的文字专书。

圣人污

【原文】

孟子曰：“宰我、子贡、有

【译文】

孟子说：“宰我、子贡、有若

若智足以知圣人。污不至阿其所好。”赵岐注云：“三人之智足以识圣人。污，下也。言三人虽小污不平，亦不至于其所好，阿私所爱而空誉之。”详其文意，“足以识圣人”是一句，“污下也”自是一节。盖以“下”字训“污”也，其义明甚。而老苏先生乃作一句读[①]，故作《三子知圣人污论》，谓：“三子之智，不足以及圣人高深幽绝之境，徒得其下焉耳。”此说窃谓不然，夫谓“夫子贤于尧舜，自生民以来未有”[②]，可谓大矣，犹以为污下何哉？程伊川云：“有若等自能知夫子之道，假使污下，必不为阿好而言。”其说正与赵氏合。大抵汉人释经子[③]，或省去语助，如郑氏笺《毛诗》“奄观铚艾”云[④]：“奄，久。观，多也。”盖以久训奄，以多训观。近者黄启宗有《补礼部韵略》，于“淹”字下添“奄”字，注云：“久观也。”亦是误以《笺》中五字为一句。

智足以知圣人。污不至阿其所好。”赵岐注释说：“三人的聪明才智足以了解圣人。污，下也。是说三人即使有些微不足，也还不至于投其所好，阿谀奉承，凭空吹捧。”参详赵岐文意，“足以识圣人”是一句，“污，下也”另是一节。用“下”字来解释“污”，其意思显而易见。而苏洵竟把赵注当作一句来读，因此作《三子知圣人污论》，说：“三子的聪明才智，不足以达到圣人高深幽绝的境界，最多不过仅得其下而已。”这种说法我认为不对。既然说“夫子比尧舜更贤，从有人类以来绝无仅有”，可以说是伟大之至了，为何又说他尚存“污下”呢？程颐说：“有若等人自是知晓夫子之道，即使他们污下，也必定不会阿其所好而吹捧。”这一说法和赵岐相同。大凡汉代人解释经书和诸子著作，往往省去语助词，比如郑玄笺《毛诗》“奄观铚艾”一句说：“奄，久。观，多也。”这是把奄解释为久，把观解释为多。近来黄启宗著有《补礼部韵略》一书，在“淹”字下又增加一个“奄”字，注释说：“久观也。”这也是错把郑玄笺《毛诗》这五个字当作一句了。

注释

❶ 老苏先生：即苏洵。 ❷ 生民：人民。 ❸ 经子：儒家经典和诸子著作。❹ 郑氏：即郑玄。奄观：尽观。铚艾（zhìyì）：铚，农具名，一种短小的镰刀。艾，“刈”的借字，收获。铚艾，引申为收获。

廿卅卌字

【原 文】

今人书二十字为“廿”，三十字为“卅”，四十为“卌”，皆《说文》本字也[①]。廿音入，二十并也。卅音先合反，三十之省便，古文也。卌音先立反，数名，今直以为四十字。案，秦始皇凡刻石颂德之辞，皆四字一句。《泰山辞》曰[②]：“皇帝临位[③]，二十有六年。”《琅邪台颂》曰[④]：“维二十六年[⑤]，皇帝作始[⑥]。”《之罘颂》曰[⑦]：“维二十九年，时在中春[⑧]。”《东观颂》曰[⑨]：“维二十九年，皇帝春游。”《会稽颂》曰[⑩]：“德惠修长，三十有七年。”此《史记》所载，每称年者，辄五字一句。尝得《泰山辞》石本[⑪]，乃书为“廿有六

【译 文】

今人把二十写成“廿”，三十写成“卅”，四十写成“卌”，这都是《说文解字》里的本字。廿读作入，两个十合并为一个字。卅的读音是先合反，是三个十的简便写法，为古文字。卌的读音是先立反，数字名，今天直接把它当作“四十”。案，秦始皇所有的刻石颂德之辞，都是四字一句。《泰山辞》说：“皇帝临位，二十有六年。”《琅邪台颂》说：“维二十六年，皇帝作始。”《之罘颂》说：“维二十九年，时在中春。”《东观颂》说：“维二十九年，皇帝春游。”《会稽颂》说：“德惠修长，三十有七年。”这些都是《史记》的记载，每到称年份的句子，就是五字一句。我曾得到《泰山辞》石刻拓本，其中却写成“廿有六年”，想来其余年份的写法也都是这种情

年”，想其余皆如是，而太史公误易之，或后人传写之讹耳，其实四字句也。

况，是司马迁改错了，或者是后人传抄时讹误所致，其实原本都是四字一句。

注释

❶《说文》：即《说文解字》，东汉许慎撰。该书是我国第一部系统地分析字形和考究字源的字典。 ❷《泰山辞》：即泰山刻石。秦始皇二十八年（前219），始皇东巡，登泰山，丞相李斯等颂秦德而立。 ❸临位：指皇帝亲自主政。 ❹《琅邪台颂》：即琅邪台刻石。秦始皇二十八年（前219），始皇巡行时南登琅邪所刻，秦二世巡行时继刻。琅邪台，在今山东青岛。 ❺维：发语词，用于句首，无意义。 ❻作始：开创新的纪元。 ❼《之罘（fú）颂》：即芝罘刻石。秦始皇二十九年（前218），始皇第二次东巡，登芝罘，立石颂秦德。芝罘，山名。在今山东烟台。 ❽中春：仲春。 ❾《东观颂》：即东观刻石。秦始皇二十九年（前218），秦始皇第二次东巡，登芝罘，在东观所刻之石。 ❿《会稽颂》：即会稽刻石。秦始皇三十七年（前210）出巡，远至会稽山，曾登山祭大禹，望南海，又立刻石颂秦德。后秦二世又于其后加刻。 ⓫石本：石刻拓本。

字省文①

【原文】

今人作字省文，以“禮”为“礼”，以“處”为“処”，以“與”为“与”，凡章奏及程文、书册之类不敢用②，然其实皆《说文》本字也。许叔重释“礼”字

【译文】

现在的人写字时喜欢简省笔画，把“禮”写成“礼”，把“處”写成“処”，把“與”写成“与”，凡是章奏及程文、书册之类便不敢使用。然而其实这些都是《说文解字》里的本字。许慎

云[3]："古文。""処"字云："止也，得几而止。或从處。""与"字云："赐予也，'与''舆'同。"然则当以省文者为正。

解释"礼"字说："古文字。"他解释"処"字说："止也，得几而止。或从處。"解释"与"字说："赐予也，'与''舆'相同。"既然如此，应当以简化字为正字。

注释

❶ 省文：减少字的笔画。 ❷ 章奏：臣僚呈报皇帝的文书。程文：科举考试时，由官方撰定或录用考中者所作，以为范例的文章。书册：典籍。 ❸ 许叔重：即许慎。

负剑辟咡[1]

【原 文】

《曲礼》记童子事曰[2]："负剑，辟咡诏之。"郑氏注云："负，谓置之于背。剑，谓挟之于旁。辟咡诏之，谓倾头与语。口旁曰咡。"欧阳公作其父《泷冈阡表》云[3]："回顾乳者剑汝而立于旁。"正用此义。今庐陵石刻由存，衢州所刊《六一集》[4]，已得其真，或者不晓，遂易"剑"为"抱"，可叹也！

【译 文】

《曲礼》记载童子之事说："负剑，辟咡诏之。"郑玄注释说："负，就是放置在背上。剑，指的是抱在胁旁。辟咡诏之，指交谈时侧着头。口边叫咡。"欧阳修为其父所作《泷冈阡表》中写道："回顾乳者剑汝而立于旁。"正是用的这个意思。今天庐陵阡表石刻尚存，衢州所刻《六一居士集》，保留了其原貌，有人不懂"剑"字含义，就把"剑"改为"抱"，可叹啊！

注释

❶ 负剑：抱小孩之状。辟咡（èr）：谓交谈时侧着头，避免口气触及对方，以示尊敬。 ❷《曲礼》：《礼记》篇名。以其篇记吉、凶、宾、军、嘉五礼之事，明其委曲，故称。 ❸ 欧阳公：即欧阳修。《泷（shuāng）冈阡（qiān）表》：欧阳修在他父亲死后所作墓表。泷冈：地名。在江西永丰南凤凰山上。阡表：即墓碑。 ❹《六一集》：即《六一居士集》，为欧阳修文集。欧阳修号“六一居士”，故名。

国初人至诚

【原 文】

真宗时，并州谋帅，上谓辅臣曰：“如张齐贤、温仲舒皆可任，但以其尝历枢近①，或有固辞②，宜召至中书询问，愿往则授之。”及召二人至，齐贤辞以恐为人所谗。仲舒曰：“非敢有辞，但在尚书班已十年③，若得改官端揆④，赐都部署添给⑤，敢不承命？”辅臣以闻，上曰：“是皆不欲往也，勿强之。”王元之自翰林学士以本官刑部郎中知黄州，遣其子嘉祐献书于中书门下⑥，以为：“朝廷设官，进退必以礼，一失错置，咎在廊庙⑦。某一任翰林学

【译 文】

宋真宗时，商议任命并州帅职，皇上对辅政大臣说：“像张齐贤、温仲舒都可胜任此职，但因为他们曾任中枢要职，或许会推辞，可以先召至中书省询问，愿意前往就予以委任。”等二人被召至中书省，张齐贤推辞说担心被人谗言中伤。温仲舒说：“并非敢有推辞，只是我在尚书品级已经十年，如果能够改任相位，加赐都部署俸禄，敢不从命吗？”辅政大臣报告皇上，皇上说：“这都是不愿前往任职，不必勉强。”王禹偁自翰林学士以本官刑部郎中知黄州，派儿子王嘉祐到中书门下上书，认为：“朝廷设官，升降必须依照礼节，一旦遣职失当，错在朝廷。我一任翰林学士，三任制诰舍人，按照本朝旧例来讲，

士，三任制造舍人[8]，以国朝旧事言之，或得给事中[9]，或得侍郎，或为谏议大夫。某独异于斯，斥去不转一级，与钱谷俗吏，混然无别，执政不言，人将安仰！”予谓仲舒尝为二府[10]，至于自求迁转及增请给，元之一代刚正名臣，至于公移笺书，引例乞转，唯其至诚不矫伪故也。后之人外为大言，避宠辞禄，而阴有营求，失其本真者多矣，风俗使然也。

要么转任给事中，要么为侍郎，要么为谏议大夫。唯独我不是这样，调任地方官而官职不提升一级，和管理钱谷的俗吏没有区别。执政大臣不说句公道话，让其他人怎么信服你！”我认为温仲舒曾为二府大员，敢于自求迁转及增加俸禄；王禹偁为一代刚正名臣，敢于向中书门下发文，援引旧例，请求升转，这是因为他们为人至诚、不虚伪。后来人表面上大言不惭，避免邀宠、辞去爵禄，暗地里却谋求私利，失去本性的人太多了，这是社会风气造成的。

注释

❶枢近：指朝中接近皇帝的枢要职位。 ❷固辞：古礼称再辞为“固辞”。❸班：职位等级。 ❹端揆：指相位。宰相居百官之首，总揽国政，故称。❺都部署：官名。北宋前期临时委任的一方军事统帅，掌军队屯戍、攻防等事务。添给：指俸禄之外的补贴。 ❻献书：上书。中书门下：即政事堂，别称都堂，唐宋宰相议事之所。 ❼廊庙：指朝廷。 ❽制诰舍人：职官名。即知制诰。唐宋两朝专掌内命，典司诏诰的官吏。 ❾给事中：职官名。侍从皇帝左右，备顾问应对，参议政事，因执事于殿中，故名。 ❿二府：宋代称中书省和枢密院为二府。

史馆、玉牒所[1]

【原 文】

国朝熙宁以前，秘书省无著作局[2]，故置史馆，设修撰、直馆之职[3]。元丰官制行，有秘书官，则其职归于监、少及著作郎、佐矣。而绍兴中复置史馆修撰、检讨[4]，是与本省为二也。宗正寺修玉牒官亦然[5]。官制既行，其职归于卿、丞矣。而绍兴中复差侍从为修牒，又以它官兼检讨，是与本寺为二也。然则今有户部，可别置三司[6]，有吏、刑部，可别置审官、审刑院矣[7]。又玉牒旧制，每十年一进，谓甲子岁进书，则甲戌、甲申岁复然。今乃从建隆以来再行补修，每及十年则一进，以故不过三二年辄一行赏，书局僭赏[8]，此最甚焉。

【译 文】

本朝熙宁以前，秘书省没有著作局，所以置史馆，设修撰、直馆等职。元丰官制推行，有秘书官，其职权归秘书监、秘书少监及著作郎、著作佐郎。而绍兴年间复置史馆修撰、史馆检讨，这就和秘书省两家并存。宗正寺修玉牒官也是这样。元丰官制推行以后，其职权归于宗正卿、宗正丞。而绍兴年间又派侍从为修牒官，并以其他官职兼任检讨，这和宗正寺两家并存。那么，如今有户部也可另置三司，有吏部、刑部也可另置审官院、审刑院了。另外，玉牒旧制，每十年进献一次，如果甲子年进书，那么到甲戌年、甲申年再进书。现在竟然从建隆年间以来重新补修，每修完十年间的玉牒就进献一次，因此不过两三年就进行一次赏赐，著作局无功受赏，这是最严重的。

注 释

❶ 史馆：官署名。北齐时设，由宰相兼领，监修国史。玉牒所：官署名。宋

太宗至道初，命编皇属籍。真宗时修成，后以《皇宋玉牒》为名。南宋专置玉牒所，掌修玉牒之事。❷秘书省：官署名。掌古今经籍图书、天文历数等事，还掌国史、实录。著作局：官署名。三国魏太和中置。设著作郎为长官，其下设佐著作郎、著作令史等，掌国史修撰。❸修撰：职官名。唐朝史馆置修撰官，掌修国史。直馆：晋唐以来奉职国家文史等馆的官名。❹检讨：即史馆检讨。职官名，以他官兼任，掌编纂史籍。❺宗正寺：北齐始置。掌奉宗庙、诸陵荐享及皇室亲族属籍的事务机构。❻三司：官署名。通管盐铁、度支、户部，号曰“计省”，掌邦国财用大计。❼审官：即审官院，官署名。北宋淳化四年（993）置，为选拔京朝官的机构。审刑院：官署名。凡案件经大理寺裁断，报审刑院复查，由知院与详议官写出书面意见，上报中书，奏请皇帝裁决。❽僭赏：谓无功受赏或赏过其功。

稗沙门①

【原 文】

《宝积经》说僧之无行者曰②：“譬如麦田，中生稗麦，其形似麦，不可分别。尔时田夫，作如是念，谓此稗麦，尽是好麦，后见穟生③，尔乃知非。如是沙门，在于众中，似是持戒，有德行者。施主见时④，谓尽是沙门，而彼痴人⑤，实非沙门，是名稗沙门。”此喻甚佳，而文士鲜曾引用，聊志于此。

【译 文】

《宝积经》评论那些没有德行的僧人时说：“好比麦田里面长了稗麦，其形状像麦，不可分辨。农夫初时认为这些稗麦都是好麦，后来麦穗长出来，才知道不是好麦。就像这类僧人，在大众之中，好像严守戒律，是有德行的。施主见到这类人，认为都是僧人。但那类愚痴之人，实际不是僧人，而是称作稗沙门。”这个比喻非常好，但文士很少引用，姑且抄录在此。

注释

❶稗沙门：佛教语。谓破戒无行的僧人。　❷《宝积经》：即《大宝积经》。❸檖（suì）：同“穗”。　❹施主：供养财物、饮食给出家人或寺院的俗家信徒。　❺痴人：愚笨之人。

卷第六

十九则

建武中元[1]

【原 文】

成都有《汉蜀郡太守何君造尊楗阁碑》，其末云："建武中元二年六月。"案范史本纪，建武止三十一年，次年改为中元，直书为中元元年。观此所刻，乃是虽别为中元，犹冠以建武，如文、景帝中元、后元之类也。又《祭祀志》载封禅后赦天下诏，明言云："以建武三十二年为建武中元元年。"《东夷倭国传》云："建武中元二年，来奉贡。"援据甚明。而宋莒公作《纪年通谱》乃云[2]："纪、志所载不同，必传写脱误。学者失于精审，以意删去。"殆亦不深考耳。韩庄敏家一铜斗，铭

【译 文】

成都有一通《汉蜀郡太守何君造尊楗阁碑》，碑文末尾写道："建武中元二年六月。"案范晔《后汉书·光武帝本纪》，建武止于三十一年，第二年便改元为中元，直接写为中元元年。观此碑刻，虽然年号已是中元，仍在前面冠以"建武"，就如同文帝、景帝的中元、后元之类。另外，《后汉书·祭祀志》载封禅以后大赦天下的诏书，其中明确说："以建武三十二年为建武中元元年。"《后汉书·东夷列传》说："建武中元二年，来纳贡。"所引证据很明确。而宋庠著《纪年通谱》却说："《本纪》与《祭祀志》记载不同，必是传抄时有脱漏。学者没有认真研究，根据自己的主观意见删去'建武'二字。"大概也没有深入考证。韩缜家里有一铜斗，铭文写道：

云："新始建国天凤上戊六年[3]。"又绍兴中郭金州得一钲[4]，铭云："新始建国地皇上戊二年[5]。"案，王莽始建国之后改天凤，又改地皇，兹二器各冠以始元者，自莽之制如此，亦犹其改易郡名不常，每下诏犹系其故名之类耳，不可用中元为比也。

"新始建国天凤上戊六年。"另外，绍兴年间郭金州得到一钲，铭文写道："新始建国地皇上戊二年。"案，王莽始建国后改元天凤，又改元地皇，这两件铜器均把王莽即位的第一个年号冠于前，那是因为自王莽即位以来制度就是如此，也就好比他改换郡名反复无常，每次下诏还把原来的郡名写在新郡名前面一样，这里不能用中元的情况来做类比。

注释

❶ 建武中元：汉光武帝刘秀年号。 ❷《纪年通谱》：北宋宋庠撰，十二卷，该书采取十七史及众家杂说所载年号而成，为记载历史年代的工具书。 ❸ 新：王莽所建新朝。始建国天凤上戊：新朝王莽年号。后世省作天凤。 ❹ 钲(zhēng)：中国古代乐器名。形如钟而狭长，有柄可执，行军时用。 ❺ 始建国地皇上戊：新朝王莽年号。后世省作地皇。

带职人转官[1]

【原 文】

绍兴中，王浚明以右奉直大夫直秘阁[2]，乞磨勘[3]，吏部拟朝议大夫。时相以为既带职，则朝议、奉直为一等，遂超转中奉[4]。其后曾慥踵之。绍兴

【译 文】

绍兴年间，王浚明以右奉直大夫兼直秘阁，请求考核政绩予以升迁，吏部起初拟授朝议大夫。当朝宰相认为既为带职转官，那么朝议大夫、奉直大夫属于同一级别，于是超升为中奉大夫。此后，曾慥依例行事。绍兴

末，向伯奋亦用此，继而续觱复然。后省有言，不应蓦三级，自是但得朝议。予按故事，官制未行时，前行郎中迁少卿[5]，有出身[6]，得太常；无出身，司农，继转光禄，即今奉直、朝议也。自少卿迁大卿、监，有出身，得光禄卿；无出身，历司农卿、少府监、卫尉卿，然后至光禄。若带职，则自少农以上径得光卿，不涉余级，至有超五资者。然则浚明等不为过，盖昔日职名不轻与人，故恩典亦异。又，自承务郎至奉议，词人但三转[7]，而带职者乃与余人同作六阶不小异，乃有司之失也。

末年，向伯奋也依例升迁，继而续觱也是如此。中书门下后省提出异议，不应连升三级，从此只能转为朝议大夫。我查考旧例，元丰改制以前，前行郎中升任少卿，有出身的，为太常少卿；没有出身的，为司农少卿，继转光禄少卿，就是今天的奉直大夫、朝议大夫。自少卿迁大卿和监，有出身的，为光禄卿；没有出身的，经司农卿、少府监、卫尉卿，然后到光禄卿。如果带职，则自司农少卿直接升至光禄卿，不经过其他的职级，甚至有超迁五级的。如此看来，王浚明等人也不算过分，因为以前官职名分不轻易除授，所以恩典也有所不同。又有从承务郎升至奉议郎，有博学宏词科出身的只需迁转三次，而一般带职者和其他人一样，都须六级迁转，这是有关部门的过失。

注释

❶ 带职：官制用语。本职之外兼领其他职位。转官：转任与原品秩相同的其他官职，或同职而仅调换任所。 ❷ 直秘阁：职官名。以朝官充任，掌管秘阁事务。 ❸ 磨勘：唐宋官员考绩制度用语。 ❹ 超转：官制用语。宋朝官员转官的一项规定。凡有军功武臣或进士及第、出身等文臣，经磨勘，朝廷特准一次超越数阶官阶升转，称超转。 ❺ 前行（xíng）郎中：唐宋吏部、兵部郎中通称。 ❻ 出身：宋朝廷授予殿试合格者和其他士人的一种身份。 ❼ 词人：指有博学宏词科出身的低级文官。

上下四方

【原 文】

上下四方不可穷竟，正、杂、《庄》、《列》、释氏之寓言[1]，曼衍不能说也[2]。《列子》："商汤问于夏革曰[3]：'上下八方有极尽乎？'革曰：'不知也。'汤固问，革曰：'无则无极，有则有尽，朕何以知之[4]？然无极之外，复无无极；无尽之中，复无无尽。无极复无无极，无尽复无无尽，朕是以知其无极无尽也，而不知其有极有尽也，焉知天地之表，不有大天地者乎！'"《大集经》[5]："'风住何处？'曰：'风住虚空。'又问：'虚空为何所住？'答言：'虚空住于至处。'又问：'至处复何所住？'答言：'至处何所住者，不可宣说。何以故？远离一切诸处所故，一切处所所不摄故，非数非称不可量故，是故至处无有住处。'"二家之说，如是而已。

【译 文】

上下四方没有尽头，各类经典、杂著、《庄子》、《列子》、佛教寓言，散漫流衍都无法说清楚。《列子》："商汤问夏革：'上下八方有尽头吗？'夏革回答说：'不知道。'商汤坚持追问，夏革说：'无就是没有极限，有就是没有穷尽。我怎么能知道呢？没有极限之外，更是连没有极限也没有；没有穷尽之中，更是连没有穷尽都没有。没有极限接着没有极限，没有穷尽接着没有穷尽，我因此知道它是没有极限、没有穷尽的，而不知道它们是有极限有穷尽的。怎知天地之外，没有比天地更大的存在呢！'"《大集经》："（问：）'风住在哪里？'回答说：'风住在虚空。'又问：'虚空又住在哪里？'回答说：'虚空住在所至之处。'又问：'所至之处又住在哪里？'回答说：'所至之处住在哪里，这无法言说。为什么呢？因为它远离所有的地方，所有的地方都统摄不了它，无法用数量和名称进行度量，所以所至之处没有住处。'"两家的说法，就是如此而已。

注释

❶ 正：正经，儒家经典。杂：杂著。《庄》：即《庄子》，亦称《南华经》，战国时庄周及其后学所撰。《列》：即《列子》，被后世尊为《冲虚真经》。战国列御寇撰。释氏：指佛家。 ❷ 曼衍：散漫流衍。 ❸ 夏革：夏末商初的大贤人，商汤的大臣，商汤以之为师。 ❹ 朕：人称代词。秦以前指“我”，自秦始皇起专用作皇帝的自称。 ❺《大集经》：即《大方等大集经》，佛教经典，属于各种大乘经籍的汇编。

魏相、萧望之[1]

【原文】

赵广汉之死由魏相[2]，韩延寿之死由萧望之。魏、萧贤公卿也，忍以其私陷二材臣于死地乎[3]？杨恽坐语言怨望，而廷尉当以为大逆不道[4]。以其时考之，乃于定国也[5]。史称定国为廷尉，民自以不冤，岂其然乎？宣帝治尚严，而三人者又从而辅翼之[6]，为可恨也！

【译文】

赵广汉之死是因为魏相，韩延寿之死是因为萧望之。魏相、萧望之都是贤明公卿，怎么忍心因私怨将两位干练之臣陷于死地呢？杨恽因为在书信里发牢骚，而被廷尉以大逆不道治罪。以时间来推断，当时的廷尉是于定国。史书称于定国做廷尉时，罪民没有认为自己是被冤枉的，难道真是这样吗？汉宣帝治国崇尚严刑峻法，而这三人又正好辅佐他，实在遗憾啊！

注释

❶ 萧望之：字长倩。历任左冯翊、大鸿胪、太子太傅等职。与太子少傅周堪等受汉宣帝遗诏辅政，领尚书事。后因弘恭、石显等一再诬陷，被迫自杀。 ❷ 赵广汉：汉宣帝时大臣，后因上书告发丞相魏相，为萧望之劾奏，下廷尉狱，腰

斩。 ❸材臣：有才能之臣，干练之臣。 ❹廷尉：职官名。秦始置，九卿之一，掌刑狱。 ❺于定国：少从父习法律，初为狱吏，后先后任廷尉、丞相，封西平侯。 ❻辅翼：辅佐协助。

姓氏不可考

【原 文】

姓氏所出，后世茫不可考，不过证以史传，然要为难晓，自姚、虞、唐、杜、姜、田、范、刘之外，余盖纷然杂出。且以《左传》言之：申氏出于四岳[①]，周有申伯，然郑又有申侯，楚有申舟，又有申公巫臣，鲁有申繻、申枨，晋有申书，齐有申鲜虞。贾氏姬姓之国，以国氏，然晋有贾华，又狐射姑亦曰贾季，齐有贾举。黄氏嬴姓之国，然金天氏之后[②]，又有沈姒蓐黄之黄[③]，晋有黄渊。孔氏出于商，孔子其后也，然卫有孔达，宋有孔父，郑有孔叔，陈有孔宁，齐有孔虺，而郑子孔之孙又为孔张。高氏出于齐，然子尾之后又为高彊，郑有高克，宋有高哀。国氏亦出于齐，然邢有国子，郑子国之孙又

【译 文】

姓氏的起源，后世茫然不可考究，不过是利用史书传记加以考证，然而也很难弄清楚，除姚、虞、唐、杜、姜、田、范、刘之外，其余姓氏大多混乱复杂。就以《左传》的记载来说：申氏源出四岳，周有申伯，然而郑国又有申侯，楚国有申舟又有申公巫臣，鲁国有申繻、申枨，晋国有申书，齐国有申鲜虞。贾氏本为姬姓之国，以国为氏，然而晋国有贾华，另外狐射姑也称贾季，齐国有贾举。黄氏源出嬴姓之国，然而黄帝之子少昊的后代，又有沈、姒、蓐、黄四国，其中有黄氏，晋国有黄渊。孔氏源出于商，孔子是其后代，然而卫国有孔达，宋国有孔父，郑国有孔叔，陈国有孔宁，齐国有孔虺，而郑子孔之孙又叫孔张。高氏源出于齐，然而子尾的后代又叫高彊，郑国有高克，宋国有高哀。国氏也源出于齐，然而邢国有国子，郑子

为国参。晋有庆郑，齐有庆克，陈有庆虎。卫有石碏，齐有石之纷如，郑有石㚟，周有石尚，宋有石彄。晋有阳处父，楚有阳丐，鲁有阳虎。孙氏出于卫，而楚有叔敖，齐有孙书，吴有孙武。郭氏出于虢，而晋有郭偃，齐有郭最，又有所谓郭公者。千载之下，遥遥世祚，将安所质究乎？

国之孙又叫国参。晋国有庆郑，齐国有庆克，陈国有庆虎。卫国有石碏，齐国有石之纷如，郑国有石㚟，周国有石尚，宋国有石彄。晋国有阳处父，楚国有阳丐，鲁国有阳虎。孙氏源出于卫，而楚国有孙叔敖，齐国有孙书，吴国有孙武。郭氏源出于虢，而晋国有郭偃，齐国有郭最，还有个叫郭公的人。千年以来，各个姓氏世代相传，又怎么能考证得清楚呢？

注释

❶ 四岳：传说为尧、舜时的四方部落首领。 ❷ 金天氏：少昊，黄帝之子，以金德王，故称金天氏。 ❸ 沈姒（sì）蓐（rù）黄：四个诸侯国名，为黄帝后裔台骀之后，姬姓，以国为氏。

畏无难

【原文】

圣人不畏多难，而畏无难，故曰："惟有道之主能持胜[①]。"使秦不并六国，二世未亡；隋不一天下服四夷，炀帝不亡；苻坚不平凉取蜀[②]，灭燕翦代[③]，则无肥水之役[④]；唐庄宗

【译文】

圣人不怕多难，而怕没有困难，所以说："只有贤明的君主才能够保持优胜。"假如秦国不吞并六国，秦也未必二世而亡；隋朝不统一天下、征服四夷，隋炀帝也未必会亡国；苻坚不平定前凉、攻取巴蜀，灭掉前燕和代国，也就不会有淝水之败；后唐

不灭梁下蜀，则无嗣源之祸[5]；李景不取闽并楚[6]，则无淮南之失。

庄宗不灭亡后梁、攻下前蜀，就不会有李嗣源兵变；李璟不吞并闽、楚二国，就不会失去淮南。

注释

❶ 持胜：保持优胜的形势。 ❷ 凉：前凉，东晋十六国之一。 ❸ 燕：前燕，东晋十六国之一。翦（jiǎn）：消灭。代：东晋十六国之一。 ❹ 肥水之役：即淝水之战。 ❺ 嗣源之祸：后唐同光四年（926），李嗣源奉命讨伐邺都叛乱，却被乱军胁迫为帝，反攻洛阳。从马直指挥使郭从谦发动兵变，焚兴教门而入，庄宗李存勖中流矢而死。李嗣源入洛阳称帝，为后唐明宗。 ❻ 李景：即李璟，南唐第二位皇帝。闽：即闽国，五代十国之一。楚：南楚，五代十国之一。

绿竹青青[1]

【原文】

毛公解《卫诗·淇奥》[2]，分绿竹为二物，曰："绿，王刍也[3]。竹，萹竹也[4]。"《韩诗》[5]："竹字作薄[6]，音徒沃反，亦以为萹筑。"郭璞云："王刍，今呼白脚莎，即菉蓐豆也。萹竹似小藜，赤茎节，好生道旁，可食。"又云："有草似竹，高五六尺，淇水侧人谓之菉竹。"案此诸说，皆北人不见竹之语耳。《汉书》：

【译文】

毛亨解释《诗经·卫风·淇奥》，把绿竹分释为两种东西，说："绿，就是王刍。竹，就是萹竹。"《韩诗》："竹字作薄，读音徒沃反，也认为是萹筑。"郭璞说："王刍，如今叫作白脚莎，就是菉蓐豆。萹竹长得像小藜，红茎有节，常生长在路边，可以食用。"又说："有一种草像竹子，高五六尺，淇水边的人称之为菉竹。"案这几种说法，都是北方人没见过竹子而说的外行话。《汉书》说："下淇园之竹以为楗。"

“下淇园之竹以为楗[7]。”寇恂为河内太守，伐淇园竹为矢百余万。《卫诗》又有“籊籊竹竿，以钓于淇”之句[8]，所谓绿竹，岂不明甚，若白脚莎、菉豆，安得云“猗猗”“青青”哉[9]？

寇恂为河内太守，砍伐淇园竹制成一百多万枝箭。《诗经·卫风》又有“籊籊竹竿，以钓于淇”的诗句，所谓绿竹，意思岂不是很明白，如果说是白脚莎、菉蓐豆之类，怎么能用“猗猗”“青青”来形容呢？

注释

❶ 青青：草木茂盛的样子。 ❷ 毛公：即毛亨。《毛诗》的开创者。《卫诗》：《诗经·国风》中的“卫风”。 ❸ 王刍：菉草的别称，又名荩草。 ❹ 萹（biān）竹：又名萹蓄。药草名。叶狭长似竹，初夏于节间开淡红色或白色小花，入秋结子，嫩叶可入药。 ❺《韩诗》：指汉初燕人韩婴所传授的《诗经》。 ❻ 蓐：音 dú。 ❼ 楗（jiàn）：楗竹，治理河道堤岸用的竹木桩。 ❽ 籊籊（tìtì）：修长尖削。 ❾ 猗猗（yī）：美盛的样子。

孔子欲讨齐

【原 文】

陈成子弑齐简公[1]，孔子告于鲁哀公，请讨之。公曰：“告夫三子者[2]。”之三子告，不可。《左传》曰：“孔子请伐齐，公曰：‘鲁为齐弱久矣，子之伐之，将若之何？’对曰：‘陈常弑其君，民之不与者

【译 文】

陈成子杀害齐简公，孔子将此事告诉鲁哀公，请求讨伐陈成子。哀公说：“你去告诉三大家族。”孔子去向三大家族报告，三大家族不同意。《左传》记载：“孔子请求讨伐齐国，鲁哀公说：‘鲁国被齐国削弱已经很久了，您要讨伐他们，打算怎么讨伐呢？’孔子回答说：‘陈成子杀了自己

半[3]，以鲁之众，加齐之半，可伐也。’”说者以为孔子岂校力之强弱，但明其义而已。能顺人心而行天讨，何患不克！使鲁君从之，孔子其使于周，请命乎天子，正名其罪。至其所以胜齐者，孔子之余事也。予以为鲁之不能伐齐，三子之不欲伐齐，周之不能讨齐，通国知之矣[4]。孔子为此举，岂真欲以鲁之半力敌之哉？盖是时三子无君，与陈氏等，孔子上欲悟哀公，下欲警三子。使哀公悟其意，必察三臣之擅国[5]，思有以制之，起孔子而付以政，其正君君、臣臣之分，不难也。使三子者警，必将曰：鲁小于齐，齐臣弑君而欲致讨，吾三臣或如是，彼齐、晋大国，肯置而不问乎！惜其君臣皆不识圣人之深旨。自是二年，孔子亡。又十一年，哀公竟逼于三子而孙于越[6]，比之简公，仅全其身尔。

的国君，齐国百姓中有一半不拥护他，以鲁国全部兵力，加上齐国一半兵力，足以讨伐他。’”解释者认为，孔子哪里是比较实力的强弱，只是为了讲明道义。能顺应民心而代天讨伐，哪里还用担心不能取胜！假使鲁哀公听从孔子的意见，孔子出使周，请命于周天子，以正陈成子之罪。至于如何来战胜齐国，这在孔子看来是第二位的事。我认为鲁国不能讨伐齐国，三大家族不愿讨齐，周天子不能讨齐，这是人尽皆知的事实。孔子这样做，难道真想用仅相当于齐国力量一半的鲁国去讨伐齐国吗？当时三大家族目无国君，和陈成子毫无二致。孔子于上想要使鲁哀公觉悟，在下想要警告三大家族。倘若鲁哀公领悟孔子的用意，必定觉察三大家族专擅国政，会想办法来制约他们，起用孔子而把国政交付给他，恢复君臣之间的正常名分并不难。倘若三大家族警醒，必定会说：鲁国比齐国小，齐国大臣弑君而招致讨伐，我们三大家族如果也这么做了，像齐、晋这些大国，怎么会置之不理呢！可惜鲁国君臣都不理解圣人的深意。过了两年，孔子去世。又过十一年，鲁哀公竟然被三大家族威逼而逃亡到越国，与齐简公相比，只是保全了个人性命而已。

注释

❶ 陈成子：即田成子，名恒，一作常。春秋时齐国大夫。齐简公：春秋时期齐国国君。前481年，齐简公与阚止等谋诛田成子，被田成子先发制人杀死。 ❷ 三子：鲁大夫孟孙、叔孙、仲孙，皆为鲁桓公后代，故又称“三桓”，鲁国实际掌权者。 ❸ 不与：不支持。 ❹ 通国：全国。 ❺ 擅国：总揽国政。❻ 孙：同“逊”。逃遁。

韩退之

【原文】

《旧唐史·韩退之传》初言：“愈常以为魏、晋已还，为文者多拘偶对[①]，而经诰之指归[②]，不复振起，故所为文抒意立言，自成一家新语，后学之士取为师法。当时作者甚众，无以过之，故世称韩文。”而又云：“时有恃才肆意，亦盭孔、孟之旨[③]。若南人妄以柳宗元为罗池神[④]，而愈撰碑以实之。李贺父名晋，不应进士，而愈为贺作《讳辩》，令举进士。又为《毛颖传》[⑤]，讥戏不近人情[⑥]。此文章之甚纰缪者[⑦]。撰《顺宗实录》[⑧]，繁简不当，叙事拙于取舍，颇为

【译文】

《旧唐书·韩愈传》先是说：“韩愈一直认为魏、晋以来写文章的人大多拘泥于对偶，而古文经典的主旨，不再被提倡发扬，因此韩愈写文章发表见解、阐述思想，自成一家之言，后辈学人把他的文章视为典范。当时写文章的人很多，没有人能超过韩愈的，所以世人称誉韩文。”其后又说：“韩愈有时自恃才华随意作文，也会违背孔、孟的意旨。比如，柳州人荒唐地把柳宗元称作罗池神，韩愈却为其撰写碑文坐实此事。李贺之父名李晋，李贺避父讳不应考取进士，而韩愈为李贺作《讳辩》一文，支持他参加进士考试。又作有《毛颖传》一文，讥讽世态，以文为戏，甚是不近人情。这些都算是极其荒谬的文章。他编撰《顺宗实录》，繁简不当，在

当代所非。”裴晋公有《寄李翱书》云：“昌黎韩愈，仆识之旧矣，其人信美材也[9]。近或闻诸侪类云，恃其绝足，往往奔放，不以文立制，而以文为戏。可矣乎？今之不及之者，当大为防焉尔。”《旧史》谓愈为纰缪，固不足责，晋公亦有是言，何哉？考公作此书时，名位犹未达，其末云：“昨弟来，欲度及时干进[10]，度昔岁取名，不敢自高。今孤茕若此，游宦谓何[11]！是不能复从故人之所勉耳。但置力田园，苟过朝夕而已。”然则公出征淮西[12]，请愈为行军司马[13]，又令作碑，盖在此累年之后，相知已深，非复前比也。

记录事件方面不善于取舍，饱受当时人非议。”裴度有《寄李翱书》说：“昌黎韩愈，我早就知道他，的确是有不凡资质的人才。最近有时听朋友说起，他自恃才华出众，往往肆意逞才，不用文章去建立规范，而把文章当作游戏。这也可行吗？如今不及他的人，应该深以为戒。”《旧唐书》批评韩愈谬误，尚不足责问，而裴度也有类似说法，这是为什么呢？细加考察，裴度作这篇书信时，声名地位还不显赫，书信末尾说：“昨日老弟来，想让我谋求仕进，我早年求取功名，不敢自视清高。如今孤零潦倒如此，离家在外做官又是为了什么呢！因此不能听从老友劝说。只有致力于躬耕田园，苟且度日罢了。”如此看来，裴度出征淮西，请韩愈做行军司马，又命韩愈作《平淮西碑》，是多年以后的事情了，此时二人相交已十分深入，与以前的关系无法相比了。

注释

❶偶对：指诗文的对偶。　❷指归：主旨。　❸盭（lì）：违背。　❹柳宗元为罗池神：唐宪宗元和十年（815），柳宗元自永州司马迁柳州刺史，卒于任。当地于城内罗池建庙祭祀。　❺毛颖：毛笔的别称。　❻讥戏：讥讽戏谑。　❼纰缪：差错，荒谬。　❽《顺宗实录》：五卷，韩愈等撰。该书主要记载了唐顺宗李诵在位的八个月中唐王朝所发生的各种重大事件。　❾美材：不凡的资质。　❿干进：谋求仕进。　⓫游宦：谓离家在外做官。　⓬淮西：古地区名。

隋唐以前，今安徽寿县附近的一段淮河流向系自南而北，因习称今皖北豫东淮河北岸一带为淮西。⑬ 行军司马：职官名。唐时出征将帅及节度使下所置的重要幕僚，参谋军事。

诞节受贺[1]

【原 文】

唐穆宗即位之初年，诏曰："七月六日，是朕载诞之辰[2]，其日，百寮、命妇宜于光顺门进名参贺[3]，朕于门内与百寮相见。"明日，又敕受贺仪宜停。先是，左丞韦绶奏行之[4]，宰臣以古无降诞受贺之礼奏罢之。然次年复行贺礼。诞节之制，起于明皇，令天下宴集休假三日，肃宗亦然。代、德、顺三宗皆不置节名，及文宗以后，始置宴如初。则受贺一事，盖自长庆年[5]，至今用之也。

【译 文】

唐穆宗即位初年，下诏说："七月六日，是朕寿诞之日。到那天，百官及命妇应于光顺门进名参拜庆贺，朕在光顺门内与百官相见。"第二天，又下令受贺仪式取消。起先，左丞韦绶奏请诞节受贺，后来宰相以自古无降诞受贺之礼奏请取消。但是第二年，又举行受贺之礼。诞节的制度，始于唐明皇，其命天下宴饮并放假三天，唐肃宗时也是这样。代宗、德宗、顺宗三朝都没有设置诞节，到文宗以后，才又像明皇时设宴庆贺。由此，诞节受贺一例，从唐穆宗长庆年间，一直沿用至今。

注释

❶ 诞节：帝王的生日。 ❷ 载诞：降生，出生。 ❸ 进名：特指将荐用或晋谒人员的姓名禀报皇帝。 ❹ 左丞：尚书左丞。唐代于尚书省仆射之下设左、右丞，左丞总领吏、户、礼三部，右丞总领兵、刑、工。 ❺ 长庆：唐穆宗李恒年号。

左氏书事

【原 文】

《左传》书晋惠公背秦穆公事，曰："晋侯之入也，秦穆姬属贾君焉[①]，且曰：'尽纳群公子[②]。'晋侯烝于贾君[③]，又不纳群公子，是以穆姬怨之。晋侯许赂中大夫，既而皆背之。赂秦伯以河外列城五[④]，东尽虢略[⑤]，南及华山，内及解梁城[⑥]，既而不与。晋饥，秦输之粟[⑦]；秦饥，晋闭之籴[⑧]。故秦伯伐晋。"观此一节，正如狱吏治囚，蔽罪议法，而皋陶听之，何所伏窜，不待韩原之战[⑨]，其曲直胜负之形见矣。晋厉公绝秦，数其五罪，书词铿訇[⑩]，极文章鼓吹之妙，然其实皆诬秦。故《传》又书云："秦桓公既与晋厉公为令狐之盟[⑪]，而又召狄与楚，欲道以伐晋。"杜元凯注云："据此三事，以正秦罪。"左氏于

【译 文】

《左传》记载晋惠公背弃秦穆公一事，写道："晋侯回国继承君位时，秦穆公夫人把晋献公妃贾君嘱托给他，并且说：'把流亡的公子们全都接回国内。'晋侯回国后和贾君通奸，又不接纳流亡的众公子回国，因此秦穆公夫人怨恨他。晋侯曾答应给中大夫送礼，后来也都背弃诺言。还答应给秦伯黄河以西以南的五座城池，东边到虢略，南边到华山，还有黄河之内的解梁城，后来也都不给了。晋国闹饥荒，秦国运来粟米救济；秦国闹饥荒，晋国却拒绝秦国来买粮。所以，秦伯讨伐晋国。"看到这一节，正如狱吏审问囚犯，斟酌法令、议定罪刑，就是皋陶听了，也挑不出毛病，所以不用等到秦晋韩原之战，两国之间的是非曲直已经一目了然。晋厉公和秦国断交，派吕相历数秦国五宗罪，文辞铿锵有力，极尽夸张虚饰之能事，但其实都是诬赖秦国的。所以，《左传》又写道："秦桓公已和晋厉公在令狐结盟，却又召来狄人和楚人，要引导他们讨伐晋国。"杜预注释说："根据这几件事，就能认定秦

文反复低昂，无所不究其至。观秦、晋争战二事，可窥一斑矣。

国之罪。”左丘明行文跌宕起伏，没有一件事不极尽其妙的。看看秦、晋之间争战的这两件事，就可窥其一斑了。

注释

❶秦穆姬：秦穆公夫人，晋献公之女。❷群公子：指因骊姬之乱逃亡在外的晋国众公子。❸烝：指与母辈私通。❹河外：晋国都城为绛（今山西翼城），故称黄河以西、以南为河外。❺虢略：指虢国的境界，在今河南嵩县西北。❻解梁城：今山西临猗东南。❼输之粟：指给晋国送粮食。❽闭之籴：指拒绝秦国来买粮。籴：买进粮食。❾韩原之战：僖公十五年（前645），秦穆公率军攻打晋国，秦晋两国的军队在韩原（今陕西韩城）交战，晋军兵败，晋惠公被俘。❿铿訇（hōng）：形容文辞铿锵有力。⓫令狐：今山西临猗。

狐突言词有味[1]

【原文】

晋侯使太子申生伐东山皋落氏[2]，以十二月出师，衣之偏衣[3]，佩之金玦[4]。《左氏》载狐突所叹八十余言，而词义五转。其一曰：“时，事之征也；衣，身之章也；佩，衷之旗也。”其二曰：“敬其事，则命以始；服其身，则衣之纯；用其

【译文】

晋献公派太子申生讨伐东山皋落氏，命他在十二月率兵出征，身穿左右两色的衣服，佩带金玦。《左传》记载了狐突所感而说的八十多字，而表意竟有五层转折。第一层说：“事情所发生的时间，是事情的征兆；人所穿着的衣服，是其身份贵贱的标志；人的佩饰，是其内心的表识。”第二层说：“如果敬慎这件事，就应在一年之始发布命令；赐予衣服，就应使他穿一色的衣服；使其诚心为我所用，就要让他佩带合乎规定的饰物。”

衷，则佩之度。”其三曰：“今命以时卒，閟其事也；衣之尨服[5]，远其躬也；佩以金玦，弃其衷也。”其四曰：“服以远之，时以閟之。”其五曰：“尨凉，冬杀，金寒，玦离。”其宛转有味，皆可咀嚼。《国语》亦多此体，有至六七转，然大氐缓而不切。

第三层说：“如今发布命令的时节，是一年将尽的时候，这是要让事情无法顺利开展；赐给他杂色的衣服，是要疏远他；让他佩带金玦，是表示要抛却太子的衷心。”第四层说：“服色上疏远他，以时令使其行不通。”第五层说：“杂色意味凉薄，冬天意味肃杀，金意味寒冷，玦意味决绝。”语言婉转富有韵味，值得反复品鉴。《国语》也有很多这类文字，有的转折多至六七层，但是大多迟缓而不贴切。

注释

❶狐突：春秋时期晋国大夫。　❷东山皋落氏：春秋时少数民族赤狄的部族。　❸偏衣：两色合成之衣。　❹金玦：有缺口的青铜环。　❺尨（máng）服：杂色的衣服。

宣发

【原文】

《考工记》：“车人之事[1]，半矩谓之宣[2]。”注[3]：“头发颢落曰宣[4]。《易》：‘《巽》为宣发。’宣字本或作寡。”《周易》：“《巽》为寡发。”《释文》云：“本又作宣，黑白杂为宣发。”宣

【译文】

《周礼·考工记》：“车人制作器物，直角的一半叫作宣。”郑玄注：“头发花白脱落称宣。《易经》：‘《巽》为宣发。’宣字本来也作寡字。”《周易》：“《巽》为寡发。”《经典释文》解释说：“寡字本来又作宣字，黑白混杂的头发为宣发。”

发二字甚奇。

宣发二字真是太奇怪了。

注释

❶ 车人：古称制造车及农具的木工。 ❷ 矩：直角。 ❸ 注：郑玄注。 ❹ 颢：同“皓”。

邾文公、楚昭王

【原文】

邾文公卜迁于绎[1]，史曰：“利于民而不利于君。”邾子曰：“命在养民，死之短长，时也。民苟利矣，迁也，吉莫如之！”遂迁于绎，未几而卒。君子曰：“知命[2]。”楚昭王之季年[3]，有云如众赤鸟[4]，夹日以飞三日。周太史曰：“其当王身乎？若禜之[5]，可移于令尹、司马[6]。”王曰：“除腹心之疾，而置诸股肱[7]，何益！不穀不有大过[8]，天其夭诸？有罪受罚，又焉移之？”遂弗禜。孔子曰：“楚昭王知大道矣，其不失国也宜哉。”案，宋景公出人君之言三，荧惑为

【译文】

邾文公占卜迁都于绎，史官说：“有利于百姓而不利于国君。”邾文公说：“我活着就是为了抚养百姓，或早或晚而死，听天由命吧。如果对百姓有利，迁都就是最大的吉祥！”于是迁都至绎，不久邾文公就死了。君子说：“邾文公知天命。”楚昭王末年，有一团云彩像一群红色的鸟，绕着太阳飞了三天。周朝太史说：“这恐怕要应在君王身上吧？如果禳祭，就可以转移到令尹、司马的身上。”楚昭王说：“把腹心之疾转移到大腿和胳膊上，有什么好处！我没有大的过错，上天能让我夭亡吗？有罪就要受到惩罚，又何必嫁祸于人呢？”于是就不禳祭。孔子说：“楚昭王懂得大道了，他不亡国也是合理的了！”案，宋景公连续三次发表贤明君主的言论，荧惑为他退避；

之退舍[9]；郑文、楚昭之言，亦是物也，而终不蒙福，天道远而不可知如此。

郑文公、楚昭王的话，也是这个道理，最终竟然没有蒙受福祐，天道幽远而不可预知就是如此。

注释

❶卜迁：古代部族或国家在迁徙前进行卜筮，测其吉凶。绎：今山东邹城。❷知命：知晓天命。❸季年：末年。❹赤乌：赤色的乌。由赤色云气聚成，古代以为不祥之兆。❺禜（yǒng）：古代一种祈求神灵消除灾祸的祭祀。❻令尹：春秋战国时楚国执政官名，相当于宰相。❼股肱：大腿和胳膊。比喻左右辅佐之臣。❽不穀：不善。古代王侯自称的谦辞。❾荧惑：古指火星。因隐现不定，令人迷惑，故名。

杜悰

【原文】

唐懿宗咸通二年二月，以杜悰为相。一日，两枢密使诣中书，宣徽使杨公庆继至[1]，独揖悰受宣，三相起避。公庆出书授悰，发之，乃宣宗大渐时，宦官请郓王监国奏也。且曰："当时宰相无名者，当以反法处之。"悰反复读，复封以授公庆，曰："主上欲罪宰相，当于延英面示圣旨[2]。"公庆去，悰

【译文】

唐懿宗咸通二年二月，以杜悰为宰相。有一天，两位枢密使到中书省，宣徽使杨公庆随后也到了，唯独揖让杜悰叫他听宣，另外三位宰相起身回避。杨公庆拿出诏书交给杜悰，杜悰打开一看，原来是宣宗病危时，宦官请郓王监国的奏章。并且说："当时宰相没有在奏章上署名的，应以谋反罪名论处。"杜悰反复阅读后，又封起来交还杨公庆，说："皇上要治罪于宰相，应当在延英殿当面宣旨。"杨公庆离去以后，杜悰对两位

谓两枢密曰："内外之臣，事犹一体。今主上新践阼[③]，固当以仁爱为先，岂得遽赞成杀宰相事！若习以性成，则中尉、枢密岂得不自忧乎[④]！"两枢密相顾默然，徐曰："当具以公言白至尊，非公重德，无人及此。"三相复来见悰，微请宣意，悰无言。三相惶怖[⑤]，乞存家族。悰曰："勿为它虑。"既而寂然。及延英开，上色甚悦。此《资治通鉴》所载也。《新唐史》云：宣宗世，夔王处大明宫，而郓王居十六宅。帝大渐，遗诏立夔王，而中尉王宗贯迎郓王立之，是为懿宗。久之，遣枢密使杨庆诣中书独揖悰。它宰相毕諴、杜审权、蒋伸不敢进，乃授悰中人请帝监国奏，因谕悰劾大臣名不在者。悰语之如前所云，庆色沮去[⑥]，帝怒亦释。予以史考之，懿宗即位之日，宰相四人，曰令狐绹、曰萧邺、曰夏侯孜、曰蒋伸，至是时唯有伸在，三人者罢去矣。諴及审权乃懿宗自用者，

枢密使说："宫内宦官和朝臣，是一个整体。如今皇上刚即位，自当以仁爱为先，哪能贸然赞成杀宰相的事！如果养成习惯，那么护军中尉、枢密使岂能不忧虑自己的命运！"两位枢密使相互对视沉默无语，缓缓地说："我们会把您的话详细呈奏皇上，若不是像您这样道德淳厚之人，不会有人想到这些。"三位宰相随后又来见杜悰，想请他宣示旨意，杜悰沉默无言。三位宰相惶恐不安，乞求保全家族。杜悰说："不必太过忧虑。"然后复归沉默。等在延英殿召见群臣时，皇上脸色很高兴。这是《资治通鉴》的记载。《新唐书》记载：唐宣宗时，夔王住在大明宫，而郓王住在十六宅。宣宗病危，遗诏立夔王，而护军中尉王宗贯迎立郓王，就是懿宗。过了许久，派遣枢密使杨庆到中书省单独揖见杜悰。其他几位宰相毕諴、杜审权、蒋伸不敢进见，于是把宦官请懿宗监国的奏章交给杜悰，并转达圣谕让杜悰弹劾没有在奏章上署名的大臣。杜悰告诉他前文所述意见，杨庆神色沮丧地离去，皇帝的怒气也消了。我以史实考证此事，唐懿宗即位之日，宰相有四人，是令狐绹、萧邺、夏侯孜、蒋伸，当时只有蒋伸在任，其余三人都已罢免去职。毕諴及杜审权是懿宗亲自任用的宰相，不可能有这事。这是野史的胡乱记载，而

无由有斯事。盖野史之妄，而二书误采之。温公以唐事属之范祖禹，其审取可谓详尽，尚如此。信乎，修史之难哉！

《资治通鉴》和《新唐书》错误采用。司马光把唐代史事的编纂交付范祖禹，他对材料的审查选用可谓严谨详尽，结果尚且如此。确实，修史太难啦！

注释

❶宣徽使：官名。唐宪宗元和中置，以宦官充任，渐为宣徽院长官，总领内诸司使及三班内侍名籍，掌其迁补、郊祀、朝会、宴享供帐，检视内外进奉名物。　❷延英：即延英殿。唐长安大明宫便殿之一，为皇帝在内廷议论政事的主要殿所。　❸践阼（zuò）：指即帝位。　❹中尉：职官名。唐代自德宗以后，由宦官专任护军中尉，率领神策军，为皇帝禁军，防守京师。　❺惶怖：惶恐不安。　❻色沮：神情颓丧。

《唐书·世系表》

【原　文】

《新唐·宰相世系表》皆承用逐家谱谍①，故多有谬误，内沈氏者最可笑。其略云："沈氏出自姬姓。周文王子聃叔季，字子揖，食采于沈②，今汝南平舆沈亭是也。鲁成公八年，为晋所灭。沈子生逞，字修之，奔楚，遂为沈氏。生嘉，字惟良，嘉生尹戌，戌生诸梁，诸

【译　文】

《新唐书·宰相世系表》沿用各大家族家谱，所以错误很多，其中关于沈氏世系的记载最为可笑。大致是说："沈氏源出于姬姓。周文王之子聃叔季，字子揖，封地在沈，如今汝南平舆沈亭即其封地所在。鲁成公八年，被晋国所灭。沈君生子逞，字修之，逃亡楚国，遂以沈为氏。沈逞生子沈嘉，字惟良；沈嘉生子沈尹戌；沈尹戌生子沈诸梁；沈诸梁生子沈尹

梁子尹射，字修文。其后入汉，有为齐王太傅敷德侯者，有为骠骑将军者，有为彭城侯者。”《宋书》沈约《自叙》云：“金天氏之后，沈国在汝南平舆，定公四年，为蔡所灭。秦末有逞者，征丞相不就。”其后颇与《唐表》同。案，聃季所封，自是一国，与沈了不相涉。《春秋》成公八年，晋侵沈，获沈子揖。昭二十三年，吴败顿、胡、沈、蔡之师于鸡父，沈子逞灭。定四年，蔡灭沈，杀沈子嘉。今《表》云：聃季字子揖，成八年为晋所灭，是文王之子寿五百余岁矣。逞为吴所杀，而《表》云奔楚，《宋书》云秦召为丞相。沈尹戌为楚将，战死于柏举，正与嘉之死同时，而以为嘉之子。尹射书于《左传》三十四年，始书诸梁，乃以为其子。又，春秋时人立字皆从子及伯仲，岂有修之、惟良、修文之比？《汉》列侯表岂有所谓敷德、彭城侯？《百官表》岂有所谓骠骑将军沈达者？

射，尹射字修文。其后到汉朝，沈氏族人有人成为齐王太傅并获封敷德侯，有人成为骠骑将军，有人成为彭城侯。”《宋书》沈约《自叙》写道：“少昊后裔，沈国在汝南平舆，鲁定公四年，被蔡国所灭。秦朝末年有个叫沈逞的，朝廷征召他为丞相而不去就职。”后文与《新唐书·宰相世系表》大体相同。案，聃季受封之地，另是一国，与沈氏毫不相干。《春秋》鲁成公八年，晋国入侵沈国，俘获沈子揖。昭公二十三年，吴国在鸡父打败顿、胡、沈、蔡四国联军，沈子揖的儿子沈子逞被灭。定公四年，蔡国灭沈国，杀了沈子逞的儿子沈嘉。现在《宰相世系表》说：聃叔季字子揖，成公八年被晋所灭，这样算来周文王这个儿子活了五百多岁。沈子逞被吴国所杀，而《宰相世系表》说他逃亡楚国，《宋书》说他在秦末被征召为丞相。沈尹戌是楚将，战死在柏举，和沈嘉之死同时，而误以为是沈嘉之子。沈尹射载于《左传》昭公四年，沈诸梁则至哀公十七年时才被记载，而尹射竟然被认为是诸梁的儿子。另外，春秋时期的人取字都用“子”“伯”“仲”，哪有修之、惟良、修文这类叫法呢？《汉书》列侯表怎么会有所谓敷德侯、彭城侯？《汉书·百官公卿表》哪里又有所谓骠骑将军沈达呢？沈约号称一代文宗，胡沈约称一时文宗，妄谱其上世名氏官爵，固可蚩诮[3]，又不分别两沈国。其金天氏之裔沈姒蓐黄之沈，封于汾川，晋灭之；春秋之沈，封于汝南，蔡灭之。顾合而为一，岂不读《左氏》乎？欧阳公略不笔削，为可恨也！

乱将前代名人官爵窜入家谱，已令人讥笑，还分不清两个沈国。少昊后裔沈姒蓐黄之沈，封于汾川，被晋国所灭；春秋时期的沈国，封于汝南，被蔡国所灭。沈约却把两个沈国合而为一，难道他没读过《左传》吗？欧阳修编《新唐书》时也不加考订，太让人遗憾了！

注释

❶谱谍：家谱。“谍”同“牒”，谱录。 ❷食采：享用封邑的租赋。 ❸蚩诮：讥笑责备。“蚩”同“嗤”，嘲笑。

鲁昭公

【原文】

春秋之世，列国之君失守社稷，其国皆即日改立君，无虚位以俟者。惟鲁昭公为季孙意如所逐而孙于齐，又适晋，凡八年乃没。意如在国摄事主祭[1]，岁具从者之衣屦而归之于乾侯。公薨之明年，丧还故国，然后其弟公子宋始即位[2]，它国无此比也。岂非鲁秉周礼，

【译文】

春秋时期，各诸侯国的国君一旦失守社稷，国家即日就另立新君，没有虚位以待的情况。只有鲁昭公例外，他被季孙意如驱逐而流亡齐国，又流亡晋国，前后共八年才去世。季孙意如在鲁国代行其事主持祭祀，每年派人把衣服鞋子送到乾侯给昭公及其仆从。昭公去世的第二年，灵柩送归鲁国，然后他的弟弟公子宋才即位。其他国家没有这样的事。难道不

虽不幸逐君，犹存厥位，而不敢绝之乎？其后哀公孙于越，《左传》终于是年，不知悼公以何时立也。

是因为鲁国秉行周礼，即使国君不幸被逐，仍然为他保留君位，而不敢中断吗？后来鲁哀公逃亡到越国，《左传》记事到本年为止，不知道哀公之子悼公是什么时候被议立为君的。

注 释

❶ 摄事：代行其事。主祭：主持祭祀。 ❷ 公子宋：即鲁定公。

州县失故名

【原 文】

今之州县，以累代移徙改割之故，往往或失其故名，或州异而县不同者。如建昌军在江西[①]，而建昌县乃隶南康；南康军在江东，而南康县乃隶南安；南安军在江西，而南安县乃隶泉州；韶州为始兴郡，而始兴县外属；赣州为南康郡，而南康县外属；郁林为州，而郁林县隶贵州；桂阳为军，而桂阳县隶郴州。此类不可悉数。

【译 文】

当今的州县，因为历代治所迁移和区划的变动，往往丧失了原有地名，或是有州县名称与实际地域不一致的情况。比如建昌军在江南西路，而建昌县却隶属南康军；南康军在江南东路，而南康县却隶属南安军；南安军在江南西路，而南安县却隶属泉州；韶州本为始兴郡，而始兴县外属南雄州；赣州本为南康郡，而南康县外属南安军；郁林为州，而郁林县属贵州；桂阳为军，而桂阳县隶属郴州。这种情况不可胜数。

注释

❶ 军：宋代行政区划名。与府、州同属于路。

严州当为庄[1]

【原文】

严州本名睦州，宣和中以方寇之故改焉[2]。虽以威严为义，然实取严陵滩之意也[3]。殊不考子陵乃庄氏[4]，东汉避显宗讳以“庄”为“严”[5]，故史家追书以为严光[6]，后世当从实可也。

【译文】

严州本名睦州，宣和年间因为方腊寇乱而改名。虽然州名也有表示威严之意，然而实际是取自严陵滩的典故。其实，此举疏于考证严子陵本为庄氏，东汉避明帝刘庄之讳才改“庄”为“严”，所以史家追述历史就写作严光，后世应该遵从历史事实。

注释

❶ 严州：治建德县（今浙江建德）。 ❷ 方寇：即方腊，又名方十三。宋徽宗宣和二年（1120）在睦州发动农民起义，第二年兵败被俘身死。 ❸ 严陵滩：在浙江桐庐南，相传为东汉高士严光隐居垂钓之处。 ❹ 子陵：指严光，本名庄光，字子陵。年少时与汉光武帝刘秀同游学，有高名。 ❺ 显宗：即汉明帝刘庄。 ❻ 追书：追述。

卷第七

十八则

孟子书百里奚

【原 文】

柳子厚《复杜温夫书》云[①]：“生用助字，不当律令[②]，所谓乎、欤、耶、哉、夫也者，疑辞也。矣、耳、焉也者，决辞也。今生则一之。宜考前闻人所使用[③]，与吾言类且异，精思之则益也。”予读《孟子》百里奚一章曰[④]：“曾不知以食牛干秦缪公之为污也[⑤]，可谓智乎？不可谏而不谏，可谓不智乎？知虞公之将亡而先去之[⑥]，不可谓不智也。时举于秦，知缪公之可与有行也而相之[⑦]，可谓不智乎？”味其所用助字，开阖变化[⑧]，使人之意飞动，此难以为温夫辈言也。

【译 文】

柳宗元《复杜温夫书》写道：“杜生你使用助词，不合乎规范。所谓乎、欤、耶、哉、夫之类，是疑问语气助词。所谓矣、耳、焉之类，是肯定语气助词。现在你将它们混淆在一起了。应该考察前代有名望的人对这些字词的用法，和我们自己的理解存在哪些差异，深入思考辨析，如此就会大有进步。”我读《孟子》百里奚一章写道：“（他）竟然不明白以卖身为奴替人喂牛来求见秦穆公是不体面的行为，这能算是聪明吗？不可进谏就不进谏，又能说不聪明吗？知道虞国将灭亡而提前离开，不能说不聪明。当时他在秦国被提拔，就知道穆公有所作为因而辅佐穆公，这能说不聪明吗？”品味孟子所用助词，语气开阖变化，使读的人神飞意动，这是难以对杜温夫之辈讲清楚的。

注释

❶ 柳子厚：即柳宗元。 ❷ 律令：规则。 ❸ 闻人：有名望的人。 ❹《孟子》：该书为儒家经典，与《大学》《中庸》《论语》合称“四书”。 ❺ 曾：竟然。食：饲养。干：干谒。秦缪公：即秦穆公。 ❻ 虞公：春秋时期虞国国君。 ❼ 有行：有为。 ❽ 开阖：指诗文结构的铺展、收合等变化。

韩、柳为文之旨

【原 文】

韩退之自言：作为文章，上规姚、姒、《盘》、《诰》、《春秋》、《易》、《诗》、《左氏》、《庄》、《骚》、太史、子云、相如①，闳其中而肆其外②。柳子厚自言：每为文章，本之《书》《诗》《礼》《春秋》《易》，参之《穀梁氏》以厉其气③，参之《孟》《荀》以畅其支④，参之《庄》《老》以肆其端⑤，参之《国语》以博其趣⑥，参之《离骚》以致其幽，参之太史公以著其洁。此韩、柳为文之旨要，学者宜思之。

【译 文】

韩愈曾说：撰写文章，应往上取法前代经典，诸如《尚书》之《虞书》《夏书》《盘庚》《诰》，《春秋》《易》《诗经》《左传》《庄子》《离骚》，以及司马迁、扬雄、司马相如的名篇，内容丰富而文笔奔放。柳宗元曾说：写文章时，首先应以《尚书》《诗经》《礼记》《春秋》《易》为本，参考《穀梁传》以砥砺文气，参考《孟子》《荀子》以求条理通达，参考《庄子》《老子》以求行文畅达，参考《国语》以求增广趣味，参考《离骚》以求境界幽远，参考太史公的文章以学其文笔简洁。这是韩愈、柳宗元写文章的要领，学写作的人应当仔细揣摩。

注释

❶ 规：取法。姚：虞舜姓姚，这里指《尚书·虞书》。姒（sì）：禹姓姒，这里指《尚书·夏书》。《盘》：指《尚书·盘庚》。《诰》：指《尚书》的《大诰》《康诰》《酒诰》《召诰》《洛诰》诸篇。诰：帝王任命或封赠的文书。《骚》：指屈原《离骚》。太史：指司马迁。因司马迁曾任太史令，故称。子云：指扬雄。相如：即司马相如，汉代辞赋家，有名篇《子虚赋》《上林赋》。 ❷ 闳其中而肆其外：内容丰富而文笔奔放。 ❸ 厉其气：砥砺文气。 ❹ 畅其支：条畅文理。支，通“枝”。 ❺ 肆其端：穷竟端委。肆：穷尽。 ❻ 博其趣：增广趣味。

李习之论文[1]

【原 文】

李习之《答朱载言书》论文最为明白周尽，云：“‘六经’创意造言[2]，皆不相师。故其读《春秋》也，如未尝有《诗》也；其读《诗》也，如未尝有《易》也；其读《易》也，如未尝有《书》也；其读屈原、庄周也，如未尝有‘六经’也。如山有岱、华、嵩、衡焉，其同者高也，其草木之荣，不必均也。如渎有济、淮、河、江焉[3]，其同者出源到海也，其曲直浅深，不必均也。天下之语文章，有六说

【译 文】

李翱《答朱载言书》论述写文章的道理最为明白详尽，文中说：“‘六经’立意遣词，各有特点，不相互仿效。所以读《春秋》时，感觉完全不同于《诗经》；读《诗经》时，感觉不同于《周易》；读《周易》时，感觉不同于《尚书》；读屈原、庄周的著作，感觉不同于‘六经’。好比山有泰山、华山、嵩山、衡山，相同之处是高大，至于其草木茂盛的情形，那就不会完全相同。好比渎有济水、淮河、黄河、长江，相同之处是从源头流向大海，而其河道曲直和河水的深浅，也不完全相同。天下人评论文章，有六

焉：其尚异者曰文章词句[4]，奇险而已。其好理者曰文章叙意[5]，苟通而已。溺于时者曰文章必当对[6]。病于时者曰文章不当对。爱难者曰宜深，不当易。爱易者曰宜通，不当难。此皆情有所偏滞[7]，未识文章之所主也。义不深不至于理，而词句怪丽者有之矣[8]，《剧秦美新》、王褒《僮约》是也[9]。其理往往有是者，而词章不能工者有之矣，王氏《中说》、俗传《太公家教》是也[10]。古之人能极于工而已，不知其辞之对与否、易与难也。'忧心悄悄，愠于群小[11]'，非对也；'遘闵既多[12]，受侮不少'，非不对也。'朕堲谗说殄行[13]，震惊朕师'，'菀彼桑柔[14]，其下侯旬[15]，捋采其刘[16]'，非易也；'光被四表[17]，格于上下'，'十亩之间兮，桑者闲闲兮'，非难也。'六经'之后，百家之言兴，老聃、列、庄至于刘向、扬雄，皆自成一家之文，学者之所师归也。故义虽深，理虽当，词不工者不成文，宜不能传也。"其论

种说法：那崇尚险怪奇异的人说文章词句讲求奇险即可。偏重义理的人说文章叙事论理通畅即可。沉溺时文风尚的人说文章必须讲求骈偶。厌恶时文风尚的人说文章不须骈偶。喜欢繁难的人说文章应当深奥，不应当浮浅。喜欢浅易的人说文章应该晓畅，不应当深奥。这些说法都因个人性情爱好而有所拘泥褊狭，没有弄清楚文章的关键。有内容浅薄说理不充分，而词句奇诡华丽的，《剧秦美新》、王褒《僮约》便是如此。有道理讲得很好，而修辞不佳的，王通《中说》、民间流行的《太公家教》便是如此。古时的人能够把语言修辞做到极为精妙，而不知其语辞对偶与否，难易与否。'忧心悄悄，愠于群小'，不是对偶；'遘闵既多，受侮不少'，又是对偶。'朕堲谗说殄行，震惊朕师'，'菀彼桑柔，其下侯旬，捋采其刘'，并不浅易；'光被四表，格于上下'，'十亩之间兮，桑者闲闲兮'，并不深奥。'六经'之后，各种文章流派兴起，老聃、列子、庄子以至于刘向、扬雄，都在文坛上自成一家，学习写作的人纷纷以他们为师。所以有些文章虽然内容深奥，说理得当，但如果文字修辞不好也不能成为好文章，也就不能流传于世。"李翱关于文章的论述大致如此，以后的读书人应

于文者如此，后学宜志之。

牢记于心。

注释

❶李习之：即李翱，字习之。 ❷六经：指《诗》《书》《礼》《乐》《易》《春秋》六部儒家经典。 ❸渎：河川。古有“四渎”，即长江、黄河、淮河、济水。 ❹尚异：崇尚险怪奇异。 ❺好理：偏重义理。 ❻时：时文。指当时盛行的骈偶文风。 ❼偏滞：谓拘泥而不知变通。 ❽怪丽：奇异华丽。 ❾《剧秦美新》：西汉扬雄作，系扬雄向王莽上书劝进之文。王莽篡汉自立，国号新。扬雄仿司马相如《封禅文》，上封事给王莽，指斥秦朝，美化新朝，故名《剧秦美新》。《僮约》：记奴婢契约。后因以“僮约”泛称主奴契约或对奴仆的种种规定。 ❿《太公家教》：流行于唐宋时期的训诫类启蒙读物。 ⓫忧心悄悄，愠于群小：愁思重重压在心，小人视我为眼中钉。愠：怨恨。群小：众小人。 ⓬遘（gòu）闵：遭受忧患。 ⓭塈：同“疾”。憎恨。 ⓮菀：茂盛的样子。桑柔：桑树枝头的嫩叶。 ⓯旬：树荫遍布。 ⓰刘：凋残无叶。 ⓱四表：四方，天下。

魏郑公谏语①

【原文】

魏郑公谏止唐太宗封禅，中间数语，引喻剀切②，曰：“今有人十年长患，疗治且愈，此人应皮骨仅存，便欲使负米一石，日行百里，必不可得。隋氏之乱，非止十年，陛下为之良医，疾苦虽已乂安③，未甚充实。告成天

【译文】

魏徵劝阻唐太宗封禅，其间有几句话，引喻恳切，说：“现在有人患病十年，治疗后即将痊愈，此人应该瘦弱得只剩皮包骨头了，便想让他背一石米，一天走百里地，这肯定不能实现。隋朝之乱，并不止十年，陛下作为治世之良医，虽已减轻民间疾苦，而天下并不富足。

地[4]，臣切有疑。”太宗不能夺[5]。此语见于公《谏录》及《旧唐书》[6]，而《新史》不载，《资治通鉴》记其谏事，亦删此一节，可惜也！

此时去封禅向天地禀告大功告成，臣确实心存疑虑。”太宗无从反驳。这段话见于《魏郑公谏录》及《旧唐书》，而《新唐书》没有记载，《资治通鉴》记载了进谏之事，但也删去这一节，可惜啊！

注释

❶魏郑公：即魏徵。因封郑国公，故称。　❷剀（kǎi）切：切中事理。❸乂（yì）安：太平，安定。　❹告成天地：封禅向天地禀告大功告成。　❺夺：迫使改变。　❻《谏录》：即《魏郑公谏录》，五卷，唐王方庆撰。该书辑录魏徵生前对太宗的谏诤及对问事迹。

虞世南

【原　文】

虞世南卒后，太宗夜梦见之，有若平生[1]。翌日，下制曰：“世南奄随物化[2]，倏移岁序[3]。昨因夜梦忽睹其人，追怀遗美[4]，良增悲叹。宜资冥助[5]，申朕思旧之情。可于其家为设五百僧斋[6]，并为造天尊像一躯[7]。”夫太宗之梦世南，盖君臣相与之诚所致，宜恤其子孙，厚其恩典可也。斋僧造像，岂所应作！形之

【译　文】

虞世南去世以后，唐太宗在夜里梦见他，梦里的情形如同他在世一样。第二天，太宗下诏说：“世南不幸去世，已有多年。昨夜因梦中忽然见到他，追忆他生前美德，徒增悲叹。宜祈神佛佑助，以表达朕思旧之情。可在他家为其设下五百僧斋，并为他塑造一躯天尊像。”太宗梦见虞世南，这是君臣相交精诚所致，应该抚恤世南的子孙，厚加恩典才对。斋僧造像这种事，岂是应该做的！竟然还颁布诏书，载

制书，著在国史，惜哉，太宗而有此也！

入国史，可惜啊，唐太宗竟然做出这种事！

注释

❶ 有若：如同。 ❷ 奄：突然。物化：去世，死亡。 ❸ 岁序：年份更易的顺序。 ❹ 追怀：追忆。遗美：生前美德。 ❺ 冥助：神佛的佑助。 ❻ 僧斋：佛教仪式。请僧而供养斋食，兼有诵经略仪，谓之“僧斋”。 ❼ 天尊：佛教称佛为“天尊”。

《七发》①

【原文】

枚乘作《七发》，创意造端，丽旨腴词，上薄《骚》些②，盖文章领袖，故为可喜。其后继之者，如傅毅《七激》、张衡《七辩》、崔骃《七依》、马融《七广》、曹植《七启》、王粲《七释》、张协《七命》之类，规仿太切，了无新意。傅玄又集之以为《七林》，使人读未终篇，往往弃诸几格③。柳子厚《晋问》，乃用其体，而超然别立新机杼，激越清壮④，汉、晋之间诸文士之弊于是一洗矣。东方朔《答客

【译文】

枚乘作《七发》，立意新颖，文风为之一新，且辞藻华丽，与《离骚》相近，作为文章典范，这的确可喜。其后继之作，如傅毅《七激》、张衡《七辩》、崔骃《七依》、马融《七广》、曹植《七启》、王粲《七释》、张协《七命》之类，亦步亦趋，毫无新意。傅玄又将上述文章汇集为《七林》，使人一篇都未读完，就往往弃之书架。柳宗元《晋问》，也是采用这种文体，但是站在新的高度，大胆创新，文章高亢豪健，将汉、晋以来那些文士的弊病一扫而光。东方朔《答客难》，自然是文章名篇，

难》，自是文中杰出，扬雄拟之为《解嘲》，尚有驰骋自得之妙。至于崔骃《达旨》、班固《宾戏》、张衡《应间》，皆屋下架屋[5]，章摹句写，其病与《七林》同，及韩退之《进学解》出，于是一洗矣。《毛颖传》初成，世人多笑其怪，虽裴晋公亦不以为可，惟柳子独爱之。韩子以文为戏，本一篇耳，妄人既附以《革华传》[6]，至于近时，《罗文》《江瑶》《叶嘉》《陆吉》诸传[7]，纷纭杂沓，皆托以为东坡，大可笑也。

扬雄仿作《解嘲》一文，尚有纵横驰骋自得之妙。至于崔骃《达旨》、班固《宾戏》、张衡《应间》，都是屋下架屋，机械模仿章句，其弊病和《七林》相同，到韩愈《进学解》问世，这些弊病也就一扫而空。韩愈《毛颖传》刚问世时，世人大多嘲笑其文风怪异，即使是裴度也不以为然，只有柳宗元喜欢这篇文章。韩愈以文为戏，本来就此一篇，无知妄为之人竟以《革华传》托名韩愈，至于近代，《万石君罗文传》《江瑶柱传》《叶嘉传》《黄甘陆吉传》等传，繁多杂乱，都托名苏轼所作，真是天大的笑话。

注释

❶《七发》：枚乘的辞赋名篇。后形成一种辞赋体裁，称为“七体”。枚乘：西汉辞赋家。 ❷ 薄：接近，靠近。 ❸ 几格：橱架。 ❹ 激越：高亢清远。清壮：清新豪健。 ❺ 屋下架屋：比喻重复他人的所作所为而无所创新。 ❻ 妄人：无知妄为之人。《革华传》：即《下邳侯革华传》，托名韩愈之作，为皮靴立传。 ❼《罗文》：即《万石君罗文传》，为歙砚作传。《江瑶》：即《江瑶柱传》，为干贝作传。《叶嘉》：《叶嘉传》，为闽茶作传。《陆吉》：《黄甘陆吉传》，为柑橘作传。此数篇，叶梦得《避暑录话》也认为是托名苏轼之作。

将军官称

【原 文】

《前汉书·百官表》："将军皆周末官，秦因之[1]。"予案，《国语》："郑文公以詹伯为将军。"又："吴夫差十旌一将军[2]。"《左传》："岂将军食之而有不足？"《檀弓》[3]："卫将军文子。"鲁使慎子为将军[4]。然则其名久矣。彭宠为奴所缚[5]，呼其妻，曰："趣为诸将军办装。"《东汉书》注云："呼奴为将军，欲其赦己也。"今吴人语犹谓小苍头为将军[6]，盖本诸此。

【译 文】

《汉书·百官公卿表》："将军都是周朝末年的官，秦代沿用了这个称号。"笔者查考，《国语》："郑文公以詹伯为将军。"又："吴王夫差命每一万名士卒由一名将军统领。"《左传》："难道将军让我们吃饭，会不让我们吃饱？"《礼记·檀弓》："卫将军文子。"鲁国让慎子做将军。可见，将军之称沿用很久了。彭宠被家奴捆绑，呼叫他的妻子说："赶快去为各位将军置办行装。"《后汉书》李贤注："此处称奴仆为将军，是为了让他们释放自己。"现在吴地方言还称小苍头为将军，应源于此。

注 释

❶因：沿袭。 ❷十旌：万人。 ❸《檀弓》：《礼记》篇名。因首章有檀弓（战国时鲁人，相传善于解说贵族礼制）名，记檀弓事，故名。杂记各种贵族礼制，尤以丧礼居多。 ❹慎子：战国时有二慎子，此为鲁慎子，即墨子之徒禽滑釐，善于用兵。 ❺彭宠：王莽时曾任大司空，后投靠刘秀，因功加号建忠大将军，册封列侯。建武二年（26），起兵反汉，自称燕王。建武五年（29），被家奴杀死。 ❻小苍头：指奴仆。

北道主人[1]

【原 文】

秦、晋围郑，郑人谓秦盍舍郑以为东道主[2]。盖郑在秦之东，故云。今世称主人为东道者，此也。《东汉》载“北道主人”[3]，乃有三事：“常山太守邓晨会光武于巨鹿，请从击邯郸，光武曰：‘伟卿以一身从我，不如以一郡为我北道主人。’”又“光武至蓟，将欲南归，耿弇以为不可，官属腹心皆不肯，光武指弇曰：‘是我北道主人也。’”“彭宠将反，光武问朱浮，浮曰：‘大王倚宠为北道主人，今既不然，所以失望。’”后人罕引用之。

【译 文】

秦国和晋国围攻郑国。郑人说秦国为什么不把郑国留下作为东道主。之所以这样说，是因为郑国位于秦国东部。现在人们称主人为东道主，其由来就在于此。《后汉书》中载有“北道主人”一词，共见三处：其一，“常山太守邓晨与汉光武帝于巨鹿相会，邓晨要求跟随光武帝进攻邯郸。光武帝说：‘伟卿你以一身跟随我出战，不如以一郡之地做我的北道主人。’”其二，“光武帝来到蓟州，听说敌方的军队已到邯郸，便想率师南归。耿弇认为不可，而光武帝的心腹部下都不赞成耿弇的意见。光武帝指着耿弇说：‘你是我的北道主人。’”其三，“彭宠举兵反叛，光武帝问朱浮缘故。朱浮说：‘大王曾倚重彭宠为北道主人，如今不再这样，他很失望。’”后人很少引用“北道主人”一词。

注释

❶ 北道主人：北道上设宴款待过客的主人。 ❷ 东道主：原指东方道路上的主人。后泛指款待宾客者。 ❸《东汉》：即《后汉书》。

洛中、盱江八贤①

【原 文】

司马温公《序赙礼》②，书闾阎之善者五人③，吕南公作《不欺述》，书三人，皆以卑微不见于史氏。予顷修国史，将以缀于《孝行传》而不果成，聊纪之于此。温公所书皆陕州夏县人。曰医刘太，居亲丧，不饮酒食肉，终三年，以为今世士大夫所难能。其弟永一，尤孝友廉谨。夏县有水灾，民涨死者以百数，永一执竿立门首，他人物流入门者，辄擿出之④。有僧寓钱数万于其室而死，永一诣县自陈，请以钱归其弟子。乡人负债不偿者，毁其券。曰周文粲，其兄耆酒，仰弟为生，兄或时酗欧粲，邻人不平而唁之，粲怒曰："兄未尝欧我，汝何离间吾兄弟也！"曰苏庆文者，事继母以孝闻，常语其妇曰："汝事吾母小不

【译 文】

司马光《序赙礼》一文记录了五位乡里善人，吕南公作《不欺述》记录了三个人，都因身份卑微不被史家收录。近来我编修国史时，准备将此八位纳入《孝行传》，结果也没成功，姑且记载在这里。司马光所说的五人都是陕州夏县人。一是医者刘太。他为父母守丧，三年都不饮酒吃肉，这是当今士大夫难以做到的。二是刘太的弟弟永一。他尤为孝顺友爱、持身清谨。夏县发生水灾，淹死的人数以百计，永一手执长竿立在门口，别家财物有流入自家门的，就拨挑出去。有位僧人把数万钱寄放在他家里，而后僧人死了，永一到县衙说明情况，请求把钱还给僧人的弟子。乡亲欠债无以偿还的，他就毁掉债券。三是周文粲。他的哥哥嗜酒，依靠弟弟供给为生，哥哥有时酒醉殴打文粲，邻居打抱不平而前来抚慰他。文粲生气地说："哥哥不曾打我，你为何离间我们兄弟呢！"四是苏庆文。他侍奉继母以孝闻名，经常告诫妻子说："你若不谨慎侍奉我母亲，我一定休了你！"继母年轻守寡没有亲子，最终

谨，必逐汝！”继母少寡而无子，由是安其室终身。曰台亨者，善画，朝廷修景灵宫[⑤]，调天下画工诣京师，事毕，诏选试其优者，留翰林授官禄，亨名第一，以父老固辞，归养于田里。南公所书皆建昌南城人。曰陈策，尝买骡，得不可被鞍者，不忍移之它人，命养于野庐，俟其自毙。其子与猾驵计[⑥]，因经过官人丧马[⑦]，即磨破骡背，以炫贾之。既售矣，策闻，自追及，告以不堪。官人疑策爱也，秘之。策请试以鞍，亢亢终日不得被，始谢还焉。有人从策买银器若罗绮者，策不与罗绮。其人曰：“向见君帑有之[⑧]，今何靳[⑨]？”策曰：“然，有质钱而没者，岁月已久，丝力縻脆不任用，闻公欲以嫁女，安可以此物病公哉！”取所当与银器投炽炭中，曰：“吾恐受质人或得银之非真者，故为公验之。”曰危整者，买鲍鱼，其驵舞秤权阴厚整[⑩]。鱼人去，身留整傍，请曰：“公买止

在苏家终老天年。五是台亨。他擅长绘画。朝廷修建景灵宫，征调全国画工前往京师，完工后，诏令选拔其中优秀者，留在翰林院授予官职。台亨名列第一，但他以父年迈坚决推辞，返回乡里奉养双亲。吕南公所记的都是建昌军南城人。一是陈策。有一次他买了头骡子，结果这头骡子不能加鞍，陈策又不忍心将它转卖他人，命人养在野外草棚，让它老死在那里。他儿子和狡猾的马贩子勾结，趁路过当地的官人刚丢了马，就磨破骡背表示经常在骑，极力夸耀想卖个高价。卖掉以后，陈策听说此事，亲自追上买家，告知实情。那官人疑心陈策惜卖这头骡子，就把骡子藏起来。陈策请他把鞍具放上去试试，结果折腾一整天也加不了鞍，那人这才道谢把骡子还了回来。有人向陈策买银器和罗绮，陈策不卖给罗绮。那人说：“以前看见您库房里有罗绮，现在怎么吝惜了？”陈策回答说：“有是有，不过那是别人抵押给我的，年岁已久，丝力已变得碎脆不堪使用，听说您是嫁女要用，我怎能拿这种东西坑害您呢！”于是把这批抵押的罗绮与银器都投入炭火，说：“我怕受抵押人蒙骗导致所得银器不是真的，所以为您检验一下。”二是危整。他去买鲍鱼，贩子舞弄秤锤暗中给危整多称了几斤。渔夫离去，贩子在危整身边对他

五斤，已为公密倍入之，愿畀我酒[11]。”整大惊，追鱼人数里返之，酬以直[12]。又饮驵醇酒，曰：“汝所欲酒而已，何欺寒人为？”曰曾叔卿者，买陶器欲转易于北方，而不果行。有人从之并售者，叔卿与之，已纳价，犹问曰：“今以是何之？”其人对：“欲效公前谋耳。”叔卿曰：“不可，吾缘北方新有灾荒，是故不以行，今岂宜不告以误君乎？”遂不复售。而叔卿家苦贫，妻子饥寒不恤也。呜呼，此八人者贤乎哉！

说：“您只买五斤，我已暗中为您称了十斤，您得请我喝酒。”危整大惊，赶了几里路追上渔夫，按实际的斤两给了钱。又请贩子饮美酒，说：“你不过想喝酒罢了，何必欺骗穷苦人呢？”三是曾叔卿。他买了一批陶器要转卖到北方，没有成行。有个和他一起做生意的要买，叔卿便把货卖给他，已交割好价钱，顺口问道：“准备把这批货卖到哪里去？”那人回答说：“想要照您先前的打算来。”叔卿说：“不行，我是因为北方新近遭灾，所以才没把陶器运到北方去卖，如今我岂能不告知实情，耽误你的生意呢？”于是就没把存货卖给对方。而叔卿家里贫苦，连妻儿的饥寒都难以顾全。唉，这八位真是贤人啊！

注释

❶洛中：河南洛阳及其周边地区。盱（xū）江：水名。一名建昌水、抚河。这里指下文的建昌军。 ❷赙（fù）礼：送给丧家的礼物。这里指丧礼。 ❸闾阎：乡里，民间。 ❹擿（tī）：挑出。 ❺景灵宫：在北宋东京城（今河南开封）内端礼街东西，东曰景灵东宫，西曰景灵西宫。为北宋皇帝供奉历代祖先塑像的神庙。 ❻猾驵（zǎng）：狡猾的马贩。 ❼官人：对男子的敬称。 ❽帑：库藏。 ❾靳：吝惜。 ❿秤权：秤锤。 ⓫畀（bì）：给予。 ⓬直：同“值”，工钱。

王导小名

【原 文】

颜鲁公书远祖西平靖侯颜含碑，晋李阐之文也，云："含为光禄大夫，冯怀欲为王导降礼①，君不从，曰：'王公虽重，故是吾家阿龙②。'君是王亲丈人③，故呼王小字。"《晋书》亦载此事④，而不书小字。《世说》："王丞相拜司空，桓廷尉叹曰：'人言阿龙超，阿龙故自超。'"呼三公小字，晋人浮虚之习如此。

【译 文】

颜真卿曾书写远祖西平靖侯颜含碑，碑文是晋人李阐所作，写道："颜含为光禄大夫，冯怀想让百官向王导行跪拜之礼，颜君不同意，说：'王公虽然位高任重，却是我家后辈阿龙。'颜君是王导长辈，所以称呼王导小名。"《晋书·颜含传》也记载此事，但没写王导的小名。《世说新语》："王丞相拜司空，廷尉桓彝感叹道：'人们都说阿龙出众，阿龙确实出众！'"文中直呼三公的小名，晋人习气竟如此虚浮。

注 释

❶ 降礼：跪拜之礼。 ❷ 阿龙：王导小名"赤龙"。 ❸ 丈人：古时对老年男性的尊称。 ❹《晋书》：唐房玄龄等撰。叙事自司马懿始，至刘裕取代东晋止。同时还以"载记"形式，记述了十六国政权的状况。

《汉书》用字

【原 文】

太史公《陈涉世家》[①]："今亡亦死，举大计亦死[②]，等死，死国可乎[③]？"又曰："戍死者固什六七，且壮士不死即已，死即举大名耳[④]！"叠用七死字。《汉书》因之。《汉·沟洫志》载贾让《治河策》云[⑤]："河从河内北至黎阳为石堤[⑥]，激使东抵东郡平刚[⑦]；又为石堤，使西北抵黎阳、观下[⑧]；又为石堤，使东北抵东郡津北[⑨]；又为石堤，使西北抵魏郡昭阳[⑩]；又为石堤，激使东北。百余里间，河再西三东。"凡五用石堤字，而不为冗复，非后人笔墨畦径所能到也[⑪]。

【译 文】

司马迁《陈涉世家》："现在逃跑被抓回来是死，揭竿而起也是死，同样是死，何不为国而死？"又写道："戍边而死的有十之六七，况且壮士不死则已，要死就死得名扬天下！"连用七个死字。《汉书》也沿用了这一写作手法。《汉书·沟洫志》记载贾让《治河策》说："黄河从河内向北流至黎阳，筑石堤，挡住河水使其向东流向东郡平刚；又筑石堤，使黄河向西北流到黎阳、观下；又筑石堤，使黄河向东北流到东郡白马津北；又筑石堤，使黄河向西北流至魏郡昭阳；又筑石堤，挡住河水使之流向东北。一百多里内，黄河向西拐了两个弯，向东拐了三个弯。"这段文字总共用了五次石堤，但并不累赘重复，这不是后人的常规写作手法所能达到的。

注释

❶ 陈涉：即陈胜，字涉。秦末农民大起义领袖之一，曾建立"张楚"政权，故列入"世家"。世家：《史记》中传记的一种，主要为王侯将相所作。 ❷ 举

大计：发动大事，指起义。 ❸死国：为国事而死。 ❹举大名：名扬天下。 ❺沟洫：沟渠。贾让：西汉末水利家。 ❻河内：即河内郡，治今河南武陟西南。黎阳：治今河南浚县东。 ❼东郡：郡名。治今河南濮阳。 ❽观：即观县。治今河南清丰。 ❾津：疑指白马津，又名黎阳津、鹿鸣津，在今河南滑县北，旧为黄河分流处。 ❿魏郡：郡名。治今河北临漳西南。昭阳：在今河南浚县东北。 ⓫笔墨畦径：写作常规。

姜嫄、简狄[1]

【原 文】

毛公注《生民》诗姜嫄生后稷"履帝武敏歆"之句[2]，曰："从于高辛帝而见于天也[3]。"《玄鸟》诗"天命玄鸟，降而生商"之句[4]，曰："春分玄鸟降，简狄配高辛帝，帝与之祈于郊禖而生契[5]，故本其为天所命，以玄鸟至而生焉。"其说本自明白。至郑氏笺始云："帝，上帝也。敏，拇也。祀郊禖时，有大人之迹，姜嫄履之，足不能满，履其拇指之处，心体歆歆然如有人道感已者[6]，遂有身[7]，后则生子。"又谓："鳦遗卵[8]，简狄吞之而生契。"其说本于《史记》，谓："姜嫄出野，

【译 文】

毛公给《生民》诗作注，对姜嫄生后稷"履帝武敏歆"这一句，解释说："跟从高辛帝而为天所见。"注《玄鸟》诗"天命玄鸟，降而生商"这一句时，说："春分时节燕子飞来，简狄婚配高辛帝，高辛帝与她在郊外祭神而生下契，所以说契本受命于天，在燕子飞来时降生。"这种解释本清楚明了。到郑玄笺释时却又说："帝，是上帝。敏，是大脚趾。祭神时，有巨人的足迹，姜嫄踩上去，脚不能填满足迹，踩到巨人大脚趾处，心里有所触动仿佛感受生育之道，于是有了身孕，生下后稷。"又说："燕子下蛋，简狄吞下蛋而生契。"郑玄的说法来自《史记》，该书说："姜嫄来到野外，看见地上有巨人足迹，高兴地踩下去，于是生下后稷。""简狄在河边

见巨人迹，忻然践之[9]，因生稷。”“简狄行浴，见燕堕卵，取吞之，因生契。”此二端之怪妄，先贤辞而辟之多矣。欧阳公谓稷、契非高辛之子，毛公于《史记》不取履迹之怪，而取其讹缪之世次。案《汉书》，毛公赵人，为河间献王博士[10]，然则在司马子长之前数十年[11]，谓为取《史记》世次，亦不然。盖世次之说，皆出于《世本》[12]，故荒唐特甚，其书今亡。夫适野而见巨迹，人将走避之不暇，岂复故故践履，以求不可知之机祥[13]；飞鸟堕卵，知为何物，而遽取吞之？以古揆今[14]，人情一也。今之愚人未必尔，而谓古圣人之后妃为之，不待辨而明矣。

沐浴，见燕子下了一个蛋，拿来吃了，因而生下契。”这两则记载都荒诞不经，先贤大多避而不引。欧阳修说稷、契并不是高辛氏之子，毛公没有取信《史记》中姜嫄踩巨人足迹受孕之传说，但采信了其中关于稷、契的错误世次。我经过查考发现，《汉书》记载毛公是赵国人，做过河间献王的博士，如此看来他生活在司马迁之前几十年，说毛公采用《史记》中的世次，就不对了。世次之说，都出于《世本》，该书内容极其荒唐，今天已经亡佚。去野外见到巨人足迹，人们唯恐躲避不及，怎么会故意去踩踏，以求取那不可知的祥瑞呢；飞鸟下个蛋，不知道它是个什么东西，就拿来一口吞掉？从古到今，人们的心理都是一样的。今天的蠢人未必这样，却说古代圣人的后妃这样做，这是不辨自明的事。

注释

❶ 姜嫄（yuán）：有邰氏。帝喾之妃，周始祖后稷之母。简狄：有娀氏。帝喾次妃，商始祖契（xiè）之母。 ❷ 武敏：脚趾印。歆：心有所感的样子。 ❸ 高辛帝：帝喾之号。帝喾初受封于辛，后即帝位，号高辛氏。 ❹ 玄鸟：燕子。 ❺ 郊禖：古帝王求子所祭之神。其祠在郊，故称。 ❻ 歆歆然：感动的样子。 ❼ 有身：有了身孕。 ❽ 鳦（yì）：燕子。 ❾ 忻然：欣然。 ❿ 河间献王：即刘德，汉景帝次子，封河间王，爱好儒学，立《毛诗》《左传》，卒谥

献。⑪司马子长：即司马迁，字子长。⑫《世本》：先秦史书，记录古帝王、诸侯、卿大夫世系等。⑬禨（jī）祥：吉凶之兆。⑭以古揆今：考古衡今。揆：度量，揣度。

羌庆同音

【原 文】

王观国彦宾、吴棫材老有《学林》及《叶韵补注毛诗音》二书①，皆云："《诗》《易》《太玄》凡用庆字②，皆与阳字韵叶③，盖羌字也。"引萧该《汉书音义》："庆，音羌。"又曰："《汉书》亦有作羌者，班固《幽通赋》'庆未得其云已'，《文选》作羌。"而它未有明证。予案《扬雄传》所载《反离骚》④："庆夭惟而丧荣⑤。"注云⑥："庆，辞也，读与羌同。"最为切据。

【译 文】

王观国、吴棫有《学林》及《毛诗叶韵补音》二书，二者都说："《诗经》《周易》《太玄经》凡用庆字，都与阳字叶韵，原是羌字。"引萧该《汉书音义》："庆，读音羌。"又说："《汉书》也有作羌的情况，班固《幽通赋》'庆未得其云已'，《文选》作羌。"而其并无明证。我查考《扬雄传》所记载的《反离骚》："庆夭惟而丧荣。"颜师古注释说："庆，辞也，读音与羌相同。"这是最确切的证据。

注 释

❶王观国彦宾：王观国，字彦宾。宋徽宗政和五年（1115）进士，宋文字学家，著有《学林》十卷，对文字的形、音、义考据详洽，辨析精核。吴棫材老：吴棫，字材老。宋音韵训诂学家，著有《韵补》《毛诗叶韵补音》等。❷《太玄》：即《太玄经》，西汉扬雄撰。❸韵叶（xié）：即叶韵。叶：和洽。诗韵术语。谓有些韵字如读本音，便与同诗其他韵脚不和，须改读某音，以协调声

韵，故称。 ❹《反离骚》：西汉扬雄作。据《汉书·扬雄传》：扬雄读《离骚》，“悲其文，读之未尝不流涕也。以为君子得时则大行，不得时则龙蛇，遇不遇，命也，何必湛身哉！乃作书，往往摭《离骚》文而反之，自岷山投诸江流以吊屈原，名曰《反离骚》”。 ❺憔：草木衰败。 ❻注：指《汉书》颜师古注。

佐命元臣[1]

【原 文】

盛王创业，必有同德之英辅[2]，成垂世久长之计，不如是，不足以为一代宗臣[3]。伊尹、周公之事，见于《诗》《书》，可考也。汉萧何佐高祖，其始入关，即收秦丞相、御史律令图书，以周知天下厄塞[4]，户口多少强弱处，民所疾苦。高祖失职为汉王[5]，欲攻项羽，周勃、灌婴、樊哙皆劝之，何独曰：“今众弗如，百战百败，愿王王汉中，收用巴蜀，然后还定三秦[6]。”王用其言。此刘氏兴亡至计也。进韩信为大将，使当一面，定魏、赵、燕、齐，高祖得颛心与楚确[7]，无北顾忧。且死，引曹

【译 文】

盛世帝王创业，必须有同心同德的贤明辅臣为之制定长治久安之计，不如此，这些辅臣就不足以为世所景仰的名臣。伊尹、周公的事迹，见于《诗经》《尚书》，可以考知。汉朝萧何辅佐汉高祖，刚进入关中，萧何就收集秦朝丞相府、御史府的律令图书，以全面了解全天下要塞及户口的多少强弱情况和百姓疾苦。高祖失去天下大权而被封为汉王，准备攻打项羽，周勃、灌婴、樊哙都很赞成，只有萧何说：“现在我们的队伍不如项羽，屡战屡败，希望大王暂且在汉中称王，夺取巴蜀，然后收复关中。”汉王采纳了他的意见。这是关系刘氏兴亡的最重要的一条策略。萧何又推荐韩信为大将，使其独当一面，平定魏、赵、燕、齐等国。由此，高祖得以专心与项羽较量，没有北顾之忧。萧何临死之际，又推举曹参接替自

参代己，而画一之法成[8]。约三章以蠲秦暴[9]，拊百姓以申汉德[10]。四百年基业[11]，此焉肇之。唐房玄龄佐太宗，初在秦府[12]，已独收人物致幕下，与诸将密相申结，引杜如晦与参筹帷[13]。及为宰相，粲然兴起治功，以州县成天下之治，以租庸调天下之财[14]，以八百府、十六卫本天下之兵[15]，以谏争付王、魏[16]，以兵事付靖、勣[17]，御夷狄有道，用贤材有术。三百年基业，此焉肇之。其后制节度使而州县之治坏，更二税法而租庸之理坏[18]，变府兵为彍骑、诸卫为神策而军政坏[19]，虽有名臣良辅，不能救也。赵韩王佐艺祖[20]，监方镇之势[21]，削支郡以损其强[22]，置转运、通判使掌钱谷以夺其富，参命京官知州事以分其党[23]，禄诸大功臣于环卫而不付以兵[24]，收天下骁锐于殿岩而不使外重[25]。建法立制，审官用人，一切施为，至于今是赖。此三君子之后，代天理物，

己，使汉初制定的政策得以长期稳定地贯彻实施。入关时与百姓约法三章以免除秦朝暴政，安抚百姓，彰显汉王恩德。汉朝四百年基业，就此奠定。唐朝房玄龄辅佐唐太宗，当初在秦王府时，自己就注意招揽人才到秦王幕下，还和各位将领秘密结交，引荐杜如晦参与筹谋。等到当了宰相，他又致力于治理国家，把州县治理作为天下大治的关键，以租庸调制管理天下财政，以八百府、十六卫管理天下军队，把进谏的职责交付王珪、魏徵，把带兵作战的事交付李靖、李勣，统御夷狄很有策略，任用贤才很有办法。唐朝三百年基业，就此奠定。后来，唐朝在地方设置节度使，扰乱了州县制度，改行两税法而使租庸调制遭到破坏，变府兵制为彍骑、诸卫为神策军而军政遭到破坏，即使有名臣贤相，也无法挽救。赵普辅佐本朝太祖，为了控制方镇的权势，废除州府与方镇的隶属关系，设置转运使、通判来掌控地方钱粮以剥夺其财富，又以京官为知州分化其朋党，厚赐各位大功臣同时解除他们的兵权，收编勇猛精锐之士为禁军而不令地方拥兵自重。建立法令制度，提拔官吏选用人才，所有措施直到现在还发挥着基础作用。这三位君子之后，以协助天子管理国家为己任，堂堂正正、光明磊落的伟人，历朝历代都有，这就是所

硕大光明者，世有其人，所谓一时之相尔。萧之孙有罪及无子，凡六绝国，汉辄绍封之。国朝褒录韩王苗裔，未尝或忘。唯房公之亡未十年，以其子故，夺袭爵，停配享，讫唐之世不复续，唐家亦少恩哉！

说的一世贤相。萧何的子孙因犯罪或是无后代，前后六次面临撤销封国的危险，汉朝每次都续封萧氏为诸侯。本朝褒奖优待赵普的后代，从来不曾忘却。唯有房玄龄死后不到十年，因为其子犯罪，房氏封爵被夺，停止配享宗庙，直到唐亡也没有续封其后人，唐王朝对功臣也太薄情寡恩了！

注释

❶ 佐命元臣：辅佐帝王的重臣。 ❷ 英辅：贤明辅臣。 ❸ 宗臣：世所景仰的名臣。 ❹ 厄塞：险要之地。 ❺ 失职：失去职权。 ❻ 三秦：项羽分关中地，封秦降将章邯为雍王于咸阳以西，司马欣为塞王于咸阳以东，董翳为翟王于上郡，合称为“三秦”。 ❼ 颛：同“专”。 ❽ 画一之法：全体遵行无一例外的法令。 ❾ 蠲（juān）：除去，免除。 ❿ 拊：同“抚”，安抚。 ⓫ 四百年基业：刘邦建汉，至曹丕代汉。 ⓬ 秦府：秦王府。唐高祖时，李世民封秦王。 ⓭ 筹帷：在军帐中谋划军机。 ⓮ 租庸调：即租庸调制。唐朝前期实行的赋税制度，以征收谷物、布匹及为政府服役为主，是以均田制的推行为基础的赋役制度。 ⓯ 八百府：此谓府兵制。十六卫：军事管理机构合称。唐朝以十二卫加左右监门卫、左右千牛卫，合称十六卫，掌管禁卫。 ⓰ 王：即王珪。魏：即魏徵。 ⓱ 靖：即李靖，唐初名将，战功卓著，封卫国公，凌烟阁二十四功臣之一。勣：即李勣，原名徐世勣，字懋功。后赐姓李，单名勣。唐初名将，封英国公，凌烟阁二十四功臣之一。 ⓲ 二税法：唐德宗建中元年（780）由宰相杨炎建议推行的新税法。即将征收谷物、布匹等实物为主改为征收金钱为主，一年两次征税。 ⓳ 彍（guō）骑：唐代宿卫兵名。神策：即神策军。唐禁军名之一。 ⓴ 赵韩王：即赵普。宋真宗时，赵普因佐命兴邦、以建宗社的功勋，被加封为韩王。艺祖：对开国皇帝的美称，这里指宋太祖赵匡胤。 ㉑ 方镇：指掌握兵权、镇守一方的军事长官。 ㉒ 支郡：唐末五代时，各地节度使割据一方，兼领数州，称为“支郡”。 ㉓ 参命京官知州事：宋初州有刺

史，另以京朝官权知军州事，以分其权，简称“知州”。㉔环卫：宫廷禁卫。㉕骁锐：勇猛精锐之士。殿岩：谓天子歇宿之处。此指京畿。

名世英宰

【原　文】

曹参为相国，日夜饮醇酒不事事，而画一之歌兴。王导辅佐三世，无日用之益，而岁计有余，末年略不复省事，自叹曰：“人言我愦愦[1]，后人当思我愦愦。”谢安石不存小察[2]，经远无竞[3]。唐之房、杜，传无可载之功。赵韩王得士大夫所投利害文字，皆置二大瓮，满则焚之。李文靖以中外所陈一切报罢[4]，云：“以此报国。”此六七君子，盖非扬己取名，了然使户晓者，真名世英宰也！岂曰不事事哉？

【译　文】

西汉曹参担任相国，日夜痛饮美酒而无所事事，但称颂他的歌谣却在民间广为流传。东晋王导辅佐三位皇帝，虽无额外的治绩，但一年到头总有富余，晚年不大关心朝政，自叹说：“人们都说我糊涂，后人当会想念我的糊涂。”谢安在小事上不精明苛求，做长远谋划却无人可比。唐代的房玄龄、杜如晦，史传上没有可以记录的功绩。赵普收到士大夫所上议论是非的文书，统统放进两口大瓮里，装满了就全部烧掉。李沆对朝廷内外上奏陈述利害的奏章全都不予理睬，说：“我就以此报效国家。”这六七位君子，都是不愿显露自己，却都成为家喻户晓的人，真是闻名于世的英明宰相啊！可以说他们无所事事吗？

注释

❶愦愦：糊涂，昏乱。❷谢安石：即谢安，字安石。小察：于小事上精明苛求。❸经远：谓做长远谋划。❹李文靖：即李沆，宋太宗朝宰相，卒谥“文靖”。报罢：旧时吏民上书言事，朝廷拒不采纳，宣令退去。

《檀弓》误字

【原 文】

《檀弓》载吴侵陈事曰："陈太宰嚭使于师[1]，夫差谓行人仪曰[2]：'是夫也多言，盍尝问焉，师必有名，人之称斯师也者，则谓之何？'太宰嚭曰：'其不谓之杀厉之师与[3]！'"案，嚭乃吴夫差之宰，陈遣使者正用行人，则仪乃陈臣也。记礼者简策差互[4]，故更错其名，当云"陈行人仪使于师，夫差使太宰嚭问之"，乃善。忠宣公作《春秋诗》引斯事[5]，亦尝辩正云。

【译 文】

《礼记·檀弓》记载吴国侵犯陈国之事说："陈国派太宰嚭到吴军中，夫差对使者仪说：'这个人很会说话，何不试着问问他，军队一定都有个名号，人们怎么称呼我们这支军队呢？'太宰嚭说：'难道不应该叫"杀厉之师"（即杀害有疫病之人的军队）吗？'"案，嚭是吴王夫差的太宰，陈国所派遣使者就是行人，那么仪就是陈国的大臣。编撰《礼记》的简策错乱，所以人名也弄错了，应当说"陈国使者仪到吴军中，夫差派太宰嚭问他"，这样才对。忠宣公洪皓作《春秋诗》引用这件事，也曾有过辨析考正。

注 释

❶ 太宰：职官名。相传殷始置太宰，为天官之长，掌建邦之六典，以佐王治邦国。嚭（pǐ）：即伯嚭。春秋后期吴国大夫，吴王夫差时任太宰。 ❷ 行人仪：使者名仪。 ❸ 杀厉：杀戮染有疫病的人。 ❹ 简策：即简册。由竹简编连而成。 ❺ 忠宣公：指洪迈之父洪皓，谥忠宣。

薛能诗

【原 文】

薛能者，晚唐诗人，格调不能高，而妄自尊大。其《海棠诗序》云："蜀海棠有闻，而诗无闻，杜子美于斯，兴象不出[①]，没而有怀。天之厚余，谨不敢让，风雅尽在蜀矣，吾其庶几。"然其语不过曰"青苔浮落处，暮柳闲开时。带醉游人插，连阴彼叟移。晨前清露湿，晏后恶风吹[②]。香少传何许，妍多画半遗"而已。又有《荔枝诗序》曰："杜工部老居两蜀[③]，不赋是诗，岂有意而不及欤？白尚书曾有是作[④]，兴旨卑泥，与无诗同。予遂为之题，不愧不负，将来作者，以其荔枝首唱，愚其庶几。"然其语不过曰"颗如松子色如樱，未识蹉跎欲半生。岁杪监州曾见树[⑤]，时新入座久闻名"而已。又有《折杨柳》十首[⑥]，叙曰："此曲盛传，为词者甚众，文人才子各炫其能，莫

【译 文】

薛能，晚唐诗人，诗作格调不高，而妄自尊大。其《海棠诗序》写道："蜀地海棠很有名，而海棠诗却不出名，杜甫流寓蜀地，却没有海棠诗作，令人遗憾。上天赐予我这个机会，我不敢辞让，海棠风雅尽在蜀地，我这首诗或许还可以吧。"然而，其诗句不过是"青苔浮落处，暮柳闲开时。带醉游人插，连阴彼叟移。晨前清露湿，晏后恶风吹。香少传何许，妍多画半遗"而已。他又有《荔枝诗序》，写道："杜甫晚年住在蜀地，但没写过荔枝诗，莫非是想写而来不及？白居易曾有荔枝诗，诗旨粗浅，和没写一样。我因此为荔枝题诗，不愧对不辜负，将来的诗人，要推选描写荔枝的第一首诗，或许就是我所作吧。"然而，其诗句不过说"颗如松子色如樱，未识蹉跎欲半生。岁杪监州曾见树，时新入座久闻名"而已。他又有《折杨柳》十首，诗序写道："此曲很流行，作词的很多，文人才子各自炫耀才

不条似舞腰，叶如眉翠，出口皆然，颇为陈熟。能专于诗律，不爱随人，搜难抉新[7]，誓脱常态，虽欲勿伐，知音者其舍诸?”然其词不过曰“华清高树出离宫[8]，南陌柔条带暖风[9]。谁见轻阴是良夜[10]，瀑泉声畔月明中”“洛桥晴影覆江船[11]，羌笛秋声湿塞烟[12]。闲想习池公宴罢[13]，水蒲风絮夕阳天”而已。别有《柳枝词》五首[14]，最后一章曰：“刘白苏台总近时[15]，当初章句是谁推。纤腰舞尽春杨柳，未有侬家一首诗。”自注云：“刘、白二尚书，继为苏州刺史，皆赋《杨柳枝词》，世多传唱，虽有才语，但文字太僻，宫商不高耳[16]。”能之大言如此，但稍推杜陵[17]，视刘、白以下蔑如也。今读其诗，正堪一笑。刘之词云：“城外春风吹酒旗，行人挥袂日西时[18]。长安陌上无穷树，唯有垂杨管别离。”白之词云：“红板江桥清酒旗，馆娃宫暖日斜时[19]。可怜雨歇东风定，万树千条各自垂。”其风流气概，岂能所可仿佛哉!

华，都是把杨柳条比作舞腰，杨柳叶比作眉翠，张口就是这些，千篇一律。我精于诗律，不喜人云亦云，而是刻意创新，抒发新意，决心摆脱平庸，即使我不愿自夸，但真正的知音难道会舍弃我吗?”然而，其诗句不过说“华清高树出离宫，南陌柔条带暖风。谁见轻阴是良夜，瀑泉声畔月明中”“洛桥晴影覆江船，羌笛秋声湿塞烟。闲想习池公宴罢，水蒲风絮夕阳天”而已。他另有《柳枝词》五首，最后一首写道：“刘白苏台总近时，当初章句是谁推。纤腰舞尽春杨柳，未有侬家一首诗。”自注说：“刘、白二位尚书，相继为苏州刺史，都作有《杨柳枝词》，世人广为传唱，虽然诗中有奇句，但所用文字太生僻，音律水平也不高。”薛能就是这般妄自尊大，仅略为推崇杜甫，对刘禹锡、白居易等人不屑一顾。今天读薛能诗，正可付之一笑。刘禹锡《杨柳枝词》写道：“城外春风吹酒旗，行人挥袂日西时。长安陌上无穷树，唯有垂杨管别离。”白居易《杨柳枝词》写道：“红板江桥青酒旗，馆娃宫暖日斜时。可怜雨歇东风定，万树千条各自垂。”这些诗的风流气概，岂是薛能的诗可比的!

注释

❶兴象：指诗词中的意境。 ❷晏：同“宴”。 ❸杜工部：杜甫在成都时，蜀帅严武表其为检校工部员外郎，故世称杜工部。两蜀：即剑南西川和剑南东川。 ❹白尚书：唐武宗会昌二年（842），白居易以刑部尚书致仕，故称。 ❺岁杪：年底。监州：监察州县。 ❻《折杨柳》：乐府横吹曲名。 ❼抉：挑出。 ❽华清：指华清宫。离宫：帝王出巡时的行宫。 ❾南陌：南面的道路。 ❿轻阴：薄云。 ⓫洛桥：指洛阳的天津桥。桥在洛水上，故也称“洛桥”。 ⓬羌笛：乐器名。古时流行于塞外的一种笛子，可独奏或伴奏。因源出于少数民族羌族，故称为羌笛。 ⓭习池：习家池，又称高阳池。在今湖北襄阳岘山南。后多借指园池名胜。 ⓮《柳枝词》：即《杨柳枝词》，七言四句，与“竹枝词”类似。 ⓯苏台：即姑苏台。在今江苏苏州姑苏山上。相传为春秋时吴王夫差所筑。 ⓰宫商：五音中宫音和商音。这里代指诗词的音律。 ⓱杜陵：指杜甫。杜甫曾在杜陵附近居住，故常自称。 ⓲袂：衣袖。 ⓳馆娃宫：春秋时吴王夫差为西施所筑宫馆。吴人称美女为娃，故称馆娃宫。遗址在今江苏苏州灵岩山。

汉晋太常

【原文】

汉自武帝以后，丞相无爵者乃封侯，其次虽御史大夫，亦不以爵封为间。唯太常一卿，必以见侯居之，而职典宗庙园陵，动辄得咎，由元狩以降①，以罪废斥者二十人。意武帝阴欲损侯国，故使居是官以困之尔。《表》中所载：鄚侯萧寿成，坐

【译文】

汉朝自武帝以后，丞相没有爵位的才封侯，其次即使是御史大夫，也很少封爵。唯有太常卿一职，必定以现任侯爵担任，而这一官职掌管宗庙和先帝陵园，动辄得咎，自元狩年间以后，因罪被废斥的太常卿有二十人。想来是汉武帝暗中想削弱侯国势力，所以令其担任此官以便为难而已。《汉书》的《功臣

牺牲瘦[2]；蓼侯孔臧，坐衣冠道桥坏[3]；郸侯周仲居，坐不收赤侧钱[4]；绳侯周平，坐不缮园屋；睢陵侯张昌，坐乏祠[5]；阳平侯杜相，坐擅役郑舞人；广阿侯任越人，坐庙酒酸；江邹侯靳石，坐离宫道桥苦恶；戚侯李信成，坐纵丞相侵神道[6]；俞侯栾贲，坐雍牺牲不如令[7]；山阳侯张当居，坐择博士弟子不以实；成安侯韩延年，坐留外国文书[8]；新畤侯赵弟，坐鞫狱不实[9]；牧丘侯石德，坐庙牲瘦；当涂侯魏不害，坐孝文庙风发瓦；轑阳侯江德，坐庙郎夜饮失火；蒲侯苏昌，坐泄官书；弋阳侯任宫，坐人盗茂陵园物[10]；建平侯杜缓，坐盗贼多。自酂侯至牧丘十四侯皆夺国，武帝时也。自当涂至建平五侯但免官，昭宣时也。下及晋世，此风犹存。惠帝元康四年，大风，庙阙屋瓦有数枚倾落，免太常荀寓。五年，大风，兰台主者求索阿栋之间[11]，得瓦小邪十五处，遂禁止太常，复兴刑狱。陵上荆一枝围

表》《百官公卿表》中记载：酂侯萧寿成，因为祭祀所用牺牲太瘦；蓼侯孔臧，因为衣冠道桥损坏；郸侯周仲居，因为不收赤侧钱；绳侯周平，因为不修缮陵园屋宇；睢陵侯张昌，因为未能及时祭祀；阳平侯杜相，因为擅自役使乐舞人；广阿侯任越人，因为庙酒变酸；江邹侯靳石，因为行宫道桥修得不好；戚侯李信成，因为放任丞相侵走神道；俞侯栾贲，因为雍人不按规定烹任牺牲；山阳侯张当居，因为不据实选取博士弟子；成安侯韩延年，因为留置外国使者；新畤侯赵弟，因为审案作假；牧丘侯石德，因为宗庙牺牲太瘦；当涂侯魏不害，因为孝文帝庙的瓦片被风吹落；轑阳侯江德，因为庙郎夜饮失火；蒲侯苏昌，因为泄漏官方文书；弋阳侯任宫，因为有人偷盗茂陵的东西；建平侯杜缓，因为盗贼太多。从酂侯至牧丘侯十四侯都被夺爵削去封地，这是汉武帝时的事。自当涂侯至建平侯五侯仅被免官，这是汉昭帝、汉宣帝时的事。此后直到晋朝，这种风气还存在。晋惠帝元康四年，刮大风，宗庙屋宇有几片瓦被吹落，太常荀寓被免官。五年，大风，御史台官员细细检查宗庙屋宇，发现有十五处瓦片微有倾斜，于是拘禁太常，下狱问罪。皇陵一枝七寸二分大小的荆条被人砍

七寸二分者被斫，司徒、太常奔走道路，太常禁止不解，盖循习汉事云。

了，司徒、太常惊惶失措奔走于道路之间，太常被拘不予释放，这是遵循汉朝的旧例。

注释

❶元狩：汉武帝刘彻年号。 ❷牺牲：古代祭祀所用牲畜。 ❸衣冠道：皇帝的庙与陵以甬道相连，每月车骑仪仗将过世皇帝的朝服从陵内寝殿护送到陵外的庙中祭祀一次，这条甬道因而名之为“衣冠道”。 ❹赤侧钱：汉代钱币。以赤铜为外边，故名。 ❺乏祠：未能及时祭祀或有废缺。 ❻神道：墓道。 ❼雍：雍人。古代掌宰杀烹饪的人。 ❽外国文书：外国使者。 ❾鞫狱：审理案件。 ❿茂陵：汉武帝刘彻陵墓。 ⓫兰台：指御史台。汉代的御史中丞掌管宫中收藏图书之兰台，故称。晋朝沿用。

卷第八

十五则

诸葛公

【原 文】

诸葛孔明千载人，其用兵行师，皆本于仁义节制，自三代以降，未之有也。盖其操心制行，一出于诚，生于乱世，躬耕垄亩，使无徐庶之一言[①]，玄德之三顾，则苟全性命，不求闻达必矣。其始见玄德，论曹操不可与争锋，孙氏可与为援而不可图，唯荆、益可以取，言如蓍龟[②]，终身不易。二十余年之间，君信之，士大夫仰之，夷夏服之，敌人畏之。上有以取信于主，故玄德临终，至云“嗣子不才，君可自取”；后主虽庸懦无立，亦举国听之而不疑。下有以见信于人，故

【译 文】

诸葛亮是千秋伟人，他行军用兵，都是本于仁义之道进行指挥，这是三代以来都未曾有过的。诸葛亮的所思所行，完全出于对蜀汉的赤诚之心，他生于乱世，躬耕于田野，假如没有徐庶推荐，刘备三顾茅庐，那他必定是保全性命，不去追求扬名显达。他初见刘备，就能指出不能与曹操正面较量，对孙吴也只可与之结盟而不可有所图谋，只有荆州、益州可以夺取。他料事如神，且终其一生都未改变这一方针。在二十多年里，君主信任他，士大夫仰慕他，各族百姓信服他，敌人畏惧他。对上以忠诚取信于君主，所以刘备临终时，甚至说出“如果我儿子没有当国君的才能，您可自行取代”的话；后主刘禅虽然昏庸懦弱无所建树，也把整个国家交付于诸葛亮而丝毫不疑。对下取信于

废廖立而立垂泣，废李严而严致死。后主左右奸辟侧佞充塞于中，而无一人有心害疾者。魏尽据中州，乘操、丕积威之后，猛士如林，不敢西向发一矢以临蜀，而公六出征之，使魏畏蜀如虎。司马懿案行其营垒处所，叹为天下奇才。钟会伐蜀，使人至汉川祭其庙，禁军士不得近墓樵采，是岂智力策虑所能致哉？魏延每随公出，辄欲请兵万人，与公异道会于潼关[3]，公制而不许，又欲请兵五千，循秦岭而东，直取长安，以为一举而咸阳以西可定。史臣谓公以为危计不用，是不然。公真所谓义兵不用诈谋奇计，方以数十万之众，据正道而临有罪，建旗鸣鼓，直指魏都，固将飞书告之，择日合战，岂复翳行窃步[4]，事一旦之谲以规咸阳哉[5]！司马懿年长于公四岁，懿存而公死，才五十四耳，天不祚汉[6]，非人力也。“霸气西南歇，雄图历数屯[7]。”杜诗尽之矣。

人，虽然他将廖立和李严免官为民，但他死后，廖立垂泪感伤，李严伤心而亡。后主身边充斥着奸邪佞臣，却没有一个有嫉妒陷害诸葛亮之心的。曹魏占据中原，挟曹操、曹丕父子生前积威，猛将如林，却不敢发一兵一卒向西攻打蜀汉，而诸葛亮六次出兵征讨曹魏，使魏国畏蜀如畏猛虎一般。司马懿察看诸葛亮行军的营垒阵地，感叹其是天下奇才。钟会伐蜀，派人到汉川祭祀武侯庙，严禁士兵在其墓地附近砍柴，这难道是凭借智力谋略就能达到的吗？魏延每次随诸葛亮出征，就想请求领兵万人从另一条道进兵，与公在潼关会师，诸葛亮坚决不允许；魏延又想领兵五千，沿秦岭往东进击，直取长安，认为此举可以将咸阳以西地区一举平定。史臣说诸葛亮认为这是危险之计不予采纳，其实不然。诸葛亮真所谓正义之师不用阴谋诡计，他正以数十万大军，据守正道而讨伐有罪之敌，竖起大旗擂响战鼓，兵锋直指魏国都城，本就要飞骑传书告知敌方选定日期会战，怎会暗中偷袭，以诡诈之计谋取咸阳呢！司马懿比诸葛亮年长四岁，可司马懿健在，诸葛亮却死了，年仅五十四岁，这是上天不保佑汉室，不是人力所能挽回的。“霸气西南歇，雄图历数屯。”杜甫这两句诗已说得很清楚了。

注释

❶ 徐庶：字元直。刘备屯驻新野时，徐庶前往投奔，并向刘备推荐诸葛亮。❷ 蓍龟：古人以蓍草与龟甲占卜凶吉，因以指占卜。 ❸ 潼关：关名。东汉时设潼关，故址在今陕西潼关东北，处陕西、山西、河南三省要冲，素称险要。❹ 翳行窃步：暗中偷袭。翳行：潜行。 ❺ 谲（jué）：欺诈。规：谋取。 ❻ 祚：保佑。 ❼ 屯（zhūn）：艰难，困顿。

沐浴佩玉

【原 文】

石骀仲卒[1]，"有庶子六人[2]，卜所以为后者，曰：'沐浴佩玉则兆[3]。'五人者皆沐浴佩玉。石祁子曰：'孰有执亲之丧而沐浴佩玉者乎？'不沐浴佩玉。"此《檀弓》之文也。今之为文者不然，必曰："沐浴佩玉则兆，五人者如之，祁子独不可，曰：'孰有执亲之丧若此者乎？'"似亦足以尽其事，然古意衰矣。

【译 文】

石骀仲去世，"他有六个庶子，要通过占卜决定谁是继承人，占卜师说：'请沐浴并佩玉，这样才能显出吉兆。'其中五个庶子都去沐浴并佩玉。石祁子却说：'哪有在为父亲居丧还沐浴佩玉的？'因此没有沐浴也没有佩玉。"这是《礼记·檀弓》里的文字。如今写文章的人却不会这样写，一定会说："沐浴佩玉才能显出吉兆，五个庶子都是这样做，唯独祁子不同意，说：'哪有为父亲居丧还如此做的人呢？'"似乎也能说明白这件事，但是文字的意味就差远了。

注释

❶ 石骀（tái）仲：春秋时卫国大夫。 ❷ 庶子：嫡子以外的众子或妾所生之子。 ❸ 兆：占卜时龟板或兽骨上预示吉凶的裂纹。后来引申为征兆、迹象。

《谈丛》失实

【原 文】

后山陈无己著《谈丛》六卷[①]，高简有笔力[②]，然所载国朝事，失于不考究，多爽其实，漫析数端于此。其一云："吕许公恶韩、富、范三公，欲废之而不能，及西军罢[③]，尽用三公及宋莒公、夏英公于二府，皆其仇也。吕既老，大事犹问，遂请出大臣行三边[④]，既建议，乃数出道者院宿[⑤]，范公奉使陕西，宿此院，相见。"云云。案，吕公罢相，诏有同议大事之旨，公辞，乃庆历三年三月，至九月致仕矣。四年七月，富、范始奉使，又三公入二府时，莒公自在外，英公拜枢密使而中辍，后二年莒方复入，安有五人同时之事！其二云："杜正献、丁文简为河东宣抚，任布之子上书历诋执政，至云至于臣父

【译 文】

后山居士陈师道著《谈丛》六卷，文字深奥简要而有笔力，然而其中所载国朝史事，失于不加考究，大多违背史实，在这里随便分析几条。其一说："吕夷简厌恶韩琦、富弼、范仲淹三人，想要罢免他们却不能够。等到和西夏的战争结束，朝廷用韩、富、范三人及宋庠、夏竦任职于东、西二府，全是吕夷简的政敌。吕夷简年事已高，但朝中有大事还会征求他的意见，他就请求朝廷派大臣巡视河北、河东、陕西边境，提出此议之后，他就几次出城去道者院夜宿，范仲淹奉命出使陕西，夜宿此院，二人相见。"如此种种。案，吕夷简罢相后，皇帝下诏命其参商国家大事，吕夷简推辞了，时在庆历三年三月，到九月就辞官了。四年七月，富弼、范仲淹才奉命出使巡边。另外，三人进入东、西二府时，宋庠尚在外地，夏竦拜枢密使而中途罢免，两年后宋庠才又入朝为官，哪有五人同时任职二府的事呢！其二说："杜衍、丁度为河东宣抚使时，任布之子上书遍诋执政大臣，甚至说自己的父亲也是因为际遇，意思

亦出遭逢，谓其非德选也。杜戏丁曰：'贤郎亦要牢笼。'丁深衔之。其后二公同在政府，苏子美进奏事作，杜避嫌不预，丁论以深文[6]，子美坐废为民，杜亦罢去。一言之谑，贻祸如此。"案，杜公以执政使河东时，丁以学士为副。庆历四年十一月进奏狱起，杜在相位，五年正月罢，至五月，丁公方从翰林参知政事，安有深文论子美之说！且杜公重厚，当无以人父子为谑之理，丁公长者也，肯追仇一言陷贤士大夫哉！其三云："张乖崖自成都召为参知政事，既至而脑疽作[7]，求补外，乃知杭州而疾愈。上使中人往伺之[8]，言且将召也。丁晋公以白金赂使者，还言如故，乃不召。"案，张两知成都，其初还朝为户部使、中丞，始知杭州。是时，丁方在侍从。其后自蜀知昇州，丁为三司使，岂有如前所书之事！其四云："乖崖在陈，闻晋公逐莱公，知祸必及

是说不是靠贤德被选拔的。杜衍对丁度开玩笑说：'你对令郎也得好好笼络。'丁度因此怀恨在心。后来两人同在政府，苏舜钦进奏院事件发生，其岳父杜衍避嫌不参预处理此事，丁度却苛刻地援引法条予以论处，苏舜钦因此被削职为民，杜衍也被罢官。一句玩笑话，竟招来如此大祸。"案，杜衍以执政身份出使河东时，丁度以学士身份为副职。庆历四年十一月进奏院案发，杜衍当时在相位，五年正月罢相，到五月，丁度才从翰林学士升为参知政事，哪里能有苛刻地援引法令条文判处苏舜钦之说！况且杜衍为人厚重，没有拿他人父子开玩笑的道理，丁度是忠厚长者，又怎么会因为一句玩笑话而记恨陷害贤士大夫呢！其三说："张咏自成都召回京为参知政事，到京后脑疽发作，他便请求到外地做官，于是出任杭州知州而脑疽痊愈。皇帝派宦官前去探访，还说要召其回京。丁谓用白银贿赂使者，让他对皇上说张咏脑疽如故，于是皇帝没有召还张咏。"案，张咏两度出知成都，第一次自蜀还朝时为户部使、御史中丞，这才出任杭州知州。当时，丁谓才担任侍从官。其后张咏自蜀地调任昇州知州，丁谓任三司使，哪能发生如前面所记之事！其四说："张咏在陈州时，听说丁谓排挤寇准，知道祸事必定波及自己，就请来三大户一

己，乃延三大户与之博[9]，出彩骰子胜其一坐，乃买田宅为归计以自污，晋公闻之，亦不害也。”案，张公以祥符六年知陈州，八年卒，后五年当天禧四年，寇公方罢相，旋坐贬[10]，岂有所谓乖崖自污之事！兹四者所系不细，乃诞漫如此。盖前辈不家藏国史，好事者肆意饰说为美听，疑若可信，故误入纪述。后山之书，必传于后世，惧诒千载之惑[11]，予是以辨之。

起赌博，掷骰子赢了在座所有人，于是购买田宅打算归隐，试图用这种方式抹黑自己。丁谓听说这事后，也就没有加害他。”案，张咏在大中祥符六年知陈州，于大中祥符八年去世，其后五年即天禧四年时，寇准才被罢相，随后坐罪贬职，哪有所谓张咏抹黑自己的事！这四条所涉及的人和事都关系重大，却荒诞到如此地步。大概是较老的一辈家里没有收藏国史，好事之人便添油加醋编成故事以炫人耳目，听起来似乎可信，故而使人误入记述。陈师道的书，必定会流传后世，我担心会给后人留下千年的疑惑，所以特意加以考辨。

注释

❶ 陈无己：即陈师道，字履常，一字无己，号后山居士。“苏门六君子”之一，江西诗派代表人物之一。 ❷ 高简：深奥而简要。笔力：文章的气势。 ❸ 西军：西夏军。 ❹ 三边：边疆。此指范仲淹、富弼所治陕西、河东、河北边境。 ❺ 道者院：又名普安院。李濂《汴京遗迹志》：“道者院在郑门外五里，宋时所建。每岁中元节、十月朔，设大会道场，焚钱山，祭军阵亡殁孤魂。” ❻ 深文：谓制定或援用法律条文苛细严峻。 ❼ 脑疽：中医学病名。生于脑后项部的有头疽。多由湿热上壅所致。 ❽ 中人：宦官。 ❾ 三大户：职役名，即耆户长。以百户为一团，每团以三家大户轮流充任耆户长，维持治安等事。 ❿ 坐贬：坐罪贬职。 ⓫ 诒（yí）：遗留。

石 砮[①]

【原 文】

东坡作《石砮记》云："《禹贡》：荆州贡砺砥、砮、丹及箘簵、楛[②]，梁州贡砮、磬[③]。至春秋时，隼集于陈廷[④]，楛矢贯之[⑤]，石砮长尺有咫[⑥]，问于孔子，孔子不近取之荆、梁，而远取之肃慎[⑦]，则荆、梁之不贡此久矣。颜师古曰[⑧]：'楛木堪为笴[⑨]，今豳以北皆用之。'以此考之，用楛为矢，至唐犹然，而用石为砮，则自春秋以来莫识矣。"案，《晋书·挹娄传》[⑩]：有石砮、楛矢，国有山出石，其利入铁。周武王时，献其矢、砮。魏景元末亦来贡[⑪]。晋元帝中兴，又贡石砮。后通贡于石虎，虎以夸李寿者也。《唐书·黑水靺鞨传》[⑫]：其矢，石镞长二寸[⑬]，盖楛砮遗法。然则东坡所谓春秋以来莫识，恐不考耳。予家有一砮，正长二寸，岂黑水物乎？

【译 文】

苏轼作《石砮记》说："《禹贡》记载：荆州进贡磨刀石、砮、朱砂及箘簵、楛，梁州进贡砮、磬。到春秋时，有一只隼坠落在陈侯庭院，被一根楛矢贯穿，石砮长一尺八寸。有人就此向孔子请教，孔子回答时不就近讲荆州、梁州，而讲边远的肃慎，那么看来荆州、梁州不进贡此物已经很久了。颜师古《汉书》注：'楛木可以制作箭杆，现在豳州以北都用它。'以此考证，用楛木制箭，到唐代仍是如此，而用石头制作箭头，则自春秋以来就无人能懂了。"案，《晋书·挹娄传》：有石砮、楛矢，其国有山出产这种石头，锋利得可以刺入铁中。周武王时，挹娄曾进献他们的楛矢和石砮。曹魏景元末年也曾来进贡。晋元帝中兴，挹娄又进贡石砮。后来又向石虎进贡，石虎以此向李寿夸耀。《新唐书·黑水靺鞨传》记载：他们的箭是石制箭头，长二寸，用的是古时制作楛砮的方法。如此说来，苏轼所说春秋以来无人能懂，恐怕失于考证。我家有一枚石砮，正好长二寸，难道是黑水靺鞨的旧物？

注释

❶ 石砮：石制的箭头。 ❷ 砺砥：磨刀石。箘簵（jùnlù）：箭竹。 ❸ 磬：古代击乐器。用石或玉制成，形如曲尺，悬于架上，用木槌击奏。单一的叫特磬，成套的叫编磬。 ❹ 隼（sǔn）：一种似鹰的猛禽。 ❺ 楛矢：用楛木做杆的箭。 ❻ 咫：古代长度单位，周制八寸。 ❼ 肃慎：古代东北民族，是现代满族的祖先。 ❽ 颜师古：名籀，字师古。唐经学家、语言文字学家、历史学家、训诂学家。唐太宗时，奉诏校定“五经”，又注《汉书》。 ❾ 笴（gě）：箭杆。 ❿ 挹娄：来源于肃慎，是现代满族的祖先。 ⓫ 景元：三国魏元帝曹奂年号。 ⓬ 黑水靺鞨：隋唐时靺鞨之一部。居黑水（今黑龙江）流域，也称黑水部。 ⓭ 石镞：石制箭头。

陶渊明

【原 文】

陶渊明高简闲靖，为晋、宋第一辈人。语其饥则“箪瓢屡空”“瓶无储粟”，其寒则“短褐穿结”“絺绤冬陈”①，其居则“环堵萧然，风日不蔽”。穷困之状可谓至矣。读其《与子俨等疏》云：“恨室无莱妇②，抱兹苦心。汝等虽曰同生，当思四海皆兄弟之义。管仲、鲍叔分财无猜③，他人尚尔，况同父之人哉！”然则犹有庶子也。《责子》诗云：“雍、端年十三。”此两

【译 文】

陶渊明性情高简、安闲宁静，是晋、宋之际首屈一指的人物。他描写饥饿则是“箪瓢屡空”“瓶无储粟”，描写寒冷则是“短衣破烂”“冬着夏服”，描写居所则是“四壁空空，不蔽风日”。可说是贫穷到了极点。读他的《与子俨等疏》，其中云：“悔恨家无贤妻，只能自己怀抱苦心。你们虽不是一个母亲所生，但也应心怀四海皆兄弟之义。管仲、鲍叔，分钱时毫无猜忌，外人之间尚且如此，何况你们是同父的兄弟呢！”如此看来，陶渊明是有庶子的。《责子》诗写道：“雍、端年十

人必异母尔。渊明在彭泽[4]，悉令公田种秫[5]，曰："吾常得醉于酒足矣。"妻子固请种粳[6]，乃使二顷五十亩种秫，五十亩种粳。其自叙亦云："公田之利，足以为酒，故便求之。"犹望一稔而逝[7]，然仲秋至冬，在官八十余日，即自免去职。所谓秫、粳，盖未尝得颗粒到口也，悲夫！

三。"这兄弟二人必不是同母所生。陶渊明在彭泽县，下令将公田全部种成秫，说："这样我就不会缺酒喝了。"妻儿坚决请求种植粳稻，他就拿二顷五十亩种秫，五十亩种粳稻。他在《归去来兮辞》序中写道："公田的收成，足够酿酒，所以便求了彭泽令这个官职。"他原本希望一年后辞官，但是自仲秋八月到冬日，在任仅八十多天，就主动辞去官职。所种的秫、粳稻，一粒都没能吃到口中，真让人感伤！

注释

❶短褐：粗布短衣。古代贫贱者所服。穿结：谓衣服洞穿和补缀。絺绤（chīxì）：葛布的统称。葛之细者曰絺，粗者曰绤。引申为葛服。 ❷莱妇：指贤妻。 ❸管仲：名夷吾，字仲。经鲍叔牙举荐为齐相，辅佐齐桓公成为一代霸主。鲍叔：鲍叔牙，春秋时期齐国大夫。知管仲之贤，荐其于齐桓公。 ❹彭泽：县名。今属江西。 ❺秫（shú）：即高粱。 ❻粳（jīng）：粳稻，稻的一种。 ❼一稔：农作物成熟一次，引申为一年。

东晋将相

【原 文】

西晋南度，国势至弱，元帝为中兴主，已有雄武不足之讥，余皆童幼相承[1]，无足称

【译 文】

晋室南渡之后，国力极为衰弱，晋元帝虽为中兴之主，已被讥讽雄健威武不足，其余诸帝大多年幼继

算。然其享国百年[②]，五胡云扰[③]，竟不能窥江汉。苻坚以百万之众，至于送死肥水。后以强臣擅政[④]，鼎命乃移[⑤]，其于江左之势，固自若也。是果何术哉？尝考之矣。以国事付一相，而不贰其任；以外寄付方伯[⑥]，而不轻其权；文武二柄，既得其道，余皆可概见矣。百年之间，会稽王昱、道子、元显以宗室，王敦、二桓以逆取[⑦]，姑置勿言，卞壶、陆玩、郗鉴、陆晔、王彪之、坦之不任事，其真托国者，王导、庾亮、何充、庾冰、蔡谟、殷浩、谢安、刘裕八人而已。方伯之任，莫重于荆、徐。荆州为国西门，刺史常都督七八州事，力雄强，分天下半。自度江讫于太元，八十余年，荷阃寄者[⑧]，王敦、陶侃，庾氏之亮、翼，桓氏之温、豁、冲、石民八人而已，非终于其军不辄易，将士服习于下，敌人畏敬于外，非忽去忽来，兵不适将，将不适兵之比也。顷尝为主上论此，

位，更不值一提。然而东晋国运延续百年之久，五胡乱华，竟不能图谋江汉。苻坚拥百万大军，竟至于淝水送死。后来因为强臣专权，才致灭亡。东晋一朝安处江左，顽强支撑。这究竟是用了什么策略呢？我曾经考察过。东晋把朝政托付给一位宰相，使其责任专一；把地方军事大权托付给方伯，而不削夺其权力；文武两方面的权柄，都能各行其道，其他方面便可大概知晓了。百年之间，会稽王司马昱、司马道子、司马元显以宗室执政，王敦、桓温、桓玄以悖逆朝廷掌权，姑且不说，卞壶、陆玩、郗鉴、陆晔、王彪之、王坦之不理政事，真正能够托付国事的，只有王导、庾亮、何充、庾冰、蔡谟、殷浩、谢安、刘裕八人罢了。方伯重任，没有比过荆、徐二州的。荆州是东晋的西大门，刺史常统领七八个州的事务，实力强大，占有一半天下。自晋室南渡到太元年间，八十余年，统领兵权的，仅王敦、陶侃，庾氏的庾亮、庾翼，桓氏的桓温、桓豁、桓冲、桓石民八人而已，这些人若非死在军中，朝廷是不会轻易更换的，在下将士熟悉服从，在外敌人畏惧敬重，不是那种忽去忽来，兵不适应将、将不适应兵的情况可比的。前不久我曾与皇上论及这个问题，承

蒙欣然领纳，特时有不同，不能行尔。

蒙皇上欣然接纳，只是时势有所不同，无法实行罢了。

注释

❶童幼相承：东晋除元帝、简文帝、恭帝外，其他诸帝即位时间多在二十岁以下。 ❷享国百年：东晋自元帝即位，到刘裕受禅建宋，前后历时约百年。❸五胡：指匈奴、鲜卑、羯、氐、羌五个少数民族政权。 ❹擅政：独揽朝政。❺鼎命：国运。 ❻方伯：殷周时代一方诸侯之长。后泛称地方长官。 ❼王敦：王导从兄，永昌元年（322）以诛帝侧为名率兵攻陷建康，入朝自为相。二桓：指桓温和桓玄。 ❽阃（kǔn）寄：将军受命制事，统有兵权。

赏鱼袋

【原 文】

衡山有唐开元二十年所建《南岳真君碑》，衡州司马赵颐贞撰[①]，荆府兵曹萧诚书[②]。末云："别驾赏鱼袋上柱国光大晊[③]。"赏鱼袋之名不可晓，它处未之见也。

【译 文】

衡山有唐玄宗开元二十年所建《南岳真君碑》，衡州司马赵颐贞撰文，荆州府兵曹参军萧诚书额。碑文末尾说："别驾赏鱼袋上柱国光大晊。"赏鱼袋一词不知道什么意思，其他地方也没见过。

注释

❶赵颐贞：唐将军。曾任安西副大都护，于曲子城击败吐蕃。 ❷兵曹：即兵曹参军。唐制，府设兵曹参军，州设司兵参军，县设司兵。 ❸别驾：官名，

亦称别驾从事。汉置，为州刺史的佐官。因其地位较高，出巡时不与刺史同车，别乘一车，故名。上柱国：官名。战国楚制，凡立覆军斩将之功者，官封上柱国，位极尊宠。

浯溪留题[1]

【原 文】

永州浯溪，唐人留题颇多，其一云："太仆卿分司东都韦瓘，大中二年过此。余大和中，以中书舍人谪宦康州[2]，逮今十六年。去冬，罢楚州刺史。今年二月，有桂林之命。才经数月，又蒙除替[3]，行次灵川[4]，闻改此官，分司优闲[5]，诚为忝幸。"案，《新唐书》："瓘仕累中书舍人，与李德裕善，李宗闵恶之，德裕罢相，贬为明州长史，终桂管观察使[6]。"以题名证之，乃自中书谪康州，又不终于桂，史之误如此。瓘所称十六年前，正当大和七年，是时，德裕方在相位，八年十一月始罢，然则瓘之去国，果不知坐何事也。

【译 文】

在永州浯溪，唐人留下的题字很多，其中一条写道："太仆卿分司东都韦瓘，大中二年路过此地。我在大和年间，以中书舍人职，贬谪到康州为官，至今已十六年。去年冬天，罢免楚州刺史。今年二月，又有赴桂林之任命。才经过几个月，又被免去官职，行至灵川县，听说改任此官，分司一职安闲无事，实在令人庆幸。"案，《新唐书》记载："韦瓘做官累至中书舍人，与李德裕交好，由是为李宗闵憎恶，后李德裕被罢免相位，韦瓘被贬为明州长史，死在桂管观察使任上。"以此题名来考证，韦瓘原来是从中书舍人任上贬谪于康州，并不是死在桂林，史书谬误至此。韦瓘所说的十六年前，正值大和七年。当时，李德裕正在相位，八年十一月才被罢免，如此说来韦瓘被贬离京，确实不知道因为何事。

注释

❶浯（wú）溪：溪水名。源出湖南祁阳西南，东北流入湘江。 ❷谪官：官吏获罪降职。 ❸除替：免去官职。 ❹行次：谓行旅暂居的处所。 ❺分司：唐宋之制，中央官员在陪都（洛阳）任职者，称为分司。 ❻桂管观察使：唐岭南五管之一。为岭南西道桂管经略观察使简称。

皇甫湜诗

【原文】

皇甫湜、李翱，虽为韩门弟子，而皆不能诗，浯溪石间有湜一诗，为元结而作，其词云："次山有文章，可惋只在碎。然长于指叙，约洁多余态。心语适相应，出句多分外。于诸作者间，拔戟成一队①。中行虽富剧，粹美君可盖②。子昂《感遇》佳③，未若君雅裁④。退之全而神⑤，上与千年对。李杜才海翻，高下非可概。文于一气间，为物莫与大。先王路不荒，岂不仰吾辈。石屏立衙衙⑥，溪口扬素濑⑦。我思何人知，徙倚如有待⑧。"味此诗，乃论唐人文章耳，风格殊无可采也。

【译文】

皇甫湜、李翱，虽然是韩愈门下弟子，却都不擅长作诗，浯溪石刻有皇甫湜诗一首，是为元结而作，诗中写道："次山有文章，可惋只在碎。然长于指叙，约洁多余态。心语适相应，出句多分外。于诸作者间，拔戟成一队。中行虽富剧，粹美君可盖。子昂《感遇》佳，未若君雅裁。退之全而神，上与千年对。李杜才海翻，高下非可概。文于一气间，为物莫与大。先王路不荒，岂不仰吾辈。石屏立衙衙，溪口扬素濑。我思何人知，徙倚如有待。"仔细品味这首诗，实际上是评论唐人文章，风格确实毫无可取之处。

注释

❶ 拔戟成一队：谓自成一队、独当一面。比喻别具一格。 ❷ 粹美：犹精美。 ❸ 子昂：即陈子昂，初唐诗人。 ❹ 雅裁：犹佳作。 ❺ 退之：即韩愈，字退之。 ❻ 衔衔：相对而立。 ❼ 素濑：泛起白沫的激流。 ❽ 徙倚：徘徊，流连不去。

人、物以义为名

【原 文】

人、物以义为名者，其别最多。仗正道曰义，义师、义战是也。众所尊戴者曰义，义帝是也①。与众共之曰义，义仓、义社、义田、义学、义役、义井之类是也②。至行过人曰义，义士、义侠、义姑、义夫、义妇之类是也。自外入而非正者曰义，义父、义儿、义兄弟、义服之类是也③。衣裳器物亦然。在首曰义髻④，在衣曰义襕、义领⑤，合中小合曰义子之类是也。合众物为之，则有义浆、义墨、义酒。禽畜之贤，则有义犬、义乌、义鹰、义鹘。

【译 文】

人和物以义命名的，类别非常多。秉持正道叫义，如义师、义战。受群众推戴叫义，如义帝。与大众共享叫义，如义仓、义社、义田、义学、义役、义井之类。超越常人的品行叫义，如义士、义侠、义姑、义夫、义妇之类。外来而不是正统的叫义，如义父、义儿、义兄弟、义服之类。衣裳器物也是这样。在头上的叫义髻，在衣服的叫义襕、义领，盒子里的小盒称为义子之类。把各类物品混合在一起，则有义浆、义墨、义酒。禽鸟牲畜中有善行的，则有义犬、义乌、义鹰、义鹘。

注释

❶ 义帝：即熊心，为楚怀王之孙。项梁起兵，尊其为怀王，秦亡后，立之为义帝。 ❷ 义仓：隋、唐时为储粮备荒而在民间设置的粮仓。义社：旧谓立社以奉无主之魂者。义田：泛称为赡养族人或贫困者而置的田产。义学：各地用公款或私资举办的免费学校。义役：南宋孝宗时，谢谔所建议的助役法。人民依照贫富，出田谷助役，不愿者乃行差役，诏行诸路，民以为便。义井：供公众汲用之井。 ❸ 义服：谓为非亲属的死者服孝。 ❹ 义髻：假发。 ❺ 襕(lán)：上衣与下裳相连的服装。

人君寿考

【原 文】

三代以前，人君寿考有过百年者。自汉、晋、唐、三国、南北下及五季①，凡百三十六君，唯汉武帝、吴大帝、唐高祖至七十一②，玄宗七十八，梁武帝八十三，自余至五六十者亦鲜。即此五君而论之，梁武召侯景之祸，幽辱告终，旋以亡国；玄宗身致大乱，播迁失意③，饮恨而没。享祚久长④，翻以为害，固已不足言。汉武末年，巫蛊事起，自皇太子、公主、皇孙皆不得其死，悲伤愁沮，群臣上寿，拒不举觞，

【译 文】

三代以前，国君寿命有超过百岁的。自汉、三国、晋、南北朝、唐以至五代，总共一百三十六位君主，只有汉武帝、吴大帝、唐高祖享年七十一岁，唐玄宗七十八岁，梁武帝八十三岁，其余活到五六十岁的都很少。就以这五位长寿君主而论，梁武帝自己招致侯景之乱，被幽禁之辱而身死，不久亡国；唐玄宗自己引发安史之乱，身经流亡失意孤独，最后抱憾而死。在位长久，反而招致祸害，本不值得多说。汉武帝末年，巫蛊事件发生，从皇太子、公主到皇孙都死于非命，汉武帝悲愁沮丧，群臣祝他健康长寿，他拒不举杯，最后把天下传给八岁小儿刘弗陵。吴大帝废黜太子

以天下付之八岁儿[5]。吴大帝废太子和[6]，杀爱子鲁王霸。唐高祖以秦王之故，两子十孙同日并命，不得已而禅位，其方寸为如何[7]！然则五君者虽有崇高之位，享耆耋之寿[8]，竟何益哉！若光尧太上皇帝之福[9]，真可于天人中求之。

孙和，杀掉爱子鲁王孙霸。唐高祖因为秦王李世民发动玄武门之变，致使两子十孙于同一天毙命，他不得已才禅位给秦王，他的内心又是如何！如此看来，此五君虽有至高无上的地位，享七八十岁的高寿，最终又有什么益处呢！像如今光尧太上皇帝这样的福气，真是只能在仙人中寻找了。

注释

❶五季：五代。 ❷吴大帝：即吴大帝孙权。 ❸播迁：流离迁徙。 ❹享祚：犹享国。指帝王在位的年数。 ❺八岁儿：汉武帝后元二年（前87），武帝崩，太子刘弗陵即位，时年八岁。 ❻太子和：即孙和，孙权之子，242年被立为太子，鲁王孙霸欲夺其位。陆逊等人屡谏孙权不可改易太子，但孙霸一党势颇强，频上谗言。孙权于是疑忌孙和，废其太子之位。 ❼方寸：指内心。❽耆耋（qídié）：老年。 ❾光尧太上皇帝：指宋高宗赵构。太上皇帝：简称太上皇、上皇，通常是皇帝父亲的尊号。

韩文公佚事

【原 文】

韩文公自御史贬阳山，新、旧二《唐史》皆以为坐论宫市事[1]。案，公《赴江陵途中》诗自叙此事甚详，云：“是年京师

【译 文】

韩愈自监察御史贬为阳山县令，新、旧《唐书》都认为是因批评宫市而获罪。案，韩愈《赴江陵途中》诗自叙此事十分详细，诗写道：“是年京师旱，田亩少所收。有司恤经

旱，田亩少所收。有司恤经费，未免烦诛求。传闻闾里间，赤子弃渠沟[2]。我时出衢路[3]，饿者何其稠。适会除御史，诚当得言秋。拜疏移阁门[4]，为忠宁自谋？上陈人疾苦，无令绝其喉。下言畿甸内[5]，根本理宜优。积雪验丰熟，幸宽待蚕麰[6]。天子恻然感，司空叹绸缪。谓言即施设，乃反迁炎洲。"皇甫湜作公《神道碑》云："关中旱饥，人死相枕藉，吏刻取恩，先生列言天下根本，民急如是，请宽民徭而免田租，专政者恶之，遂贬。"然则不因论宫市明甚。《碑》又书三事云："公为河南令，魏、郓、幽、镇各为留邸[7]，贮潜卒以橐罪亡[8]。公将擿其禁[9]，断民署吏，俟旦发，留守尹大恐，遽止之。是后郓邸果谋反，将屠东都，以应淮蔡[10]。及从讨元济，请于裴度，须精兵千人，间道以入，必擒贼。未及行，李愬自文城夜入，得元济。三军之士为公恨。复谓度曰：'今藉声势，王承宗可以

费，未免烦诛求。传闻闾里间，赤子弃渠沟。我时出衢路，饿者何其稠。适会除御史，诚当得言秋。拜疏移阁门，为忠宁自谋？上陈人疾苦，无令绝其喉。下言畿甸内，根本理宜优。积雪验丰熟，幸宽待蚕麰。天子恻然感，司空叹绸缪。谓言即施设，乃反迁炎洲。"皇甫湜为韩愈作《神道碑》写道："关中遭遇大旱饥荒，死者遍地，官吏刻剥百姓以邀恩宠，先生上疏说关中为天下根本，百姓遭灾如此严重，请求朝廷放宽徭役、免除田租，执政者憎恨他，便将他贬出朝廷。"如此说来，的确不是因为批评宫市而贬官。《神道碑》又记载了三件事："韩愈为河南县令，魏州、郓州、幽州、镇州各设留邸，暗中招募士卒并窝藏逃犯。韩愈准备揭发他们的罪行，部署人员，封锁其邸，一旦天明就公布他们的罪行，各地留守大为恐慌，立即中止所行。事后郓州果然谋反，妄图血洗东都，以响应淮蔡的叛乱。韩愈随从裴度讨伐吴元济时，向裴度建议，派遣精兵千人，抄小路进入蔡州，必能擒拿叛贼。未及施行，李愬于雪夜自文城奇袭蔡州，活捉吴元济。三军将士都替韩愈感到惋惜。韩愈又对裴度说：'现在借着平定淮西的声势，镇州的王承宗可以用言辞说服，不必动用

辞取，不烦兵矣。’得柏耆，口授其词，使耆执笔书之，持以入镇州，承宗遂割德、棣二州以献。”李翱作公《行状》[11]，所载略同。而《唐书》并逸其事，且以镇州之功专归柏耆，岂非未尝见湜文集乎？《资治通鉴》亦仅言耆以策干愈，愈为白度，为书遣之耳。

军队了。’找到柏耆，口授致王承宗的书信，命柏耆执笔记下，带着信前往镇州，王承宗就割德州、棣州献给朝廷。”李翱作《韩公行状》，记载与此大略相同。而两《唐书》都没有记载此事，并且把镇州之功全归柏耆，难道是不曾读到皇甫湜文集吗？《资治通鉴》也仅说柏耆献计于韩愈，韩愈替他禀报裴度，写了一封信派柏耆前往镇州罢了。

注释

❶宫市：本义为宫内的市肆。这里指中唐时由宦官主持采办宫廷用品，称宫市。 ❷赤子：初生的婴儿。 ❸衢（qú）路：四通八达的大道。 ❹拜疏：上奏章。阁门：宫殿的侧门。 ❺畿甸：指京城地区。 ❻麰（móu）：大麦。 ❼留邸：指唐时节度留后的官署。 ❽橐（tuó）：一种口袋。这里是窝藏的意思。 ❾擿（tī）：揭发。 ❿淮蔡：此指淮西之乱。 ⓫行状：文体名。专指记述死者世系、籍贯、生卒年月和生平概略的文章。也称状、行述。

论韩公文

【原文】

刘梦得、李习之、皇甫持正、李汉，皆称诵韩公之文，各极其挚。刘之语云：“高山无穷，太华削成[1]。人文无穷，夫

【译文】

刘禹锡、李翱、皇甫湜、李汉，都称颂韩愈的文章。刘禹锡说：“高山无穷，太华削成。人文无穷，夫子挺生。鸾凤一鸣，蜩螗其恶声。手持文柄，高视四海。权衡高低，瞻我所

子挺生[2]。鸾凤一鸣，蜩螗革音[3]。手持文柄[4]，高视寰海。权衡低昂[5]，瞻我所在。三十余年，声名塞天。”习之云：“建武以还，文卑质丧[6]。气萎体败，剽剥不让。拔去其华，得其本根。包刘越嬴[7]，并武同殷。六经之风，绝而复新。学者有归，大变于文。”又云：“公每以为自扬雄之后，作者不出。其所为文，未尝效前人之言而固与之并，后进之士有志于古文者，莫不视以为法。”皇甫云：“先生之作，无圆无方，主是归工。抉经之心[8]，执圣之权[9]。尚友作者[10]，跂邪抵异[11]，以扶孔子，存皇之极[12]。茹古涵今[13]，无有端涯。鲸铿春丽[14]，惊耀天下。栗密窈眇[15]，章妥句适。精能之至，鬼入神出。姬氏以来[16]，一人而已。”又云：“属文意语天出，业孔子、孟轲而侈其文，焯焯烈烈[17]，为唐之章。”又云：“如长江秋注，千里一道，然施于灌激，或爽于用。”此论似为不知公者。汉之

在。三十余年，声名满天。”李翱说：“建武以下，文卑质丧。气萎体败，剽窃不让。剔除浮华，得其本根。自汉溯秦，并周同殷。六经之学，绝而复新。学者有归，大变于文。”又说：“韩愈常认为自扬雄以后，就没有真正的作家出现。他自己所作文章未曾模仿前贤，却总是能与前贤并驾齐驱，此后有志于学习古文的读书人，没有不把韩愈文章当作典范的。”皇甫湜说：“先生之作，没有所谓成规，由此而至于至高的境界。深入探究六经之旨，把握圣人评判文章的标准。与古代圣贤为友，抵制各种异端邪说，以匡扶孔子，捍卫儒家至正之道。其思想涵盖古今，无有边际。其文笔力雄健、辞藻华丽，以至于震惊天下。其文缜密幽微，行文妥帖。精妙之极，出神入化。自周代以来，唯韩公一人。”又说：“韩愈作文章，立意、语言如有天助，他学习孔子、孟子而发扬他们的文风，威扬显赫，是唐代文章的楷模。”又说：“韩愈的文章有如秋季长江的洪流，一泻千里，然而用于灌溉，可能就不大适用了。”这种说法似乎是不太了解韩愈。李汉说：“韩愈文章腾挪变化有如蛟龙飞舞，文采华美如同虎跃凤翔，语言铿锵有力如同韶钧之乐鸣奏，像太阳那样光耀纯粹，饱含周公和孔子的思想

语云："诡然而蛟龙翔[18]，蔚然而虎凤跃[19]，锵然而韶钧鸣[20]，日光玉洁，周情孔思[21]，千态万貌，卒泽于道德仁义，炳如也[22]。"是四人者，所以推高韩公，可谓尽矣。及东坡之碑一出[23]，而后众说尽废，其略云："匹夫而为百世师，一言而为天下法，是皆有以参天地之化，关盛衰之运。自东汉以来，道丧文弊，历唐贞观、开元而不能救，独公谈笑而麾之，天下靡然从公，复归于正。文起八代之衰[24]，道济天下之溺，岂非参天地而独存者乎！"骑龙白云之诗[25]，蹈厉发越[26]，直到《雅》《颂》，所谓若捕龙蛇、搏虎豹者，大哉言乎！

情感，千姿百态，最终以仁义道德润泽文章，这是其文的显著特点。"这四个人，对韩愈的推崇程度，可谓到达极点。等到苏东坡《韩文公庙碑》问世，其他的赞誉之辞尽皆可废，碑文大略说："一个人得为百代宗师，说一句话而能成为天下效法的准则，这是因为他可与天地化育万物相提并论，与气运盛衰关系密切。自东汉以来，儒道凋敝，文风败坏，经历唐代贞观、开元之盛还不能挽救，唯独韩愈于谈笑之间挥斥邪说，天下人望风响应纷纷追随，世道文风方重新回归正道。其文振兴八代以来衰败之文风，尊儒以拯救沉溺异端邪说的世人，这难道不是与天地化育并肩而独立于天地的浩然正气吗？"碑文之后，苏轼又作骑龙白云之诗，意气昂扬，直逼《诗经》之《雅》《颂》，正所谓如捕龙蛇、搏虎豹一般，苏轼这番话真是大气磅礴！

注释

❶ 太华：即西岳华山，因其西有少华山，故称太华。 ❷ 挺生：挺拔生长。此谓杰出。 ❸ 蜩螗（tiáotáng）：蝉的别名。 ❹ 文柄：评量一代文学的权衡。亦指以文章试士的取舍权柄。 ❺ 权衡低昂：评判高下。 ❻ 文卑质丧：指文道衰弊。 ❼ 包刘越嬴：此句谓其超越秦、汉。刘：两汉刘姓。这里指汉一代之文。嬴：嬴秦。这里指代秦文。 ❽ 抉经之心：深入探究"六经"的精髓。 ❾ 执圣之权：掌握圣贤衡量评判文章的法度。 ❿ 尚友：上与古人为友。

⑪ 跂（qí）邪抵（dǐ）异：抵制各种异端邪说。抵：排斥。 ⑫ 存皇之极：捍卫儒家大中至正之道。 ⑬ 茹古涵今：包罗、容纳古今。 ⑭ 鲸铿：汉班固《东都赋》："于是发鲸鱼，铿华钟。"后因以"鲸铿"形容铿锵如击巨钟。 ⑮ 栗密：谨严，缜密。窈眇：幽微，微妙。 ⑯ 姬氏：指周代。周文王姓姬名昌。 ⑰ 焯焯：显著，昭然。烈烈：功业、德行显赫貌。 ⑱ 诡然：腾挪变化貌。 ⑲ 蔚然：文采华美。 ⑳ 锵然：形容金宝珠玉等声音清脆。韶钧：《韶》乐和钧天广乐。 ㉑ 周情孔思：周公孔子的思想情感。常用以赞美人之高尚情操。 ㉒ 炳如：明显昭著貌。 ㉓ 东坡之碑：即苏轼撰《潮州韩文公庙碑》。 ㉔ 八代：指东汉、魏、晋、宋、齐、梁、陈、隋八代。 ㉕ 骑龙白云之诗：《韩文公庙碑》文末，有诗"公昔骑龙白云乡，手抉云汉分天章"云云。 ㉖ 蹈厉发越：比喻奋发有为，意气昂扬。

治生、从宦[1]

【原 文】

韩诗曰："居闲食不足，从仕力难任。两事皆害性，一生常苦心。"然治生、从宦，自是两涂[2]，未尝有兼得者。张释之以赀为郎[3]，十年不得调，曰："久宦减兄仲之产[4]，不遂。"欲免归。司马相如亦以赀为郎，因病免，家贫无以自业，至从故人于临邛[5]，及归成都，家徒四壁立而已。

【译 文】

韩愈有诗写道："居闲食不足，从仕力难任。两事皆害性，一生常苦心。"经营家业和做官，本就是两条不同的路，从来没有人能够两者兼顾。张释之捐官为骑郎，十年不得升迁，说："长期做官花费兄弟的家产，却什么也没得到。"打算辞官归家。司马相如也是用钱买了个郎官，因生病而免官，家里贫穷无法谋生，以致到临邛去投奔老朋友，等到回成都时，穷得家徒四壁。

注释

❶治生：经营家业。 ❷涂：同“途”。 ❸以赀为郎：捐官为骑郎。郎：即骑郎。秦置，西汉因之。平时在宫中值班宿卫，皇帝外出，则充车骑侍从。❹兄仲：兄弟。 ❺临邛（qióng）：今四川邛崃。

真宗末年

【原文】

真宗末年属疾①，每视朝不多语言，命令间或不能周审，前辈杂传记多以为权臣矫制，而非也。钱文僖在翰林，有天禧四年《笔录》，纪逐日琐细家事，及一时奏对并它所闻之语，今略载于此。寇莱公罢相之夕，钱公当制②，上问：“与何官得？”钱奏云：“王钦若近出，除太子太保。”上曰：“近上是甚？”云：“太子太傅。”上曰：“与太子太傅。”又云：“更与一优礼。”钱奏但请封国公而已。时枢密有五员，而中书只参政李迪一人。后月余，召学士杨大年，宣云：“冯拯与吏书，李迪吏侍。”更无它言。杨奏：

【译文】

宋真宗晚年生病，每次上朝话都不多，所下旨意有时不够周密，前辈的笔记杂传里多认为是权臣假传圣旨，其实不是。钱惟演在翰林院，有天禧四年《笔录》一部，记录日常琐碎的家事，以及当时的一些奏对和其他所听闻的话，现在大略记载于此。寇准罢相那天晚上，钱惟演值班起草制书，皇上问：“给寇准什么官合适？”钱惟演回奏说：“王钦若最近罢相，授太子太保。”皇上问：“等级再高些是什么？”回答说：“太子太傅。”皇上说：“授太子太傅。”又说：“另给一些优待礼遇。”钱惟演回奏只请封其国公而已。当时枢密院有五位官员，而中书省只有参政李迪一人。一个多月后，宋真宗召见翰林学士杨大年，下旨说：“冯拯授吏部尚书，李迪授吏部侍郎。”也没说别的话。杨大年回奏说：“如果只是转官，

"若只转官，合中书命词，唯枢密使、平章事，却学士院降制。"上云："与枢密使、平章事。"杨亦忧虑，而不复审，退而草制，以迪为吏部侍郎、集贤相[③]，拯为枢密相[④]。又四日，召知制诰晏殊，殊退，乃召钱。上问："冯拯如何商量？"钱奏："外论甚美，只为密院却有三员正使、三员副使，中书依旧一员，以此外人疑讶。"上云："如何安排？"钱奏："若却令拯入中书，即是彰昨来错误。但于曹利用、丁谓中选一人过中书，即并不妨事。"上云："谁得？"钱奏："丁谓是文官，合入中书。"上云："入中书。"遂奏授同平章事。又奏兼玉清宫使[⑤]，又奏兼昭文国史[⑥]。又乞加曹利用平章事。上云："与平章事。"案，此际大除拜[⑦]，本真宗启其端，至于移改曲折，则其柄乃系词臣，可以舞文容奸，不之觉也。寇公免相四十日，周怀政之事方作[⑧]，温公《记闻》、苏子由《龙川志》、

应该由中书省起草制书，只有枢密使、平章事的任命，才是翰林院下发制书。"皇上说："授他们枢密使、平章事。"杨大年深感忧虑，但不再复核，退下来后草拟制书，任命李迪为吏部侍郎、宰相兼集贤殿大学士，冯拯为宰相兼枢密使。又过了四天，皇上召见知制诰晏殊，晏殊退下后，又召钱惟演。皇上问："冯拯的事外界议论如何？"钱惟演回奏："外面对冯拯的评价甚好，不过枢密院有三位正使、三位副使，中书依旧只有一人，因此外面的人有些疑惑惊讶。"皇上问："那怎么安排？"钱惟演回奏："如果再让冯拯进入中书，就是表明先前错了。只有在曹利用、丁谓两人中选一人进入中书，就不碍事了。"皇上问："谁去？"钱惟演回奏："丁谓是文官，应该进入中书。"皇上说："就让丁谓入中书。"钱惟演就奏请授丁谓同平章事。又奏请兼玉清宫使，又奏请兼昭文馆学士兼修国史。又请求加封曹利用平章事。皇上说："授平章事。"案，这里的大规模授官，本是宋真宗最早提议的，至于其中的移改曲折，则权柄掌握在词臣手中，他们可以舞文弄墨，营私舞弊，皇上难以觉察。寇准罢相四十天之后，周怀政事件才发生，司马光《涑水记闻》、苏辙《龙川志》、范镇《东斋

范蜀公《东斋记事》[9]，皆误以为因怀政而罢，非也。予尝以钱《录》示李焘，焘采取之，又误以召晏公为寇罢之夕，亦非也。

记事》，都误以为寇准因周怀政事件而被罢相，其实并不是这样。我曾把钱惟演的《笔录》拿给李焘看，李焘撰《续资治通鉴长编》时采纳了，但又误以为召见晏殊的时间是寇准罢相那天晚上，又错了。

注释

❶属疾：生病。 ❷当制：谓值班起草制诰。 ❸集贤相：北宋宰相兼集贤殿大学士者，称集贤相。 ❹枢密相：北宋宰相兼枢密使者，称枢密相。 ❺玉清宫使：即玉清昭应宫使。宫使名。北宋大中祥符年间始设，以宰臣兼领。 ❻昭文国史：唐置弘文馆，改昭文馆。宋承唐制，置昭文馆，掌藏四部图籍及修撰校雠等事，以宰相为昭文馆大学士，或同时监修国史。 ❼大除拜：授官。除旧职，拜新官。 ❽周怀政：宋真宗时宦官，真宗病，他潜召杨崇勋、杨怀吉等密谋杀害丁谓等人，立仁宗，奉真宗为太上皇。因二杨告发，被杀。 ❾《记闻》：指司马光所撰《涑水记闻》。主要记叙宋太祖至宋神宗朝国故时政。《龙川志》：苏辙晚年谪居循州龙川（今广东龙川），撰《龙川略志》《龙川别志》，主要记叙平生经历的政治活动，以及所闻前贤及时贤轶事。

卷第九

二十八则

霍光赏功

【原 文】

汉武帝外事四夷，出爵劝赏，凡将士有军功，无问贵贱，未有不封侯者。及昭帝时，大鸿胪田广明平益州夷[1]，斩首捕虏三万，但赐爵关内侯。盖霍光为政，务与民休息，故不欲求边功[2]，益州之师不得已耳，与唐宋璟抑郝灵佺斩默啜之意同。然数年之后，以范明友击乌桓[3]，傅介子刺楼兰[4]，皆即侯之，则为非是。盖明友，光女婿也。

【译 文】

汉武帝在处理四夷事务上，利用爵位封赏激励将士，只要将士立有军功，不论出身贵贱，没有不封侯的。到汉昭帝时，大鸿胪田广明平定益州夷人叛乱，斩杀及俘获乱贼三万名，仅得赐关内侯。这是因为霍光辅政，致力于让百姓休养生息，因此不鼓励在边境建功，用兵益州是不得已的事，这与唐代宋璟压制郝灵佺斩默啜之功的用意相同。然而几年之后，范明友击败乌桓，傅介子斩杀楼兰王，两人都因功立即封侯，这就不对了。大概因为范明友是霍光的女婿。

注 释

❶ 大鸿胪（lú）：官名。武帝时置大鸿胪，九卿之一，原掌接待少数民族等

事，后渐演变为赞襄礼仪之官。　❷边功：指守卫、开拓或治理边疆所立下的功勋。　❸乌桓：亦作“乌丸”。古时北方少数民族名。原是东胡的一支，西汉初被匈奴击败，迁移到乌桓山，因以为名。　❹傅介子：北地义渠（今甘肃庆阳西南）人。汉昭帝时，奉诏责楼兰、龟兹遮杀汉使，又在龟兹诛斩匈奴使者。还，拜中郎，迁平乐监。后由大将军霍光奏遣，与士卒俱携金币，扬言奉命赏赐诸国，至楼兰刺杀其王安归，立新王，改其国名为鄯善，诏封义阳侯。楼兰：西域古国。

尺棰取半①

【原 文】

《庄子》载惠子之语曰②：“一尺之棰，日取其半，万世不竭。”虽为寓言，然此理固具。盖但取其半，正碎为微尘，余半犹存，虽至于无穷可也。特所谓卵有毛、鸡三足、犬可以为羊、马有卵、火不热、龟长于蛇、飞鸟之景未尝动③，如是之类，非词说所能了也。

【译 文】

《庄子》中载有惠子之言：“一尺长的短木棍，每天截取一半，一万年也取不完。”虽说是寓言，但其中的道理却是客观存在的。因为每次只截取一半，即使细碎如微尘，另一半仍然存在，即使分到无穷小也是可以再分的。不过所说卵有毛、鸡有三足、狗可以变成羊、马可以生蛋、火不热、乌龟比蛇长、飞鸟的影子从来没有离开过自己，如此之类，就不是语言能够解释清楚的了。

注 释

❶棰：短木棍。　❷惠子：即惠施，战国时期宋国人。名家代表人物。尝为魏惠王相。主张联合齐楚消弭战乱，为“合纵”策略之组织者。　❸景：同“影”。

汉文失材

【原 文】

汉文帝见李广曰[1]："惜广不逢时，令当高祖世，万户侯岂足道哉[2]！"贾山上书言治乱之道[3]，借秦为谕，其言忠正明白，不下贾谊[4]，曾不得一官。史臣犹赞美文帝，以为山言多激切，终不加罚，所以广谏争之路。观此二事，失材多矣。吴、楚反时[5]，李广以都尉战昌邑下，显名，以梁王授广将军印[6]，故赏不行。武帝时，五为将军击匈奴，无尺寸功，至不得其死。三朝不遇[7]，命也夫！

【译 文】

汉文帝召见李广说："可惜你生不逢时，如果生在高祖时代，封个万户侯又算什么呢！"贾山上书谈论治乱之道，以秦朝作比来讲明此理，其言论忠正明白，不次于贾谊，竟然没有因此得到一官半职。史臣却还赞美汉文帝，认为贾山言辞激烈，文帝始终没有惩罚他，为的是广开直言劝谏之路。从这两件事看，汉文帝失去的人才太多了。吴、楚七国之乱时，李广以都尉身份在昌邑作战，名声显扬，因为梁王私授李广将军印绶，故而没有得到封赏。汉武帝时，五次以将军身份攻打匈奴，却未记录尺寸之功，最后不得善终。李广历经文帝、景帝、武帝三朝却没能得到君王赏识，这真是命啊！

注 释

❶ 李广：西汉名将，威震匈奴，被誉为"飞将军"。毕生与匈奴大小七十余战，其声名远出诸将上，然终不得封侯。 ❷ 万户侯：汉朝食邑万户的侯爵。后来泛指极高的爵禄。 ❸ 贾山：初为颍阴侯灌婴给事。文帝时曾数次上书，以秦的兴亡为喻，言治乱之道，劝说文帝兴礼义，虚心纳谏，修先王之道。其文名曰《至言》。 ❹ 贾谊：汉文帝时召为博士，迁太中大夫，受大臣周勃、灌

婴排挤，谪为长沙王太傅，故后世亦称其为贾长沙、贾太傅。❺吴、楚反：指西汉七国之乱。❻梁王：即西汉梁孝王刘武，汉文帝次子，在七国之乱时坚守睢阳，功劳卓著。❼三朝：指汉文帝、景帝、武帝三朝。不遇：不被赏识。

陈轸之说疏[1]

【原文】

战国权谋之士，游说从横[2]，皆趋一时之利，殊不顾义理曲直所在。张仪欺楚怀王，使之绝齐而献商於之地[3]。陈轸谏曰："张仪必负王，商於不可得而齐、秦合，是北绝齐交，西生秦患。"其言可谓善矣。然至云："不若阴合而阳绝于齐，使人随张仪，苟与吾地，绝齐未晚。"是轸不深计齐之可绝与否，但以得地为意耳。及秦负约，楚王欲攻之，轸又劝曰："不如因赂之以一名都，与之并兵而攻齐，是我亡地于秦，取偿于齐也。"此策尤乖谬不义。且秦加亡道于我，乃欲赂以地，齐本与国[4]，楚无故而绝之，

【译文】

战国权谋之士，游说合纵连横之策，都趋附一时的利益，根本不考虑道义是非所在。张仪欺骗楚怀王，使其和齐国断交并许诺献上商於之地。陈轸劝谏说："张仪一定会背弃大王，商於之地不能得到，而齐国和秦国会联合起来，这么做是在北边断绝和齐国的邦交，西边滋生出来自秦国的祸患。"他的话是对的。但是他又说："不如暗中联合而表面与齐国绝交，派人跟着张仪，如果他给我们商於之地，再和齐国断交也不晚。"由此看来，陈轸并未深入考虑能不能和齐国断交，而只关心能否得到土地。等到秦国背弃盟约，楚王想攻打秦国，陈轸又劝谏说："不如趁便送给秦国一个大都市，与它合兵攻打齐国，这样我们虽然在秦国那里丢了土地，却能在齐国那里补回来。"这条计策极其荒谬不合道义。况且秦国以无道行为强加于人，陈轸竟然想割地贿赂它，齐国本是友邦，楚国却无缘无故与

宜割地致币，卑词谢罪，复求其援，而反欲攻之，轸之说于是疏矣。乃知鲁仲连、虞卿为豪杰之士[5]，非轸辈所能企及也。

之绝交。这时候楚国本应割让土地送上礼物，言辞谦恭请求原谅，再恳请齐国支援，却反倒要攻打齐国，陈轸的劝说这就很疏失了。这才知道鲁仲连、虞卿是豪杰之士，不是陈轸之流可以企及的。

注释

❶ 陈轸（zhěn）：亦作田轸。战国时人。游说之士，属纵横家。 ❷ 从横：即纵横，南北为纵，东西为横，这里指合纵与连横。苏秦游说六国诸侯纵向联合以抗秦，称为合纵；张仪则主张秦国打破六国合纵之策，利诱六国分别与秦国亲善，然后各个击破，一统天下，此为连横。 ❸ 商於（wū）：又名於中。在今河南淅川西南。 ❹ 与国：盟国，友邦。 ❺ 鲁仲连：战国时齐人。好谋划，善辞令，秦军围邯郸时，其以利害进说平原君，劝阻尊秦昭王为帝。后十余年，又射书燕将，使之放弃所据齐之聊城。田单欲封赏之，遂逃隐海上，不知所终。

颜率儿童之见[1]

【原 文】

秦兴师临周而求九鼎，周君患之。颜率请借救于齐，乃诣齐王许以鼎。齐为发兵救周，而秦兵罢。齐将求鼎，周君又患之。颜率复诣齐，曰："愿献九鼎，不识何涂之从而致之

【译 文】

秦国兴兵逼近成周索求九鼎，周天子为此很担心。颜率请求去齐国借救兵，见到齐王后许诺给齐国九鼎。齐国为此发兵救周，而秦国随之罢兵。齐国向周朝索要九鼎，周天子又为此担忧。颜率又去齐国，说："周天子愿意献出九鼎，但不知从哪条路

齐？”齐王将寄径于梁、于楚[2]，率皆以为不可，齐乃止。《战国策》首载此事[3]，盖以为奇谋。予谓此特儿童之见尔！争战虽急，要当有信。今一给齐可也[4]，独不计后日诸侯来伐，谁复肯救我乎？疑必无是事，好事者饰之尔，故《史记》《通鉴》皆不取。

送到齐国呢？”齐王准备向梁国、楚国借道，颜率认为不可行，最后齐国只好作罢。《战国策》首先记载此事，认为是奇妙的计谋。我看这不过是小儿之见罢了！战争虽然紧急，首要还是有信义。现在欺骗齐国一次可以，唯独不考虑以后诸侯前来攻打，谁肯再来相救呢？我怀疑肯定没这回事，不过是好事之人编造的故事罢了，所以《史记》《资治通鉴》都不予采用。

注释

❶颜率：战国时西周谋士。周慎靓王时，秦兵临周境，欲求九鼎。周慎靓王患之。他至齐说齐宣王，齐发兵五万人救周，秦罢兵去。旋齐又欲得周九鼎，他复至齐，力止之。 ❷寄径：借道。 ❸《战国策》：战国时期的纵横家（游说之士）策谋和言论的汇编。西汉末，刘向编订为三十三篇。 ❹绐（dài）：欺骗。

皇甫湜正闰论[1]

【原　文】

晋、魏以来，正、闰之说纷纷，前人论之多矣。盖以宋继晋，则至陈而无所终；由隋而推之，为周为魏，则上无所起。故司马公于《通鉴》取

【译　文】

晋朝、元魏以来，正统、非正统之论众说纷纭，前人议论很多。如果以南朝刘宋为正统接替晋朝，那么到陈朝就无法接续了；由隋朝往上推，是北周，是元魏，再往前也无法接续。所以司马光在《资治通鉴》中以南朝承接晋朝

南朝承晋讫于陈亡[2]，然后系之隋开皇九年，姑藉其年以纪事，无所抑扬也。唯皇甫湜之论不然，曰："晋之南迁，与平王避戎之事同[3]。而元魏种实匈奴，自为中国之位号[4]。谓之灭邪？晋实未改。谓之禅耶？已无所传。而往之著书者有帝元，今之为录者皆闰晋[5]，失之远矣。晋为宋，宋为齐，齐为梁，江陵之灭则为周矣。陈氏自树而夺，无容于言。故自唐推而上，唐受之隋，隋得之周，周取之梁，推梁而上以至于尧、舜，为得天下统。则陈僭于南，元闰于北，其不昭昭乎！"此说亦有理。然予复考之，灭梁江陵者，魏文帝也，时岁在甲戌，又三年丁丑，周乃代魏，不得云"江陵之灭则为周"也。

一直到陈朝灭亡，然后系年便是隋开皇九年，只是姑且借其年号来记载史事，未包含褒贬之意。唯独皇甫湜的说法不是这样，他说："晋室南渡，和周平王避犬戎东迁的史事性质相同。而元魏本为匈奴种族，自称中国国号。要说元魏灭了晋朝呢？其实东晋仍存，并未为元魏所取代。要说晋禅位了呢？也没有继承其正统的朝代。以往修史者写北魏史还有晋帝纪年，现在的修史者却视晋朝为非正统，偏离史实太远了。晋以后为宋，宋以后为齐，齐以后为梁，梁朝在江陵覆灭后为北周。陈霸先自己扶植萧梁后夺其国，这些都不容分说。所以自唐朝上推，唐朝接替隋朝，隋朝接替北周，北周取得梁朝政权，从梁朝上推一直可到尧、舜，这是继承了天下的正统。那么，陈朝在南方冒用帝王称号，元魏在北方也并非正统，这不是清清楚楚嘛！"这种说法也有道理。但是我又细加考证，在江陵灭亡梁朝的，是西魏恭帝，时间在甲戌年，又过了三年岁次丁丑，北周才取代西魏，因此不能说"梁朝江陵之灭则为北周"。

注释

❶ 正闰：谓正统和非正统。 ❷ 南朝：东晋以后，汉族先后在长江以南建立了宋、齐、梁、陈四朝，均定都建康，史称"南朝"。 ❸ 平王避戎：公元前

771年，申后之父申侯勾结犬戎攻破镐京（今陕西西安），周幽王被杀于骊山。周幽王之子周平王即位后，为避犬戎，东迁洛邑（今河南洛阳）。❹自为中国之位号：指其以“魏”为号，取其有“高大”之义，且为“神州上国”之名。❺闰晋：以晋为非正统。

简师之贤[1]

【原 文】

《皇甫持正集》有《送简师序》，云：“韩侍郎贬潮州[2]，浮图之士[3]，欢快以抃[4]，师独愤起访余求序，行资适潮[5]，不顾蛇山鳄水万里之崄毒[6]，若将朝得进拜而夕死者。师虽佛其名，而儒其行；虽夷狄其衣服，而人其知。不犹愈于冠儒冠，服朝服，惑溺于经怪之说以斁彝伦邪[7]！”予读其文，想见简师之贤，而惜其名无传于后世，故表而出之。

【译 文】

《皇甫持正文集》中有一篇《送简师序》，写道：“韩侍郎被贬至潮州，佛教人士，拍手称快，独有简师愤然而起，拜访我求为赠序，借此前往潮州，不顾山水艰险、万里之遥，好像是‘朝闻道夕死可矣’那一类人。简师虽名为佛教徒，而其行为却是个儒生；虽然穿着异族的袈裟，而人却具备中华的智慧。这岂不胜过那些戴着儒冠、身着朝服，却沉溺于异端邪说而败坏伦常的人吗？”我读此文，可以想象简师的贤良，可惜他的名字没有流传后世，所以特意表彰以广其名。

注 释

❶简师：唐代僧人，法名简，师为尊称。❷韩侍郎：即韩愈。元和十四年（819），韩愈因谏阻迎佛骨，由刑部侍郎贬为潮州刺史。潮州：今属广东。❸浮图之士：佛教人士。❹抃（biàn）：鼓掌。表示欢欣。❺行：将。资：借

助。 ❻ 崄（xiǎn）：同“险”。 ❼ 斁（dù）：败坏。彝伦：伦常。

老人推恩[1]

【原 文】

唐世赦宥、推恩于老人绝优[2]。开元二十三年，耕籍田[3]。侍老百岁以上[4]，版授上州刺史[5]；九十以上，中州刺史；八十以上，上州司马。二十七年，赦。百岁以上，下州刺史，妇人郡君[6]；九十以上，上州司马，妇人县君[7]；八十以上，县令，妇人乡君[8]。天宝七载，京城七十以上本县令，六十以上县丞；天下侍老除官与开元等。国朝之制，百岁者始得初品官封[9]，比唐不侔矣[10]。淳熙三年[11]，以太上皇帝庆寿之故，推恩稍优，遂有增年诡籍以冒荣命者[12]。使如唐日，将如何哉！

【译 文】

唐代在赦免、施恩上，对于老人极为优厚。开元二十三年，皇帝亲耕籍田。侍老在百岁以上，授虚衔上州刺史称号；九十以上，授中州刺史称号；八十以上，授上州司马称号。开元二十七年，大赦天下。百岁以上，授下州刺史称号，妇女授郡君称号；九十以上，授上州司马称号，妇女授县君称号；八十以上，授县令称号，妇女授乡君称号。天宝七载，京城地区七十岁以上的老人授本县县令称号，六十以上授县丞称号；全国侍老授官与开元年间一样。本朝的制度，百岁老人才能得到最低等级的官衔，比不上唐代。淳熙三年，因为太上皇帝祝寿，施恩稍为优厚，于是便有虚增年岁假冒门籍以冒领皇命的。假如在唐代，将会如何呢！

注 释

❶ 推恩：为广施仁爱、恩惠于他人。 ❷ 赦宥：宽恕，赦免。 ❸ 籍田：

古时天子亲耕之田。 ❹ 侍老：指对高年老人的优待，在唐代主要针对八十岁以上的老人。 ❺ 版授：谓不经朝命而用白版授予官职或封号。上州：在唐代，上州、中州、下州主要依靠人口多少而定。 ❻ 郡君：妇女封号。唐代封四品官员之母或妻为郡君。 ❼ 县君：妇女封号。唐代封五品官员之母或妻为县君。 ❽ 乡君：妇女封号。唐代封四品勋官之母或妻为乡君。 ❾ 初品：最低等级的官阶。 ❿ 不侔：不相等，不等同。 ⓫ 淳熙：宋孝宗赵昚年号。 ⓬ 增年：增加年龄。诡籍：假冒门籍。荣命：谀称皇帝任命。

唐三杰

【原文】

汉高祖以萧何、张良、韩信为人杰①。此三人者，真足以当之也。唐明皇同日拜宋璟、张说、源乾曜三故相官②，帝赋三杰诗，自写以赐，其意盖以比萧、张等也。说与乾曜，岂璟比哉？明皇可谓不知臣矣。

【译文】

汉高祖以萧何、张良、韩信三人为人中豪杰。这三人，也真正当得起这个称号。唐明皇于一天内授予宋璟、张说、源乾曜三位前宰相官职，皇帝赋三杰诗，亲自书写后赐给他们，用意是把这三人比作萧何、张良等人。张说和源乾曜，怎么能与宋璟相比？唐明皇可以说是不了解大臣了。

注释

❶ 人杰：人中豪杰。 ❷ 故相：因三人此前都曾拜相，故称。

忠义出天资

【原 文】

忠义守节之士，出于天资，非关居位贵贱、受恩深浅也。王莽移汉祚[①]，刘歆以宗室之俊[②]，导之为逆，孔光以宰相辅成其事。而龚胜以故大夫守谊以死。郭钦、蒋诩以刺史、郡守，栗融、禽庆、曹竟、苏章以儒生，皆去官不仕。陈咸之家，至不用王氏腊[③]。萧道成篡宋，褚渊、王俭，奕世达官[④]，身为帝甥、主婿，所以纵臾灭刘[⑤]，唯恐不速；而死节者乃王蕴、卜伯兴、黄回、任候伯之辈耳[⑥]。安禄山、朱泚之变，陈希烈、张均、张垍、乔琳、李忠臣[⑦]，皆以宰相世臣，为之丞弼；而甄济、权皋、刘海宾、段秀实，或以莫府小吏，或以废斥列卿[⑧]，捐身立节[⑨]，名震海内。人之贤不肖，相去何止天冠地屦乎[⑩]！

【译 文】

忠义守节之士，出于天资，与所居地位高低、受国家恩惠多少无关。王莽欲篡汉，刘歆身为宗室名流，却引导王莽为逆，孔光以汉朝宰相身份促成其事。而龚胜作为前谏议大夫却坚守道义而死。郭钦、蒋诩作为刺史、郡守，栗融、禽庆、曹竟、苏章作为儒生，都弃官不做。陈咸家里，甚至不用王氏的腊祭礼。萧道成篡宋，褚渊、王俭，族人世代为显宦，身为皇帝的外甥、女婿，却怂恿灭亡刘宋，唯恐不够快速；而为刘宋守节而死的竟然是王蕴、卜伯兴、黄回、任候伯这些人。唐朝安禄山、朱泚叛乱，陈希烈、张均、张垍、乔琳、李忠臣，都以宰相世臣，做了叛贼的辅佐大臣；而甄济、权皋、刘海宾、段秀实，有的是幕府小吏，有的是被废列卿，抛却生命，树立节操，声名震动海内。为人贤与不肖，相差何止是天上地下啊！

注释

❶汉祚：指汉朝的皇位和国统。 ❷刘歆：刘向之子。西汉末古文经学派开创者，目录学家，有《七略》等存世。 ❸腊：年终祭祀。 ❹奕世：世代。 ❺纵臾：怂恿。 ❻死节：为守节而死。 ❼陈希烈：宋州（今河南商丘）人。精通玄学，常于禁中讲《老》《易》，深为玄宗器重，被李林甫举为宰相。后因杨国忠专权罢知政事，心怀不满。安禄山反，充任宰相职。张垍：张说次子。娶唐玄宗女宁亲公主。安禄山反，与兄张均并受伪职。 ❽废斥：废黜屏斥。列卿：九卿。 ❾捐身立节：抛却生命，树立节操。 ❿天冠地屦（jù）：指有很大差距或差异。屦：鞋。

刘歆不孝

【原文】

事亲孝，故忠可移于君，是以求忠臣必于孝子之门。刘歆事父虽不载不孝之迹，然其议论每与向异同。故向拳拳于国家[①]，欲抑王氏以崇刘氏，而歆乃力赞王莽，唱其凶逆，至为之国师公[②]，又改名秀以应图谶[③]，竟亦不免为莽所诛，子棻、女愔皆以戮死[④]。使天道每如是，不善者其知惧乎！

【译文】

侍奉双亲孝顺，就必然对国君忠诚，所以求取忠臣必定自孝子之门。虽然史书没有记载刘歆事父不孝的事情，但他的言论常常与其父刘向不同。所以刘向对国家忠心诚挚，想要抑制外戚王氏而尊崇刘氏，而刘歆竟然极力称赞王莽，对其极力吹捧，助长了王莽的反叛之心，甚至做了王莽的国师公，又改名为刘秀以应图谶，终亦不免被王莽杀害，其子刘棻、女儿刘愔也受戮而死。假如天道一直如此惩恶扬善，作恶的人恐怕就会知道畏惧吧！

注释

❶拳拳：诚挚的样子。 ❷国师公：王莽代汉，刘歆为国师、嘉新公。 ❸图谶（chèn）：古代方士或儒生编造的关于帝王受命征验一类的书，多为隐语、预言。 ❹棻（fēn）：即刘棻。王莽时为侍中，曾随扬雄学文字学，后因擅自造作符命被杀。

汉法恶诞谩[1]

【原文】

李广以私忿杀霸陵尉，上书自陈谢罪。武帝报之曰："报忿除害，朕之所图于将军也。若乃免冠徒跣[2]，稽颡请罪[3]，岂朕之指哉！"张敞杀絮舜，上书曰："臣待罪京兆[4]，絮舜本臣素所厚吏，以臣有章劾当免，受记考事，谓臣'五日京兆'[5]，背恩忘义。臣窃以舜无状，枉法以诛之。臣贼杀不辜[6]，鞫狱故不直，死无所恨。"宣帝引拜为刺史。汉世法令，最恶诞谩罔上。广、敞虽妄杀人，一语陈情，则赦之不问，所以开臣下不敢为欺之路也。武帝待张汤非不厚，及问鲁谒

【译文】

李广因私怨杀霸陵尉，向汉武帝上书说明情况、承认罪过。汉武帝回复说："报仇除害，这正是朕对将军的期望。如果因此就摘掉帽子光着脚，叩头请罪，岂是朕愿意看到的！"张敞杀了絮舜，上书说："臣任京兆尹，絮舜原本是臣一直看重的下属，他认为臣受奏章弹劾即将被免职，就说臣是'五日京兆'，可以说忘恩负义。臣私下以为絮舜行为失检，就违法杀了他。臣杀害无罪之人，审判案件不公，死而无怨。"汉宣帝拜他为刺史。汉朝的法令，最憎恨放诞傲慢、欺君罔上。李广、张敞虽然妄自杀人，但都主动陈述真实情况，于是被赦免不予追究。这是引导臣子不敢欺君的办法。武帝对张汤不是不看重，而是问到鲁谒居之事时，认为张汤心存险诈当面欺君，就毫不留情地

居事，谓其怀诈面欺，杀之不贷⑦，真得御臣之法。

杀了他，绝不宽恕，这真是掌握了驾驭臣子的方法。

注 释

❶ 诞谩：荒诞，放纵。 ❷ 免冠徒跣（xiǎn）：摘掉帽子，光着脚，形容诚惶诚恐的样子。 ❸ 稽颡（qǐsǎng）：以额触地跪拜。 ❹ 待罪：古代官吏任职的谦称，意谓不胜其职而将获罪。 ❺ 五日京兆：指任职时间短。 ❻ 贼杀：杀害。不辜：无罪之人。 ❼ 不贷：不宽免。

汉官名

【原 文】

汉官名有不书于《百官表》而因事乃见者①。如行冤狱使者②，因张敞杀絮舜而见；美俗使者③，因何并代严诩而见；河堤使者④，因王延世塞决河而见；直指使者⑤，因暴胜之而见⑥。岂非因事置官，事已即罢乎？

【译 文】

汉朝职官名有未被记录在《汉书·百官公卿表》中而在有关事件里才出现的。比如行冤狱使者，因张敞杀絮舜一事而见到；美俗使者，因何并代严诩为颍川太守事而见到；河堤使者，因王延世堵塞黄河决口事而见到；直指使者，因暴胜之事而见到。难道是因事设官，事情结束就予以撤销吗？

注 释

❶《百官表》：指《汉书·百官公卿表》。 ❷ 行冤狱使者：职官名。主管冤狱，纠察稽核。 ❸ 美俗使者：职官名。西汉末年王莽置，掌宣美风化。 ❹ 河

堤使者：职官名。掌治理河渠、水利等事。 ❺直指使者：绣衣直指使者省称。直指：公正无偏私。 ❻暴胜之：字公子。汉武帝末年，为直指使者，衣绣衣持斧，督察郡国，镇压农民起义，以军兴诛不从命者。后任御史大夫。巫蛊之祸时受牵连，畏惧自杀。

五胡乱华[1]

【原 文】

刘聪乘晋之衰[2]，盗窃中土，身死而嗣灭，男女无少长皆戕于靳准[3]。刘曜承其后[4]，不能十年，身为人禽[5]。石勒尝盛矣[6]，子夺于虎[7]。虎尽有秦、魏、燕、齐、韩、赵之地，死不一年而后嗣屠戮，无一遗种。慕容儁乘石氏之乱[8]，跨据河山，亦仅终其身，至子而灭。苻坚之兴，又非刘、石比，然不能自免，社稷为墟。慕容垂乘苻氏之乱[9]，尽复燕祚，死未期年[10]，基业倾覆。此七人者，皆夷狄乱华之巨擘也[11]，而不能久如此。今之北虏，为国八十年，传数酋矣，未亡何邪？

【译 文】

匈奴族人刘聪乘晋朝衰败之际，窃取中原，他死后子嗣尽被诛灭，无论男女老幼都被靳准杀害。刘曜继其位后，不到十年，自己就被人俘虏。羯族石勒曾兴盛一时，儿子的皇位却被石虎篡夺。石虎占据秦、魏、燕、齐、韩、赵之地，死后不到一年而子孙遭受屠戮，没有留下一个后代。鲜卑族慕容儁乘着石氏内乱，跨据山河，但至于自身一世，到他儿子时就灭亡了。氐族苻坚的兴盛，又非刘氏、石氏所能比，然而也不能免于失败，社稷化为丘墟。后燕慕容垂乘苻氏动乱，恢复了燕的国统，但其死后不到一年，帝业便覆亡。这七个人，都是夷狄祸乱中华首屈一指的人物，可也都这般不能长久。现在的金国，建立政权八十年了，传了好几代首领，还没灭亡，这是为什么呢？

注释

❶ 五胡乱华：西晋后期发生八王之乱，国力衰弱，我国北方匈奴、鲜卑、羯、氐、羌五个少数民族相继建立割据政权，自304年刘渊称王起直至439年北魏灭北凉统一北方，前后历时一百三十五年，旧史称之为五胡乱华。 ❷ 刘聪：匈奴族，十六国时期汉赵皇帝。在位期间，先后遣将攻破洛阳和长安，俘虏晋怀帝、晋愍帝，灭亡西晋。 ❸ 戕（qiāng）：杀害，残害。靳准：匈奴族，前赵外戚权臣，其女为刘聪皇后，后拥立刘粲为帝，不久又发动兵变杀死刘粲，屠灭刘氏皇族。 ❹ 刘曜：字永明。前赵皇帝，为后赵石勒所俘，被杀。 ❺ 禽：同“擒”。 ❻ 石勒：羯族。后赵开国皇帝。 ❼ 子夺于虎：建平四年（333），石勒去世，其子石弘继位。石虎废弘自立，建立后赵，并将石勒妻妾、子孙屠杀殆尽。 ❽ 慕容儁：鲜卑族，前燕慕容皝之子。永和八年（352）占领后赵统治的中原地区，同年称帝。 ❾ 慕容垂：鲜卑族，前燕慕容皝之子。初封吴王，为慕容评所忌，惧祸奔前秦苻坚。淝水之战，苻坚为东晋败，慕容垂遂于中山称帝，为后燕。于东晋义熙三年（407）为北燕所灭。 ❿ 期年：一年。 ⓫ 巨擘：大拇指。比喻杰出的人物。

石宣为彗①

【原 文】

石虎将杀其子宣，佛图澄谏曰②：“陛下若加慈恕，福祚犹长，若必诛之，宣当为彗星下扫邺宫③。”虎不从。明年，虎死。二年，国亡。《晋史》书之，以为澄言之验。予谓此乃石氏穷凶极虐，为天所弃，岂一逆子便能上干玄象④，起

【译 文】

石虎要杀他的儿子石宣，佛图澄劝阻说：“陛下如果能予以仁慈宽恕，福禄还能长久，如果一定要杀他，石宣会化为彗星扫平邺京宫殿。”石虎不听从。第二年，石虎死。又过了两年，后赵灭亡。《晋书》把这事记载下来，认为是佛图澄预言应验。我认为这是因为石氏家族穷凶极恶，被上天所抛弃，哪会因一个逆子便干犯天象，激

彗孛乎[5]！宣杀其弟韬，又欲行冒顿之事[6]，宁有不问之理！澄言既妄，史氏误信而载之，《资治通鉴》亦失于不删也。

起彗星、孛星而带来灾变呢？石宣杀了弟石韬，又想做冒顿弑父自立之事，岂有不被问罪的道理！佛图澄的话已然荒诞，史官误信此说而记录下来，《资治通鉴》也错在未予删除。

注释

❶ 石宣：石虎次子。因惧怕弟石韬夺己皇太子之位，将其虐杀，后又欲加害父石虎，事发后被石虎处死。彗：指彗星。曳长尾如彗（扫帚），俗名扫帚星，古人视为灾星。 ❷ 佛图澄：西域龟兹人，本姓帛。西晋怀帝时来洛阳。后深得后赵石勒、石虎信任，尊称为“大和尚”，参议军国大事。学识渊博，能诵经数十万言，又善神咒医术。 ❸ 邺宫：邺京皇宫。 ❹ 上干：上冲。玄象：天象，多指日月星宿对世间人事的显示或预兆。 ❺ 彗孛：彗星和孛星。孛：古人指光芒四射的一种彗星。旧谓彗孛出现是灾祸或战争的预兆。 ❻ 冒顿（mòdú）之事：指冒顿于公元前209年弑父自立之事。

三公改它官[1]

【原 文】

国初以来，宰相带三公官居位，及罢去，多有改它官者。范质自司徒、侍中改太子太傅，王溥自司空改太子太保，吕蒙正自司空改太子太师是也。天禧以前唯赵普、王旦乃依旧公师[2]，仍复迁秩[3]。天圣而后[4]，恩典始

【译 文】

本朝初年以来，宰相加三公官职在任，等到罢免离任，又多有改任其他官职的。范质从司徒、侍中改太子太傅，王溥自司空改太子太保，吕蒙正自司空改太子太师等就是这种情况。天禧年以前只有赵普、王旦在罢相以后仍旧位列三公、三师，同时官秩得以提升。天圣年以

隆，张士逊致仕，至以兵部尚书得太傅云。

后，恩典才开始深重，张士逊致仕，甚至以兵部尚书直接拜为太傅。

注释

❶ 三公：北宋初，以太尉、司徒、司空为三公，用作宰相、亲王、使相加官。宋徽宗时，以太师、太傅、太保为三公，为真宰相之任，执掌朝政。 ❷ 依旧公师：赵普罢相后仍从原加官为太师，王旦罢相后由太保转太尉，仍属三公。 ❸ 迁秩：指官员晋级。 ❹ 天圣：宋仁宗赵祯年号。

带职致仕

【原文】

熙宁以前，待制学士致仕者①，率迁官而解其职。若有疾就闲者②，亦换为集贤院学士，盖不以近职处散地也。带职致仕，方自熙宁中王素始。后改集贤学士为修撰，政和中又改为右文云。

【译文】

熙宁年以前，待制学士致仕，大多先予以转官而后解除职务。有病改任闲职者，也转官集贤院学士，这是为了不让皇帝的近侍官处在闲散之地。近侍官带职致仕，是从熙宁年间王素开始的。后来改集贤学士为集贤殿修撰，政和年间又改为右文殿修撰。

注释

❶ 待制：职官名。唐代始设，由五品以上的京官担任，为侍从顾问之职。宋因其制，于殿阁均设待制之官，如“保和殿待制”“龙图阁待制”之类，典守文物，位在学士、直学士之下。 ❷ 就闲：谓无职事羁绊，闲居在家。此指改任闲职。

朋友之义

【原 文】

朋友之义甚重。天下之达道五，君臣、父子、兄弟、夫妇而至朋友之交。故天子至于庶人，未有不须友以成者。天下俗薄，而朋友道绝，见于《诗》。不信乎朋友，弗获乎上，见于《中庸》《孟子》。朋友信之，孔子之志也；车马衣裘与朋友共，子路之志也；与朋友交而信，曾子之志也。《周礼》六行①，五曰任，谓信于友也。汉、唐以来，犹有范张、陈雷、元白、刘柳之徒②，始终相与，不以死生贵贱易其心。本朝百年间，此风尚存。呜呼，今亡矣。

【译 文】

朋友之间道义很重要。天下人共同遵行的道义有五条：君臣之道、父子之道、兄弟之道、夫妇之道及朋友之道。因此，上至天子下至黎民百姓，没有不需要朋友帮助而能有所成就的。世风凉薄，而朋友之道断绝，这句话见于《诗经》。不能取信于朋友，就得不到主上的信任，这句话见于《中庸》《孟子》。为朋友所信任，这是孔子的志趣；车马衣服和朋友共享，这是子路的志趣；和朋友交往做到诚信，这是曾子的志趣。《周礼》讲的六种善行，第五是信任，即指对朋友的信任。汉、唐以来，还有范式和张劭、陈重和雷义、元稹和白居易、刘禹锡和柳宗元这些人，友谊始终不渝，不因生死贵贱而改变本心。本朝前一百年间，这种好风气尚存。唉，现在却再也见不到了。

注 释

❶六行：孝、友、睦、姻、任、恤。 ❷范张：东汉范式、张劭，友谊至笃，恪守信义，生死不变。后世因以“范张”喻友谊之深厚。陈雷：东汉陈重

与雷义，友情极为深厚。元白：指元稹和白居易。刘柳：指刘禹锡和柳宗元。

高科得人[1]

【原 文】

国朝自太平兴国以来，以科举罗天下士，士之策名前列者[2]，或不十年而至公辅[3]。吕文穆公蒙正、张文定公齐贤之徒是也。及嘉祐以前，亦指日在清显。东坡《送章子平序》，以谓仁宗一朝十有三榜，数其上之三人，凡三十有九，其不至于公卿者，五人而已。盖为士者知其身必达，故自爱重而不肯为非，天下公望亦以鼎贵期之[4]，故相与爱惜成就，以待其用。至嘉祐四年之制，前三名始不为通判，第一人才得评事、签判[5]，代还升通判[6]，又任满，始除馆职[7]。王安石为政，又杀其法，恩数既削，得人亦衰矣。观天圣初榜，宋郑公郊、叶清臣、郑文肃公戬、高文庄公若讷、曾鲁公公亮五人连名，二宰相、二执政、一三司使。第二榜，王文

【译 文】

本朝自太平兴国年间以来，以科举网罗天下名士，科举及第名列前茅的士人，有的不到十年就位至宰辅。文穆公吕蒙正、文定公张齐贤等人就是这样。到嘉祐以前，也都 是入仕不久就可以位至清要。苏东坡《送章子平序》，说仁宗一朝共有十三榜，统计各榜前三名，共三十九人，其中只有五人没有做到公卿。身为士人，其知道自己一定会显达，所以自爱自重不肯做非分之事，天下公众也期望他们成为显赫尊贵之人，所以对他们爱惜尊敬，助他们成就功名，等待将来获得重用。嘉祐四年发布诏书，前三名才开始不任通判，第一名才能够任大理评事、签判，还朝后升任通判，又任职期满，才授馆职。王安石执政，又改变了制度，恩典既已削减，得到的人才也就少了。考察天圣年间初榜，郑国公宋郊、叶清臣、文肃公郑戬、文庄公高若讷、鲁国公曾公亮五人一甲连名，两人做了宰相，两人为参知政事，一为

忠公尧臣、韩魏公琦、赵康靖公概连名。第三榜，王宣徽拱辰、刘相沆、孙文懿公抃连名。杨寘榜，寘不幸即死，王岐公珪、韩康公绛、王荆公安石连名。刘煇榜，煇不显，胡右丞宗愈、安门下焘、刘忠肃公挚、章申公惇连名。其盛如此。治平以后，第一人作侍从，盖可数矣。

三司使。第二榜，文忠公王尧臣、魏国公韩琦、康靖公赵概连名。第三榜，宣徽使王拱辰、宰相刘沆、文懿公孙抃连名。杨寘那一榜，杨寘高中后不幸死去，岐国公王珪、康国公韩绛、荆国公王安石连名。刘煇那一榜，刘煇声名不显，尚书右丞胡宗愈、门下侍郎安焘、忠肃公刘挚、申国公章惇连名。盛况如此。治平年间以后，科举第一名当上侍从官的，寥寥无几了。

注释

❶高科：科举考试名次在前。 ❷策名：谓科试及第。 ❸公辅：古代三公、四辅，均为天子之佐。借指宰相一类的大臣。 ❹鼎贵：显赫尊贵之人。 ❺评事：指大理评事，为大理寺属官，与大理正、丞分掌断狱。签判：全称“签书判官厅公事”。北宋初置，于诸州府置，以京官以上充任，领判官之职，助理郡政。 ❻代还：指朝臣出任外官者重新被调回朝廷任职。 ❼馆职：统称凡在昭文馆、史馆、集贤院等处任职者。

辛庆忌①

【原 文】

汉成帝将立赵飞燕为皇后，怒刘辅直谏，囚之掖廷狱②。左将军辛庆忌等上书救辅，遂得减死。朱云请斩张禹，上怒，

【译 文】

汉成帝将要立赵飞燕为皇后，对刘辅的直言劝谏十分恼怒，把他囚禁在掖庭狱中。左将军辛庆忌等上书营救刘辅，终于使其免除死罪。朱云请求斩杀佞臣张禹，汉成帝大怒，要杀

将杀之，庆忌免冠解印绶[3]，叩头殿下，曰："此臣素著狂直[4]，臣敢以死争。"叩头流血。上意解，然后得已。庆忌此两事，可与汲黯[5]、王章同科，班史不书于本传[6]，但言其为国虎臣[7]，匈奴、西域敬其威信而已。方争朱云时，公卿在前，曾无一人助之以请，为可羞也。

朱云，辛庆忌脱下官帽解下印绶，在殿下叩头说："这位大臣向来疏狂率直，臣冒一死相争。"叩头直至流血。成帝终于怒气消解，然后事情才算完。辛庆忌这两件事，可以与汲黯、王章相提并论，班固《汉书》本传没有记载，只说他是国家的勇武之臣，匈奴、西域都敬畏他的威望而已。当时他为朱云同皇帝相争时，公卿大臣都在跟前，竟然没有一人帮着他请求，实在令人羞耻。

注 释

❶ 辛庆忌：字子真。曾屯田乌孙赤谷城，为国虎臣，匈奴、西域敬其威信。❷ 掖廷狱：即掖庭狱，汉代宫中的秘狱。❸ 解印绶：解下印绶。谓辞免官职。❹ 狂直：疏狂率直。❺ 汲黯：汉武帝时诤臣，敢于直言劝谏。❻ 班史：即班固所撰《汉书》。❼ 虎臣：勇武之臣。

楚怀王[1]

【原 文】

秦、汉之际，楚怀王以牧羊小儿，为项氏所立，首尾才三年。以事考之，东坡所谓天下之贤主也。项梁之死[2]，王并吕臣、项羽军自将之，羽不

【译 文】

秦、汉之际，楚怀王以一个放羊小儿，被项氏立为王，前后才三年。据史事来考究，他正是苏轼所说的天下贤明之主。项梁战死，怀王合并吕臣、项羽的军队亲自统领，项羽不敢相争。见到宋义谈论军事，就拜他为

敢争。见宋义论兵事，即以为上将军，而羽乃为次将。择诸将入关，羽怨秦，奋势愿与沛公西[3]，王以羽慓悍祸贼[4]，不许，独遣沛公，羽不敢违。及秦既亡，羽使人还报王，王曰："如约[5]。"令沛公王关中。此数者，皆能自制命，非碌碌孱王受令于强臣者，故终不能全于项氏。然遣将救赵灭秦，至于有天下，皆出其手。太史公作《史记》，当为之立本纪，继于秦后，迨其亡，则次以汉高祖可也。而乃立《项羽本纪》，义帝之事特附见焉，是直以羽为代秦也，其失多矣。高祖尝下诏，以秦皇帝、楚隐王亡后[6]，为置守冢[7]，并及魏、齐、赵三王，而义帝乃高祖故君，独缺不问，岂简策脱佚乎！

上将军，而项羽才为次将。选择诸将入关破秦，项羽因深恨秦军，听闻后激愤不已，愿意和沛公一同西进入关，怀王认为项羽矫捷勇猛有余，但残害百姓，便不同意，只派遣沛公前去，项羽不敢违抗。等到秦朝灭亡，项羽派人向楚怀王汇报，怀王说："按照原来的约定办。"命沛公为关中王。这几件事，楚怀王都能够自行发布诏令，并非受制于强悍大臣的碌碌君王，所以最终还是为项氏所弑。然而调兵遣将救赵灭秦，以至于拥有天下，都出于他亲力所为。司马迁作《史记》，应当为他立本纪，放在秦始皇之后，等到他灭亡，再接着写汉高祖即可。但是司马迁竟然作《项羽本纪》，义帝的事迹只是附见其中，简直是说项羽创立政权而取代了秦朝，实在是大错特错。汉高祖曾经下诏，鉴于秦始皇、楚隐王没有后代，为他们的陵墓专置守墓民户，同时为魏安釐王、齐湣王、赵悼襄王三家专置守墓民户，而义帝本是汉高祖旧日的君主，唯独遗漏而不过问，难道是史书记载有脱漏吗？

注释

❶ 楚怀王：战国时楚怀王熊槐孙，楚亡，在民间为人牧羊。后被项梁等人拥立为怀王，以为号召。他与诸将立约，先入关中者王之。秦亡，项羽大封诸侯

时，被佯尊为义帝，后项羽命人将其击杀于江中。 ❷ 项梁：陈胜起义后，他与侄子项羽杀会稽郡守殷通在吴起义。后在定陶为秦将章邯击败，战死。 ❸ 奋势：愤激。 ❹ 慓悍：矫捷勇猛。 ❺ 约：楚怀王与诸将约定，先入定关中者乃得为关中王。 ❻ 楚隐王：即陈胜。曾建立张楚政权，汉谥之为楚隐王。亡后：无后嗣。 ❼ 守冢：指专置的守墓民户。

范增非人杰[1]

【原 文】

世谓范增为人杰，予以为不然。夷考平生[2]，盖出战国从横之余，见利而不知义者也。始劝项氏立怀王，及羽夺王之地，迁王于郴[3]，已而弑之，增不能引君臣大谊[4]，争之以死。怀王与诸将约，先入关中者王之，沛公既先定关中，则当如约，增乃劝羽杀之，又徙之蜀、汉。羽之伐赵[5]，杀上将宋义，增为末将，坐而视之。坑秦降卒、杀秦降王、烧秦宫室，增皆亲见之，未尝闻一言也。至于荥阳之役，身遭反间，然后发怒而去。呜呼，疏矣哉。东坡公论此事伟甚，犹未尽也。

【译 文】

世人都说范增为人中豪杰，我认为并非如此。考察其生平，本出自战国纵横家之流，是见利忘义之徒。起初劝项氏立楚怀王，等到项羽夺去楚怀王的土地，将怀王迁到郴地，不久又杀了怀王，范增却不能援引君臣正道，以死相争。怀王和诸将约定，谁先进入函谷关就封为关中王，沛公既已先平定关中，就应践行约定，范增却劝项羽杀掉沛公，后来又将沛公迁往蜀、汉。项羽救赵，斩杀上将军宋义，范增身为末将却坐视不管。坑埋秦朝降卒，杀死秦王子婴，烧毁秦朝宫殿，范增都亲眼所见，却不曾听他劝过一句。到了荥阳之战，自己遭遇反间计，然后发怒离去。唉，真是失策啊。苏轼关于范增的评论卓有见识，但说得还不够详尽。

注释

❶范增：辅佐项羽称霸诸侯，被尊为“亚父”。屡劝项羽杀刘邦，项羽不听。后因项羽中刘邦反间计，范增受羽猜疑，忿而离去，病死途中。 ❷夷考：考察。 ❸郴（chēn）：今湖南郴州。 ❹大谊：正道。 ❺羽之伐赵：“伐赵”应为“救赵”。秦军渡河击赵，困之于巨鹿。陈胜起兵以后，其部将武臣在邯郸称赵王，武臣被杀后，赵歇被拥立为赵王。

翰苑故事①

【原文】

翰苑故事，今废弃无余。唯学士入朝，犹有朱衣院吏双引至朝堂而止，及景灵宫行香②，则引至立班处③。公文至三省不用申状④，但尺纸直书其事⑤，右语云：“谘报尚书省⑥，伏候裁旨⑦，月日押。”谓之谘报。此两事仅存。

【译文】

翰林院的典章制度，如今已废弃无余了。只存翰林学士入朝时，由两名穿红衣的院吏引导至朝堂而止，如陪同皇帝至景灵宫行香，则引导至立班处。公文报送三省不用上行文书，只用小幅纸张直接写明相关事情，前面写：“谘报尚书省，伏候裁旨，月日押。”这称为谘报。只有这两样事保留下来。

注释

❶故事：旧日的典章制度。 ❷行香：礼拜神佛的一种仪式。主持者执香炉绕行道场中，或散撒香末，或炷香为礼，或取香分授众人。 ❸立班：上朝时依品秩站立。 ❹申状：向上级陈述事实的文书。 ❺尺纸：小幅纸张。 ❻谘报：禀报，上报。特指唐宋学士院向三省申报文书。 ❼伏候：俯伏等候。下对上的敬辞。裁旨：宋代称太守以下地方长官的指示、命令为“裁旨”。

唐扬州之盛

【原 文】

唐世盐铁转运使在扬州[1]，尽斡利权[2]，判官多至数十人[3]，商贾如织[4]。故谚称“扬一益二”，谓天下之盛，扬为一而蜀次之也。杜牧之有“春风十里珠帘”之句。张祜诗云：“十里长街市井连，月明桥上看神仙。人生只合扬州死，禅智山光好墓田。”王建诗云：“夜市千灯照碧云，高楼红袖客纷纷。如今不似时平日，犹自笙歌彻晓闻。”徐凝诗云：“天下三分明月夜，二分无赖是扬州。”其盛可知矣。自毕师铎、孙儒之乱，荡为丘墟。杨行密复葺之[5]，稍成壮藩，又毁于显德。本朝承平百七十年，尚不能及唐之什一，今日真可酸鼻也。

【译 文】

唐代盐铁转运使官衙设在扬州，统管财权，僚佐属官多达几十人，商人往来如织。所以谚语称“扬一益二”，是说天下最繁华的地方，扬州为第一，而益州为其次。杜牧有“春风十里珠帘”之句。张祜诗写道：“十里长街市井连，月明桥上看神仙。人生只合扬州死，禅智山光好墓田。”王建诗写道：“夜市千灯照碧云，高楼红袖客纷纷。如今不似时平日，犹自笙歌彻晓闻。”徐凝诗写道：“天下三分明月夜，二分无赖是扬州。”由此，当时的盛况可想而知。自从毕师铎、孙儒叛乱，扬州城荡为废墟。杨行密重新修葺，渐成强藩，可惜又在显德年间被毁。本朝承平已有一百七十年，扬州的繁华还赶不上唐朝时的十分之一，现在想来真令人悲痛。

注 释

❶ 盐铁转运使：盐铁使和转运使的合称。盐铁使，唐始置，掌食盐专卖，兼

管银铜铁锡等矿冶、茶业的专卖与征税，因其常兼诸道转运使，故称盐铁转运使。❷ 斡（guǎn）：古同“管”。管领。❸ 判官：这里指盐铁转运使的僚佐属官。❹ 商贾：商人。❺ 杨行密：唐末江淮割据军阀，五代十国时期吴国建立者。

张祜诗

【原 文】

唐开元、天宝之盛，见于传记、歌诗多矣，而张祜所咏尤多，皆它诗人所未尝及者。如《正月十五夜灯》云：“千门开锁万灯明，正月中旬动帝京。三百内人连袖舞，一时天上着词声。”《上巳乐》云：“猩猩血染系头标①，天上齐声举画桡②。却是内人争意切，六宫红袖一时招③。”《春莺啭》云④：“兴庆池南柳未开，太真先把一枝梅⑤。内人已唱《春莺啭》，花下傞傞软舞来⑥。”又有《大酺乐》《邠王小管》《李谟笛》《宁哥来》《邠娘羯鼓》《退宫人》《耍娘歌》《悖拏儿舞》《阿鸨汤》《雨霖铃》《香囊子》等诗，皆可补《开天遗事》⑦，弦之乐府也。

【译 文】

唐代开元、天宝年间之盛况，于传记、诗歌中记录颇多，而张祜所咏尤其多，都是其他诗人未曾涉及的。比如其作《正月十五夜灯》写道：“千门开锁万灯明，正月中旬动帝京。三百内人连袖舞，一时天上着词声。”《上巳乐》写道：“猩猩血彩系头标，天上齐声举画桡。却是内人争意切，六宫红袖一时招。”《春莺啭》写道：“兴庆池南柳未开，太真先把一枝梅。内人已唱《春莺啭》，花下傞傞软舞来。”又有《大酺乐》《邠王小管》《李谟笛》《宁哥来》《邠娘羯鼓》《退宫人》《耍娘歌》《悖拏儿舞》《阿鸨汤》《雨霖铃》《香囊子》等诗，都可补充《开元天宝遗事》，合乐歌唱。

注释

❶ 猩猩血：古代源自西方域外的一种颜料，鲜红色，传说由猩猩的血制成。这里借指鲜红色。 ❷ 画桡：有画饰的船桨。 ❸ 六宫：古代后妃所住的地方。❹《春莺啭》：曲调名。相传，唐高宗晨坐闻莺声，命乐工白明达作曲，名《春莺啭》。 ❺ 太真：指杨贵妃。 ❻ 傞傞（suōsuō）：醉舞的样子。 ❼《开天遗事》：即《开元天宝遗事》。

古人无忌讳

【原文】

古人无忌讳。如季武子成寝[①]，杜氏之葬在西阶之下，请合葬焉，许之。入宫而不敢哭，武子命之哭。曾子与客立于门侧，其徒有父死将出哭于巷者，曾子曰："反哭于尔次[②]。"北面而吊焉。伯高死于卫[③]，赴于孔子[④]。孔子曰："夫由赐也见我[⑤]，吾哭诸赐氏。"遂哭于子贡寝门之外，命子贡为之主，曰："为尔哭也，来者拜之。"夫以国卿之寝阶，许外人入哭而葬；己所居室而令门弟子哭其亲；朋友之丧而受哭于寝门之外，今人

【译文】

古人没有忌讳。例如季武子建成一座住宅，杜氏的坟墓原本在住宅的西阶之下，杜家人请求将死者迁出合葬，季武子答应了。杜家人进入季武子宅后不敢哭泣，季武子允许他们号哭。曾子与客人站在门边，他有个弟子死了父亲，要到街巷里去哭，曾子说："回到你的房舍去哭吧。"曾子面向北方为他吊唁逝者。伯高死在卫国，他的家人向孔子报丧。孔子说："他是通过子贡和我见面认识的，我去子贡家哭他吧。"于是就在子贡寝门之外哭丧，命子贡充当伯高的丧主，说："凡因为你的关系而来哭伯高的人，你就拜谢他。"身为国卿，而其住宅台阶下，允许外人来哭悼迁葬；自家房舍而允许门下弟子哭悼其父；朋友之丧而能在寝门外接受号哭吊丧，现在的

必不然者也。圣贤所行，固为尽礼，季孙宿亦能如是[6]。以古方今[7]，相去何直千万也[8]。

人肯定做不到。圣贤所为，固然是为了合乎礼仪，连季武子竟也能这样。以古今之事相比，相差何止千万。

注释

❶ 季武子：春秋时期鲁国执政，季文子之子。公元前562年，与仲（孟）孙氏、叔孙氏三分鲁国公室。公元前537年，季武子专政。成寝：建成住宅。❷ 次：房舍。 ❸ 伯高：春秋时贤士。 ❹ 赴：通“讣”，报丧。 ❺ 赐：即端木赐，字子贡。 ❻ 季孙宿：即季武子。 ❼ 以古方今：以古代的人事与今天的人事相比。 ❽ 直：止。

宰我不诈[1]

【原文】

宰我以三年之丧为久，夫子以食稻衣锦问之，曰：“于女安乎？”曰：“安。”后人以是讥宰我，谓孔门高第乃如是。殊不知其由衷之言，不为诈隐，所以为孔门高第也。鲁悼公之丧，孟敬子曰[2]：“食粥，天下之达礼也，吾三臣者之不能居公室也[3]，四方莫不闻矣。勉而为瘠，毋乃使人疑夫不以情

【译文】

宰我认为父母之丧守孝三年时间太长，孔子用不到三年就食稻米饭，衣锦绣之服来问他，说：“你这样做安心吗？”宰我回答说：“安心。”后人由此讥讽宰我，说孔子的高徒不过如是。殊不知这是他发自内心的话，不加欺诈隐瞒，也是他为何能成为孔门高徒。鲁悼公丧礼期间，孟敬子说：“服丧期间喝粥，这是天下通行的礼节。但我们仲（孟）孙、叔孙、季孙三家大夫不能以臣礼事国君，四方之人没有不知道的。勉强喝粥饿瘦，岂不让人怀疑我非以悲伤之情而消瘦吗？我还是正常吃饭吧。”

居瘠[4]者乎哉？我则食食。”乐正子春之母死[5]，五日而不食，曰：“吾悔之。自吾母而不得吾情，吾恶乎用吾情！”谓勉强过礼也。夫不情之恶，贤者所深戒，虽孟敬子之不臣，宁废礼食食，不肯不情而为瘠。盖先王之泽未远，故不肖者亦能及之。

乐正子春的母亲去世，他五天不吃东西，既而说：“我后悔了。我自己的母亲都得不到我的真情，我又能在哪里表达我的真情呢？”这是说他勉强自己做到超过三日不食的丧礼规定。说到隐瞒真实情感的过恶，是贤人深为戒惧的，即使像孟敬子这样不合乎为臣之道，也宁愿废弃礼节而正常饮食，不愿因虚情假意而挨饿消瘦。这是因为古圣先王的德泽教化还相去未远，因此不贤之人尚受到影响。

注释

❶宰我：孔子弟子，亦名“宰予”，春秋末鲁国人，以擅长言语著称。 ❷孟敬子：春秋鲁国大夫，与孔子门人曾参有交往。 ❸三臣：即仲（孟）孙氏、叔孙氏、季孙氏。为世代专权的鲁国大夫，权倾朝野。公室：这里代指鲁国国君。❹瘠：瘦。 ❺乐正子春：曾子的弟子。

李益、卢纶诗[1]

【原 文】

李益、卢纶，皆唐“大历十才子”之杰者[2]。纶于益为内兄，尝秋夜同宿，益赠纶诗曰：“世故中年别，余生此会同。却将悲与病，独对朗陵翁[3]。”纶和曰：“戚戚一西东[4]，十年今始同。可怜风

【译 文】

李益、卢纶，都是唐朝“大历十才子”中的佼佼者。卢纶是李益的内兄，曾于一秋夜同住一处，李益赠卢纶诗写道：“世故中年别，余生此会同。却将悲与病，独对朗陵翁。”卢纶和诗写道：“戚戚一西东，十年今始同。可怜风雨夜，相

雨夜，相问两衰翁。”二诗虽绝句，读之使人凄然，皆奇作也。

问两衰翁。”这两首诗虽然是绝句，读之却令人悲伤，都是奇作。

注释

❶ 李益：唐代诗人，大历年间进士，歌诗与李贺齐名。 ❷ 大历十才子：唐代宗大历年间十位诗人的合称。 ❸ 朗陵翁：代称内兄。晋傅咸《赠何劭王济》序：“朗陵公何敬祖，咸之从内兄。” ❹ 戚戚：忧惧，忧伤。

卷第十

二十则

杨彪、陈群

【原 文】

魏文帝受禅，欲以杨彪为太尉，彪辞曰：“彪备汉三公，耄年被病[①]，岂可赞惟新之朝。”乃授光禄大夫。相国华歆以形色忤旨，徙为司徒而不进爵。帝久不怿[②]，以问尚书令陈群，曰：“我应天受禅，相国及公独不怡，何也？”群对曰：“臣与相国，曾臣汉朝，心虽悦喜，犹义形于色。”夫曹氏篡汉，忠臣义士之所宜痛心疾首，纵力不能讨，忍复仕其朝为公卿乎？歆、群为一世之贤，所立不过如是。彪逊词以免祸，亦不敢一言及曹氏之所以得。盖自党锢祸起[③]，天下贤士大夫如李

【译 文】

魏文帝受汉禅位，想让杨彪出任太尉，杨彪推辞说：“我曾担任过汉朝的三公，年老多病，怎能辅佐新朝。”于是授光禄大夫。相国华歆神色不悦拂逆圣意，迁为司徒而不进封爵位。魏文帝很长时间都不高兴，就拿这件事问尚书令陈群，说：“我上应天命受禅为帝，唯独相国和您不高兴，这是为什么呢？”陈群回答说：“臣与相国，曾为汉朝臣子，新朝建立后我们内心虽然欢喜，但在面色上也不能不表现出对汉朝的恩义。”曹氏篡汉，忠臣义士都应痛心疾首，即使无力讨伐，难道还忍心出仕新朝为公卿吗？华歆、陈群为一代贤人，其立身之道也不过如此。杨彪谦辞以免招致祸患，也不敢有一句话涉及曹氏篡夺汉朝天下。自从党锢之祸以后，天下贤明的士大夫如李膺、范滂这一

膺、范滂之徒，屠戮殆尽，故所存者如是而已。士风不竞[4]，悲夫！章惇、蔡京为政[5]，欲殄灭元祐善类，正士禁锢者三十年，以致靖康之祸，其不为歆、群者几希矣。

类人，被屠杀殆尽，幸存下来的人就只能是这个样子了。士风不振，可悲啊！章惇、蔡京把持朝政，想要尽灭元祐年间的忠良，正直士人被禁止做官长达三十年，最终招致靖康之难，士人能不像华歆、陈群的恐怕极少了。

注释

❶ 耄（mào）年：老年。被病：谓疾病缠身。 ❷ 不怿（yì）：不悦，不高兴。 ❸ 党锢：东汉桓帝时宦官专权，士大夫李膺、陈蕃等联合太学生郭泰、贾彪等，猛烈抨击宦官集团。宦官诬告他们结为朋党诽谤朝廷，李膺等二百余人遭捕，后虽释放，但终身不许做官。灵帝时，李膺等复起用，与大将军窦武谋诛宦官。事败，李膺等百余人被杀，并陆续处死、流徙、囚禁六七百人。后泛指禁止党人担任官职并限制其活动。 ❹ 不竞：不振。 ❺ 蔡京：宋徽宗时奸相。

袁盎、温峤[1]

【原 文】

赵谈常害袁盎[2]，盎兄子种曰："君与斗，廷辱之，使其毁不用。"文帝出，谈参乘[3]，盎前曰："天子所与共六尺舆者[4]，皆天下豪英，陛下奈何与刀锯余人载[5]！"上

【译 文】

赵谈总是忌恨袁盎，袁盎的侄子袁种说："您跟他争斗，找机会在朝堂上当众羞辱他一回，让他所进谗言无所用。"汉文帝出行，赵谈在车上陪乘，袁盎走到车前说："有资格和天子共乘六尺舆的，都是天下的英雄豪杰，陛下为何与阉宦同乘！"皇帝听罢笑了笑，

笑，下谈，谈泣下车。温峤将去王敦，而惧钱凤为之奸谋[6]，因敦饯别，峤起行酒，至凤，击凤帻坠[7]，作色曰："钱凤何人，温太真行酒而敢不饮！"及发后，凤入说敦曰："峤于朝廷甚密，未必可信。"敦曰："太真昨醉，小加声色，岂得以此便相谗贰[8]。"由是凤谋不行。二者之智如此。

让赵谈下去，赵谈流着眼泪下了车。温峤将要离开王敦，又怕钱凤加害自己，趁着王敦办酒宴为他送别的机会，起身挨个敬酒，走到钱凤跟前，打落钱凤头巾，板着脸说道："钱凤你算个什么人，我温太真敬酒竟敢不喝！"等温峤出发以后，钱凤去见王敦说："温峤同朝廷关系密切，不一定可信。"王敦说："温太真昨日喝醉了，对你说话稍稍有点严厉，怎么能因这点小事就讲他坏话妄加猜疑。"由此，钱凤的奸谋没能得逞。这两人就是如此富有智慧。

注释

❶温峤：字太真。东晋大臣，曾抗击刘聪、石勒，从平王敦之乱、苏峻之乱。　❷赵谈：汉文帝时宦官。　❸参乘：陪乘或陪乘的人。古代乘车，尊者在左，御者在中，一人在右陪坐，称"参乘"或"车右"。　❹六尺舆：帝王所乘的车。　❺刀锯余人：谓刑余之人。此指宦官。　❻钱凤：王敦的谋士，曾多次怂恿王敦谋反，后兵败被斩。　❼帻（zé）：头巾。　❽谗贰：谗害，猜疑。

日饮亡何

【原文】

《汉书·爰盎传》："南方卑湿，君能日饮亡何。"颜师古

【译文】

《汉书·爰盎传》："南方卑湿，君能日饮亡何。"颜师古注释说：

注云："无何，言更无余事。"而《史记·盎传》作"日饮毋苛"，盖言南方不宜多饮耳。今人多用"亡何"字。

"无何，就是说没有别的事。"而《史记·袁盎传》作"日饮毋苛"，意思是说南方不宜多饮酒。如今人们大多用"亡何"的说法。

爰盎小人

【原 文】

爰盎真小人，每事皆借公言而报私怨，初非尽忠一意为君上者也。尝为吕禄舍人[①]，故怨周勃。文帝礼下勃，何豫盎事，乃有"非社稷臣"之语，谓勃不能争吕氏之事，适会成功耳，致文帝有轻勃心，既免使就国，遂有廷尉之难。尝谒丞相申屠嘉[②]，嘉弗为礼，则之丞相舍折困之[③]。为赵谈所害，故沮止其参乘[④]。素不好晁错，故因吴反事请诛之。盖盎本安陵群盗，宜其忮心忍戾如此[⑤]。死于刺客，非不幸也。

【译 文】

袁盎真是小人，每件事都借公而报私仇，根本不是竭尽忠诚一心一意为君主办事。他曾经做过吕禄的舍人，因此怨恨周勃。汉文帝礼遇周勃，与袁盎何干，而袁盎竟说周勃"非社稷臣"，即周勃不能在吕氏专权时拼死相争，不过碰巧诛杀诸吕成功而已，这就使文帝有轻慢周勃之心。后来周勃被免职回到封国，又有了发交廷尉下狱的祸难。袁盎曾谒见丞相申屠嘉，申屠嘉没有礼待他，袁盎就到丞相府折辱他。袁盎因被赵谈忌恨，便谏阻赵谈陪同皇帝乘车。袁盎一直不喜欢晁错，所以就借吴国造反之事请求诛杀他。袁盎本为安陵群盗中的一员，难怪他如此心怀猜忌、残忍乖张。后来他死于刺客之手，算他幸运了。

注释

❶ 吕禄：汉高祖皇后吕雉的侄子。吕后临朝称制，他被封为赵王。后为周勃等所诛。　❷ 申屠嘉：初从刘邦击项羽、英布。汉文帝时任丞相，封故安侯。❸ 折困：折挫困辱。　❹ 沮止：阻止。　❺ 忮（zhì）心：忌恨之心。

唐书判

【原文】

唐铨选择人之法有四[1]：一曰身，谓体貌丰伟；二曰言，言辞辩正；三曰书，楷法遒美；四曰判，文理优长。凡试判登科谓之“入等”，甚拙者谓之“蓝缕”，选未满而试文三篇谓之“宏辞”，试判三条谓之“拔萃”，中者即授官。既以书为艺，故唐人无不工楷法，以判为贵，故无不习熟。而判语必骈俪，今所传《龙筋凤髓判》及《白乐天集》“甲乙判”是也[2]。自朝廷至县邑，莫不皆然，非读书善文不可也。宰臣每启拟一事，亦必偶数十语，今郑畋《敕语堂判》犹存[3]。世俗喜道琐细遗事，参以滑稽，

【译文】

唐代选才授官的标准有四条：一是身体，要求身材魁梧面貌丰满；二是言谈，要求言语辞令铿锵雅正；三是书法，要求楷书法式遒劲刚美；四是判词，要求文辞流畅条理清晰。凡试判录取的称为“入等”，非常拙劣的称为“蓝缕”，守选期未满即想入仕须通过试文三篇称为“宏辞”，试判三条称为“拔萃”，考中的即授官职。既以书法为专业技能，所以唐人无不工于楷书；既以文理优长为贵，所以无不熟练掌握。而判词必须用对偶句，今天流传的《龙筋凤髓判》及《白乐天集》“甲乙判”就是如此。从朝廷到县城，无不如此。若非好好读书、擅长写作者不能至此。宰辅大臣每次启奏拟定一事，也必定是几十句对偶文辞，郑畋《敕语堂判集》至今犹存。民间喜欢那类谈论琐碎遗事、掺杂滑稽词语的判词，称之为

目为“花判”，其实乃如此，非若今人握笔据案，只署一字亦可。国初尚有唐余波，久而革去之。但体貌丰伟，用以取人，未为至论。

“花判”。其实原本就是这样，不像今天的人提笔坐在公案前，只签署一个字也行。本朝初年尚存唐代遗风，时间一久就无存了。只是把身材魁梧面貌丰满，作为选才的标准，是不妥当的。

注释

❶ 铨选：选才授官。 ❷《龙筋凤髓判》：唐张鷟撰，中国最早的判词专集。甲乙判：即白居易为参加“书判拔萃科”而撰写的一百多道判词，其中当事人的姓名都以甲、乙、丙、丁指代，故称“甲乙判”。 ❸ 堂判：府县官吏的诉讼判决。

古彝器①

【原文】

三代彝器其存至今者，人皆宝为奇玩。然自春秋以来，固重之矣。经传所记，取郜大鼎于宋②，鲁以吴寿梦之鼎贿荀偃③，晋赐子产莒之二方鼎，齐赂晋以纪甗、玉磬，徐赂齐以甲父之鼎，郑赂晋以襄钟，卫欲以文之舒鼎、定之鞶鉴纳鲁侯④，乐毅为燕破齐，祭器设于宁台⑤，大吕陈于元英⑥，故鼎反乎磨室

【译文】

夏、商、周三代彝器保存至今的，人们都视为珍奇古玩。其实自春秋以来，就对此非常看重了。《春秋》《左传》记载，鲁桓公自宋国取郜大鼎，鲁国拿吴国寿梦鼎送给荀偃，晋国赐给子产两个莒国方鼎，齐国拿纪国的甗、玉磬送给晋国，徐国把甲父鼎送给齐国，郑国把襄钟送给晋国，卫国要把卫文公的舒鼎、卫定公的鞶鉴送给鲁侯，乐毅替燕国打败齐国后把齐国祭器摆放在宁台、齐国大钟陈列于元英宫，

是已[7]。

把燕鼎送回磿室宫等都是例证。

注释

❶彝器：古代宗庙常用的青铜祭器的总称。如钟、鼎、尊、罍、俎、豆之属。❷郜大鼎：即郜史硕父鼎，原为周天子赐给同姓封国郜国的铜鼎。❸吴寿梦之鼎：原为吴王寿梦献给鲁国的铜鼎。❹鞶（pán）鉴：以铜镜为饰的革带。❺宁台：战国燕国台名。在今北京城西南。❻元英：即元英宫，燕国宫名。❼故鼎：昔日齐伐燕，得燕鼎，今返归燕，所以称“故鼎”。反：后多作“返”。磨室：为“磿（lì）室”之形误。燕国宫名。

玉蕊、杜鹃

【原文】

物以希见为珍，不必异种也。长安唐昌观玉蕊，乃今玚花，又名米囊，黄鲁直易为山矾者。润州鹤林寺杜鹃，乃今映山红，又名红踯躅者。二花在江东弥山亘野，殆与榛莽相似。而唐昌所产，至于神女下游，折花而去，以践玉峰之期[1]。鹤林之花，至以为外国僧钵盂中所移，上玄命三女下司之已逾百年，终归阆苑[2]。是不特土俗罕见，虽神仙亦不识也。王建《宫词》云：

【译文】

物以稀为贵，不一定非得是奇异品种。长安唐昌观玉蕊花，就是今天的玚花，又叫米囊，黄鲁直改称山矾。润州鹤林寺杜鹃花，就是今天的映山红，又名红踯躅。这两种花在江东漫山遍野，差不多和杂乱丛生的草木一样。而唐昌观玉蕊花，甚至引得仙女下凡游赏，折花而去，以赴玉峰仙人之会。鹤林寺杜鹃花，人们甚至认为是从外国僧人的钵盂中移来，上帝命三位仙女下凡掌管已有百年，最终将回归阆苑。这样说来，不只是民间罕见，纵使神仙也不认识。王建《宫词》

“太仪前日暖房来[3]，嘱向昭阳乞药栽[4]。敕赐一窠红踯躅[5]，谢恩未了奏花开。”其重如此，盖宫禁中亦鲜云。

写道：“太仪前日暖房来，嘱向昭阳乞药栽。敕赐一窠红踯躅，谢恩未了奏花开。”它贵重到如此地步，大概皇宫中也很稀有。

注释

❶ 玉峰：道家谓仙人所居之山峰。 ❷ 阆苑：阆风之苑，传说中仙人的住处。 ❸ 太仪：公主的母亲。 ❹ 昭阳：本为汉朝后宫之昭阳殿。后常代指皇后所居宫殿。 ❺ 窠：同“棵”。

礼寺失职[1]

【原文】

唐开元中，封孔子为文宣王，颜子为兖公[2]，闵子至子夏为侯[3]，群弟子为伯；本朝祥符中，进封公为国公，侯为郡公，伯为侯。绍兴二十五年，太上皇帝御制赞七十五首，而有司但具唐爵，故宸翰所标[4]，皆用开元国邑，其失于考据如此，今当请而正之可也。绍兴末，胡马饮江，既而自毙[5]，诏加封马当、采石、金山三水府。太常寺按籍，系四字王，当加至

【译文】

唐朝开元年间，封孔子为文宣王，颜子为兖公，闵子至子夏为侯，其他孔门弟子为伯；本朝大中祥符年间，又进封公为国公，侯为郡公，伯为侯。绍兴二十五年，太上皇帝亲自制赞七十五首，因有关官员仅开列唐代封爵，因此御笔所标注，都用开元年间的封邑，他们竟如此失于考据，现在应该请求其改正才行。绍兴末年，金人入侵，已至长江边，后来其自行溃退，我朝下诏加封马当、采石、金山三水府。太常寺查阅档案，三水府为四字王，应当加封至六字王。等到朝廷封王的告身传达到那

六字。及降告命至其处，庙令以旧告来，则已八字矣。逐郡为缴回新命，而别易二美名以宠之。礼寺之失职类此。方完颜亮据淮上，予从枢密行府于建康⑥，尝致祷大江，能令虏不得渡者，当奏册为帝。洎事定，朝廷许如约。朱丞相汉章曰："四渎当一体，独帝江神，礼乎？"予曰："惩劝之道，人神一也。彼洪河、长淮，受国家祭祀血食⑦，不为不久，当胡骑之来，如行枕席，唯大江滔滔天险，坐遏巨敌之冲，使其百万束手倒戈而退，此其灵德阴功，于河淮何如？自五岳进册之后⑧，今蒋庙、陈果仁祠亦称之⑨，江神之帝，于是为不忝矣。"朱公终以为不可，亦仅改两字。吁，可惜哉！

里，当地庙令拿来旧告，原来已经是八字王了。于是逐郡上缴新发诰命，又另外更换两个赞美的名号以示荣宠。太常寺失职大多是这种情况。当时完颜亮占据淮河一带，我跟随枢密行府在建康，曾向长江祈祷，如果能够阻遏金人渡江的话，就上奏请求册封江神为帝。等到战事结束，朝廷答应践约。朱汉章丞相说："四渎应为一体，只尊江神为帝，合于礼吗？"我说："惩戒奖劝的道理，人和神都一样。那黄河、长淮，享受国家祭祀血食，时间不可谓不久，金人铁骑入侵之时，渡河却如同行走于枕席之间，唯有长江滔滔天险，正当敌人必经之地，使敌人百万兵马束手无策而退去，长江这一神灵的恩德，相比黄河、长淮又当如何？自从五岳进升册封之后，如今蒋庙、陈果仁祠也都与之相当，长江神加封为帝，也是当之无愧的。"朱汉章最终还是认为不可，只在原有封号上改了两字。唉，真是可惜啊！

注释

❶礼寺：即太常寺。掌宗庙陵寝祭祀、礼乐仪制、天文术数、衣冠等。　❷颜子：即颜回，春秋时期鲁国人，孔子弟子。以德行著称，好学不倦，安贫乐道，不迁怒，不贰过。后世儒家尊其为"复圣"。　❸闵子：即闵损，字子骞。春秋

时期鲁国人，孔子弟子。性至孝，以德行与颜渊并称。 ❹ 宸翰：帝王的墨迹。❺ 自毙：指海陵王完颜亮之死。 ❻ 枢密行府：官署名。南宋时，枢密院长官开府于行在之外，主持军务，称枢密行府。 ❼ 血食：谓受祭祀。古代杀牲取血以祭，故称。 ❽ 五岳进册：宋真宗大中祥符年间封禅后，加东岳为天齐仁圣帝，南岳为司天昭圣帝，西岳为金天顺圣帝，北岳为安天元圣帝，中岳为中天崇圣帝。进册：进升册封。 ❾ 蒋庙：即蒋子文庙。庙中供奉的是东汉末年秣陵县尉蒋子文。蒋子文，东汉末广陵（今江苏扬州）人，汉末任秣陵县尉，因追逐盗贼而战死于钟山脚下。

徐凝诗

【原 文】

徐凝以《瀑布》“界破青山”之句[①]，东坡指为恶诗，故不为诗人所称说。予家有凝集，观其余篇，亦自有佳处。今漫纪数绝于此。《汉宫曲》云：“水色帘前流玉霜，赵家飞燕侍昭阳[②]。掌中舞罢箫声绝[③]，三十六宫秋夜长。”《忆扬州》云：“萧娘脸下难胜泪[④]，桃叶眉头易得愁[⑤]。天下三分明月夜，二分无赖是扬州。”《相思林》云：“远客远游新过岭，每逢芳树问芳名。长林遍是相思树，争遣愁人独自行。”《玩花》云：“一树梨花春向暮，雪枝残处怨风来[⑥]。明朝渐校无多去，看到黄昏

【译 文】

徐凝《瀑布》诗中有“界破青山”之句，被苏轼斥为恶诗，因此不被诗人们所称道。我家有徐凝集，读他的其他诗篇，发觉也自有佳妙之处。现在随手记下几首绝句在此。《汉宫曲》写道：“水色帘前流玉霜，赵家飞燕侍昭阳。掌中舞罢箫声绝，三十六宫秋夜长。”《忆扬州》写道：“萧娘脸下难胜泪，桃叶眉头易得愁。天下三分明月夜，二分无赖是扬州。”《相思林》写道：“远客远游新过岭，每逢芳树问芳名。长林遍是相思树，争遣愁人独自行。”《玩花》写道：“一树梨花春向暮，雪枝残处怨风来。明朝渐校无多去，看到黄昏不欲

不欲回。”《将归江外辞韩侍郎》云：“一生所遇唯元、白，天下无人重布衣。欲别朱门泪先尽[7]，白头游子白身归[8]。”皆有情致。宜其见知于微之、乐天也。但俗子妄作乐天诗，缪为赏激[9]，以起东坡之诮耳。

回。”《将归江外辞韩侍郎》写道：“一生所遇唯元、白，天下无人重布衣。欲别朱门泪先尽，白头游子白身归。”这些诗都颇有情致。可见，徐凝受知于元稹、白居易是有道理的。只是俗人冒名白居易作诗对徐凝妄为激赏，因而招致苏轼的责备。

注释

❶ 界破：划破。 ❷ 昭阳：即汉宫昭阳殿。 ❸ 掌中舞：相传汉成帝之后赵飞燕体态轻盈，能为掌中舞。 ❹ 萧娘：唐人诗中对女子的泛称。 ❺ 桃叶：东晋王献之爱妾名。此处借指爱妾或所恋的女子。 ❻ 雪枝：遍开梨花的树枝。 ❼ 朱门：古代王侯贵族的府第大门漆成红色，以示尊贵。 ❽ 白身：无功名无官职的士人。 ❾ 赏激：称赞鼓励。

梅花横参[1]

【原 文】

今人梅花诗词，多用“参横”字，盖出柳子厚《龙城录》所载赵师雄事[2]，然此实妄书，或以为刘无言所作也。其语云：“东方已白，月落参横。”且以冬半视之，黄昏时，参已见，至丁夜而西没矣[3]，安得将旦而横乎！

【译 文】

现在的人写作有关梅花的诗词，多用“参横”字眼，大约出自柳宗元《龙城录》所载赵师雄之事，然而这本书是伪书，有人认为是刘焘所作。《龙城录》说：“东方已白，月落参横。”姑且以仲冬月来看，黄昏时分，参星就已出现，到了深夜时分已西斜，怎会天将亮时还横斜秦少游诗[4]：“月落参横画角哀[5]，暗香消尽令人老。”承此误也。唯东坡云：“纷纷初疑月挂树，耿耿独与参横昏[6]。”乃为精当。老杜有“城拥朝来客，天横醉后参”之句，以全篇考之，盖初秋所作也。

于天上呢！秦观有诗写道：“月落参横画角哀，暗香消尽令人老。”就沿袭了这一错误。只有苏轼说：“纷纷初疑月挂树，耿耿独与参横昏。”此说才是精确允当的。杜甫有“城拥朝来客，天横醉后参”的诗句，从全篇来查考，大概是初秋时所作。

注释

❶横参（shēn）：参星横斜。指夜深。 ❷《龙城录》：志怪小说集，旧题柳宗元撰。龙城：今广西柳州。 ❸丁夜：四更时，即凌晨二时左右。 ❹秦少游：即秦观，字少游，又字太虚，号淮海居士。与黄庭坚、晁补之、张耒合称“苏门四学士”。 ❺画角：古管乐器。传自西羌。形如竹筒，本细末大，以竹木或皮革等制成，因表面有彩绘，故称。发声哀厉高亢，古时军中多用以警昏晓，振士气，肃军容。 ❻耿耿：明亮的样子。

致仕之失

【原文】

大夫七十而致事，谓之“得谢”，美名也。汉韦贤、薛广德、疏广、疏受，或县安车以示子孙[1]，卖黄金以侈君赐，为荣多矣。至于龚胜、郑弘辈，亦诏策褒表，郡县存问，合于

【译文】

士大夫七十岁致仕，称为“得谢”，这是美称。汉代的韦贤、薛广德、疏广、疏受，有的悬挂安车以传示子孙，有的变卖黄金以夸耀君主的恩赐，为的是展现自身荣耀很多。至于龚胜、郑弘等人，也是皇帝诏令表彰，郡县官员慰问，合乎三代尊敬老

三代敬老之义。本朝尤重之。大臣告老，必宠以东宫师傅、侍从。耆艾[②]若晁迥、孙奭、李柬之亦然。宣和以前，盖未有既死而方乞致仕者，南度之后，故实散亡，于是朝奉、武翼郎以上，不以内外高卑，率为此举。其最甚而无理者，虽宰相辅臣，考终于位[③]，其家发哀即服，降旨声钟给赙[④]，既已阅日，方且为之告廷出命，纶书之中[⑤]，不免有亲医药、介寿康之语。如秦太师、万俟丞相、陈鲁公、沈必先、王时亨、郑仲益是已[⑥]。其在外者，非易箦属纩[⑦]，不复有请，间千百人中有一二焉，则知与不知，骇惜其死，子弟游官远地，往往饮泣不宁，谒急奔命，故及无事日，不敢为之。绍兴二十九年，予为吏部郎，因轮对[⑧]，奏言："乞令吏部立法，自今日以往，当得致仕恩泽之人，物故者[⑨]，即以告所在州，州上省部[⑩]，然后覈考其平生，非有赃私过恶于式有累者，辄官其后人。若

人的礼俗。本朝尤其重视这一点。大臣年老辞官，必定优宠加官东宫师傅、侍从官。年老长者如晁迥、孙奭、李柬之也是这样。宣和以前，本来没有去世以后才请求辞官的，南渡之后，掌固史实散佚殆尽，于是自朝奉郎、武翼郎以上的官员，不论朝廷内外、官阶高低，都是这么做的。其中最过分无理的是，即使宰相辅弼大臣，在任期间享尽天年，他家里发丧穿孝服，朝廷降旨鸣钟给赙，已经过了几天，方才为死者发布致仕的诏书，诏书里还免不了有关请医问药、祝福长寿安康的话。如秦太师、万俟丞相、陈鲁公、沈必先、王时亨、郑仲益都是这样。那些外任官员，若非临终病危，不再请求致仕，偶尔千百人中有一两个请求致仕的，就不管认识还是不认识的，都会惊骇叹惜他的死去，远在外地为官的子弟，往往哭泣不安，告急奔回去治丧，所以若无事发生时，人们反而不敢告老辞官了。绍兴二十九年，我任吏部员外郎，因轮值面对，上奏说："请求皇上命吏部立下规制，自今以后，应当获得致仕待遇的人，有去世的，死讯即先上报所在州，再由州上报朝廷，然后公正考察他的一生，如果没有贪赃过恶干犯法度的，就封他的后人做官。如果真有能深明大义告老辞官，

真能陈义引年[11]，或辞荣知止者，乞厚其节礼，以厉风俗，贤于率天下为伪也。”太上览奏欣纳，曰：“朕记得此事之废方四十年，当如卿语。”既下三省，诸公多以为是，而首相汤岐公独难之，其议遂寝，今不复可正云。

或辞却荣华而知退止的，请求提高对他的四时节礼待遇，以此改善社会风尚，这远胜过带领全天下人弄虚作假。”太上皇览奏欣然采纳，说：“朕记得此事废止才四十年，应该依照你说的做。”提议下发三省。诸公多数表示同意，唯独首相汤思退不认可，这项提议就中止了，如今已经不能够再行改正了。

注释

❶县：同“悬”。安车：古代可以坐乘的小车。古车立乘，此为坐乘，故称安车。供年老的高级官员及贵妇人乘用。高官告老还乡或征召有重望的人，往往赐乘安车。安车多用一马，礼尊者则用四马。 ❷耆艾：尊长，师长。 ❸考终：老寿而死，善终。 ❹声钟给赙：即鸣钟致赙。本谓办理丧事，亦为死亡的委婉说法。 ❺纶书：即诏书。 ❻秦太师：即秦桧。万俟（mòqí）丞相：即万俟卨。依附秦桧，承桧意构陷岳飞成死狱。 ❼易箦（zé）：更换床席，指人将死之际。属纩（zhǔkuàng）：用新绵置于临死的人鼻前，验看是否还有气息。 ❽轮对：宋制，官员轮值上殿策对时政利弊，谓之“轮对”。 ❾物故：死亡。 ❿省部：朝廷中枢。 ⓫引年：谓古礼对年老而贤者加以尊养。后用以称年老辞官。

南班宗室[1]

【原 文】

南班宗室，自来只以本官奉朝请[2]。自隆兴以后[3]，始带宫

【译 文】

南班宗室，从来只以本官奉朝请。自隆兴年间以来，才加上宫观

观使及提举[4]。今嗣濮王、永阳、恩平、安定王以下皆然，非制也。

使和提举官衔。现在的嗣濮王、永阳郡王、恩平郡王、安定郡王以下都是如此，这不符合制度。

注释

❶ 南班：宋仁宗于南郊大祀时，赐皇族子弟的官爵，谓之南班。 ❷ 奉朝请：两汉朝廷给予退职大臣、宗室、外戚等的一种政治优待。古时诸侯春季朝会天子称朝，秋季朝见称请。宋朝无差遣的闲散官员及免职守本官的常参官等，例须五日（一说逢一、五日）一奉朝，亦称奉朝请。 ❸ 隆兴：宋孝宗赵昚年号。 ❹ 提举：这里指提举宫观。宋神宗熙宁五年（1072），规定武臣横行使及内侍两省押班以上领在京宫观为提举，其余以下官为提点。

省郎称谓[1]

【原文】

除省郎者，初降旨挥[2]，但云"除某部郎官"。盖以知州资序者当为郎中，不及者为员外郎[3]。及吏部拟告身细衔，则始直书之。其兼权者，初云"权某部郎官"，洎入衔及文书，皆曰"权员外郎"，已是它部郎中，则曰"权郎中"。至绍兴末，冯方以馆职摄吏部，欲为异，则系衔曰"兼权尚书吏部

【译文】

任命省部郎官，起初下诏敕，只说"除某部郎官"。这是因为朝廷内外都知道具有知州资历的应该为郎中，未及此资历者应为员外郎。等到吏部拟定授官的具体官衔，才予以写明。那些代理兼任的，先都写"权某部郎官"，等到授予具体官衔及拟定文书，都写"权员外郎"，如果已是其他省部郎中，就写"权郎中"。到绍兴末年，冯方以馆职兼任吏部员外郎，想要与众不同，就把官衔写作"兼权尚书吏部郎官"。

郎官"[4]。予尝扣其说，冯曰："所被省札只言'权郎官'，故不敢耳"。予曰："省札中岂有'尚书'二字乎？"冯无以对，然讫不肯改。自后相承效之，至今告命及符牒所书，亦云"权郎官"，固已甚野，至于尚左、侍右之名[5]，遂入除目[6]，皆小吏不谙熟故事，驯以致然，书之记注，为不美耳。

我曾请教他为什么这样写，冯方说："我所接到的省部文书只说'权郎官'，所以不敢写员外郎。"我说："省部文书里难道有'尚书'二字吗？"冯方无言以对，然而最终不肯改过来。自此以后陆续有人效仿他，到现在告身及符牒上所写，也说"权郎官"，本已不雅，至于尚左、侍右的名称，也被写进授官的文书，这都是小吏不熟悉旧制，顺随时俗造成的，把这写进起居注，实在不好。

注释

❶ 省郎：指皇帝的侍从官。因居省禁中，故称。尚书、中书、门下、秘书等官署初设于禁中，故沿用为官署通称。 ❷ 旨挥：帝王的诏敕、命令。 ❸ 员外郎：官名，为尚书省吏、户、礼、兵、刑、工六部诸司次官，协助长官郎中管理本司事务。 ❹ 系衔：官吏原职外别加的称呼名号。 ❺ 尚左：尚书左选。官署名。侍右：侍郎右选。官署名。 ❻ 除目：除授官吏的文书。

水衡都尉二事[1]

【原 文】

龚遂为渤海太守，宣帝召之，议曹王生愿从[2]，遂不忍逆。及引入宫，王生从后呼曰："天子即问君何以治渤海，宜

【译 文】

龚遂任渤海太守，汉宣帝召见他，议曹王生愿意跟随他一起去，龚遂不忍心回绝他。等到召龚遂进宫，王生跟在后面大声说："天子如果问

曰：‘皆圣主之德，非小臣之力也。’”遂受其言。上果问以治状，遂对如王生言。天子悦其有让，笑曰：“君安得长者之言而称之？”遂曰：“乃臣议曹教戒臣也。”上拜遂水衡都尉，以王生为丞[③]。予谓遂之治郡，功效著明，宣帝不以为赏，而顾悦其佞词乎！宜其起王成胶东之伪也。褚先生于《史记》中又载武帝时[④]，召北海太守[⑤]，有文学卒史王先生自请与太守俱[⑥]。太守入宫，王先生曰：“天子即问君何以治北海令无盗贼，君对曰何哉？”守曰：“选择贤材，各任之以其能，赏异等[⑦]，罚不肖。”王先生曰：“是自誉自伐功[⑧]，不可也。愿君对言：‘非臣之力，尽陛下神灵威武所变化也。’”太守如其言。武帝大笑曰：“安得长者之言而称之，安所受之？”对曰：“受之文学卒史。”于是以太守为水衡都尉，王先生为丞。二事不应相类如此，疑即龚遂，而褚

您怎样治理渤海郡，您应该说：‘这都是圣明天子的德泽，并不是小臣的力量所能左右。’”龚遂听了他的话。皇帝果然问到治理的情况，龚遂就照王生所说的回答。天子对他的谦让感到高兴，笑着说：“您是从哪里得到德高望重之人指点而说这番话的？”龚遂回答说：“是臣的议曹告诫臣的。”皇帝于是拜龚遂为水衡都尉，让王生为丞。我觉得龚遂治理渤海郡，成果显著，汉宣帝不对此进行奖赏，反而对他的花言巧语感到高兴！难怪会发生胶东相王成谎报治绩的事情。褚少孙在补写《史记》时，记载汉武帝曾召见北海太守，有个文学卒史王先生自请和太守一起前去。太守进宫时，王先生说：“天子要问起您是怎样治理北海使得境内无盗贼的，您怎么回答呢？”太守说：“选择贤能的人才，按他们的能力分别任用，奖赏成绩突出的，惩罚做得不好的。”王先生说：“这是自我称赞、夸耀功绩，不能这么说。您应该说：‘这不是依靠臣的能力，全仗陛下英明神武。’”太守依照他的话回答。武帝大笑说：“从哪里得到德高望重的人指点而说这番话的？是受了谁的指点？”太守回答说：“是臣手下的文学卒史教臣的。”于是拜太守为水衡都尉，任命王先生为丞。这两件事不应该如此相像，怀疑就是龚遂之事，而

误书也。

褚少孙写错了。

注释

❶水衡都尉：职官名。汉武帝元鼎二年（前115）始置，主掌上林苑，兼管皇室财物及铸钱。❷议曹：郡守的属吏。❸丞：此指水衡都尉丞。佐助水衡都尉掌上林苑。❹褚先生：指褚少孙。汉成帝时博士。司马迁死后，《史记》在流传过程中散佚了十篇，仅存目录。褚少孙做了续补工作。❺北海：即北海郡。治营陵（今山东昌乐东南）。❻文学卒史：官名。秦及汉初各卿及郡国皆置，主文学、教育、掌管学校，教授诸生，或掌典章故事，侍从顾问。后渐为文学掾史代替。❼异等：特等。❽自伐：自夸。

程婴、杵臼[1]

【原文】

《春秋》于鲁成公八年书晋杀赵同、赵括，于十年书晋景公卒，相去二年。而《史记》乃有屠岸贾欲灭赵氏[2]，程婴、公孙杵臼共匿赵孤，十五年景公复立赵武之说。以年世考之，则自同、括死后，景公又卒，厉公立，八年而弑，悼公立又五年矣，其乖妄如是。婴、杵臼之事，乃战国侠士刺客所为，春秋时风俗无此也。

【译文】

《春秋》于鲁成公八年记载晋国杀死赵同、赵括，在成公十年记载晋景公去世，两事相距两年。而《史记》竟有屠岸贾想要灭掉赵氏家族，程婴、公孙杵臼共同藏匿赵氏孤儿，过了十五年晋景公重新立赵武为赵氏继承人的记载。用信史的年代考察，自从赵同、赵括死后，两年后晋景公去世，晋厉公即位，八年后晋厉公被弑，晋悼公即位，又过五年才满十五年，《史记》的记载竟荒谬至此。程婴、公孙杵臼之事，是战国时侠士刺客的行为，春秋时期没有这种风俗。

元丰中，吴处厚以皇嗣未立[3]，上书乞立二人庙，访求其墓，优加封爵。敕令河东路访寻遗迹，得其冢于绛州太平县。诏封婴为成信侯，杵臼为忠智侯，庙食于绛[4]。后又以为韩厥存赵[5]，追封为公。三人皆以春秋祠于祚德庙。且自晋景公至元丰，千六百五十年矣，古先圣帝明王之墓尚不可考，区区二士，岂复有兆域所在乎[6]！绛郡以朝命所访，姑指它丘垄为之词以塞责耳[7]。此事之必不然者也。处厚之书进御，即除将作丞，狃于出位陈言以得宠禄[8]，遂有讦蔡新州十诗之事[9]，所获几何，诒笑无极，哀哉！

元丰年间，吴处厚因为皇太子尚未确立，上书请求为程婴和公孙杵臼立庙，寻访他们的墓地，加封优厚的爵位。皇上下令河东路寻求遗迹，在绛州太平县找到他们的坟墓。于是下诏封程婴为成信侯，公孙杵臼为忠智侯，在绛州立庙受祭。后来又因为韩厥保存了赵氏，追封其为公。三人都于春秋两季在祚德庙享受祭祀。且说自晋景公至宋神宗元丰年间，足足一千六百五十年，古圣先贤、圣明帝王的陵墓尚且不能查考，区区两位士人，哪里还有坟墓留存呢！绛州是因为朝廷命令寻访，姑且指定一处坟墓敷衍了事罢了。这事肯定不像所奏报的那样。吴处厚进呈奏书，随后就被任命为将作丞，他习惯靠着越位上奏来获求荣宠与禄位，于是就有攻击蔡确那十首诗的事情，他究竟靠这件事获益了多少，却遗留下无尽的笑柄，可悲啊！

注释

❶ 程婴、杵臼：即程婴与公孙杵臼。相传晋景公时，大夫屠岸贾为司寇，借口赵氏有罪，攻杀赵朔、赵同、赵括等，灭其族，赵朔妻有遗腹子，屠岸贾欲搜杀之。赵朔门客公孙杵臼，乃以另一子替下赵妻遗腹子。赵朔之友程婴则携赵氏孤儿藏于山中，将其抚养成人。 ❷ 屠岸：复姓。 ❸ 吴处厚：字伯固。邵武（今属福建）人。宋仁宗皇祐五年（1053）进士，为将作丞。 ❹ 庙食：谓死后立庙，受人奉祀，享受祭飨。 ❺ 韩厥：春秋时期晋国正卿。 ❻ 兆域：

墓地四周的疆界。亦指称墓地。 ❼ 丘垄：坟墓。 ❽ 狃（niǔ）：习惯。出位：越位，超越本分。 ❾ 讦（jié）：斥责别人的过失，揭发别人的隐私。

战国自取亡

【原 文】

秦以关中之地，日夜东猎六国[1]，百有余年，悉禽灭之。虽云得地利，善为兵，故四世有胜[2]，以予考之，实六国自有以致之也。韩、燕弱小，置不足论。彼四国者，魏以惠王而衰，齐以闵王而衰，楚以怀王而衰，赵以孝成王而衰，皆本于好兵贪地之故。魏承文侯、武侯之后，表里山河，大于三晋[3]，诸侯莫能与之争。而惠王数伐韩、赵，志吞邯郸，挫败于齐，军覆子死，卒之为秦所困，国日以蹙[4]，失河西七百里，去安邑而都大梁[5]，数世不振，讫于殄国。闵王承威、宣之后，山东之建国莫强焉[6]。而狃于伐宋之利，南侵楚，西侵三晋，欲并二周为天子[7]，遂为燕所屠。虽赖

【译 文】

秦国凭借关中的地理优势，接连向东攻袭六国，经过一百多年，终于把六国全部消灭。虽说是占据地理优势，善于用兵，因此百战百胜，但根据我的考察，实际上是六国自取灭亡。韩、燕两国弱小，放置一边不做讨论。其他四国，魏国因惠王而衰落，齐国因闵王而衰落，楚国因怀王而衰落，赵国因孝成王而衰落，都是因为好战贪图土地。魏国上承文侯、武侯之后，以高山大河天险作为屏障，在三晋当中最为强大，诸侯不能与之相争。而魏惠王多次攻伐韩、赵两国，想要吞并邯郸，终于被齐国打败，全军覆没，太子身亡，又被秦国困扰，国势日益削弱，随后丢失黄河以西七百里土地，被迫从安邑迁都大梁，几代不能振兴，最后亡国。齐闵王上承威王、宣王之后，崤山以东的诸侯国没有比它更强大的。而其贪图攻伐宋国的利益，南侵楚国，西侵三晋，想要吞并西周、东周而自为天子，最后被燕国屠戮。虽然依靠田单的力量，得以收复失去

田单之力[8]，得复亡城，子孙沮气[9]，孑孑自保，终堕秦计，束手为虏。怀王贪商於六百里，受诈张仪，失其名都，丧其甲士，不能取偿，身遭囚辱以死。赵以上党之地[10]，代韩受兵，利令智昏，轻用民死，同日坑于长平者过四十万，几于社稷为墟，幸不即亡，终以不免。此四国之君，苟为保境睦邻，畏天自守，秦虽强大，岂能加我哉！

的城池，但子孙沮丧不能振作，孤单自保，终于中了秦国的计谋，束手就擒。楚怀王贪图商於六百里土地，被张仪欺骗，丢失了国都，丧失了精兵，最终也未得到商於之地，反而身遭囚禁，受辱而死。赵国因为想得到上党，替韩国抵抗秦军，利令智昏，轻率地使民众赴死，一日之内被秦军坑杀在长平的兵卒超过四十万，国家几乎成为废墟，幸而没有立即灭亡，但最终还是不能幸免。这四国之君，如果能守卫边境，睦邻友好，敬畏天命，自守家国，秦国虽然强大，又能对其怎么样呢！

注释

❶ 东猎：向东攻袭。 ❷ 四世有胜：或作“百战百胜”。 ❸ 三晋：战国时赵、韩、魏三国的合称。赵氏、韩氏、魏氏原为晋国大夫，春秋末年，分晋各立为国，故称。 ❹ 蹙（cù）：缩小。 ❺ 安邑：魏国前期都城，在今山西夏县。大梁：今河南开封。 ❻ 山东：战国、秦汉时指函谷关、崤山以东。 ❼ 二周：指战国末期周王室分裂成的西周与东周两个小国。 ❽ 田单：战国时齐国临淄人。燕将乐毅破齐，他坚守即墨，被立为将军。他行反间计于燕，使燕惠王猜忌乐毅而改用骑劫为将，随即用火牛阵击败燕军，杀骑劫，相继收复七十余城，迎齐襄王入临淄。因功被封为安平君。后为齐王所忌，去齐赴赵，拜为赵相。 ❾ 沮气：丧气，情绪低落。 ❿ 上党：即上党郡。在今山西长治。

临敌易将

【原 文】

临敌易将，固兵家之所忌，然事当审其是非，当易而不易，亦非也。秦以白起易王龁而胜赵，以王翦易李信而灭楚[①]，魏公子无忌易晋鄙而胜秦[②]，将岂不可易乎？燕以骑劫易乐毅而败，赵以赵括易廉颇而败，以赵葱易李牧而灭[③]，魏使人代信陵君将亦灭，将岂可易乎？

【译 文】

临阵换将，固然是兵家大忌，然而事情应该细究是非，当换而不换，也是不对。秦国以白起替换王龁而战胜赵国，以王翦替换李信而消灭楚国，魏以公子无忌替换晋鄙而战胜秦国，又怎知不能临阵换将呢？燕国以骑劫替换乐毅而败，赵国以赵括替换廉颇而败，以赵葱替换李牧而导致灭亡，魏国派人代替信陵君为将也遭灭亡，难道说临战可以替换将领吗？

注 释

❶ 王翦：战国末年秦国大将，秦统一六国的具体实施者。曾率军攻破赵国、燕国、楚国，以功封武成侯。 ❷ 晋鄙：战国时期魏国将领。秦国攻打赵国，晋鄙奉魏安釐王之命率军救赵，但魏安釐王由于惧怕秦军干涉，便下令阻止晋鄙进军。魏安釐王之弟信陵君魏无忌用侯生谋，通过如姬盗取兵符，使力士朱亥椎杀晋鄙，夺其兵权而救赵国。 ❸ 李牧：战国末年赵国名将。曾大破秦军，以功封武安君。后赵王中秦反间计，李牧被郭开斩杀。

司空表圣诗[1]

【原 文】

东坡称司空表圣诗文高雅，有承平之遗风，盖尝自列其诗之有得于文字之表者二十四韵，恨当时不识其妙。又云："表圣论其诗，以为得味外味，如'绿树连村暗，黄花入麦稀'，此句最善。又'棋声花院闭，幡影石坛高'，吾尝独入白鹤观，松阴满地，不见一人，惟闻棋声，然后知此句之工，但恨其寒俭有僧态[2]。"予读表圣《一鸣集》，有《与李生论诗》一书，乃正坡公所言者。其余五言句云："人家寒食月[3]，花影午时天。""雨微吟足思，花落梦无憀[4]。""坡暖冬生笋，松凉夏健人。""川明虹照雨，树密鸟冲人。""夜短猿悲减，风和鹊喜灵[5]。""马色经寒惨，雕声带晚饥。""客来当意惬[6]，花发遇歌成。"七言句云："孤屿池痕春涨满，小栏花韵午晴初。""五更惆

【译 文】

苏轼称赞司空图的诗文品格高雅，大有太平时代遗风。司空图曾列举自己诗文中语言文字极其优美的二十四韵，苏轼对自己当初没看出其中的精妙深为遗憾。又说："司空图谈论自己的诗歌时，认为深得韵外之致，如'绿树连村暗，黄花入麦稀'，这句诗最妙。又如'棋声花院闭，幡影石坛高'，我曾独自去白鹤观，松荫满地，见不到一个人，只听见下棋的声音，然后才体会到这句诗的妙处，只可惜诗意单薄有僧人意态。"我读司空图《一鸣集》时，里面有《与李生论诗》的书信，正是上面苏轼所提到的。其余的五言诗句还有："人家寒食月，花影午时天。""雨微吟足思，花落梦无憀。""坡暖冬生笋，松凉夏健人。""川明虹照雨，树密鸟冲人。""夜短猿悲减，风和鹊喜灵。""马色经寒惨，雕声带晚饥。""客来当意惬，花发遇歌成。"七言诗句有："孤屿池痕春涨满，小栏花韵午晴初。""五更

怅回孤枕，由自残灯照落花。”皆可称也。

惆怅回孤枕，由自残灯照落花。”这些都值得称道。

注释

❶ 司空表圣：即司空图，字表圣，晚唐诗人、诗论家，撰有《二十四诗品》。 ❷ 寒俭：形容诗文等浅薄。 ❸ 寒食：节日名。在清明前一日或二日。相传春秋时晋文公负其功臣介之推。后来在其忌日禁火冷食，以为悼念，相沿成俗。 ❹ 无憀（liáo）：无聊而烦闷。 ❺ 鹊喜：鹊的鸣叫声。以鹊鸣为喜兆，故称。 ❻ 意惬：称心。

汉丞相

【原文】

汉丞相或终于位，或免就国，或免为庶人，或致仕，或以罪死，其复召用者，但为光禄大夫，或特进①，优游散秩②，未尝有除它官者也。御史大夫则间为九卿、将军。至东汉则大不然。始于光武时，王梁③罢大司空而为中郎将，其后三公去位，辄复为大夫、列卿。如崔烈历司徒、太尉之后，乃为城门校尉④，其体貌大臣之礼亦衰矣⑤。

【译文】

西汉丞相，有的老于任上，有的被免职回到封国，有的被罢为庶人，有的辞官，有的因罪处死，其中被再度召用的，也只任光禄大夫，或者赐位特进，悠闲而无固定职守，没有再授予其他官职的。御史大夫则有时为九卿、将军。到了东汉就大不相同。自光武帝始，王梁罢免大司空之后任职中郎将，以后三公离任，就再任大夫、列卿。但崔烈任司徒、太尉之后，才当个城门校尉，可见对大臣的礼遇衰微了。

注释

❶ 特进：官名。授予列侯中有特殊地位的人，位在三公下，可自辟僚属。❷ 散秩：闲散而无一定职守的官位。　❸ 王梁：东汉云台二十八将之一。　❹ 城门校尉：官名。掌京城诸城门警卫，领城门屯兵。　❺ 体貌：谓以礼相待，敬重。体，通“礼”。

册礼不讲[1]

【原 文】

唐封拜后妃、王公及赠官[2]，皆行册礼。文宗大和四年，以裴度守司徒、平章重事[3]，度上表辞册命，其言云：“臣此官已三度受册，有靦面目[4]。”从之。然则唐世以为常仪，辞者盖鲜。唯国朝以此礼为重，自皇后、太子之外，虽王公之贵，率一章乞免即止，典礼益以不讲，良为可惜！

【译 文】

唐代封拜后妃、王公及赠官，都要举行册礼。唐文宗大和四年，任裴度守司徒、平章军国重事，裴度上表辞谢册命，奏表里说：“臣为官已经三次受到册封，深感惭愧。”皇帝依了他。如此看来，唐代以册礼为寻常礼仪，很少有人辞谢不受。只有本朝以册礼为重，除皇后、太子之外，即使王公大臣，也大抵是一上奏章请求辞免，册礼就取消了，典礼也越来越不讲究，确实可惜！

注释

❶ 册礼：册立、册封的礼仪。　❷ 后妃、王公：指皇后、皇妃、宗王、国公。赠官：古时朝廷对功臣的先人或本人死后追封爵位官职。　❸ 守：唐代以品秩较低之人任职责较高之官为守某官。　❹ 靦（tiǎn）：惭愧。

卷第十一

十六则

将帅贪功

【原 文】

以功名为心，贪军旅之寄，此自将帅习气，虽古来贤卿大夫，未有能知止自敛者也。廉颇既老，饭斗米，肉十斤，被甲上马，以示可用，致困郭开之口①，终不得召。汉武帝大击匈奴，李广数自请行，上以为老，不许。良久乃许之，卒有东道失军之罪。宣帝时，先零羌反，赵充国年七十余，上老之，使丙吉问谁可将，曰："亡逾于老臣者矣。"即驰至金城，图上方略，虽全师制胜，而祸及其子卬。光武时，五溪蛮夷畔②，马援请行③，帝愍其老，未许。援自请曰："臣尚

【译 文】

把功名看得太重，贪恋统帅的重任，这原本就是将帅习气，即使是从古以来的贤明卿大夫，也没有能适可而止自我收敛的。廉颇既已年老，仍要吃一斗饭，十斤肉，身披盔甲上马，以表示自己可被任用，由此遭郭开进谗言，最终没被召用。汉武帝大举进攻匈奴，李广数次请求出征，汉武帝认为他已年老，不允许。过了很久终于同意，最终李广却犯下迷失于东道而贻误战机之罪。汉宣帝时，先零羌造反，赵充国已七十多岁，皇帝认为他已年老，派丙吉问他谁可为将，他回答说："没有谁能胜过我。"随后奔赴金城，呈上地图和作战策略，虽然大获全胜，却给其子赵卬招来杀身之祸。汉光武帝时，五溪蛮反叛，马援请求出征，光武帝怜悯他年老，不允许。马援请求说："臣还能

能被甲上马。”帝令试之，援据鞍顾眄，以示可用。帝笑曰：“矍铄哉，是翁也!”遂用为将，果有壶头之厄。李靖为相，以足疾就第，会吐谷浑寇边[4]，即往见房乔，曰：“吾虽老，尚堪一行。”既平其国，而有高甑生诬罔之事，几于不免。太宗将伐辽，召入谓曰：“高丽未服，公亦有意乎?”对曰：“今疾虽衰，陛下诚不弃，病且瘳矣[5]。”帝悯其老，不许。郭子仪年八十余，犹为关内副元帅，朔方、河中节度，不求退身，竟为德宗册罢。此诸公皆人杰也，犹不免此，况其下者乎!

身披盔甲上马。”光武帝命他试试，马援跨上马鞍环视左右，以表示尚可出战。光武帝笑道：“神气健旺啊，这位老翁!”于是用他为将，果然有壶头山之难。李靖为宰相，因为脚伤在家休养，适逢吐谷浑骚扰边境，就去见房玄龄说：“我虽然老了，但还可以一战。”平定吐谷浑之后，却有高甑生诬陷之事，几乎不能幸免。唐太宗准备征讨辽东，召见李靖，对他说：“高丽尚未臣服，您也有出征的打算吗?”李靖回答说：“现在我虽然有病身体衰弱，陛下如果不嫌弃我，我的病马上痊愈。”皇帝怜悯他年老，不同意。郭子仪八十多岁，还担任关内道副元帅，朔方、河中节度使，不想着功成身退，最后竟被唐德宗罢免了军职。这几位都是人中豪杰，尚且不能免于贪功求名，何况不如他们的人呢?

注释

❶郭开：战国末年赵国大臣，与廉颇有仇。　❷五溪：汉属武陵郡，为少数民族聚居地，在今湖南西部和贵州东部。　❸马援：东汉名将。建武十一年(35)为陇西太守，缮甲兵，安定西羌。建武十七年任伏波将军，率军南征，封新息侯。曾以男儿当“死于边野”“马革裹尸”自誓，出征匈奴、乌桓。后以高龄南征武陵五溪蛮，病卒军中。　❹吐谷(yù)浑：鲜卑慕容部的一支。本居辽东，西晋时在首领吐谷浑的率领下西徙至甘肃、青海间，至其孙叶延时，始号其国为吐谷浑。寇边：侵犯边境。　❺瘳(chōu)：病愈。

汉二帝治盗

【原 文】

汉武帝末年，盗贼滋起，大群至数千人，小群以百数。上使使者衣绣衣，持节虎符[①]，发兵以兴击，斩首大部或至万余级，于是作“沉命法”[②]，曰：“群盗起不发觉，觉而弗捕满品者，二千石以下至小吏主者皆死[③]。”其后小吏畏诛，虽有盗，弗敢发，恐不能得，坐课累府[④]，府亦使不言。故盗贼浸多，上下相为匿，以避文法焉。光武时，群盗处处并起。遣使者下郡国，听群盗自相纠擿[⑤]，五人共斩一人者除其罪。吏虽逗留回避故纵者[⑥]，皆勿问，听以禽讨为效[⑦]。其牧守令长坐界内有盗贼而不收捕者[⑧]，及以畏愞捐城委守者[⑨]，皆不以为负，但取获贼多少为殿最[⑩]，唯蔽匿者乃罪之。于是更相追捕，贼并解散。此二事均为治盗，而武帝之严，不若光武之

【译 文】

汉武帝末年，盗贼越来越多，大的盗贼团伙多达几千人，小的也有百人。皇帝派遣绣衣使者，持节握符，发兵进讨，把大部分盗贼都斩首了，首级多达上万，于是制定“沉命法”，规定：“盗贼出现而没有发觉，发觉了而没有捕获满额的，郡守以下至主事小吏都要处死。”此后小吏害怕被杀，即使有盗贼，也不敢揭发，恐怕抓捕不到，被上级考核而连累郡府，郡府也令其不要上报。所以盗贼逐渐增多，上下级相互隐瞒，以躲避法律制裁。汉光武帝时，盗贼团伙处处皆是。皇帝派遣使者下至郡国，听任盗贼互相纠举揭发，五个盗贼共同斩杀一贼的免其罪责。小吏即使逗留回避故意放纵，也都不予追究，只看擒获剿灭的成效。自牧守至令长等各级官员因境内有盗贼而不抓捕的，以及因为胆怯软弱弃城失职的，都不视为过失，只以捕贼数量多少为考核依据，只有藏匿盗贼之人才会被判有罪。于是盗贼互相抓捕，团伙也就解散了。这两件事都是惩办盗贼的，而汉武帝之策严厉，不如光武帝的宽缓，其效

宽，其效可睹也。

果都有目共睹。

注释

❶ 持节：古代使臣奉命出行，必执符节以为凭证。虎符：古代帝王授予臣下调兵遣将的信物，为虎形。背有铭文，剖为两半，右半留中央，左半给予地方官吏或统兵的将帅。调发军队时，朝廷使臣须持符验对，符合，始能发兵。 ❷ 沉命法：汉武帝时颁布的连坐法令。以严刑督责和惩治捕盗不力的官吏。 ❸ 二千石：汉制，郡守俸禄为二千石，即月俸谷百二十斛。世因称郡守为"二千石"。 ❹ 坐课：谓因上级考核。 ❺ 纠擿（tī）：纠举揭发。 ❻ 故纵：谓知人犯法而不检举，或故意开脱其罪。 ❼ 禽讨：即擒讨。擒获处治。❽ 牧守：州郡的长官。州官称牧，郡官称守。令长：县之长官。万户以上曰令，以下曰长。 ❾ 畏愞（nuò）：胆怯软弱。 ❿ 殿最：古代考核政绩或军功，下等为"殿"，上等为"最"。

汉唐封禅

【原文】

汉光武建武三十年，车驾东巡，群臣上言，即位三十年，宜封禅泰山。诏曰："即位三十年，百姓怨气满腹，吾谁欺？欺天乎！何事污七十二代之编录！若郡县远遣吏上寿，盛称虚美，必髡令屯田[①]。"从此群臣不敢复言。后二年，上斋，夜读《河图会昌符》，曰"赤

【译文】

汉光武帝于建武三十年巡视东方，群臣上奏说，陛下即位三十年，应当封禅泰山。光武帝下诏说："即位三十年，百姓怨气满腹，我欺骗谁呢？欺骗上天吗！为何要玷污七十二代帝王封禅的记录呢！如果郡县大老远地派遣官吏前来上寿，极力称誉凭空赞美，必定把他处以髡发之刑令其屯田。"从此群臣再不敢说封禅之事。过了两年，皇帝斋戒，夜里读《河图

刘之九[②]，会命岱宗[③]”，感此文，乃诏梁松等案索“河洛”谶文言九世封禅事者[④]，遂奏三十六事。于是求武帝元封故事，以三月行封禅礼。唐太宗贞观五年，群臣以四夷咸服，表请封禅，诏不许。六年，复请，上曰：“卿辈皆以封禅为帝王盛事，朕意不然。若天下乂安，家给人足，虽不封禅，庸何伤乎！昔秦始皇封禅，而汉文帝不封禅，后世岂以文帝之贤不及始皇邪？且事天，扫地而祭[⑤]，何必登泰山之颠，封数尺之土，然后可以展其诚敬乎！”已而欲从其请。魏郑公独以为不可，发六难以争之，至以谓“崇虚名而受实害”。会河南北大水，遂寝。十年，复使房乔裁定其礼，将以十六年二月有事于泰山，会星孛太微而罢[⑥]。予谓二帝皆不世出盛德之主，灼知封禅之非，形诸诏告，可谓著明。然不能几时，自为翻覆。光武惑于谶记，太宗好大喜名，以今观之，盖

会昌符》，书上说“赤刘之九，会命岱宗”，皇帝有所感悟，就诏令梁松等人查考《河图》《洛书》里关于九世封禅的记载，梁松等上奏了有三十六条谶文。于是查考汉武帝元封封禅的典章制度，在三月举行封禅大礼。唐太宗贞观五年，群臣认为四夷都已臣服，上表请求封禅，皇帝不同意。贞观六年，又上表请求，太宗说：“卿等都把封禅当成帝王盛事，朕不这么认为。如果天下安定，家家富裕人人丰足，虽然不封禅，又有什么损害呢？过去秦始皇封禅，而汉文帝不封禅，后世难道会认为汉文帝不如秦始皇贤明吗？况且要敬奉上天，将地面扫除干净就可举行祭祀，何必一定要登上泰山的顶峰，筑起几尺高的土坛，然后才展示对天地的诚敬之心呢！”后来又想接受群臣的请求。唯独魏徵认为不可，皇帝连发六问而魏徵针锋相对，甚至说封禅是“崇奉虚名而受实祸”。又正巧碰上黄河南北两岸发大水，这事就中止了。贞观十年，太宗又命房玄龄拟定封禅典礼，准备在十六年二月封禅泰山，又碰上彗星映射太微垣而作罢。我认为汉光武帝和唐太宗都是举世罕有的盛德君主，深知封禅的坏处，而且记在诏告里，可以说是很明智了。然而没过多久，自己又改变决定。汉光武帝被谶语所迷惑，唐太宗好大喜功，现在看

所以累善政耳。

来，这都有损于他们的善政。

注释

❶髡（kūn）：古代一种剃去头发的刑罚。❷赤刘之九：汉以火德，故云赤。光武帝是汉高祖九世孙，故云九。后因指东汉光武帝刘秀。❸岱宗：即泰山。泰山旧谓居五岳之首，为诸山所宗，故称。❹河洛：即《河图》《洛书》。古代认为出现《河图》《洛书》是帝王受命之祥瑞。❺扫地而祭：将地面扫除干净举行祭祀。❻太微：古代星官名。也用以指称朝廷或帝王所居。

汉封禅记

【原文】

应劭《汉官仪》载马第伯《封禅仪记》①，正纪建武东封事，每称天子为“国家”。其叙山势峭崄、登陟劳困之状极工②，予喜诵之。其略云：“是朝上山，骑行，往往道峻峭，下骑步，牵马，乍步乍骑且相半。至中观③，留马，仰望天关④，如从谷底仰观抗峰⑤。其为高也，如视浮云。其峻也，石壁窅窱⑥，如无道径。遥望其人，端如行朽兀，或为白石，或雪。久之，白者移过树，乃

【译文】

应劭《汉官仪》记载马第伯《封禅仪记》，正记录了建武年间汉光武帝东封泰山之事，文章中每提到天子就称为“国家”。文中叙述山势高陡险峻、登攀劳苦的情形极为精细，我很喜欢诵读。文章大略写道：“这天早晨上山，骑马前进，往往道路陡峭，不得不下马步行，牵着马，时而步行时而骑马，各占一半。到了中天门，留下马，仰望南天门，如从谷底仰望高峰。山峰之高，如同仰望浮云。山峰之险，石壁深远，好像没有道路。远望山上的人，有的像行走的枯木，有的像白石，有的像雪。过了很久，白的移过树木，才知道是人。

知是人也。殊不可上，四布僵卧石上，亦赖赍酒脯[7]，处处有泉水。复勉强相将行，到天关。自以已至也，问道中人，言尚十余里。其道旁山胁[8]，仰视岩石松树郁郁苍苍，若在云中。俯视溪谷，碌碌不可见丈尺[9]。直上七里，赖其羊肠逶迤[10]，名曰环道，往往有緪索[11]，可得而登也。两从者扶挟，前人相牵，后人见前人履底，前人见后人顶，如画。初上此道，行十余步一休。稍疲，咽唇燋[12]，五六步一休，牒牒据顿地[13]，不避暗湿，前有燥地，目视而两脚不随。”又云：“封毕，诏百官以次下，国家随后。道迫小，步从匍匐邪上，起近炬火，止亦骆驿。步从触击大石，石声正讙讙[14]，但讙讙石无相应和者。肠不能已，口不能默。明日，太医令问起居[15]，国家云：‘昨上下山，欲行迫前人，欲休则后人所蹈，道峻危险。国家不劳。’”又云：“东山名曰日观[16]，鸡一鸣时，见日始欲出，

实在上不去，大伙儿就四处散开躺在石头上歇息，也幸好带着酒和肉干，随处还有泉水。又勉强互相搀扶前行，到了南天门。自以为到了，问路上的人，说还有十多里。那路旁的山峡，抬头看去，岩石上的松树郁郁苍苍，如同在云端。俯视溪谷，乱石累累，看不清大小。直上行走七里路，靠的是那蜿蜒曲折的羊肠小道，名为环道，道旁处处有大绳索，可以拉着攀登。两名随从搀扶着，前面的人拉着向上爬，后面的人看见前人的鞋底，前面的人看见后人的头顶，如同画中一样。刚开始登上这条道时，走十多步就歇一次。后来疲烦，口干舌燥，走五六步就得歇一次，频频停下来休息，也顾不得阴冷潮湿，前面有干燥的地方，眼睛看着却一步也走不动。”又写道：“封坛祭天完毕，诏令百官按次序下山，国家跟在后面。道路拥挤狭窄，随从手脚并用爬着前进，前头的接近火把，后面连续不断。随从敲击大石，声音很响，但没有互相应和的。肚子饿的叫个不停，口里喘气也不能停歇。第二天，太医令问候起居，国家说：‘昨天上山下山，想往前走会挤到前头的人，想停下来又会被后面的人踩踏，道路陡峭危险。国家不劳累。’”又写道：“东山名叫日观峰，鸡叫头一遍，就看见太阳冉冉升起，有三丈多高。远

长三丈所。秦观者望见长安，吴观者望见会稽[17]，周观者望见齐。”凡记文之工悉如此，而未尝见称于昔贤，秦、吴、周三观，亦无曾用之者。今应劭书脱略，唯刘昭补注《东汉志》仅有之[18]，亦非全篇也。

望秦地可看见长安，远望吴地可看见会稽，近望四周可看见齐地。”整篇文章记叙之细致都是如此，却没得到前贤的称道，秦、吴、周三观的说法，也没被人引用过。现在应劭的书有脱漏部分，只有刘昭补注的《东汉志》中还有这篇文章，但也不是全篇了。

注释

❶应劭：东汉人，博览多闻，撰有《风俗通义》《汉官仪》等。《汉官仪》：此书主要记录汉代职官制度，朝会、郊祀、封禅仪式，以及有关车服玺绶的规定。马第伯：东汉光武帝时人。建武三十二年（56），光武帝登封泰山，马第伯随往，就自己的经历和见闻，作《封禅仪记》，详尽地记录了所见所感，文理清晰，着墨洁净，且颇富文采。❷登陟：登山陟岭。❸中观：泰山中天门。❹天关：泰山南天门。❺抗：通“亢”。高，大。❻窅窱（yǎotiǎo）：幽深的样子。❼赍（jī）：携带。❽山胁：犹山峡。❾磥磥：石美貌。❿逶迤：蜿蜒曲折。⓫緪（gēng）：大绳索。⓬燋：同“焦”。⓭牒牒：频频。⓮讙讙（huānhuān）：喧闹。⓯太医令：官名。秦置。西汉时太常、少府皆置，属太常者为百官治病，属少府者为宫廷治病。⓰日观：即泰山日观峰。⓱会（kuài）稽：即会稽郡。秦始皇时以吴地置会稽郡，治吴县（今江苏苏州）。⓲刘昭：南朝梁史学家。曾补注司马彪《续汉书》“八志”，后并入范晔《后汉书》。

杨虞卿

【原文】

刘禹锡有《寄毗陵杨给事》

【译文】

刘禹锡《寄毗陵杨给事》诗写

诗云[1]："曾主鱼书轻刺史，今朝自请左鱼来。青云直上无多地，却要斜飞取势回。"以其时考之，盖杨虞卿也。案，唐文宗大和七年，以李德裕为相，与之论朋党事。时给事中杨虞卿、萧澣，中书舍人张元夫依附权要，上干执政，下挠有司。上闻而恶之，于是出虞卿为常州刺史，澣为郑州刺史，元夫为汝州刺史，皆李宗闵客也。它日，上复言及朋党，宗闵曰："臣素知之，故虞卿辈，臣皆不与美官[2]。"德裕曰："给事中、中书舍人非美官而何!"宗闵失色。然则虞卿之刺毗陵，乃为朝廷所逐耳，禹锡犹以为自请，诗人之言，渠可信哉!

道："曾主鱼书轻刺史，今朝自请左鱼来。青云直上无多地，却要斜飞取势回。"根据写诗的时间考证，杨给事指的是杨虞卿。案，唐文宗大和七年，以李德裕为相，皇帝与他讨论朋党之事。当时给事中杨虞卿、萧澣，以及中书舍人张元夫依附权贵，在上冒犯执政大臣，在下干扰各部门。皇帝听说后很厌恶他们的为人，于是外放杨虞卿为常州刺史，萧澣为郑州刺史，张元夫为汝州刺史，这三人都是李宗闵门客。有一天，皇帝又说及朋党，李宗闵说："我一向了解他们，所以杨虞卿等人，我都不曾给他们高官。"李德裕说："给事中、中书舍人不是高官是什么?"李宗闵吓得脸色都变了。如此说来，杨虞卿出任常州刺史，是被朝廷贬逐的，刘禹锡还说是自请外任。诗人的话，怎能轻易相信呢!

注释

❶《寄毗陵杨给事》：此诗作于唐文宗大和七年（833），杨虞卿自给事中出为常州刺史，刘禹锡时为苏州刺史。毗陵：常州的古称。 ❷ 美官：位高禄厚的官职。

《屯》《蒙》二卦[1]

【原 文】

《屯》《蒙》二卦，皆二阳而四阴。《屯》以六二乘初九之刚，《蒙》以六三乘九二之刚。而《屯》之爻曰："女子贞不字[2]，十年乃字。"《蒙》之爻曰："勿用取女，见金夫[3]，不有躬。"其正邪不同如此者。盖《屯》二居中得正，不为初刚所诱，而上从九五，所以为贞。《蒙》三不中不正，见九二之阳，悦而下从之，而舍上九之正应，所以勿用。士之守身居世，而择所从所处，尚监兹哉！

【译 文】

《屯》《蒙》两卦，都是两个阳爻四个阴爻。《屯》以六二凌驾于初九之阳刚，《蒙》以六三凌驾于九二之阳刚。而《屯》的爻辞说："女子守贞节而不孕，满十年才孕。"《蒙》的爻辞说："此女不宜娶，此女眼中唯有刚夫美男，会不顾身份而亲自追求。"其正邪就是如此不同。这是因为《屯》卦六二居中得正，不被初九之阳刚所引诱，而向上与九五相互对应，所以说是贞节。《蒙》卦六三居位不中不正，见九二之阳刚，就喜欢而向下跟从，舍弃与上九的正当对应，所以说不宜娶。读书人立身处世，选择追随对象和处世之法，还要借鉴这些道理啊！

注 释

❶《屯（zhūn）》：卦名，震下坎上。《蒙》：卦名，坎下艮上。　❷字：怀孕。　❸金夫：刚夫。指刚强的男子。一说指多金的男子。

汉诽谤法

【原 文】

汉宣帝诏群臣议武帝庙乐[①]，夏侯胜曰："武帝竭民财力，奢泰[②]亡度，天下虚耗，百姓流离，赤地数千里，亡德泽于民，不宜为立庙乐。"于是丞相、御史劾奏胜非议诏书，毁先帝，不道。遂下狱，系再更冬，会赦，乃得免。章帝时，孔僖、崔骃游太学[③]，相与论武帝始为天子，崇信圣道，及后恣己，忘其前善。为邻房生告其诽谤先帝，刺讥当世，下吏受讯。僖以书自讼[④]，乃勿问。元帝时，贾捐之论珠崖事曰："武帝籍兵厉马[⑤]，攘服夷狄，天下断狱万数，寇贼并起，军旅数发，父战死于前，子斗伤于后，女子乘亭障[⑥]，孤儿号于道，老母寡妇，饮泣巷哭，是皆廓地泰大、征伐不休之故也[⑦]。"考三人所指武帝之失，

【译 文】

汉宣帝下诏令群臣讨论汉武帝宗庙的祭祀音乐，夏侯胜说："武帝耗竭百姓财力，奢侈无度，以致国库耗竭，百姓流离失所，土地荒芜数千里，对百姓没有德惠，不应为他设立庙乐。"于是丞相、御史弹劾夏侯胜妄议诏书，毁谤先帝，大逆不道。于是把他下狱，监禁了两年，遇到大赦，才得赦免。汉章帝时，孔僖、崔骃在太学读书，一起谈论汉武帝初即位时，崇信圣明之道，后来却肆意放纵自己，忘记了先前的善政。结果被隔壁太学生告发他们诽谤先帝，讽刺当代，于是交由有关官吏审讯。孔僖上书为自己辩护，才没被问罪。汉元帝时，贾捐之议论珠崖一事说："武帝厉兵秣马，征讨夷狄，天下判处有罪者数以万计，盗贼蜂拥而起，军队连年出征，父亲先战死，儿子后又受伤，妇女也被迫戍边，孤儿在道旁号哭，老母寡妇，在里巷中吞声饮泣，这都是过度扩张疆土、征伐不停所致。"考查这三人所指武帝的过失，贾捐之的话最痛切。而三位皇帝却对相关指斥有的问罪有的没问罪，难道

捐之言最切。而三帝或罪或否，岂非夏侯非议诏书，僖、骃诽谤，皆汉法所禁，如捐之直指其事，则在所不问乎！

不是因为夏侯胜妄议诏书，孔僖、崔骃诽谤先帝，都是汉朝法令所禁止的，像贾捐之这样直接指斥事实，所以不在问罪之列吗？

注释

❶ 庙乐：宗庙音乐，用于祭祀或颂德。 ❷ 奢泰：奢侈无度。 ❸ 太学：古代的最高学府。始于西周，汉以后成为传授儒家经典、培养统治人才的场所。 ❹ 自讼：为自己申诉。 ❺ 籍兵厉马：喂饱战马，磨快兵器。指做好战斗准备。 ❻ 亭障：古代边塞要地设置的堡垒。 ❼ 廓：开拓。

谊、向触讳

【原文】

贾谊上疏文帝[①]，曰："生为明帝，没为明神[②]。使顾成之庙[③]，称为太宗[④]，上配太祖，与汉亡极。虽有愚幼不肖之嗣，犹得蒙业而安。植遗腹[⑤]，朝委裘[⑥]，而天下不乱。"又云："万年之后[⑦]，传之老母弱子。"此既于生时谈死事，至云"传之老母"，则是言其当终于太后之前，又目其嗣为"愚幼不肖"，可谓指斥，而帝

【译文】

贾谊上疏汉文帝，说："生为英明的皇帝，死为圣明的神灵。要使顾成庙的庙号，称为太宗，上与太祖相配，与汉朝永远同在。即使有顽愚不成器的后代，仍可承蒙祖先基业而平安。即使临终无嗣嘱立遗腹子，帝位虚设只能朝拜先皇遗服，天下也不会动乱。"又说："陛下万年之后，帝业传给老母幼子。"这既是在皇帝活着时谈论他死后的事，甚至提到"将帝业传给老母"，这是说皇帝会死于太后之前，又把皇帝的继承人说成"愚幼不肖"，可以说在斥责了，而皇帝

不以为过，谊不以为疑。刘向上书成帝谏王氏事，曰："王氏与刘氏，且不并立，陛下为人子孙，守持宗庙，而令国祚移于外亲，降为皂隶[8]，纵不为身，奈宗庙何！"又云："天命所授者博，非独一姓。"此乃于国存时说亡语，而帝不以为过，向不以为疑，至乞"援近宗室"，几于自售，亦不以为嫌也。两人皆出于忠精至诚，故尽言触忌讳而不自觉。文帝隆宽待下，圣德固尔；而成帝亦能容之，后世难及也。

不认为这是罪过，贾谊也不因此而有所顾虑。刘向上书汉成帝进谏关于外戚王氏专权的事，说："王氏和刘氏，将会势不两立，陛下作为刘氏子孙，守护宗庙，却把国家移交到外戚手中，将刘氏降为奴仆，陛下即使不为您自己考虑，难道也不为刘氏宗庙考虑吗！"又说："天下接受天命的人很多，不只有刘姓一家。"这是在国家尚存时说的亡国之语，而皇帝不认为这是罪过，刘向也不以此为顾虑，甚至请求"援近宗室"，几乎是在自我举荐了，也不认为有什么不妥当。这二人都出于至忠至诚，因而把话说透触犯忌讳而不觉察。汉文帝对待臣子宽厚，固然出于圣德；而汉成帝也能容许臣子如此，这是后世难以企及的。

注释

❶ 疏：指《陈政事疏》，又称《治安策》。 ❷ 没：同"殁"。死。 ❸ 顾成之庙：即顾成庙，汉文帝庙。 ❹ 太宗：汉文帝的庙号。 ❺ 植遗腹：皇帝临终无子，遗嘱以遗腹子继位。 ❻ 委裘：此谓旧君已死，唯置其遗衣于座而受朝。 ❼ 万年之后：死亡的讳语。 ❽ 皂隶：古代贱役。

小贞、大贞

【原 文】

人君居尊位，倒持太阿[1]，

【译 文】

君主居于尊位，轻易把权柄交

政令有所不行，德泽有所不下，身为寄坐[2]，受人指麾[3]，危亡之形，且立至矣。故《易》有“屯其膏，小贞吉，大贞凶”之戒[4]，谓当以渐而正之。说者多引鲁昭公、高贵乡公为比[5]。予谓此自系一时国家之隆替、君身之祸福，盖有刚决而得志、隐忍而危亡者，不可一概论也。汉宣帝之诛霍禹，和帝之诛窦宪，威宗之诛梁冀[6]，魏孝庄之诛尔朱荣[7]，刚决而得志者也。鲁昭公之讨季氏，齐简公之谋田常，高贵乡公之讨司马昭，晋元帝之征王敦，唐文宗之谋宦者，潞王之徙石敬瑭[8]，汉隐帝之杀郭威，刚决而失者也。若齐郁林王知鸾之异志，欲取之而不能；汉献帝知曹操之不臣，欲图之而不果；唐昭宗知朱温之必篡，欲杀之而不克，皆翻以及亡，虽欲小正之，岂可得也！

付与人，以致政令不能推行，德泽不能流布，身处客位，受人摆布，危急灭亡的形势，随时会来到。所以《周易》有“屯其膏，小贞吉，大贞凶”的警诫，说的是应当重视征兆并逐渐扭转形势使之走向正道。议论者大多引鲁昭公、高贵乡公为例。我认为这一点自是取决于国家一时的兴衰、君主自身的祸福，有刚强果决而得志、隐忍克制而导致覆亡的，不可一概而论。汉宣帝诛杀霍禹，汉和帝诛杀窦宪，汉桓帝诛杀梁冀，北魏孝庄帝诛杀尔朱荣，这都是刚强果决而得志的。鲁昭公讨伐季氏，齐简公谋划驱逐田常，曹魏高贵乡公讨伐司马昭，晋元帝征讨王敦，唐文宗谋诛宦官，后唐潞王移徙石敬瑭，汉隐帝诛杀郭威，这些都是刚强果决却不幸失败的。至于像南齐郁林王明知萧鸾有篡位之心，想要除掉他却不能够；汉献帝明知曹操有不臣之心，想要除掉他却没成功；唐昭宗知道朱温一定篡位，想要杀他却做不到，这些都反而导致了自身的灭亡，即使想逐渐地扭转形势走向正道，难道办得到吗！

注释

❶ 倒持太阿：比喻把权柄交付他人，反受其害。太阿：古宝剑名。相传为春秋

时欧冶子、干将所铸。❷寄坐：谓居客位。比喻地位不稳且无实权。❸指麾：指挥。❹膏：润泽。❺高贵乡公：即曹髦，魏文帝曹丕之孙。❻威宗：即汉桓帝刘志，庙号威宗。❼魏孝庄：即北魏孝庄帝元子攸。❽潞王：即后唐末帝李从珂。明宗李嗣源养子，赐名从珂。石敬瑭：沙陀族，后唐明宗女婿，引契丹兵灭后唐。五代后晋开国皇帝。

唐诗戏语

【原文】

士人于棋酒间，好称引戏语，以助谭笑①，大抵皆唐人诗，后生多不知所从出，漫识所记忆者于此。"公道世间惟白发，贵人头上不曾饶"，杜牧《送隐者》诗也。"因过竹院逢僧话，又得浮生半日闲"②，李涉诗也。"只恐为僧僧不了，为僧得了尽输僧""啼得血流无用处，不如缄口过残春"，杜荀鹤诗也。"数声风笛离亭晚，君向潇湘我向秦"③，郑谷诗也。"今朝有酒今朝醉，明日愁来明日愁""劝君不用分明语，语得分明出转难""自家飞絮犹无定，争解垂丝绊路人""明年更有新条在，挠乱春风卒未休""采得百花成蜜后，不知辛苦为谁甜"，罗隐诗

【译文】

读书人在下棋饮酒的时候，喜欢引用一些戏谑的话，以助谈笑，大部分都是唐人的诗句，年轻人大多不知道这些诗的出处，在这里随便记录一些我记得的。"公道世间惟白发，贵人头上不曾饶"，出自杜牧《送隐者》一诗。"因过竹院逢僧话，又得浮生半日闲"，出自李涉的诗句。"只恐为僧僧不了，为僧得了尽输僧""啼得血流无用处，不如缄口过残春"，为杜荀鹤诗。"数声风笛离亭晚，君向潇湘我向秦"，为郑谷诗。"今朝有酒今朝醉，明日愁来明日愁""劝君不用分明语，语得分明出转难""自家飞絮犹无定，争解垂丝绊路人""明年更有新条在，挠乱春风卒未休""采得百花成蜜后，不知辛苦为谁甜"，为罗隐诗。高骈在剑南西川节度使任上，修筑城墙抵

也。高骈在西川，筑城御蛮，朝廷疑之，徙镇荆南[4]，作《风筝》诗以见意，曰："昨夜筝声响碧空，宫商信任往来风[5]。依稀似曲才堪听，又被吹将别调中。"今人亦好引此句也。

御南蛮，朝廷怀疑他别有所图，调他镇守荆南，他作《风筝》诗以抒发心意，诗中写道："昨夜筝声响碧空，宫商信任往来风。依稀似曲才堪听，又被吹将别调中。"现在的人也喜欢引用这首诗。

注释

❶谭笑：说笑。　❷浮生：以人生在世，虚浮不定，因称人生为"浮生"。❸潇湘：借指湖南地区。　❹荆南：唐、五代时方镇名。治荆州（今湖北荆州）。　❺宫商：泛指音律。信任：任随，听凭。

何进、高叡[1]

【原文】

东汉末，何进将诛宦官，白皇太后悉罢中常侍、小黄门，使还里舍[2]。张让子妇[3]，太后之妹也。让向子妇叩头，曰："老臣得罪，当与新妇俱归私门[4]，唯受恩累世，今当远离宫殿，愿复一入直，得暂奉望太后颜色，死不恨矣。"子妇为言之，乃诏诸常侍皆复入直。不数日，进乃为让所杀，董卓随以兵至，让等

【译文】

东汉末年，何进要诛杀宦官，奏请皇太后罢免所有中常侍、小黄门，让他们回老家。张让养子之妻，是何太后的妹妹。张让向儿媳叩头，说："老臣我有罪，应该带着你们一起回家里，只因累世受皇恩，如今即将远离皇宫，老臣希望再进宫当值一次，能够有机会再见太后一面，死而无憾。"儿媳向太后转述了他的话，太后就下诏让诸位常侍都重新进宫当值。没几天，何进就被张让杀死，董卓随后领兵进京，张让等

虽死，汉室亦亡。北齐和士开在武成帝世，奸蠹败国。及后主嗣立，宰相高叡与娄定远白胡太后，出士开为兖州刺史。后欲留士开过百日⑤，叡守之以死，苦言之。士开载美女珠帘赂定远，曰："蒙王力，用为方伯，今当远出，愿得一辞觐二宫。"定远许之，士开由是得见太后及帝，进说曰："臣出之后，必有大变，今已得入，复何所虑！"于是出定远为青州而杀叡。后二年，士开虽死，齐室亦亡。呜呼！奸佞之难去久矣。何进、高叡，不惜陨身破家⑥，为汉、齐社稷计，而张让、士开以谈笑一言变如反掌，忠良受祸，宗庙为墟。乃知背胁瘭疽⑦，决之不可不速；虎狼在阱，养之则自贻害。可不戒哉！

人虽被杀，但汉室也随之灭亡。北齐和士开在武成帝时，奸邪坏国。等到后主继位，宰相高叡与娄定远上奏胡太后，让和士开出任兖州刺史。太后想留下和士开过百日祭仪，高叡以死力谏，苦苦相劝。和士开用车载着美女珠帘贿赂娄定远，说："承蒙郡王出力，任命我为一方长官，今天就要远离京城了，希望能够当面辞别皇太后和皇上。"娄定远答应了。和士开因此得见太后和皇帝，进言道："臣出京之后，朝廷会有巨变，现在既得见皇上和太后，还有什么可顾虑的！"于是贬娄定远为青州刺史并杀死高叡。两年后，和士开虽然死去，北齐也灭亡了。唉！奸臣难以清除由来已久。何进、高叡，不惜身亡家破，为汉、齐社稷出谋划策，而张让、和士开于谈笑之间使事情变化易如反掌，忠臣惨遭灾祸，宗庙变为废墟。由此可知背胁处的毒疮，不可不尽快割除；虎狼掉进陷阱，养着它就是给自己带来祸患。怎能不引以为戒！

注释

❶ 何进：东汉外戚。曾拥立少帝，后与袁绍谋诛宦官，事泄被杀。高叡：北齐宗室，高欢之侄，曾上奏后主高纬与胡太后，要求将佞臣和士开调任外职。胡太后不悦，暗中指使刘桃枝在雀离佛院将高叡杀害。 ❷ 里舍：指家乡。

❸ 张让：东汉末年宦官，十常侍之一。袁绍诛宦官时，张让投河而死。 ❹ 私门：犹家门。 ❺ 百日：特指人死后的第一百天。旧俗人死百日，丧家多延僧诵经拜忏。此谓高湛百日祭仪。 ❻ 陨身：死亡。 ❼ 瘭疽（biāojū）：一种恶疮。

南乡掾史[1]

【原 文】

金石刻有《晋南乡太守司马整碑》[2]，其阴刻掾史以下姓名[3]，合三百五十一。议曹祭酒十一人[4]，掾二十九人，诸曹掾、史、书佐、循行、干百三十一人[5]，从掾位者九十六人[6]，从史位者三十一人，部曲督将三十六人[7]，其冗如此。以《晋史》考之，南乡本南阳西界，魏武平荆州，始分为郡。至晋泰始中[8]，所管八县，才二万户耳，而掾史若是之多，掾史既然，吏士又可知矣。民力安得不困哉！整乃宗室安平王孚之孙也[9]。

【译 文】

金石碑刻中有《晋南乡太守司马整碑》，其碑阴刻有掾史以下的官吏姓名，共三百五十一人。其中，议曹祭酒十一人，掾二十九人，诸曹中掾、史、书佐、循行、干共计一百三十一人，从掾位者九十六人，从史者三十一人，部曲督将三十六人，冗员如此之多。根据《晋书》考证，南乡地处南阳西部边境，魏武帝平定荆州，才析置为郡。到晋朝泰始年间，所管八个县，总共才两万户，而掾史竟如此之多，掾史既然这么多，吏士的数量就可想而知了。百姓的财力哪能不匮乏呢！司马整是晋朝宗室安平王司马孚的孙子。

注 释

❶ 南乡：今河南淅川。掾史：官名。汉代职权较重的长官皆置掾史，分曹治

事，多由长官自行辟举。❷司马整：字孔修。安平王司马孚之孙。历南中郎将、宣威将军、南乡及南阳二郡守，封清泉侯。❸阴刻：谓将图案或文字刻成凹形。❹议曹祭酒：官名。汉朝郡府属吏。不领具体职司，参与谋议，属散吏，地位较尊。❺诸曹：犹言各部。循行：郡府小吏。干：低级佐吏。❻从：次，副。❼部曲：古代军队编制单位。大将军营五部，部设校尉一人；部下有曲，曲有军候一人。也泛指部队。❽泰始：晋武帝司马炎年号。❾安平王孚：即司马孚，司马懿弟。晋朝建立后，司马孚进拜太宰，封安平王。

汉景帝忍杀

【原 文】

汉景帝恭俭爱民，上继文帝，故亦称为贤君。考其天资，则刻戾忍杀之人耳①。自在东宫时，因博戏杀吴太子②，以起老濞之怨③。即位之后，不思罪己，一旦于三郡中而削其二，以速兵端。正信用晁错，付以国事，及爰盎之说行，但请斩错而已，帝令有司劾错以大逆，遂父母妻子同产皆弃市。七国之役④，下诏以深入多杀为功，比三百石以上皆杀⑤，无有所置，敢有议诏及不如诏者，皆要斩⑥。周亚夫以功为丞相，坐争封匈奴降将事病免，

【译 文】

汉景帝恭谨节俭爱护百姓，上继汉文帝，所以也被称作贤明君主。考察他的天性，却是个刻薄暴戾残忍好杀的人。他做太子时，就因博戏杀了吴国太子，招致吴王刘濞怨恨。即位之后，又不自我反省，反而于一天之中把吴国三郡削去其二，招致七国之乱的祸端。本来信任晁错，把国家大事交给他办，后来却听信袁盎的谗言，但袁盎也只请求斩杀晁错一人而已，景帝却命有司以大逆之罪弹劾晁错，以致其父母、妻儿、兄弟都被斩杀。平定七国之乱时，下诏以多杀乱军为军功，比三百石以上的官员全都杀掉，没有一个被放过，胆敢妄议诏书或是不按诏令行事的，都处以腰斩之刑。周亚夫以战功封为丞相，因对匈奴降王封侯事持有异议而以病免

心恶之，赐食不置箸，叱之使起，昧于敬礼大臣之义，卒以非罪置之死，悲哉！光武遣冯异征赤眉[7]，敕之曰："征伐非必略地屠城，要在平定安集之耳。诸将非不健斗[8]，然好虏掠。卿本能御吏士，念自修敕，无为郡县所苦。"光武此言，视景帝诏书，为不侔矣。

官，景帝心下厌恶，赐给他食物时不给筷子，还叱令他站起来，违背优礼大臣的道义，最后强加罪名置他于死地，可悲啊！汉光武帝派遣冯异征讨赤眉军，下令说："征伐不一定非得抢掠土地屠杀百姓，关键在于平定叛乱安抚民众。诸将虽然善战，但是喜欢抢夺杀掠。卿本就善于驾驭将士，望你好好规治，莫为郡县百姓带来负担、痛苦。"光武帝这番话，和汉景帝的诏书相比，两者不能相提并论。

注释

❶ 刻戾：刻薄暴戾。 ❷ 博戏：一种赌输赢、角胜负的游戏。 ❸ 老濞：指西汉吴王刘濞。刘邦之侄，封吴王。汉景帝时，刘濞以诛晁错为名，联合楚、赵等七国举兵叛乱，史称"七国之乱"，后兵败被杀。 ❹ 七国之役：指吴楚七国之乱。 ❺ 比三百石：官秩等级。汉置，魏、晋、南北朝因之。即次于三百石。 ❻ 要斩：腰斩。 ❼ 赤眉：指西汉末以樊崇等为首的农民起义军。因以赤色涂眉为标志，故称。 ❽ 健斗：勇于战斗。

燕昭、汉光武之明

【原 文】

乐毅为燕破齐，或谗之昭王曰："齐不下者两城耳，非其力不能拔，欲久仗兵威以服齐人，南面而王耳。"昭王斩言

【译 文】

乐毅为燕国攻破齐国，有人在燕昭王那里说他的坏话："齐国只剩两城没被攻下，并不是乐毅不能攻下，他是想长期依仗武力以慑服齐人，坐

者，遣使立毅为齐王。毅惶恐不受，以死自誓。冯异定关中，自以久在外，不自安。人有章言异威权至重，百姓归心，号为“咸阳王”，光武以章示异。异上书谢，诏报曰：“将军之于国家，恩犹父子，何嫌何疑，而有惧意?”及异破隗嚣[1]，诸将欲分其功，玺书诮大司马以下，称异功若丘山。今人咸知毅、异之为名将，然非二君之明，必困谗口矣[2]。田单复齐国，信陵君败秦兵，陈汤诛郅支，卢植破黄巾[3]，邓艾平蜀[4]，王濬平吴，谢安却苻坚，慕容垂挫桓温，史万岁破突厥，李靖灭吐谷浑，郭子仪、李光弼中兴唐室，李晟复京师，皆有大功于社稷，率为谮人所基[5]，或至杀身。区区庸主不足责，唐太宗亦未能免。营营青蝇[6]，亦可畏哉!

北面南而称王罢了。”燕昭王斩杀进谗言的人，派遣使者立乐毅为齐王。乐毅惶恐万分拒不接受，誓死效忠燕国。冯异平定关中，认为自己长久带兵在外，心下不安。有人上奏说冯异威权太重，百姓诚心归顺，称他为“咸阳王”，光武帝把奏章送给冯异看。冯异上书谢罪，光武帝下诏说：“将军对于国家，恩同父子，有什么可让人猜疑的，为何心生畏惧?”后来冯异打败隗嚣，诸将想要分其功劳，皇帝下诏斥责大司马以下的官员，称赞冯异之功如同山高。如今人们都知道乐毅、冯异是名将，如果不是两位君主贤明，二将必受困于谗言。田单光复齐国，信陵君击退秦兵，陈汤攻杀郅支单于，卢植大破黄巾军，邓艾平定蜀汉，王濬平定东吴，谢安击溃苻坚，慕容垂挫败桓温，史万岁大破突厥，李靖殄灭吐谷浑，郭子仪、李光弼中兴唐室，李晟收复长安，这些人都对国家立有大功，却大多遭到奸佞憎恨，有的甚至由此而遭杀身之祸。那些个昏庸的君主不值得指责，而唐太宗也不免听信谗言。那些谗佞之徒，也实在令人畏惧啊!

注释

❶ 隗嚣：字季孟。新莽末年，据陇西起兵，割据陇右地区。初曾佐助刘秀出

击赤眉军，后与公孙述同拒东汉军，图谋割据，后兵败忧愤而死。❷谗口：谗言。❸黄巾：东汉灵帝时，以张角为首的农民起义。因其徒众皆以黄巾裹头，故称“黄巾”。❹邓艾：三国曹魏将领，有谋略，善于用兵，镇守陇右多年，多次击退蜀将姜维进攻。率军出阴平道伐蜀，迫使蜀后主刘禅投降，后遭钟会诬告，被杀。❺谮（zèn）：进谗言。惎（jì）：憎恨，怨毒。❻营营：象声词，拟苍蝇飞舞声。青蝇：喻指谗佞。

《周南》《召南》

【原 文】

《毛诗序》曰：“《关雎》《麟趾》之化，王者之风，故系之周公；南，言化自北而南也。《鹊巢》《驺虞》之德，诸侯之风也，先王之所以教，故系之召公。《周南》《召南》，正始之道[1]。”据文义，“周公”“召公”二“公”字，皆合为“南”字，则与上下文相应，盖简策误耳[2]。“王者之风”，恐不当系之周公，而“先王之所以教”，又与召公自不相涉也。

【译 文】

《毛诗序》说：“《关雎》《麟趾》中的风俗，为王者教化，因而系之周公；南，说是王者风化自北而南，从岐周被于江、汉。《鹊巢》《驺虞》中的德化，是诸侯的风化，是先王之所以教，因而系之召公。《周南》《召南》，是正始之道。”根据文义，“周公”“召公”中的两个“公”字，都应为“南”字，这样才与上下文相照应，这是典籍记载错误所致。“王者之风”，恐怕不应系之于周公，而“先王之所以教”，也和召公没什么关系。

注释

❶正始之道：正夫妇之道。❷简策：即简册，由竹简编连而成。后指史籍、典籍。

《易》中爻[1]

【原 文】

《易·系辞》云："杂物撰德，辨是与非，则非其中爻不备。"中爻者，谓二、三、四及三、四、五也。如坤、坎为《师》，而六五之爻曰"长子帅师"，以正应九二而言，盖指二至四为震也。坤、艮为《谦》，而初六之爻曰"用涉大川"，盖自是而上，则六二、九三、六四为坎也。《归妹》之六五曰"帝乙归妹"[2]，以下配九二而言，盖指震也。而《泰》之六五亦曰"帝乙归妹"，固亦下配九二，而九三、六四、六五，盖震体云。它皆类此。

【译 文】

《周易·系辞》说："错综爻画以确定卦德，辨别是非吉凶之礼，则非分析中爻的变化不能完备。"所谓中爻，指的是二、三、四爻或三、四、五爻所组成的卦象。如坤、坎组合为《师》卦，而其六五爻辞说"长子帅师"，六五正应九二而言，指的是二、三、四爻为经卦震。坤、艮组合为《谦》卦，而其初六爻辞说"用涉大川"，是说自初爻往上，六二、九三、六四为经卦坎。《归妹》六五爻辞说"帝乙归妹"，是下与九二正应而言，指的是六五在震卦。而《泰》卦六五爻辞也说"帝乙归妹"，本也是六五下配九二，而九三、六四、六五为震的卦体。其他都与此类似。

注释

❶ 中爻：指六爻卦中，位于第二、三、四、五位置的爻。据其阴阳属性，可揭示事物的内在状态和外在表现。 ❷ 帝乙：商纣之父，一说成汤，总之是商代的王。归妹：卦名。意同嫁妹，因女子以夫家为归，故名。

卷第十二

十八则

利涉大川[1]

【原 文】

《易》卦辞称“利涉大川”者七，“不利涉”者一。爻辞称“利涉”者二，“用涉”者一，“不可涉”者一。《需》《讼》《未济》，指坎体而言。《益》《中孚》，指巽体而言。《涣》指坎、巽而言。盖坎为水，有大川之象；而巽为木，木可为舟楫以济川。故《益》之《彖》曰“木道乃行”[2]，《中孚》之《彖》曰“乘木舟虚”，《涣》之《彖》曰“乘木有功”。又舟楫之利，实取诸《涣》，正合二体以取象也。《谦》《蛊》则中爻有坎，《同人》《大畜》则中爻有巽。《颐》之反，对《大过》，方有

【译 文】

《周易》卦辞中说到“利涉大川”的有七处，“不利涉”有一处。爻辞中说到“利涉”的有两处，“用涉”有一处，“不可涉”有一处。《需》《讼》《未济》三卦的相关卦爻辞，是针对坎体而言。《益》《中孚》两卦中的相关卦爻辞，是针对巽体而言。《涣》卦针对坎、巽而言。坎为水，有大河之象；而巽为木，木可以制成舟船以渡河。所以，《益·彖传》说“木道乃行”，《中孚·彖传》说“乘木舟虚”，《涣·彖传》说“乘木有功”。另外，舟楫的便利，实际是取象于《涣》卦，正合坎、巽二体取象。《谦》《蛊》则中爻有坎，《同人》《大畜》则中爻有巽。《颐》卦的阴爻阳爻反过来就变成对卦《大过》，才有了巽体，《颐》卦之六五距

巽体，五去之远，所以言“不可涉”；上则变而之对卦[3]，故“利涉”云。

《巽》卦太远，所以说“不可涉”；六五和上九易位则变而趋向对卦《大过》，所以说“利涉”。

注释

❶利涉大川：《周易》中常见的卦爻辞，谓有利于闯过大艰难、大风险。❷《彖》：《周易》卦辞曰“彖”，即对全卦卦义的解释。❸对卦：阴阳相对的一组卦。

光武弃冯衍

【原文】

汉室中兴，固皆光武之功，然更始既即天子位[1]，光武受其爵秩，北面为臣矣[2]，及平王郎，定河北，诏令罢兵，辞不受召，于是始贰焉[3]。更始方困于赤眉，而光武杀其将谢躬、苗曾，取洛阳、下河东，翻为腹心之疾[4]。后世以成败论人，故不复议。予谓光武知更始不材，必败大业，逆取顺守[5]，尚为有辞。彼鲍永、冯衍，始坚守并州，不肯降下[6]，闻更始已亡，乃罢兵来

【译文】

汉室得以中兴，固然都是光武帝的功劳，然而更始帝刘玄即位之后，光武帝接受其所赐封爵，已是北面称臣，等到平定王郎，安定河北，更始帝诏令撤兵，光武帝推辞不受召见，这时已经有了贰心。更始帝为赤眉军围困时，光武帝杀掉更始帝的将领谢躬、苗曾，攻取洛阳，夺下河东，反而成了更始帝的心腹之患。后人以成败评论人，因此不再就此议论。我认为光武帝知道更始帝不成材，一定会败坏大业，于是逆取顺守，这样还算可以理解。而鲍永、冯衍，开始时坚守并州，不肯投降，听说更始帝已死，才放下武器归顺，说：“实在惭愧，现

归，曰："诚惭以其众幸富贵。"其忠义之节，凛然可称。光武不能显而用之，闻其言而不悦。永后以它立功见用，而衍终身摈斥[7]，群臣亦无为之言者，吁！可叹哉！

在带着部众前来邀求富贵。"二人的忠义节操，既令人敬畏，又足以称道。光武帝没有提拔重用他们，听到他们的话就很不高兴。鲍永以后因另立功勋获得任用，而冯衍却终身被弃用，群臣也没有为他说句话的。唉，可叹啊！

注释

❶ 更始：即指更始帝刘玄。新莽末年，刘玄与刘秀等合兵而进，大破王莽军，被推为更始将军。旋被拥立为帝，年号更始。更始三年，因赤眉军攻入长安，兵败被杀。 ❷ 北面：君主坐北朝南，臣子朝见则面北，故"称臣"即"北面"。 ❸ 贰：变节，背叛。 ❹ 腹心之疾：心腹之患。 ❺ 逆取顺守：以武力夺取帝位，不合君臣之道，故曰逆取；得天下后修文教，法先圣，合乎正道，故称顺守。 ❻ 降下：投降，屈服。 ❼ 摈（bìn）斥：排斥。

恭、显议萧望之[1]

【原文】

弘恭、石显议置萧望之于牢狱，汉元帝知其不肯就吏[2]，而讫可其奏。望之果自杀。帝召显等责问以议不详，皆免冠谢，乃已。王氏五侯奢僭[3]，成帝内衔之，一旦赫怒[4]，诏尚书奏诛薄昭故事[5]，

【译文】

弘恭、石显商议把萧望之投入牢狱，汉元帝明知萧望之不肯让吏人收捕，最终还是同意了弘恭的奏议。萧望之果然自杀。元帝召见石显等人责问前面所进奏议不周详，石显等都脱下官帽请罪，元帝竟然就此作罢了。外戚王氏五侯骄奢僭越，汉成帝内心衔恨，有一天勃然大怒，命尚书上奏诛杀外戚薄昭

然特欲恐之，实无意诛也。窦宪恃宫掖声势，夺公主园，章帝切责，有孤雏腐鼠之比[6]，然竟不绳其罪[7]。三君之失政，前史固深讥之矣。司马公谓元帝始疑望之不肯就狱[8]，恭、显以为必无忧，其欺既明，终不能治，可谓易欺而难寤也。予谓师傅大臣进退罪否，人主当决之于心，何为谋及宦者！且望之先时已尝下廷尉矣，使其甘于再辱，忍耻对吏，将遂以恭、显之议为是耶？望之死与不死，不必论也。成帝委政外家[9]，先汉颠覆，章帝仁柔无断，后汉遂衰，皆无足责。

的先例，然而只是想吓唬一下，实际上无意诛杀他们。窦宪倚仗窦皇后的威势，侵夺公主庄园，汉章帝严词责备，把窦宪比作微不足道的孤雏腐鼠，然而最后并没有治他的罪。三位君主失政，前代史家已深为讥讽。司马光认为汉元帝起初怀疑萧望之不肯下狱就吏，弘恭、石显认为必定没问题，他们二人的欺罔既然已经明了，最终却没被处治，可以说汉元帝是好欺骗而难醒悟之人。我认为对于萧望之这样的帝师大臣的任免、问罪与否，君主应当自有决断，怎么能和宦官商议呢！况且萧望之先前已经接受过廷尉审讯，让他甘心再受屈辱，忍耻面对狱吏，这是要证明弘恭、石显的奏议是对的吗？萧望之死或不死，就不必议论了。汉成帝把朝政托付外戚导致西汉政权颠覆，汉章帝优柔寡断使得东汉政权日渐衰微，这些都不值得再去责难了。

注释

❶恭：即弘恭。西汉宦官。元帝时，与中书仆射石显共擅朝政，诬告前将军萧望之，望之被迫自杀。旋病卒。显：即石显，西汉宦官。 ❷就吏：谓接受吏人逮捕。 ❸王氏五侯：指的是西汉末年汉成帝的五位舅舅，他们分别是平阿侯王谭、成都侯王商、红阳侯王立、曲阳侯王根、高平侯王逢，汉成帝时于同一天封为侯，因此被称为“五侯”。奢僭：谓奢侈逾礼，不合法度。 ❹赫怒：盛怒。 ❺薄昭：汉文帝生母薄太后之弟。汉文帝刘恒即位后，薄昭在朝中安插亲信，干涉朝政，逐渐引起汉文帝的不满。终因擅杀朝臣，坐罪自

杀。❻孤雏腐鼠：比喻微贱不足道的人或物。❼绳：制裁。❽司马公：指司马光。❾外家：指外戚。

晁错、张汤

【原 文】

晁错为内史[①]，言事辄听，幸倾九卿，及为御史大夫，权任出丞相右。张汤为御史，每朝奏事，国家用，日旰[②]，丞相取充位[③]，天下事皆决汤。萧望之为御史，意轻丞相，遇之无礼。三人者，贤否虽不同，然均为非谊，各以它事至死，抑有以致之邪！

【译 文】

晁错为内史时，无论说什么皇帝都听从，所受宠幸超过九卿，后来出任御史大夫，权力比丞相还大。张汤为御史，每次上朝奏事，皇帝皆采纳其言，直到日暮，丞相徒居其位充数而已，彼时天下大事都取决于张汤。萧望之为御史，心里看不起丞相，对待丞相极为无礼。这三人，贤能与否虽有不同，然而这些行为都是不合于当时议论的，他们各自因为其他事情而身死，或许有这方面的因素吧！

注 释

❶内史：官名。秦始置。汉景帝时分置左、右内史。武帝时又将右内史更名京兆尹，左内史更名左冯翊，与右扶风合称“三辅”。❷日旰（gàn）：日暮，天色晚。❸充位：谓徒居其位，无所建树。

逸《诗》《书》[①]

【原 文】

逸《书》、逸《诗》，虽篇

【译 文】

已经亡逸的《尚书》《诗经》，

名或存，既亡其辞，则其义不复可考。而孔安国注《尚书》[2]，杜预注《左传》，必欲强为之说。《书》“汩作”注云：“言其治民之功。”“咎单作《明居》”注云：“咎单[3]，主土地之官，作《明居》，民法。”《左传》“国子赋《辔之柔矣》[4]”注云：“义取宽政以安诸侯，若柔辔之御刚马。”如此之类。予顷教授福州日[5]，林之奇少颖为《书》学谕[6]，讲“帝釐下土”数语，曰：“知之为知之，《尧典》《舜典》之所以可言也[7]；不知为不知，《九共》《槁饫》略之可也[8]。”其说最纯明可喜。林君有《书解》行于世，而不载此语，故为表出之。

虽然有的篇名还在，但其辞句已经遗失，所以文义也无从考证。而孔安国注《尚书》，杜预注《左传》，一定要强行解释。《尚书》“汩作”注释说：“这是说治理百姓的功劳。”“咎单作《明居》”注释说：“咎单，为管理土地的官，作《明居》，即治民之法。”《左传》“国子赋《辔之柔矣》”注释说：“意思是要宽简为政来安定诸侯，如同以柔软的缰绳控制刚烈的骏马。”诸如此类。我之前任福州教授时，林之奇少颖任《尚书》学谕，讲“帝釐下土”几句时说：“知之为知之，这就是为什么《尧典》《舜典》可以讲解；不知为不知，像《九共》《槁饫》这些篇目便可以略之不讲。”这一说法最纯正明智值得嘉许。林之奇有《尚书全解》一书流传于世，而其中并没有这句话，所以特意表彰出来。

注释

❶逸《诗》：指《诗经》未收的先秦古诗。 ❷孔安国：孔子后裔，世传经学，武帝时治《尚书》为博士。相传他曾得孔子壁中所藏古文《尚书》，是古文尚书学派的开创者。 ❸咎单：商臣。汤时任司空，曾作《明居》，以明居民之法。 ❹国子：又名国弱、国景子，春秋时期齐国大臣。赋：诵诗。《辔之柔矣》：先秦时逸诗。 ❺教授：学官名。宋代始置，宋代各王府及各路州学皆置教授，用经术行义教导诸生，并掌课试之事。 ❻学谕：宋朝学校职事名。负

责以经术教谕诸生，季终施以考校。❼《尧典》《舜典》：均为《尚书》中篇名。❽《九共》：《尚书》逸篇名。指九州。《槁（gǎo）饫》：《尚书》逸篇名。

刑罚四卦

【原 文】

《易》六十四卦，而以刑罚之事著于《大象》者凡四焉。《噬嗑》曰“先王以明罚敕法”，《丰》曰“君子以折狱致刑”，《贲》曰“君子以明庶政，无敢折狱”，《旅》曰“君子以明慎用刑而不留狱”。《噬嗑》《旅》上卦为离，《丰》《贲》下卦为离。离，明也。圣人知刑狱为人司命，故设卦观象，必以文明为主①，而后世付之文法俗吏②，何邪？

【译 文】

《周易》六十四卦，把刑罚之事写在《大象》卦辞中的共有四卦。《噬嗑》卦说“先王以明罚敕法”，《丰》卦说“君子以折狱致刑”，《贲》卦说“君子以明庶政，无敢折狱”，《旅》卦说“君子以明慎用刑而不留狱”。《噬嗑》和《旅》的上卦为离，《丰》和《贲》的下卦为离。离，指日明照天下。圣人深知刑罚诉讼关系到人的生死，因此设卦观象，务必以明察为主，可是后世却把刑狱大事交给平庸无能的司法官吏，这是为什么呢？

注 释

❶ 文明：犹明察。 ❷ 文法俗吏：平庸无能的司法官吏。

巽为鱼

【原 文】

《易》中所言鱼，皆指巽也。《姤》卦巽下乾上，故九二有鱼，九四无鱼。《井》内卦为巽，故二有射鲋之象[①]。《中孚》外卦为巽，故曰"豚鱼，吉"。《剥》卦五阴而一阳。方一阴自下生，变《乾》为《姤》，其下三爻，乃巽体也。二阴生而为《遁》，则六二、九三、九四乃巽体。三阴生而为《否》，则六三、九四、九五乃巽体。四阴生而为《观》，则上三爻乃巽体。至五阴为《剥》，则巽始亡，故六五之爻辞曰"贯鱼"[②]，盖指下四爻皆从巽来，如鱼骈头而贯也[③]。或曰："《说》卦不言'巽为鱼'，今何以知之？"曰："以类而知之，《说》卦所不该者多矣。如'长子''长女''中女''少女'见于《震》《巽》《离》《兑》中，而《坎》《艮》

【译 文】

《周易》中所说的鱼，都指巽。《姤》卦是巽在下乾在上，所以九二爻辞说"有鱼"，九四爻辞说"无鱼"。《井》的内卦为巽，故九二爻辞有射鲋的卦象。《中孚》的外卦为巽，所以说"豚鱼，吉"。《剥》卦五阴爻而一阳爻。当一个阴爻自下生出，把《乾》卦变为《姤》卦，此卦下卦三爻，就是巽的卦体。二阴爻生就了《遁》卦，那么六二、九三、九四就是巽体。三阴爻生而为《否》卦，那么六三、九四、九五就是巽体。四阴爻生而为《观》卦，那么上面三爻就是巽体。到五个阴爻则为《剥》卦，巽体消失，所以《剥》卦六五爻辞说"贯鱼"，指的是下面四爻都从巽体而来，就像鱼头并排而将其贯穿起来。有人问："《说》卦不讲'巽为鱼'，现在又如何知道巽为鱼呢？"答曰："根据类推得知。《周易·说卦》中讲得不完备的多了，比如'长子''长女''中女''少女'就见于《震》《巽》《离》《兑》诸卦，而《坎》《艮》之下，却不提'为中之下，不言‘为中男’‘为少男’之类，它可推也。”

男’‘为少男’之类，其他的情况也就可想而知了。”

注释

❶射鲋：射取小鱼。鲋：小鱼名。爻辞言：从井口以弓矢射井中之小鲋鱼，不能中鱼，反而穿其瓮，瓮以破漏矣。此比喻人行事所用之手段不适合客观条件，以致失败。❷贯鱼：将鱼穿起来。❸骈：两马并驾。

三省长官

【原文】

中书、尚书令在西汉时为少府官属①，与太官、汤官、上林诸令品秩略等②，侍中但为加官③，在东汉亦属少府，而秩稍增。尚书令为千石④，然铜印墨绶⑤，虽居几要⑥，而去公卿甚远，至或出为县令。魏晋以来，浸以华重。唐初遂为三省长官，居真宰相之任，犹列三品，大历中乃升正二品。入国朝，其位益尊，叙班至在太师之上⑦，然只以为亲王及使相兼官⑧，无单拜者。见任宰相带侍中者才五人：范鲁公质、赵韩王普、丁晋公谓、

【译文】

中书令、尚书令在西汉时是少府属官，和太官、汤官、上林苑令等品级大体相当，侍中只是加官，在东汉时也属少府，而品级稍有提升。尚书令为千石，但使用铜印墨绶，虽然位居机要，而与公卿地位相距甚远，甚至有时外任县令。魏晋以来，日渐贵重。唐朝初年便成为三省长官，位居真宰相的职位，只是尚列为三品，大历年间才升为正二品。到了本朝，其地位更加尊贵，排列朝班时甚至在太师之前，然而只作为亲王及使相的兼官，没有单独拜授的。现任宰相带侍中衔的只有五人：鲁国公范质、韩王赵普、晋国公丁谓、魏国公冯拯、魏

冯魏公拯、韩魏王琦[9]。尚书令又最贵，除宗王外[10]，不以假人。赵韩王、韩魏王始赠真令，韩公官止司徒，及赠尚令，乃诏自今更不加赠，盖不欲以三师之官赘其称也。政和初，蔡京改侍中、中书令为左辅、右弼，而不置尚书令，以为太宗皇帝曾任此官。殊不知乃唐之太宗为之，故郭子仪不敢拜，非本朝也。

王韩琦。尚书令又最为尊贵，除宗王以外，不授其他人。自韩王赵普、魏王韩琦始才实授尚书令，韩公的官衔只是司徒，等到赠尚书令时，便诏令此后不再加赠，这大概是不想以三师官衔加至尚书令之上。政和初年，蔡京把侍中、中书令改称左辅、右弼，而不设尚书令，认为太宗皇帝曾任此官。殊不知是唐太宗担任过尚书令，因此郭子仪不敢受此官，并不是本朝之事。

注释

❶少府：官名。战国始置，秦汉相沿，位列九卿，秩中二千石，职掌帝室财政，为皇帝私府。 ❷太官：官名，掌皇帝膳食及燕享之事。汤官：官名，掌饼饵果实。上林：即上林令。官名。掌上林苑中禽兽宫馆之事。 ❸加官：本职之外，兼领其他官职。 ❹千石：秦汉时，官品的高低常以俸禄多少计算，从二千石递减至百石止。古代年俸一千石以上的官员品级较高，因以“千石”指高官。 ❺铜印墨绶：汉代秩在比六百石以上至千石的官员，授铜质官印，印柄系以黑色绶带。 ❻几要：机重职位。 ❼叙班：朝见时位次顺序的排列。 ❽使相：唐朝后期，宰相常兼节度使，节度使亦常加宰相衔，皆称使相。宋初，凡亲王、枢密使、节度使兼侍中、中书令、同平章事者均称之，实与宰相之职无关。神宗元丰改制，改开府仪同三司，仍别称使相。 ❾范鲁公质：即范质，封鲁国公。赵韩王普：即赵普，封韩王。丁晋公谓：即丁谓，封晋国公。冯魏公拯：即冯拯，封魏国公。韩魏王琦：即韩琦，英宗时封魏国公。徽宗时追封魏郡王。 ❿宗王：皇室宗族而封王者。

王珪、李靖

【原 文】

杜子美《送重表侄王评事》诗云[①]："我之曾老姑，尔之高祖母。尔祖未显时，归为尚书妇[②]。隋朝大业末，房杜俱交友。长者来在门，荒年自糊口。家贫无供给，客位但箕帚[③]。俄顷羞颇珍，寂寥人散后。"云云。"上云天下乱，宜与英俊厚。向窃窥数公，经纶亦俱有。次问最少年，虬髯十八九[④]。子等成大名，皆因此人手。下云风云合，龙虎一吟吼[⑤]。愿展丈夫雄，得辞儿女丑[⑥]。秦王时在坐，真气惊户牖[⑦]。及乎贞观初，尚书践台斗[⑧]。夫人常肩舆，上殿称万寿。至尊均嫂叔，盛事垂不朽。"观此诗，疑指王珪。珪相唐太宗，赠礼部尚书。然细考其事，大不与史合。蔡絛《诗话》引《唐书·列女传》云[⑨]："'珪母卢氏，识房、杜必

【译 文】

杜甫《送重表侄王评事》诗云："我之曾老姑，尔之高祖母。尔祖未显时，归为尚书妇。隋朝大业末，房杜俱交友。长者来在门，荒年自糊口。家贫无供给，客位但箕帚。俄顷羞颇珍，寂寥人散后。"等等。又写道："上云天下乱，宜与英俊厚。向窃窥数公，经纶亦俱有。次问最少年，虬髯十八九。子等成大名，皆因此人手。下云风云合，龙虎一吟吼。愿展丈夫雄，得辞儿女丑。秦王时在坐，真气惊户牖。及乎贞观初，尚书践台斗。夫人常肩舆，上殿称万寿。至尊均嫂叔，盛事垂不朽。"观此诗，怀疑所指为王珪。王珪在唐太宗时任宰相，赠礼部尚书。但是仔细考证其事，与史实大不相符。蔡絛《西清诗话》引《唐书·列女传》说："'王珪的母亲卢氏，看出房玄龄、杜如晦必定显贵。'对照这首诗，那么王珪的母亲应为杜氏。"《桐江诗话》说："不但不姓卢，而且是王珪的妻子，并不是王珪的母亲。"我查考，两《唐书·列女传》原本并没记载这件事，

贵。’质之此诗，则珪母乃杜氏也。”《桐江诗话》云：“不特不姓卢，乃珪之妻，非母也。”予案，《唐·列女传》元无此事，珪传末只云：“始隐居时，与房玄龄、杜如晦善，二人过其家，母李窥之，知其必贵。”蔡说妄云有传，又误以李为卢，皆不足辨。但唐高祖在位日，太子建成与秦王不睦，以权相倾。珪为太子中允[⑩]，说建成曰：“秦王功盖天下，中外归心，殿下但以长年，位居东宫，无大功以镇服海内，今刘黑闼散亡之余[⑪]，宜自击之，以取功名。”建成乃请行。其后杨文干之事起，高祖责以兄弟不睦，归罪珪等而流之。太宗即位，乃召还任用。久之，宴近臣于丹霄殿，长孙无忌曰：“王珪、魏徵，昔为仇雠，不谓今日得同此宴。”上曰：“珪、徵尽心所事，我故用之。”然则珪与太宗非素交，明矣。《唐书》载李氏事，亦采之小说，恐未必然，而杜公称其祖姑事，不应不实。且太宗时宰相，别无

《新唐书·王珪传》末尾只说：“开始隐居的时候，与房玄龄、杜如晦友善，这二人到他家里，他的母亲李氏暗中观察，知道这二人必定显贵。”蔡絛胡诌《列女传》有王珪母亲的传记，又错把李氏当作卢氏，都不值得分辨。但唐高祖在位时，太子李建成与秦王李世民不和，以权术互相倾轧。王珪为太子中允，劝谏建成说：“秦王功盖天下，朝野内外都归心于他，殿下您仅仅因为年长，才得以立为东宫太子，并没有大功可以镇服海内，如今刘黑闼的残部，您应该亲自率兵去攻打，以立功求名。”李建成于是请求出征。这以后发生了杨文干的事情，高祖责怪建成兄弟不和，归罪于王珪等人而处以流刑。太宗即位，才召还任用。过了许久，太宗在丹霄殿召集近臣赐宴，长孙无忌说：“王珪、魏徵，以前是我们的仇人，没想到今日能一同参加宴会。”太宗说：“王珪、魏徵以前尽心事其主，所以我任用他们。”那么王珪和太宗以前并没有交情，这很清楚了。《新唐书》记载李氏之事，也是从小说中取材，恐怕未必真就这样，但杜甫称述其祖姑的事，不应该有误。而太宗时的宰相，并没有姓王的，真是搞不明白。又有杜光庭《虬髯客传》说，隋炀帝游幸江都，命杨

姓王者，真不可晓也。又有杜光庭《虬须客传》云，隋炀帝幸江都[12]，命杨素留守西京，李靖以布衣往谒，窃其一妓，道遇异人，与俱至太原，因刘文静以见州将之子，言其真英主，倾家资与靖，使助创业之举，即太宗也。按，史载唐公击突厥，靖察有非常志，自囚上急变。后高祖定京师，将斩之而止，必无先识太宗之事。且炀帝在江都时，杨素死已十余年矣。此一传，大抵皆妄云。

素留守西京，李靖以布衣身份前去拜谒杨素，偷偷拐走了杨素的一名歌妓，在路上遇见一位高人，和他一起到太原，通过刘文静见到州将的儿子，说此子将是真正的英明君主，刘文静便把全部家财交给李靖，让李靖襄助此子创立大业，州将的儿子就是唐太宗。按，历史记载唐公李渊攻打突厥时，李靖察觉到唐公有不忠于隋朝之心，就把自己锁起来要去告发。后来唐高祖平定京师，打算斩杀李靖又作罢，所以肯定没有李靖先认识太宗的事。并且隋炀帝在江都时，杨素已经死了十多年了。这篇传奇，大抵都是虚妄的。

注释

❶ 重表：指高祖、曾祖以来的中表亲。一说为两重表亲。 ❷ 归：嫁。 ❸ 箕帚：以箕帚扫除，操持家内杂务。 ❹ 虬髯：蜷曲的须髯。史载唐太宗须髯卷曲如虬，此处即以代之。十八九：唐太宗起兵之时正当年少，而曾老姑乃能于此时辨识英主。 ❺ 下云风云合，龙虎一吟吼：云生从龙，风生从虎。这里比喻君臣遇合。 ❻ 儿女丑：犹言儿女辈。 ❼ 真气：帝王气象。 ❽ 台斗：比喻宰辅重臣。台：三台星。斗：北斗。 ❾ 蔡絛（tāo）：北宋后期权臣蔡京之子，著有《西清诗话》等。 ❿ 太子中允：东宫属官，掌东宫侍从赞相，驳正启奏。 ⓫ 刘黑闼：隋末农民起义军领袖。后为李建成所杀。 ⓬ 江都：今江苏扬州。

虎夔藩

【原 文】

黄鲁直《宿舒州太湖观音院》诗云[①]："汲烹寒泉窟，伐烛古松根。相戒莫浪出，月黑虎夔藩。"夔字甚新，其意盖言抵触之义，而莫究所出。惟杜工部《课伐木》诗序云[②]："课隶人入谷斩阴木[③]，晨征暮返，我有藩篱，是缺是补，旅次于小安[④]。山有虎，知禁，若恃爪牙之利，必昏黑撑突[⑤]。夔人屋壁[⑥]，列树白桃[⑦]，镘焉墙[⑧]，实以竹，示式遏[⑨]。为与虎近，混沦乎无良宾客[⑩]。"其诗句有云："藉汝跨小篱。""乳兽待人肉。""虎穴连里闾。""久客惧所触[⑪]。"乃知鲁直用此序中语。然杜公在夔府所作诗，所谓"夔人"者，述其土俗耳，本无抵触之义，鲁直盖误用之。又，《寺斋睡起》绝句云："人言九事八为律，傥有江船吾欲东。"案，《主父偃

【译 文】

黄庭坚《宿舒州太湖观音院》诗写道："汲烹寒泉窟，伐烛古松根。相戒莫浪出，月黑虎夔藩。"夔字甚是新奇，大概是抵触的意思，但无处考证。只有杜甫《课伐木》诗序写道："督促奴仆入山谷砍伐生长在山阴的树木，早出晚归，我家有藩篱，若缺了就用它们补上，居所得以稍稍安宁。山里有老虎，老虎也知道避忌。如果它凭恃坚利的爪牙，必定在黑夜里横冲直撞。夔州人家的屋壁，用白桃枝排列编成，墙上抹泥，用竹子加固，以为防卫。因为和老虎离得近，人虎混杂而没有佳宾来。"其中的诗句写道："藉汝跨小篱。""乳兽待人肉。""虎穴连里闾。""久客惧所触。"可知黄庭坚用的是这段诗序中的话。但是杜甫在夔府写的这首诗，所说的"夔人"，不过是记述当地土俗，没有抵触的意思，黄庭坚应是用错了。另外，黄庭坚《寺斋睡起》绝句写道："人言九事八为律，傥有江船吾欲东。"查考《汉书·主父偃传》："上奏谈到九件事，其中八件事是为

传》："上书言九事，其八事为律令，一事谏伐匈奴。"谓八事为律令而言，则"为"字当作去声读，今鲁直似以为平声，恐亦误也。

了律令，一件事为劝谏征讨匈奴。"意思是其中八件事是为了律令而说的，那么"为"字应当读作去声，现在黄庭坚似乎用作平声，恐怕也错了。

注释

❶舒州太湖：县名。今安徽太湖。❷课：督促完成指定的工作。❸隶人：奴仆。阴木：山北所生的树木。❹旅次：旅途中暂住的处所。❺昏黑：此处指天黑后。揁（táng）突：触，撞。❻夔：夔州。今重庆奉节。❼白桃：指粗糙未加工的桃竹。❽镘（màn）：抹墙用的工具。引申为涂抹、粉刷。❾式遏：防卫，抵御。❿混沦：犹言流落。无良宾客：犹言处境不好的旅客。⓫所触：指老虎冲撞藩篱。

曹操用人

【原文】

曹操为汉鬼蜮[1]，君子所不道。然知人善任使，实后世之所难及。荀彧、荀攸、郭嘉皆腹心谋臣[2]，共济大事，无待赞说。其余智效一官[3]，权分一郡，无小无大，卓然皆称其职。恐关中诸将为害，则属司隶校尉钟繇以西事，而马腾、韩遂遣子入侍。

【译文】

曹操为汉贼，君子都不愿谈及。然而他知人善任，实在令后世难以企及。荀彧、荀攸、郭嘉都是他的心腹谋士，共同襄助曹操成就大业，不须称赞评说。其余的人或以智谋得授官职，或予实权分管一郡，不论官职大小，个个都出色称职。曹操担心关中诸将生事，就让司隶校尉钟繇主管西边事务，而让马腾、韩遂派遣儿子入朝为人质。当时天当天下乱离，诸军乏食，则以枣祗、任峻建立屯田④，而军国饶裕，遂芟群雄⑤。欲复盐官之利，则使卫觊镇抚关中，而诸将服。河东未定，以杜畿为太守，而卫固、范先束手禽戮。并州初平，以梁习为刺史，而边境肃清。扬州陷于孙权，独有九江一郡，付之刘馥，而恩化大行。冯翊困于鄜盗，付之郑浑，而民安寇灭。代郡三单于，恃力骄恣，裴潜单车之郡，而单于詟服⑥。方得汉中，命杜袭督留事，而百姓自乐，出徙于洛、邺者至八万口。方得马超之兵，闻当发徙⑦，惊骇欲变，命赵俨为护军，而相率还降，致于东方者亦二万口。凡此十者，其为利岂不大哉！张辽走孙权于合肥，郭淮拒蜀军于阳平，徐晃却关羽于樊，皆以少制众，分方面忧。操无敌于建安之时，非幸也。

下纷乱，军队缺粮，就任命枣祗、任峻建立屯田，因此军国富饶，进而殄灭群雄。想要恢复盐官专卖之利，就派遣卫觊镇守关中，而诸将臣服。河东没有平定时，就派遣杜畿担任太守，结果卫固、范先束手就擒。并州刚平定，任命梁习担任刺史，而边境太平。扬州落入孙权之手，只剩一个九江郡，交由刘馥治理，广施恩惠教化。冯翊受困于鄜地寇盗，曹操派郑浑去治理，结果百姓安宁、寇盗匿迹。代郡三单于，倚仗武力骄纵恣肆，裴潜领命只乘一辆车进入代郡，三单于慑服。刚得到汉中，就命杜袭负责留守，百姓自得其乐，迁徙到洛阳、邺都的达八万多口。刚收编马超的部队，降卒听说要把他们发配异地，惊恐不安即将哗变，曹操命赵俨为关中护军，既而这些士兵相继归顺，迁徙到东方的也有两万多口。以上十件事，所带来的利好难道还不够多吗！张辽在合肥打败孙权，郭淮在阳平关抵御蜀军，徐晃在樊城打败关羽，都是以少胜多，解除一方忧患。曹操在建安时天下无敌，绝非侥幸。

注释

❶ 鬼蜮（yù）：指害人的鬼怪，比喻用心险恶、暗中伤人者。 ❷ 荀彧：初

依袁绍，后从曹操，后因反对曹操封魏公，饮药自尽。荀攸：荀彧之侄。曹操的重要谋臣。郭嘉：字奉孝。初投袁绍，后归曹操，多谋善断，为曹操的重要谋臣。 ❸智效：智能足以担当。 ❹屯田：指士兵在驻扎地区一面驻守，一面垦殖荒地。 ❺芟（shān）：割除杂草。引申为除去。 ❻詟（zhé）服：畏惧服从。 ❼发徙：发遣迁移。

汉士择所从

【原 文】

汉自中平黄巾之乱，天下震扰。士大夫莫不择所从，以为全身远害之计，然非豪杰不能也。荀彧少时，以颍川四战之地，劝父老亟避之，乡人多怀土不能去，彧独率宗族往冀州，袁绍待以上宾之礼。彧度绍终不能定大业，去而从曹操。其乡人留者，多为贼所杀。袁绍遣使迎汝南士大夫，和洽独往荆州，刘表以上客待之。洽曰："所以不从本初[①]，避争地也。昏世之主，不可黩近[②]，久而不去，谗慝将兴[③]。"遂南之武陵。其留者多为表所害。曹操牧兖州，陈留太守张邈与之亲友。郡士高柔

【译 文】

汉朝自中平年间黄巾之乱以后，天下动荡不安。士大夫都谨慎选择追随对象，做保全自身远离祸害的长远打算，但如果不是豪杰之士就很难做到。荀彧年轻时，认为颍川是四面平坦无险可守、易受攻击之地，劝告父老乡亲尽快离开此地，乡里人大多怀恋故土不能离去。荀彧独自带着族人前往冀州，袁绍以上等宾客的礼遇相待。荀彧估计袁绍终究不能成就大业，又离开他而追随曹操。那些留在颍川的乡人，大多被乱贼所杀。袁绍派遣使者去迎接汝南的士大夫，和洽却独自前往荆州，刘表待以上等宾客之礼。和洽说："我之所以不追随袁绍，为的是避开纷争之地。乱世之主，不可过于亲近，时间久了不离开，奸佞的谗言就会出现。"于是往南至于武陵。那些留下的人大多被刘表所害。曹操为兖州牧，陈留太守张邈与他亲善。郡

独以为邈必乘间为变，率乡人欲避之，众皆以曹、张相亲，不然其言。柔举宗适河北，邈果叛操。郭嘉初见袁绍，谓其谋臣辛评等曰："智者审于量主，袁公多端寡要[4]，好谋无决，难与共济大难，吾将更举以求主，子盍去乎？"评等曰："袁氏今最强，去将何之？"嘉不复言，遂去依曹操。操召见，与论天下事。出曰："真吾主也。"杜袭、赵俨、繁钦避乱荆州，钦数见奇于表，袭曰："所以俱来者，欲全身以待时耳。子若见能不已，非吾徒也。"及天子都许[5]，俨曰："曹镇东必能济华夏[6]，吾知归矣。"遂诣操。河间邢颙在无终，闻操定冀州，谓田畴曰："闻曹公法令严，民厌乱矣，乱极则平。请以身先。"遂装还乡里。畴曰："颙，天民之先觉者也。"孙策定丹阳，吕范请暂领都督，策曰："子衡已有大众，岂宜复屈小职！"范曰："今舍本土而托将军者，

内士人高柔却认为张邈必定会趁机叛变，带着乡人要离开，众人都认为曹、张二人亲善，不同意他的说法。高柔带着族人前往河北，后来张邈果然反叛曹操。郭嘉初见袁绍，对他的谋臣辛评等人说："明智的人会慎重地考虑他的主公，袁公优柔寡断，喜好谋划而不能决断，很难和他一起共渡难关，我要另做打算寻找值得追随的人，你们何不离去呢？"辛评等人说："袁绍如今最强大，离开他又能去哪里呢？"郭嘉不再多说，于是离开袁绍去投靠曹操。曹操召见，和他共论天下大事。郭嘉出来后说："这才是我真正的主公。"杜袭、赵俨、繁钦避乱荆州，繁钦多次在刘表面前展露奇才，杜袭说："我们之所以一起到这里来，是想保全自己以等待时机。您如果这么不停地卖弄才华，我们就不是同路之人。"等到天子定都许昌，赵俨说："曹镇东必能安定天下，我知道归顺谁了。"于是投奔了曹操。河间邢颙在无终，听说曹操平定了冀州，对田畴说："听说曹公法令严明，百姓已经十分厌恶战乱，乱到极点就会安定。让我先去投靠他。"于是整理行装回到故乡。田畴说："邢颙，是先知先觉的贤士。"孙策平定丹阳，吕范请求暂领都督，孙策说："子衡你已经有了大批人马，哪里能再让你屈任卑小的职位呢！"吕范说："现在我舍弃自己的地盘而投靠将

欲济世务也。譬犹同舟涉海，一事不牢，即俱受其败，此亦范计，非但将军也。”策从之。周瑜闻策声问，便推结分好[7]，及策卒权立，瑜谓权可与共成大业，遂委心服事焉。诸葛亮在襄阳，刘表不能起，一见刘备，事之不疑。此诸人识见如是，安得困于乱世哉！

军，是想拯济时世。譬如同船渡海，有一件东西不牢固，全船的人都会受害，这也是为我自己考虑，并不仅仅是因为将军。”孙策听从了他的请求。周瑜听闻了孙策的名声，就推诚结交，后来孙策去世孙权即位，周瑜认为孙权是可以与之共成大业的人，就一心为其效劳。诸葛亮在襄阳，刘表不能劝他出仕，而他一见到刘备，就毫不犹豫地为其效劳。这些人有远见卓识，又怎么会困厄于乱世呢！

注释

❶本初：即袁绍，字本初。　❷黩（dú）近：狎近，即亲近。　❸谗慝（tè）：邪恶奸佞。　❹多端寡要：指头绪甚多而不知择要行事，形容人优柔寡断。　❺天子都许：曹操迎汉献帝至许（今河南许昌），挟天子以令诸侯。　❻曹镇东：即曹操。建安元年，曹操迁镇东将军，故称。　❼推结：推诚结交。

刘公荣[1]

【原文】

王戎诣阮籍[2]，时兖州刺史刘昶字公荣在坐。阮谓王曰：“偶有二斗美酒，当与君共饮。彼公荣者无预焉。”二人交觞酬酢[3]，公荣遂不得一杯，而言语

【译文】

王戎去造访阮籍，当时兖州刺史刘昶字公荣在座。阮籍对王戎说：“正巧有两斗美酒，应当与您一起痛饮。那位刘公荣就不要参与了。”两人就对饮唱和，刘公荣始终没喝到一杯，却仍然谈笑嬉戏，三人之间

谈戏，三人无异。或有问之者，阮曰："胜公荣者，不得不与饮酒；不如公荣者，不可不与饮酒；唯公荣可不与饮酒。"此事见戎传，而《世说》为详。又一事云，公荣与人饮酒，杂秽非类[4]，人或讥之，答曰："胜公荣者，不可不与饮；不如公荣者，亦不可不与饮；是公荣辈者，又不可不与饮，故终日共饮而醉。"二者稍不同。公荣待客如是，费酒多矣，顾不蒙一杯于人乎！东坡诗云："未许低头拜东野[5]，徒言共饮胜公荣。"盖用前事也。

仿佛无事发生。有人问起这事，阮籍说："比公荣强的，不能不和他饮酒；不如公荣的，不可不和他饮酒；只有对公荣，可以不和他饮酒。"此事见于《晋书·王戎传》，而《世说新语》记载更为详细。又有一件事，刘公荣与人饮酒，各种志趣的人都有，有人讥讽他，公荣回答说："胜过我公荣的，不可以不和他饮酒；不如我的，也不可不和他饮酒；和我差不多的，又不可不和他饮酒，所以整天共饮大醉。"这两件事略有不同。公荣如此待客，费酒颇多，怎么还不能从别人那里讨得一杯呢！苏轼有诗写道："未许低头拜东野，徒言共饮胜公荣。"用的是上面所说的典故。

注释

❶ 刘公荣：即刘昶，字公荣。性嗜酒，常与人终日共饮。后以"刘公荣"为嗜酒的典实。 ❷ 王戎：西晋时"竹林七贤"之一。阮籍：三国曹魏文学家、思想家，因曾为步兵校尉，世称"阮步兵"。能长啸，善弹琴，纵酒谈玄，尤好老庄，与嵇康齐名，"竹林七贤"之一。 ❸ 交觞：相互敬酒。酬酢：筵席中主客互相敬酒。主敬客曰"酬"，客还敬曰"酢"。后称朋友酒食往来为"酬酢"。❹ 杂秽非类：指与各种人饮酒，夹杂志趣不同的人。 ❺ 东野：即孟郊，字东野。此处为苏轼用韩愈《醉留东野》之典。

元丰官制[1]

【原 文】

元丰官制初成，欲以司马公为御史大夫，又将俟建储时[2]，以公及吕申公为保、傅[3]。元祐初，起文潞公于既老，议处以侍中、中书令，为言者所攻，乃改平章军国重事。自后习以为制，不复除此等官，以谓前无故事，其实不然也。绍兴二十五年，中批右正言张扶除太常卿[4]，执政言自来太常不置卿，遂改宗正[5]，复言之，乃以为国子祭酒[6]。近岁，除莫济秘书监，济辞避累日，然后就职。已而李焘、陈骙、郑丙皆为之，均曰："职事官[7]，何不可除之有！"

【译 文】

元丰年间新的官制刚刚推行，皇帝想任命司马光为御史大夫，又要等到立皇太子时，分别授予司马光和吕公著太子太保、太子太傅衔。元祐初年，起用年事已高的文彦博，商议要授予他侍中、中书令之职，遭到言官反对，于是改为平章军国重事。此后相沿成为制度，不再授予这类官职，说以前没有成例，其实不是这样的。绍兴二十五年，诏令右正言张扶为太常卿，执政大臣说太常寺从来不设卿，于是改为宗正，又有人进言说此举不妥，才又任命为国子祭酒。近年来，任命莫济为秘书监，莫济一连数日推辞，然后才去就职。不久李焘、陈骙、郑丙都曾任此职，都说："这是职事官，有什么不能担任的！"

注 释

❶元丰官制：宋神宗于元丰年间亲自主持官制改革，实行新官制。 ❷建储：立皇太子。 ❸吕申公：即吕公著，卒赠太师、申国公。 ❹中批：指皇帝的诏令。右正言：官名。元封改制后，专掌规谏讽谕，遇大事则廷诤，小事

则论奏。❺宗正：官名。掌管皇室亲族的事务。❻国子祭酒：掌国子监或太学等政令。❼职事官：指的是居曹而有具体职掌的官员。

耳、馀、袁、刘[1]

【原 文】

张耳、陈馀少时为刎颈交[2]，其后争权，相与致死地而不厌，盖势利之极，其究必然。韩馥举冀州以迎袁绍[3]，而终以惧死。刘璋开门延刘备，坐失益州。翟让提兵授李密[4]，而举族不免。尔朱兆以六镇之众付高欢[5]，而卒毙于欢手。绍、密、欢忘其所自，不足深责，孰谓玄德之长者而忍为此邪！

【译 文】

张耳、陈馀年轻时为生死之交，后来为争权夺利，互相置对方于死地还不满足，这大概因为争权夺利到达极点，结果一定是这样。韩馥把冀州拱手交给袁绍，最终因忧惧而死。刘璋打开城门迎入刘备，却白白地失掉益州。翟让把兵权交付李密，结果全族的人被杀。尔朱兆把六镇的兵马交付高欢，最后却死在高欢之手。袁绍、李密、高欢忘了自己的权势从何而来，这种人不值得深加责备，谁能料到刘玄德这样的忠厚长者也忍心这么做呢！

注 释

❶耳：即张耳。战国末年曾为魏信陵君门客，与陈馀相友善。秦末农民起义时，两人一同投奔陈胜。秦亡，项羽分封诸侯，被封为常山王。后投降刘邦，被立为赵王。❷刎颈交：比喻可以同生死、共患难的朋友。❸韩馥：汉献帝时为冀州牧。袁绍袭取冀州后，其忧惧自杀。❹翟让：隋末起义军领袖，骁勇有胆略，在瓦岗（今河南滑县东南）率众起义。后为李密所杀。李密：隋末参加翟让的瓦岗军，后为王世充所败，投唐，复叛，兵败被杀。❺尔朱兆：

北魏尔朱荣之侄，尔朱荣被杀后，尔朱兆被高欢攻伐，兵败自缢。六镇：北魏为防御北方柔然等部的侵扰，在京都平城（今山西大同）北，阴山以南，自西而东建立六个军事重镇，即沃野镇、怀朔镇、武川镇、抚冥镇、柔玄镇、怀荒镇。

周、汉存国

【原 文】

周之初，诸侯千八百国，至王赧之亡[①]，所存者才八国耳，七战国与卫也。然赵、韩、魏分晋而立，齐田氏代姜而兴，其有土各不及二百年，俱非旧邦。秦始皇乃吕氏子[②]，楚幽王乃黄氏子[③]，所谓嬴、芈之先[④]，当不歆非类[⑤]。然则惟燕、卫二姬姓存。而卫至胡亥世乃绝[⑥]，若以为召公、康叔之德[⑦]，则周公岂不及乎？汉列侯八百余人，及光武而存者，平阳、建平、富平三侯耳[⑧]。建平以先降梁王永夺国[⑨]。平阳为曹参之后，富平为张安世之后。参犹有创业之功，若安世则汤子也，史称其推贤扬善，固宜有后，然轻重

【译 文】

周朝初年，分封的诸侯国有一千八百个，到周赧王亡国时，仅存八个诸侯国，就是战国七雄和卫国。然而赵、韩、魏三家分晋而立，齐国田氏取代姜氏而兴起，他们立国都不到二百年，都不是原有的封国。秦始皇是吕不韦的儿子，楚幽王是黄歇的儿子，所以说秦国嬴氏、楚国芈氏的祖先，应该不会享用异族的祭品。如此说来仅有燕、卫两个姬姓国留存。而卫国到秦二世胡亥时才灭国，如果认为这是召公、康叔之德泽，难道说周公还比不上召公、康叔吗？汉朝列侯有八百多人，到汉光武帝时还保留着的，就只有平阳、建平、富平三个侯国而已。建平侯因为早先投降梁王刘永而被夺国。平阳侯为曹参的后裔，富平侯为张安世的后裔。曹参还有辅佐汉室共创大业之功，像张安世则是张汤的儿子，史书称其能推贤进善，当然应该有后代，但是他治狱深文酷刻，

其心，杀人亦多矣，独无余殃乎？汉侯之在王莽朝，皆不夺国，光武乃但许宗室复故，余皆除之，虽酂侯亦不绍封[10]，不知曹、张两侯，何以能独全也？

善于揣摩皇帝心意，杀人也很多，偏偏没有遗留后患吗？西汉列侯在王莽新朝，都没有被夺国，东汉光武帝却只允许宗室恢复原有封爵，其余都予以废除，即使酂侯萧氏也不再续封，不知道曹、张两姓侯爵，为什么能够独自保全呢？

注释

❶ 王赧（nǎn）：即周赧王。其身死后，周天子名实俱亡。 ❷ 吕氏：指吕不韦。 ❸ 黄氏：指春申君黄歇。 ❹ 芈（mǐ）：春秋时楚国祖先的族姓。 ❺ 歆：飨，祭祀时神灵享祭品之香气。非类：不同种族，异族。 ❻ 胡亥：即秦二世。 ❼ 康叔：周武王弟，初封于康，后封于卫。 ❽ 平阳：即平阳侯国。汉初，开国功臣曹参受封平阳侯，置平阳侯国。建平：即建平侯国。西汉置，在今河南永城西北。富平：西汉时封张安世为富平侯，五世袭爵。 ❾ 梁王永：即梁王刘永，梁孝王八世孙。后据国起兵，为部将庆吾所杀。 ❿ 酂侯：汉代萧何的封号。

曹操杀杨修[1]

【原 文】

曹操杀杨修之后，见其父彪，问曰："公何瘦之甚？"对曰："愧无日磾先见之明[2]，犹怀老牛舐犊之爱[3]。"操为之改容。《古文苑》载操与彪书[4]，

【译 文】

曹操杀了杨修之后，见到杨修的父亲杨彪，问道："您为什么如此消瘦？"杨彪回答说："我惭愧没有金日磾一般的先见之明，还怀有老牛舐犊之情。"曹操听后为之动容。《古文苑》载有曹操写给杨彪的信，信中列

数修之罪，以为“恃豪父之势，每不与吾同怀，将延足下尊门大累，便令刑之”。且赠彪锦裘二领，八节角桃杖一枝[5]，青牸牛二头[6]，八百里骅骝马一匹[7]，四望通幰七香车一乘[8]，驱使二人[9]。又遗其妻裘、靴，有心青衣二人[10]，钱绢甚厚。卞夫人亦与袁夫人书云[11]：“贤郎有盖世文才，阖门钦敬。明公性急，辄行军法。”以衣服、文绢、房子官锦、香车送之。彪及袁夫人皆答书引愆致谢[12]。是时，汉室将亡，政在曹氏，袁公四世宰相[13]，为汉宗臣，固操之所忌，彪之不死其手，幸矣。呜呼危哉！

数杨修之罪状，说他“倚仗父亲的权势，常不与我同心，将会使您全家受到牵累，于是下令处死了他”。曹操还赠给杨彪锦裘两件，八节角桃杖一根，青色母牛两头，八百里骅骝骏马一匹，四望通幰七香车一辆，奴仆二人。又赠给杨彪之妻袁夫人锦裘、靴子和聪慧婢女二人，另有数量极多的钱绢。曹操之妻卞夫人也给袁夫人写信说：“贤郎有盖世文才，我们全家都钦佩敬重。我家明公性子急躁，突然就执行了军法。”也送给袁夫人衣服、彩绢、房子县官锦、香车。杨彪及袁夫人都回信表示愿意承担罪过并致谢。当时，汉朝将亡，汉室政权掌握在曹氏手中，袁公四世宰相，是汉朝世所敬仰的名臣，原本就为曹操所疑忌，杨彪没死在曹操手里，已经是万幸。唉，太危险啦！

注释

❶杨修：曹操谋士，与曹植相善，曾助植谋立太子，后遭操猜忌，被借故杀掉。❷日磾（mìdī）：即金日磾，本为匈奴休屠王太子。后从昆邪王归汉。昭帝即位，封“秺侯”。❸老牛舐（shì）犊之爱：比喻父母疼爱子女。❹《古文苑》：总集名。北宋孙洙得于佛寺经龛中。录周至南齐诗文二百六十余篇，皆为史传和《文选》所不载。❺八节角桃杖：以桃枝竹制成、长度有八节的拐杖。❻牸（zì）牛：母牛。❼骅骝：周穆王八骏之一。后泛指骏马。❽四望：四面有窗可供观望。通幰（xiǎn）：一种遍覆帷幔的车子。七香车：用

多种香料涂饰或以香木制作的豪车。 ❾ 驱使：谓仆人。 ❿ 有心青衣：聪明伶俐的婢女。 ⓫ 卞夫人：曹操妻，曹丕、曹植之母。 ⓬ 引愆：承担罪过。 ⓭ 袁公四世宰相：汝南袁氏，四世居三公位，人称“四世三公”。

古人重国体①

【原文】

古人为邦，以国体为急，初无小大强弱之异也。其所以自待，及以之待人，亦莫不然。故执言修辞，非贤大夫不能尽。楚申舟不假道于宋而聘齐②，宋华元止之③，曰：“过我而不假道，鄙我也。鄙我，亡也。杀其使者，必伐我。伐我，亦亡也。亡，一也。”乃杀之。及楚子围宋既急④，犹曰：“城下之盟，有以国毙⑤，不能从也。”郑三卿为盗所杀⑥，余盗在宋，郑人纳赂以请之。师慧曰：“以千乘之相，易淫乐之蒙⑦，宋无人焉故也。”子罕闻之⑧，固请而归其赂。晋韩宣子有环在郑商⑨，谒诸郑伯，子产

【译文】

古人建邦立国，非常看重国家尊严，从没有因国家的大小强弱而有所区别。他们对待自己国家，以及对待别的国家，也都是一样。所以发表言论斟酌辞令，如果不是贤能士大夫就不能详述其义。楚国的申舟不预先借道而直接穿过宋国访问齐国，宋国大夫华元拦阻他，说：“经过我国却不按礼借道，这是鄙视我国。我国遭到鄙视，就相当于亡国。杀了它的使者，它必然会攻打我国。攻打我国，也是亡国。反正都是亡国，结果都一样。”于是就杀了申舟。后来楚庄王攻打宋国，情势危急，华元仍然说：“兵临城下被迫订立盟约，宁可让国家灭亡，也不能如此。”郑国的三位卿大夫被盗贼所杀，残存的盗贼逃到了宋国，郑国人缴送财物和师慧等两名乐师给宋国请求交换。师慧说：“用千乘之国的相国，去交换一个演奏淫乐的盲人，宋国一定是没有人才如此。”宋国大夫子罕听了，坚决向宋公请求将财物和乐师退还郑国。晋国韩宣子有一只玉环在郑国商人手里，

弗与，曰："大国之求，无礼以斥之，何厌之有？吾且为鄙邑，则失位矣。""若大国令，而共无艺[10]，郑鄙邑也，亦弗为也。"晋合诸侯于平丘[11]，子产争贡赋之次[12]，子大叔咎之[13]。子产曰："国不竞亦陵，何国之为！"郑驷偃娶于晋[14]，偃卒，郑人舍其子而立其弟。晋人来问，子产对客曰："若寡君之二三臣，其即世者[15]，晋大夫而专制其位，是晋之县鄙也[16]，何国之为！"楚囚郑印堇父[17]，献于秦，郑以货请之。子产曰："不获。受楚之功，而取货于郑，不可谓国，秦不其然。若曰'郑国微君之惠，楚师其犹在敝邑之城下'。"弗从，秦人不予。更币[18]，从子产而后获之。读此数事，知春秋列国各数百年，其必有道矣。

就拜谒郑伯，子产不给他，说："大国的要求，如果不依礼驳斥，哪里会有满足的时候？我们要是成了他们的边邑，就会失去国家应有的地位。""如果大国有令，要求我们无限度地供应，那就是把郑国当成了他们的边远城邑，我们也不干。"晋国在平丘与诸侯会盟，子产争辩郑国贡赋的多少，当承何国之下，子大叔责备他。子产说："我国不和别国力争就会遭到欺侮，还算什么国家！"郑国的驷偃在晋国娶妻，驷偃去世后，郑国人不立其子而立其弟。晋国派人来问，子产回答使者说："如果寡君的几个臣子，他们中间有去世的，晋国的大夫就来专权控制他们的继承人，这就是把我国当成晋国的边远城邑了，还成什么国家！"楚国囚禁了郑国的印堇父，把他献给秦国，郑国人拿财物向秦国请求赎回印堇父。子产说："这种做法是行不通的。接受了楚国奉献的俘虏，却用来和郑国交换财物，这不符合国家的行事规范，秦国不会这样做。如果说'没有秦国国君的恩惠，楚军恐怕还在郑国的城下'，这才可以。"郑国没采纳子产的建议，秦国果然不放人。后来把财物改为象征感谢的礼物，按照子产的话去做才赎回了印堇父。读到这几件事，才知道春秋列国各自能立国数百年，一定有各自的道理。

注释

❶ 国体：国家尊严。 ❷ 申舟：名无畏。春秋时期楚国大夫。假道：借路。先秦时期，凡过他国之境必须假道，是为“过邦假道”之礼。聘：出访，出使。 ❸ 华元：春秋时期宋国大夫。 ❹ 楚子：即楚庄王。春秋五霸之一。 ❺ 国毙：国家灭亡。 ❻ 郑三卿为盗所杀：鲁襄公十年（前563），郑国发生了“西宫之难”，执政卿士子驷、子国、子耳在政变中被杀死。 ❼ 淫乐：指不同于正统雅乐的俗乐。蒙：眼睛失明。 ❽ 子罕：即乐喜，春秋时宋国贤臣。 ❾ 韩宣子：即韩起，晋国卿大夫。 ❿ 无艺：没有极限或限度。 ⓫ 平丘：春秋卫邑，在今河南封丘东。 ⓬ 贡赋：土贡和赋税。 ⓭ 子大叔：即游吉，郑国正卿。继子产为执政。 ⓮ 驷偃：字子游。春秋时郑国大夫。 ⓯ 即世：去世。 ⓰ 县鄙：县与鄙。泛指所属之县与鄙。 ⓱ 印堇父：春秋时郑国大夫。 ⓲ 更币：再派使者执礼物。

卷第十三

十八则

谏说之难

【原 文】

韩非作《说难》[1]，而死于说难，盖谏说之难，自古以然。至于知其所欲说，迎而拒之，然卒至于言听而计行者，又为难而可喜者也。秦穆公执晋侯，晋阴饴甥往会盟[2]，其为晋游说，无可疑者。秦伯曰："晋国和乎？"对曰："不和。小人曰必报仇，君子曰必报德。"秦伯曰："国谓君何？"曰："小人谓之不免，君子以为必归。以德为怨，秦不其然。"秦遂归晋侯。秦伐赵，赵求救于齐，齐欲长安君为质。太后不肯，曰："复言者，老妇必唾其面。"左师触龙愿

【译 文】

韩非子作《说难》一文，而自己却死于游说，进言游说之难，自古如此。至于国君知道他想说什么，予以接见，实则内心抗拒，然而最终还是言听计从，这又是难能可贵而可喜的事情。秦穆公俘虏了晋惠公，晋国阴饴甥前往会盟之所，毫无疑问，他是来为晋国游说的。秦穆公问："晋国上下意见一致吗？"阴饴甥回答说："不一致。小人说一定要报仇，君子说必须要报答恩德。"穆公说："晋国认为国君会怎么样？"回答说："小人认为国君一定不会被赦免，君子认为国君一定会平安回来。（秦始有德于晋，）把感激化为仇怨，秦国不会这样做的。"秦国于是放回晋惠公。秦国讨伐赵国，赵国向齐国求援，齐国提出要以赵太后幼子长安君为人质。赵太后不肯，说："再有来劝说让长安君为人

见，后盛气而胥之入[3]，知其必用此事来也。左师徐坐，问后体所苦，继乞以少子补黑衣之缺[4]。后曰："丈夫亦爱怜少子乎？"曰："甚于妇人。"然后及其女燕后[5]，乃极论赵王三世之子孙无功而为侯者，祸及其身。后既寤，则言："长安君何以自托于赵？"于是后曰："恣君之所使。"长安遂出质。范雎见疏于秦，蔡泽入秦[6]，使人宣言感怒雎，曰："燕客蔡泽，天下辩士也。彼一见秦王，必夺君位。"雎曰："百家之说，吾既知之，众口之辩，吾皆摧之，是恶能夺我位乎？"使人召泽，谓之曰："子宣言欲代我相，有之乎？"对曰："然。"即引商君、吴起、大夫种之事[7]。雎知泽欲困己以说，谬曰："杀身成名[8]，何为不可？"泽以身名俱全之说诱之，极之以闳夭、周公之忠圣[9]，今秦王不倍功臣，不若秦孝公、楚、越王，雎之功不若三子，劝其归相印以让

质的，我老太婆一定吐他一脸唾沫。"左师触龙希望进见，太后气呼呼地等待他来，知道他必定为前事而来。左师缓慢坐下，询问太后身体有无病痛，接着请求让自己的小儿子补充宫廷卫士的缺额。太后问："男人也疼惜小儿子吗？"触龙说："比女人更心疼。"然后说及太后的女儿燕后，接着深入分析赵王三代子孙中无功而封侯的，最后都祸及其身。太后醒悟了，触龙就接着问："长安君凭借什么让自己在赵国立足呢？"于是太后说："任凭您指派他。"长安君于是出国去做人质。范雎在秦国受到冷落，蔡泽来到秦国，让人发表言论激怒范雎，说："燕国人蔡泽，是天下善辩之士，他只要一见秦王，一定会夺走您的相位。"范雎说："诸子百家的学说，我早已知晓，众多辩士，我都击败过，这个人怎么能够夺我相位？"派人召来蔡泽，问他说："您扬言要代我为相，有这事吗？"蔡泽回答说："是的。"接着引述商君、吴起、大夫文种之事。范雎知道蔡泽要以游说之言难为自己，就假装说："牺牲性命以成就名节，有何不可？"蔡泽以性命、名声两全的道理诱导他，又深入论析闳夭、周公之忠诚圣明，说如今秦王优礼功臣，比不上秦孝公、楚悼王、越王勾践，范雎的功劳也比不上商鞅、吴起、文种三人，劝他归还相印让位于贤能。范雎惊惧不安没

贤。睢竦然失其宿怒[10]，忘其故辩，敬受命，延入为上客。卒之代为秦相者泽也。秦始皇迁其母，下令曰："敢以太后事谏者杀之。"死者二十七人矣。茅焦请谏，王召镬将亨之[11]。焦数以桀、纣狂悖之行，言未绝口，王母子如初。吕甥之言出于义，左师之计伸于爱，蔡泽之说激于理，若茅焦者，真所谓劘虎牙者矣[12]。范睢亲困穰侯而夺其位[13]，何遽不如泽哉？彼此一时也。

了先前的恼怒，忘记了辩词，恭敬地听从蔡泽的意见，把他请到家中作为上客。最终取代范睢为秦相的就是蔡泽。秦始皇放逐自己的母亲，并下令说："有敢以太后事进谏的，杀掉。"为此事进谏而死的已有二十七人。茅焦请求入宫进谏，秦始皇命人抬来大锅准备煮死他。茅焦以桀、纣狂妄悖逆的行为来责备始皇，话没说完，秦始皇母子和好如初。阴饴甥的言论出于正义，左师的计谋源于爱子之心，蔡泽的劝说发于情理，至于茅焦，真是所谓虎口拔牙。范睢亲自驱逐穰侯而夺其相位，为什么就不如蔡泽呢？这就叫此一时彼一时。

注释

❶ 韩非：即韩非子，亦称韩子。战国末韩国新郑（今河南新郑）人。与李斯同师事荀子，先秦法家代表人物，著有《韩非子》。说（shuì）难（nán）：游说的困难。 ❷ 阴饴甥：即吕甥。食邑于阴、吕等地，晋侯外甥。春秋时期晋国大夫。 ❸ 胥：通"须"。等待。 ❹ 黑衣：战国赵王宫宿卫常穿黑衣，故用以指宫廷侍卫。 ❺ 燕后：赵太后之女，嫁与燕王为后。 ❻ 蔡泽：战国时燕国人。曾为秦相，出谋攻灭西周。 ❼ 大夫种：即文种，春秋时期越国大夫。❽ 杀身成名：为正义捐弃生命而赢得美名。 ❾ 闳（hóng）夭：周文王的谋臣。后又辅助周武王灭商。 ❿ 宿怒：旧日的怨恨。 ⓫ 镬（huò）：大锅，指烹人的刑具。 ⓬ 劘（mó）：磨砺。 ⓭ 穰侯：秦昭王母宣太后异父弟魏冉。

韩馥、刘璋

【原文】

韩馥以冀州迎袁绍，其僚耿武、闵纯、李历、赵浮、程涣等谏止之，馥不听。绍既至，数人皆见杀。刘璋迎刘备，主簿黄权、王累，名将杨怀、高沛止之，璋逐权，不纳其言，二将后为备所杀。王浚受石勒之诈，督护孙纬及将佐皆欲拒勒[1]，浚怒欲斩之，果为勒所杀。武、纯、怀、沛诸人谓之忠于所事可矣，若云择君，则未也。呜呼，生于乱世，至死不变，可不谓贤矣乎？

【译文】

韩馥迎袁绍入冀州，他的僚属耿武、闵纯、李历、赵浮、程涣都极力劝阻不要这样做，韩馥不听。袁绍来到冀州以后，这几个人都被杀害。刘璋迎刘备入益州，主簿黄权、王累，名将杨怀、高沛极力阻止，刘璋赶走黄权，不采纳他的意见，二将后来被刘备杀害。王浚受石勒欺诈，督护孙纬及各位将领都想抗拒石勒，王浚大怒要斩杀他们，王浚后来果然被石勒杀害。耿武、闵纯、杨怀、高沛等人可说是忠心奉主，如果说选择明主，则未做到。唉，生于乱世之中，至死忠心不变，能不说是贤人吗？

注释

❶ 督护：官名。两晋始置。州、郡及出镇方面将军府皆设，掌兵事。

萧、房知人

【原　文】

汉祖至南郑，韩信亡去，萧何自追之。上骂曰："诸将亡者以十数，公无所追，追信，诈也。"何曰："诸将易得，至如信，国士亡双，必欲争天下，非信无可与计事者。"乃拜信大将，遂成汉业。唐太宗为秦王时，府属多外迁，王患之。房乔曰："去者虽多不足吝，杜如晦，王佐才也[①]，王必欲经营四方，舍如晦无共功者。"乃表留莫府[②]，遂为名相。二人之去留，系兴替治乱如此，萧、房之知人，所以为莫及也。樊哙从高祖起丰、沛，劝霸上之还，解鸿门之厄[③]，功亦不细矣，而韩信羞与为伍。唐俭赞太宗建大策，发蒲津之谋[④]，定突厥之计[⑤]，非庸臣也，而李靖以为不足惜。盖以信、靖

【译　文】

汉高祖到了南郑，韩信不告而别，萧何亲自去追赶韩信。高祖骂萧何说："将领们逃跑了几十人，你都没有去追赶，现在说追赶韩信，分明是骗我。"萧何说："这些将领很容易得到，至于韩信，是无双国士，大王如果要争夺天下，除了韩信没有人能和您共商大事。"于是高祖拜韩信为大将，最终成就汉朝大业。唐太宗为秦王时，府中幕僚纷纷外任，秦王为此很担心。房玄龄说："离去的人虽多但不足惜，只有杜如晦，是辅佐帝王创业治国的人才，秦王想要经营天下，除了杜如晦再没有能够共成大业的。"于是秦王上疏请求将杜如晦留在幕府，杜如晦最终成为一代名相。这二人的去留，与天下的兴衰治乱关系如此重大，萧何、房玄龄知人之明，是其他人比不上的。樊哙随从高祖自丰邑、沛邑起兵，劝谏高祖还军霸上，解救高祖出鸿门宴困局，功劳也算不小，而韩信却耻于与他为伍。唐俭辅佐唐太宗制定天下大计，揭发独孤怀恩蒲津谋反的阴谋，谋划平定突厥的策略，不是平庸之臣，而李靖却认为他不值得可惜。因为以韩信和李靖的眼光去

而视哙、俭，犹熊罴之与狸狌耳⑥。帝王之功，非一士之略，必待将如韩信、相如杜公而后用之，不亦难乎！惟能置萧、房于帷幄中，拔茅汇进⑦，则珠玉无胫而至矣⑧。

看樊哙、唐俭，就如同熊罴和野猫相比。帝王的大业，绝不是仅凭一位贤士的谋略就能成功，倘若一定要有韩信那样的大将、杜如晦那样的贤相才加以任用，岂不太难了吗！只要能把萧何、房玄龄这样的人置于麾下，举贤进能，那么贤士就会不招而自至了。

注释

❶王佐才：辅佐帝王创业治国的才干。 ❷莫府：即“幕府”。军队出征，施用帐幕，所以古代将军的府署称“幕府”。后泛指地方军政大吏的府署。 ❸鸿门之厄：楚汉相争时，刘邦先入咸阳，项羽嫉之，遂用范增之计，设宴于鸿门，欲加害之。后来刘邦赴宴，范增使项庄舞剑，伺机行刺刘邦，幸得羽叔父项伯及张良等协助，最后樊哙带剑执盾闯入，面责项羽，刘邦始得乘隙脱险。 ❹发蒲津之谋：唐武德初，独孤怀恩驻蒲州，暗与部将元君实谋反，唐俭向朝廷告发独孤怀恩阴谋。此时高祖李渊驾临蒲津，迅速捕捉谋反者，独孤怀恩被杀。 ❺定突厥之计：唐太宗贞观初年，唐俭使突厥归朝，太宗与其谋定突厥之事。后唐俭出使诱降突厥，突厥兵众弛懈，李靖一举袭破突厥。 ❻熊罴(pí)：熊和罴，皆为猛兽。指帝王得贤辅。狸狌（shēng）：野猫。 ❼拔茅汇进：拔起茅草，根相牵连，比喻贤人互相推荐引进。 ❽无胫而至：常以喻良才不招而自至爱贤者之门。

俞似诗

【原 文】

英州之北三十里，有金山寺，予尝至其处，见法堂后壁题两绝

【译 文】

英州向北三十里，有一座金山寺，我曾到过那里，看见法堂后壁

句[1]。僧云："广州钤辖俞似之妻赵夫人所书[2]。"诗句洒落不凡，而字画径四寸，遒健类薛稷[3]，极可喜。数年后又过之，僧空无人，壁亦隳圮[4]，犹能追忆其语，为纪于此。其一云："莫遣鞲鹰饱一呼[5]，将军谁志灭匈奴[6]。年来万事灰人意，只有看山眼不枯。"其二云："转食胶胶扰扰间[7]，林泉高步未容攀[8]。兴来尚有平生屐，管领东南到处山[9]。"盖似所作也。

题着两首绝句。僧人说："这是广州钤辖俞似之妻赵夫人书写的。"诗句洒脱不同凡响，而字体四寸见方，笔法雄健类似薛稷，极为耐看。几年后我又经过那里，已经僧去寺空，墙壁也已倒塌，所幸还能追忆墙壁之诗，把它记在这里。其一写道："莫遣鞲鹰饱一呼，将军谁志灭匈奴。年来万事灰人意，只有看山眼不枯。"其二写道："转食胶胶扰扰间，林泉高步未容攀。兴来尚有平生屐，管领东南到处山。"大概是俞似所作。

注释

❶ 法堂：寺院中集众说法的场所。 ❷ 钤（qián）辖：即兵马钤辖。领一州或一路兵马之事。 ❸ 薛稷：唐书画家，与欧阳询、虞世南、褚遂良并称"唐初四大书家"。 ❹ 隳圮（huīpǐ）：倒塌。 ❺ 鞲（gōu）鹰：谓调教于臂鞲之上的鹰。鞲：用以束衣袖的臂套。 ❻ 匈奴：代指金国。 ❼ 转食：谓外出求食。胶胶扰扰：纷乱不宁。 ❽ 高步：指隐居。 ❾ 管领：管辖统领。此处为游历之意。

吴激小词

【原 文】

先公在燕山，赴北人张总侍御家集[1]。出侍儿佐酒，中有一

【译 文】

先父在燕山，到金人张总侍御家赴宴。婢女出来劝酒，其中有一

人，意状摧抑可怜[2]，扣其故，乃宣和殿小宫姬也[3]。坐客翰林直学士吴激赋长短句纪之[4]，闻者挥涕。其词曰："南朝千古伤心地，还唱《后庭花》[5]。旧时王谢[6]，堂前燕子，飞向谁家？恍然相遇，仙姿胜雪，宫髻堆鸦[7]。江州司马，青衫湿泪，同是天涯。"激字彦高，米元章婿也。

人，强抑悲伤十分可怜，探问其缘故，原来她本是宣和殿的小宫女。座中宾客翰林直学士吴激作长短句以纪咏其事，听者无不挥泪。其词写道："南朝千古伤心地，还唱《后庭花》。旧时王谢，堂前燕子，飞向谁家？恍然相遇，仙姿胜雪，宫髻堆鸦。江州司马，青衫湿泪，同是天涯。"吴激字彦高，是米芾的女婿。

注释

❶北人：指金人。 ❷摧抑：强抑。 ❸宣和殿：北宋东京宫殿名。宋徽宗时为收藏鼎彝礼器、古玉印玺和书法图画等文物之地。 ❹长短句：词的别称。 ❺《后庭花》：唐教坊曲名，后用为词牌。后世称为亡国之音。 ❻王谢：六朝望族王氏、谢氏的并称。后以"王谢"为高门世族的代称。 ❼宫髻：指妇女的发髻。因多仿皇宫发式，故称。堆鸦：形容女子发髻黑而美。

君子为国

【原 文】

《传》曰："不有君子，其能国乎？"古之为国，言辞抑扬，率以有人无人占轻重。晋以诈取士会于秦，绕朝曰[1]："子无谓秦无人，吾谋适不用

【译 文】

《左传》说："没有君子，难道能治理好国家吗？"古人说到治理国家，言辞褒贬，都以有无君子来衡量。晋国使诈从秦国争取到士会归国，临走前绕朝对他说："您不要说秦国没有人才，只是我的计谋刚好不被采纳而

也。”楚子反曰：“以区区之宋，犹有不欺人之臣，可以楚而无乎？”宋受郑赂，郑师慧曰：“宋必无人。”鲁盟臧纥之罪[2]，纥曰：“国有人焉。”贾谊论匈奴之嫚侮[3]，曰：“倒县如此[4]，莫之能解，犹谓国有人乎？”后之人不能及此，然知敌之不可犯，犹曰彼有人焉，未可图也。一士重于九鼎，岂不信然？

已。”楚国的子反说：“小小的宋国，尚有不欺骗人的臣子，难道楚国就没有吗？”宋国接受郑国财礼，郑国的师慧说：“宋国必定没有人才。”鲁国召集众国盟诅臧纥的罪状，臧纥听到盟辞后说：“国家有人才啊。”贾谊论及匈奴轻慢无礼，说：“处境十分危急，却无法解救，还说国家有人才吗？”后来的人达不到这个程度，然而知道敌方不可侵犯，还能说对方有人才，不可图谋。一位贤才的分量重于九鼎，难道不是这样吗？

注释

❶ 绕朝：春秋时期秦国大夫。 ❷ 盟：即盟诅。对神立誓诅咒，结盟立誓。❸ 嫚侮：轻蔑侮辱。 ❹ 倒县：头向下脚向上地悬挂着，比喻处境十分困苦危急。县，通悬。

兑为羊[1]

【原　文】

兑为羊，《易》之称羊者凡三卦。《夬》之九四曰“牵羊悔亡”，《归妹》之上六曰“士刲羊，无血”[2]，皆兑也。《大壮》内、外卦为震与乾，

【译　文】

兑为羊，《周易》称羊的共有三卦。《夬》卦九四爻辞说“牵羊悔亡”，《归妹》上六爻辞说“士刲羊，无血”，这都是兑卦。《大壮》的内卦和外卦分别是乾和震，而九三、六五、上六都提到羊，这是因为自《复》卦的一个阳爻五

而三爻皆称羊者，自《复》之一阳推而上之，至二为《临》，则兑体已见，故九三曰“羝羊触藩，羸其角”[3]，言三阳为《泰》而消兑也，自是而阳上进，至于《乾》而后已；六五“丧羊于易”，谓九三、九四、六五为兑也；上六复“触藩不能退”，盖阳方《夬》决，岂容上兑俨然乎！九四中爻亦本兑，而云“不羸”者，赖震阳之壮耳。

个阴爻往上推演，二个阳爻就为《临》卦，兑体已经显现，所以《大壮》九三爻辞说“羝羊触藩，羸其角”，说的是第三爻也变为阳爻时就为《泰》卦而其下卦兑消失，从这里阳爻继续向上推进，到《乾》卦才停止；《大壮》六五爻辞说“丧羊于易”，说的是九三、九四、六五为兑体；上六又是“触藩不能退”，这是说五爻变为阳爻，就是表示决断的《夬》卦，又岂能容许上面的兑体俨然不可侵犯呢！其九四爻辞也本自中爻兑，之所以说“不羸”，这是有赖于震卦阳爻的健壮。

注释

❶ 兑为羊：言卦象有羊之象。羊之柔顺为人所喜悦，似兑之悦人。 ❷ 刲(kuī)羊：宰羊。 ❸ 羝羊触藩：公羊的角抵撞藩篱时被缠绕住，不能退出。羝羊：公羊。

晏子、扬雄[1]

【原文】

齐庄公之难，晏子不死不亡，而曰：“君为社稷死则死之，为社稷亡则亡之；若为己死而为己亡，非其私昵[2]，谁

【译文】

齐庄公遇害身死，晏子既不殉死也不逃亡，而是说：“君主为国家而死那么我就为他而死，君主为国家而逃亡我就为他而逃亡；如果君主为自

敢任之!”及崔杼、庆封盟国人曰“所不与崔、庆者”③，晏子叹曰：“婴所不唯忠于君利社稷者是与，有如上帝④!”晏子此意正与豫子所言“众人遇我”之义同⑤，特不以身殉庄公耳。至于毅然据正以社稷为辞，非豫子可比也。扬雄仕汉，亲蹈王莽之变⑥，退托其身于列大夫中，不与高位者同其死，抱道没齿⑦，与晏子同科。世儒或以《剧秦美新》贬之，是不然，此雄不得已而作也。夫诵述新莽之德⑧，止能美于暴秦，其深意固可知矣。序所言配五帝、冠三王，开辟以来未之闻，直以戏莽尔。使雄善为谀佞，撰符命⑨，称功德，以邀爵位，当与国师公同列，岂固穷如是哉⑩!

己而死，为自己而逃亡，不是他所宠爱的人，谁敢这么做?”等到崔杼、庆封和国内的人结盟说“有不亲附崔氏、庆氏的”话时，晏子叹息说：“晏婴如果不亲附忠君利国的人，有天帝为证!”晏子的意思正和豫子所说“以普通人待我”之含义相同，只是不为齐庄公殉死罢了。至于他据守正义，以社稷为理由，这不是豫子可比的。扬雄在汉朝做官，亲历王莽篡汉事件，退守托身于一般士大夫之列，不和位居高官者一同去死，终身持守正道，这与晏子同等。世间有些儒生拿他的《剧秦美新》来贬斥他，这是不对的，《剧秦美新》是扬雄不得已才写的。颂扬新朝的德政，仅仅超过残暴的秦朝，其中深意不难领会。序言说德配五帝、功冠三王，开天辟地以来前所未闻，只是以此取笑王莽罢了。假如扬雄善于谄媚逢迎，杜撰符命，歌功颂德，以此谋求高官厚禄，就应该和国师公同一级别，怎么会安守贫困呢!

注释

❶ 晏子：即晏婴，字平仲。春秋时齐国大夫，历仕灵公、庄公、景公三君。❷ 私昵：指所亲近、宠爱的人。❸ 崔杼：春秋时期齐国大夫。因庄公与其妻私通而杀庄公，立景公，自任右相，后被左相庆封逼迫自缢。庆封：春秋时齐

国大夫，与崔杼合谋杀齐庄公，拥立景公。齐景公二年（前546），灭崔氏当国。次年，鲍、陈、高、栾氏合谋攻庆氏，庆封出奔鲁、吴等地。后楚灵王伐吴，他被擒灭族。 ❹ 上帝：天帝，天神。 ❺ 豫子：即豫让。春秋末战国初刺客。 ❻ 王莽之变：指的是西汉末年王莽篡夺汉朝政权建立新朝的历史事件。 ❼ 抱道：持守正道。没齿：终身。 ❽ 新莽：王莽所建新朝。 ❾ 符命：上天预示帝王受命的符兆。后来成为文体名称，专为述说瑞应以颂帝王功德。 ❿ 固穷：安于贫困。

一以贯之

【原 文】

“一以贯之”之语，圣贤心学也。夫子以告曾子、子贡，而学者犹以为不同。尹彦明曰：“子贡之于学，不及曾子也如此。孔子于曾子，不待其问而告之，曾子复深喻之曰‘唯’。至于子贡，则不足以知之矣，故先发‘多学而识之’之问，果不能知之以为然也，又复疑其不然而请焉，方告之曰‘予一以贯之’。虽闻其言，犹不能如曾子之唯也。”范淳父亦曰：“先攻子贡之失，而后语以至要。”予窃以为二子皆孔门高第也，其闻言而唯，与夫闻而不复问，皆已

【译 文】

“一以贯之”这句话，是圣贤治学的心得。孔子分别将它告诉曾子、子贡，而学者们还认为其间有所不同。尹焞说：“子贡在学习上，不及曾子。孔子对曾子，不等他发问就告诉他，曾子深有领会，说‘是’。至于子贡，就不能直接理解这个意思，所以孔子先发‘多学而识之’这一问，子贡果然不能理解这句话的真正含义而认为孔子说得对，接着又怀疑不是如此而发问，孔子才告诉他说‘予一以贯之’。子贡虽然听了孔子的话，还是比不上曾子领会之深。”范祖禹也说：“先批评子贡的不足，然后把最紧要的话告诉他。”我私下以为曾子、子贡都是孔子的高徒，曾子听到后说“是”，和子贡听到以后不再发问，都是把孔

默识于言意之表矣。世儒所以卑子贡者，为其先然“多学而识之”之旨也，是殆不然。方闻圣言如是，遽应曰“否”，非弟子所以敬师之道也，故对曰“然”，而即继以“非与”之问，岂为不能知乎？或者至以为孔子择而告参、赐，盖非余人所得闻，是又不然。颜氏之子，冉氏之孙，岂不足以语此乎？曾子于一“唯”之后，适门人有问，故发其“忠恕”之言。使子贡是时亦有从而问者，其必有以诏之矣。

子的意思默记在心的表现。世上读书人之所以看不起子贡，是在于他先赞同了“多学而识之”的话，这恐怕不对。一听到圣人的话，就立即回答说“否”，这不是弟子尊敬师长之道，所以先回答“对”，然后接着问“不是这样吗”，这哪里是不知道呢？有人甚至认为孔子有选择性地告诉曾子、子贡，不是其他弟子所能够听到的，这看法又不对。颜渊、冉求，难道也不值得孔子对他们讲这句话吗？在曾子回答完一个“是”字之后，正好有别的弟子问他，所以引出“忠恕”的话。假如子贡那时也向他发问，他肯定也会有明确的解释。

裴潜、陆俟[1]

【原文】

曹操以裴潜为代郡太守，服乌丸三单于之乱[2]。后召潜还，美其治代之功，潜曰：“潜于百姓虽宽，于诸胡为峻[3]。今继者必以潜为治过严，而事加宽惠，彼素骄恣，过宽必弛，既弛又将摄之以法，此

【译文】

曹操任命裴潜为代郡太守，平定乌丸三单于的叛乱。后来把裴潜召回，称赞他治理代郡的功劳，裴潜说：“我对于百姓虽然宽容，但对各部胡族却很严厉。现在接替我的人必定认为我治理过严，而每事更为宽厚慈惠，各部胡族素来骄横不法，若政令过于宽松，其必然骄纵，既已骄纵又必定会

怨叛所由生也。以势料之，代必复叛。”于是操深悔还潜之速。后数十日，单于反问果至。元魏以陆俟为怀荒镇将，高车诸莫弗诵俟严急无恩[4]，复请前镇将郎孤。魏使孤代俟，俟既至，言曰：“不过期年，郎孤必败，高车必叛。”世祖切责之[5]。明年，诸莫弗果杀孤而叛。帝召俟问曰：“何以知其然？”俟曰：“高车不知上下之礼，故臣制之以法，使知分限[6]，而诸莫弗讼臣无恩，称孤之美。孤获还镇，悦其称誉，专用宽恕待之，无礼之人，易生骄慢，孤必将复以法裁之，众心怨怼，必生祸乱矣！”帝然之。裴潜、陆俟，可谓知为治之道矣。郑子产戒子大叔曰：“惟有德者，能以宽服人，其次莫如猛。”大叔不忍猛而宽，是以致萑苻之盗[7]，故孔子有宽猛相济之说。乌丸、高车不知礼法，裴、陆先之以威，使其久而服化，必渐施之以宽政矣。后之

用严法约束，怨恨叛乱就会由此产生。从形势上来看，代郡必会再次叛乱。”曹操非常后悔这么快就召还裴潜。几十天后，乌丸单于反叛的消息果然就传来了。元魏任命陆俟为怀荒镇将，高车部各位首领上告陆俟严而寡恩，再次请求任命前镇将郎孤。元魏派郎孤替代陆俟，陆俟回来后，说：“过不了一年，郎孤必定失败，高车部必定叛乱。”世祖严厉斥责了他。第二年，高车各位首领果然杀郎孤而叛乱。皇帝召见陆俟，问道：“你怎么知道会是这样？”陆俟说：“高车部不知道君臣上下之礼，所以臣用严厉的法令制约他们，让他们知道尊卑秩序，各首领由是告发臣对他们严酷寡恩，称赞郎孤的好处。郎孤得以再任镇将，对听到的称颂很受用，专用宽恕之政管理他们，不知礼法的人，容易滋生骄横怠慢之心，郎孤必定会再以严法制裁他们，众人便心怀怨恨，就必然发生祸乱。”皇帝认为他说得很对。裴潜、陆俟，可以说是懂得地方治理之道。郑国的子产告诫子大叔说：“只有品德高尚的人，能够以宽简服人，其次就不如用威严之法。”子大叔不忍严苛而用宽大之法，导致萑苻之盗，所以孔子有宽猛相济的说法。乌丸、高车不知礼法，裴潜、陆俟先以严法约束，使他们在较长时间里服从教化，之后必然会逐渐实行宽松政策。后人读了

人读纸上语，专以鹰击毛挚为治[8]，而不思救弊之术，无问华夷，吾见其败也。

书上的这些话，只用严酷凶悍的办法进行治理，而不思考纠正弊端的措施，无论是对待汉人还是胡人，我都能预见他们的失败。

注释

❶ 陆俟：鲜卑族。本姓步六孤。北魏朝臣。 ❷ 乌丸：即乌桓，东胡的一支。 ❸ 诸胡：古代对北方和西方少数民族的统称。 ❹ 高车：又名敕勒、铁勒。古族名。因其所用车轮高大，辐数又多而得名。后被突厥吞并。莫弗：古代北方少数民族部族首领称谓。 ❺ 世祖：指北魏太武帝拓跋焘。 ❻ 分限：上下尊卑的差别。 ❼ 萑苻之盗：萑苻泽的大盗。萑苻：即萑（huán）苻，春秋时郑国泽名。《左传·昭公二十年》："郑国多盗，取人于萑苻之泽。"后以称盗贼出没之处，也借指盗贼、草寇。 ❽ 鹰击毛挚：比喻严酷凶悍。

拔亡为存

【原文】

燕乐毅伐齐，下七十余城，所存者唯莒、即墨两城耳，赖田单之力，齐复为齐，尺寸之土无所失。曹操牧兖州，州叛迎吕布，郡县八十城皆应之，唯鄄城、范、东阿不动，赖荀彧、程昱之力，卒全三城以待操，州境复安。古之人拔亡为存，转祸为福，如此多矣。靖康、建炎间，

【译文】

燕将乐毅讨伐齐国，攻下七十多座城池，只剩下莒、即墨两城而已，后全凭田单之力，齐国得以恢复，寸土未曾丢失。曹操任兖州牧，当时兖州叛变迎附吕布，郡县八十城纷纷响应，只有鄄城、范、东阿三地不为所动，全仗荀彧、程昱之力，得以保全三城以待曹操，最终平定兖州叛乱。古人救亡图存，转祸为福，这种的例子多了。靖康、建炎年间，国力不振，秦、魏、齐、

国家不竞[1]，秦、魏、齐、韩之地，名都大邑数百，翦而为戎，越五十年矣，以今准古，岂曰无人乎哉？

韩之地，几百座名都大城，全被金人占有，已经五十年了，拿当今和古时相比，难道是国家没有人才吗？

注释

❶ 不竞：不强。

孙吴四英将[1]

【原文】

孙吴奄有江左[2]，亢衡中州[3]，固本于策、权之雄略[4]，然一时英杰，如周瑜、鲁肃、吕蒙、陆逊四人者，真所谓社稷心膂[5]，与国为存亡之臣也。自古将帅未尝不矜能自贤，疾胜己者，此诸贤则不然。孙权初掌事，肃欲北还，瑜止之，而荐之于权，曰："肃才宜佐时，当广求其比，以成功业。"后瑜临终与权笺曰："鲁肃忠烈，临事不苟，若以代瑜，死不朽矣！"肃遂代瑜典兵[6]。吕蒙为寻阳令[7]，肃见之，曰：

【译文】

孙吴统据江东，与中原抗衡，固然基于孙策、孙权的雄才大略，然而当时的英雄豪杰，如周瑜、鲁肃、吕蒙、陆逊四人，真可谓社稷的得力助手，是担负国家存亡的重臣。自古以来将帅没有不自以为贤能，嫉妒比自己强的，这几位贤臣却不是这样。孙权初掌国事，鲁肃打算返回北方，周瑜劝住他，并把他推荐给孙权，说："鲁肃之才可以辅佐当世之君，应该广泛寻求这类人才，以成就大业。"后来周瑜临终前给孙权写信说："鲁肃忠直，处理事情认真可靠，如果能够让他代替我，我就死而不朽了！"于是鲁肃就代替周瑜统率军队。吕蒙为寻阳令，鲁肃见到他，说："您如

"卿今者才略，非复吴下阿蒙[8]。"遂拜蒙母，结友而别。蒙遂亦代肃。蒙在陆口[9]，称疾还，权问："谁可代者？"蒙曰："陆逊意思深长，才堪负重，观其规虑，终可大任，无复是过也。"逊遂代蒙。四人相继，居西边三四十年，为威名将，曹操、刘备、关羽皆为所挫。虽更相汲引[10]，而孙权委心听之[11]，吴之所以为吴，非偶然也。

今的才略，不再是吴下阿蒙了。"于是拜见吕蒙的母亲，和吕蒙结为朋友而别。吕蒙后来也就接替了鲁肃。吕蒙在陆口，声称有病要回，孙权问："谁可以接替您？"吕蒙说："陆逊深谋远虑，才能足以担负重任，看他的规划谋略，终究可以托付大任，没有人能超过他。"陆逊于是接替了吕蒙。此四人前后相继，驻守吴国西境三四十年，成为威名远扬的将帅，曹操、刘备、关羽都曾被他们打败。虽说四人都是递相引荐，但孙权能倾心听取意见，吴国之所以成为吴国，并非偶然。

注释

❶孙吴：即三国时吴国，因王室姓孙，故称。后为晋所灭。 ❷奄有：全部占有。 ❸亢衡：抗衡，对抗。 ❹策：指孙策。权：指孙权。 ❺心膂(lǚ)：喻主要的辅佐人员，得力助手。 ❻典兵：统领军队。 ❼寻阳：古县名。在今湖北。 ❽吴下阿蒙：居处吴下一隅的吕蒙。比喻人学识尚浅。吴下：现江苏长江以南。 ❾陆口：又名蒲圻口，俗名陆溪口。因处陆水入江处，故名。 ❿汲引：引荐，提拔。 ⓫委心：犹倾心。

东坡罗浮诗[1]

【原　文】

东坡游罗浮山，作诗示叔党[2]，

【译　文】

苏轼游览罗浮山，给子苏

其末云："负书从我盍归去[3]，群仙正草《新宫铭》。汝应奴隶蔡少霞，我亦季孟山玄卿。"坡自注曰："唐有梦书《新宫铭》者，云紫阳真人山玄卿撰。其略曰：'良常西麓[4]，原泽东泄。新宫宏宏[5]，崇轩巘巘[6]。'又有蔡少霞者，梦人遣书碑铭曰：'公昔乘鱼车[7]，今履瑞云，躅空仰涂[8]，绮辂轮困[9]。'其末题云五云书阁吏蔡少霞书。"予案，唐小说薛用弱《集异记》[10]，载蔡少霞梦人召去，令书碑，题云《苍龙溪新宫铭》，紫阳真人山玄卿撰。其词三十八句，不闻有五云阁吏之说。鱼车瑞云之语，乃《逸史》所载陈幼霞事[11]，云苍龙溪主欧阳某撰。盖坡公误以幼霞为少霞耳。玄卿之文，严整高妙，非神仙中人嵇叔夜、李太白之流不能作[12]。今纪于此，云："良常西麓，源泽东泄。新宫宏宏，崇轩巘巘。雕珉盘础[13]，镂檀竦楶[14]。碧瓦鳞差[15]，瑶阶肪截[16]。阁凝瑞雾，楼横祥霓。驺虞巡徼[17]，昌明捧阑[18]。珠树规连[19]，玉泉矩泄[20]。灵飙遐集[21]，圣日俯晰。太上游储[22]，无极便阙[23]。百神守护[24]，诸真班列[25]。

过写了一首诗，末尾写道："负书从我盍归去，群仙正草《新宫铭》。汝应奴隶蔡少霞，我亦季孟山玄卿。"苏轼自注说："唐人有在梦中书写《新宫铭》的，说是紫阳真人山玄卿撰。大略是：'良常西麓，原泽东泄。新宫宏宏，崇轩巘巘。'又有一个名叫蔡少霞的，梦见有人命他书写碑铭：'公昔乘鱼车，今履瑞云，躅空仰涂，绮辂轮困。'文末题作五云书阁吏蔡少霞书。"我查考，唐代薛用弱小说《集异记》，记载蔡少霞梦中被人召去，让他题写碑铭，题目是《苍龙溪新宫铭》，紫阳真人山玄卿撰。铭文共三十八句，没有见到五云阁吏的说法。鱼车瑞云这几句，是《逸史》记载的陈幼霞之事，题作苍龙溪主欧阳某撰。苏轼误把陈幼霞当作蔡少霞。山玄卿的铭文，严整高妙，非神仙中人嵇康、李白之辈写不出来。现在记录在此，铭文写道："良常西麓，源泽东泄。新宫宏宏，崇轩巘巘。雕珉盘础，镂檀竦楶。碧瓦鳞差，瑶阶肪截。阁凝瑞雾，楼横祥霓。驺虞巡徼，昌明捧阑。珠树规连，玉泉矩泄。灵飙遐集，圣日俯晰。太仙翁鹄立，道师冰洁。饮玉成浆，馔琼为屑。桂旗不动[26]，兰幄牙设[27]。妙乐竞奏，流铃间发[28]。天籁虚徐，风箫泠澈。凤歌谐律，鹤舞会节[29]。三变玄云[30]，九成绛雪[31]。易迁徒语[32]，童初讵说[33]。如毁乾坤，自有日月。清宁二百三十一年四月十二日建。"予顷作《广州三清殿碑》，仿其体为铭，诗曰："天池北址[34]，越领东鹿[35]。银宫旍旍[36]，瑶殿矗矗。陛纳九齿[37]，阊披四目[38]。楯角储清[39]，檐牙衮缛[40]。雕牖甜鬪[41]，镂楹熠煜[42]。元尊端拱[43]，泰上秉箓[44]。绣黼周张[45]，神光晬穆[46]。宝帐流黄[47]，温幈结绿。翠凤千旗[48]，紫霓溜褥[49]。星伯振鹭，仙翁立鹄。昌明侍几，眉连捧纛[50]。月节下堕，曦轮旁烛[51]。涑雨清尘[52]，矞云散縠[53]。钧籁虚徐[54]，流铃禄续[55]。童初渟潜[56]，勾漏蓄缩[57]。岳君有衡[58]，海帝维倏[59]。中边何护，时节朝宿。飓母沦威[60]，疟妃谢毒[61]。丹崖罢徼[62]，赤子累福[63]。亿龄圣寿[64]，万世宋箓[65]。"凡四十句，读者或许之，然终不近也。

上游储，无极便阙。百神守护，诸真班列。仙翁鹄立，道师冰洁。饮玉成浆，馔琼为屑。桂旗不动，兰幄牙设。妙乐竞奏，流铃间发。天籁虚徐，风箫泠澈。凤歌谐律，鹤舞会节。三变玄云，九成绛雪。易迁徒语，童初讵说。如毁乾坤，自有日月。清宁二百三十一年四月十二日建。"我最近作《广州三清殿碑》，模仿他的体裁作碑铭，铭文写道："天池北址，越领东鹿。银宫旍旍，瑶殿矗矗。陛纳九齿，阊披四目。楯角储清，檐牙衮缛。雕牖甜鬪，镂楹熠煜。元尊端拱，泰上秉箓。绣黼周张，神光晬穆。宝帐流黄，温幈结绿。翠凤千旗，紫霓溜褥。星伯振鹭，仙翁立鹄。昌明侍几，眉连捧纛。月节下堕，曦轮旁烛。涑雨清尘，矞云散縠。钧籁虚徐，流铃禄续。童初渟潜，勾漏蓄缩。岳君有衡，海帝维倏。中边何护，时节朝宿。飓母沦威，疟妃谢毒。丹崖罢徼，赤子累福。亿龄圣寿，万世宋箓。"总共四十句，读者或许认为还行，但终究比不上《新宫铭》。

注释

❶罗浮：山名。位于今广东东江北岸，为广东四大名山（罗浮、西樵、鼎湖、丹霞）之一。 ❷叔党：即苏过，苏轼幼子。 ❸负书：背负书籍。 ❹良常：山名。在今江苏句容。 ❺宏宏：宏伟貌。 ❻巘巘（niè）：高敞的样子。 ❼鱼车：古代尊贵者乘坐的车，以鱼皮为饰。 ❽蹑空仰涂：踏在空中飞升而上。 ❾绮辂轮囷：形容祥云华丽环绕之状。 ❿《集异记》：唐薛用弱作。传奇小说集，多记隋唐两代奇闻异事，间杂文人逸事。 ⓫《逸史》：唐卢肇撰志怪传奇集。 ⓬嵇叔夜：即嵇康，字叔夜。 ⓭雕珉盘础：以精雕的美石为柱子础石。 ⓮镂檀竦楶（jié）：以镂刻的檀木为柱头斗拱。 ⓯鳞差：鳞次。像鱼鳞一样排列。 ⓰瑶阶：玉制石阶。肪截：切开的脂肪。 ⓱驺虞：传说中的瑞兽。白虎黑纹，不食生物。巡徼：巡行考察。 ⓲昌明：道教里的昌明仙人。捧阑（niè）：守门。 ⓳珠树：树的美称。 ⓴玉泉：泉的美称。 ㉑灵飙：神风。 ㉒太上：道教用以称至上至高的神。 ㉓无极便阙：无极诸神歇息的宫阙。 ㉔百神：指各种神灵。 ㉕班列：按班排列。 ㉖桂旗：指神祇车上所竖之旗。 ㉗兰幄牙设：华美的幄幕中陈设着乐器。 ㉘流铃：流金火铃，道教驱邪的法器。 ㉙会节：合乎节奏。 ㉚玄云：丹药名。 ㉛绛雪：丹药名。 ㉜易迁：仙人所居宫名。 ㉝童初：仙人所居宫名。 ㉞天池：大海。址：通“沚”，水中的小块陆地。 ㉟越领东鹿：越城岭东麓。越领：越城岭，五岭之一。 ㊱旟旟（yú）：扬起，翘起。 ㊲陛纳九齿：指宫殿正面的台阶有九级。齿：梯级。 ㊳阊（chāng）：神话中的天门。 ㊴楯（shǔn）：栏杆。 ㊵檐牙袤缛：檐际翘出如牙状，宽阔繁缛。 ㊶谽閜（hānxià）：闪烁。 ㊷镂楹熠煜：刻饰的楹柱熠熠生辉。 ㊸元尊端拱：元始天尊袖手端坐。 ㊹泰上秉箓：指太上老君手持法箓。 ㊺绣黼周张：绣有花纹的衣服周遍张设。 ㊻晬（zuì）穆：温润端庄。 ㊼流黄：黄色。 ㊽翠凤：以翠羽制成的凤形旗饰。 ㊾紫霓溜褥：指茵席上闪动着紫色的云霓。 ㊿眉连捧纛（dào）：眉连手持舞具。眉连：女仙，以生而连眉得称。 51 曦轮：指太阳。 52 涷（dōng）雨：暴雨。 53 矞（yù）云散縠（hú）：彩色祥云舒展美丽的花纹。 54 钧籁：天上的音乐。 55 禄续：断断续续。 56 渟瀯（tíngyíng）：水流回旋不进貌。 57 勾漏：山名。在今广西北流东北。有山峰耸立如林，溶洞勾曲穿

漏，故名。 ㊳ 岳君有衡：五岳之主有衡山南岳天尊。 ㊴ 海帝维倏（shū）：《庄子·应帝王》："南海之帝为倏。" ㊵ 飓母：预兆飓风将至的云晕，形似虹霓。亦用以指飓风。 ㊶ 疟妃谢毒：谓疟疾之神停止其毒害。 ㊷ 丹崖罢徼：谓边远之地罢去巡察。丹崖：珠崖，代指南海边郡。 ㊸ 赤子累福：指天下子民享受福祉。 ㊹ 亿龄：亿年。 ㊺ 万世宋箓：指大宋王朝永受上天所赐符命。

魏明帝容谏[1]

【原 文】

魏明帝时，少府杨阜上疏，欲省宫人诸不见幸者，乃召御府吏[2]，问后宫人数。吏守旧令，对曰："禁密，不得宣露。"阜怒，杖吏一百，数之曰："国家不与九卿为密，反与小吏为密乎！"帝愈严惮之[3]。房玄龄、高士廉问少府少监窦德素北门近有何营造，德素以闻。太宗大怒，谓玄龄等曰："君但知南牙耳[4]，北门小小营造，何预君事耶！"玄龄等拜谢。夫太宗之与明帝，不待比拟，观所以责玄龄之语，与夫严惮杨阜之事，不追远矣。贤君一话一言，为后世法。惜哉！《魏史》以谓群

【译 文】

魏明帝时，少府杨阜上奏，希望削减那些未被宠幸的宫女，于是召来御府小吏询问后宫宫女人数。御府吏按照过去的规定，回答说："宫禁秘密，不能泄露。"杨阜大怒，将其杖责一百，斥责说："国家不和九卿共有秘密，反而和你这小吏共有秘密吗！"从此明帝更加敬畏杨阜。房玄龄、高士廉问少府少监窦德素北门近来有什么营建，德素上奏给唐太宗。唐太宗很生气，对房玄龄等说："你们只须知晓南衙的事，北门的小小营建，与你们有什么关系！"房玄龄等叩头谢罪。唐太宗和魏明帝，两人不须比较，但看太宗斥责房玄龄的话，和魏明帝敬畏杨阜之事相比，就远远不及了。贤明君主的一言一行，都应是后世楷模。可惜啊！《三国志·魏书》说群臣直谏之言，明帝虽然不能

臣直谏之言[⑤]，帝虽不能尽用，然皆优容之，虽非谊主[⑥]，亦可谓有君人之量矣。

全部采纳，然而都能宽容相待，虽说不是知礼义的君主，也可称得上有度量的君主了。

注释

❶ 魏明帝：即魏明帝曹叡。 ❷ 御府：官署名。管理宫廷金钱、衣服、玉器等珍玩的库藏、出纳等事。 ❸ 严惮：敬畏，害怕。 ❹ 南牙：即南衙。指宰相。 ❺《魏史》：指《三国志·魏书》。 ❻ 谊主：知礼义的君主。

汉世谋于众

【原文】

两汉之世，事无小大，必谋之于众人，予前论之矣，然亦有持以藉口掩众议者。霍光薨后，宣帝出其亲属补吏，张敞言："朝臣宜有明言霍氏颛制[①]，请罢三侯就第[②]。明诏以恩不听，群臣以义固争而后许之。今明诏自亲其文，非策之得者也。"哀帝欲封董贤等[③]，王嘉言："宜延问公卿、大夫、博士、议郎，明正其义，然后乃加爵土[④]；不然，恐大失众心。暴平其事，必有言当封者，

【译文】

两汉时期，朝廷之事无论大小，必定跟众人商议，这一点我前边已经说过，然而也有以此为借口堵塞异议的情况。霍光死后，汉宣帝诏令霍氏亲属出任地方官，张敞说："最好是朝臣中有人公开议论霍光专制，请求罢免霍氏三侯，令其归家。陛下下明诏表示出于恩典不予采纳，群臣以义理诤谏，陛下最终表示同意。如今陛下亲下诏书，这是失策啊！"哀帝打算加封董贤等人，丞相王嘉说："应请教公卿、大夫、博士、议郎，公开讨论封授的意义，然后再考虑加封爵位、封地；不然，恐怕大失众望。公开评议此事，必定有人说应当加封，

在陛下所从；天下虽不说，咎有所分，不独在陛下。前成帝初封淳于长，其事亦议。谷永以长当封，众人归咎于永，先帝不独蒙其讥。”哀帝乃止。是知委曲迁就，使恩出君上，过归于下，汉代多如此也。

到时任由陛下裁决。天下人尽管不高兴，责任也有人分担，不单在陛下一人身上。先前成帝刚要加封淳于长时，亦曾评议其事。谷永认为淳于长应当封授，众人把罪责归于谷永，先帝不致一人蒙受讥议。”哀帝于是中止封授。由此可知，臣子委曲迁就，使恩泽出自君王，过失归于臣下，汉代大多如此。

注释

❶颛制：独断专行。颛，通“专”。 ❷三侯：《汉书·张敞传》“大将军霍光薨，宣帝始亲政事，封光兄孙山、云皆为列侯，以光子禹为大司马”。 ❸董贤：汉哀帝宠臣。哀帝死，被太后与王莽所罢黜，后自杀。 ❹爵土：官爵和封地。

《国朝会要》[1]

【原文】

《国朝会要》，自元丰三百卷之后，至崇宁、政和间[2]，复置局修纂。宣和初，王黼秉政[3]，罢修书五十八所。时《会要》已进一百十卷，余四百卷亦成，但局中欲节次觊赏[4]，故未及上。既有是命，局官以谓

【译文】

《国朝会要》，自从神宗元丰年间续修三百卷之后，直到崇宁、政和年间，又重新设置机构修纂。宣和初年，王黼执政，撤销了五十八处修书局。当时，《会要》已经进呈一百一十卷，其余四百卷也已完成，但修书局想着分次进呈以求更多赏赐，所以尚未进呈。撤销修书局的命令既已下

若朝廷许立限了毕，不过三两月可以投进。而黼务悉矫蔡京所为，故一切罢之，官吏既散，文书皆为弃物矣。建炎三年，外舅张渊道为太常博士[5]，时礼寺典籍散佚亡几，而京师未陷，公为宰相言："宜遣官往访故府，取见存图籍，悉辇而来，以备掌故[6]。"此若缓而甚急者也。宰相不能用，其后逆豫窃据[7]，鞠为煨烬[8]。吁，可惜哉！

达，负责官员说如果朝廷允许限期完成，两三个月内就可以进呈。而王黼力求全盘推翻蔡京的为政措施，所以全部予以撤销，官员既已遣散，文书全都成了废弃之物。建炎三年，外舅张渊道为太常博士，当时太常寺典籍散佚殆尽，而京师尚未沦陷，张渊道对宰相说："应该派人去京师旧府，找到现存图书典籍，全部装车运来，以备查询掌故。"这事看似平常却又亟待解决。宰相不予采纳，后来京师被逆贼刘豫窃据，旧府典籍全部化为灰烬。唉，可惜啊！

注释

❶《国朝会要》：宋代全面汇纂本朝政令故实及典章制度的大型官书，今已不存。 ❷崇宁：宋徽宗赵佶年号。 ❸王黼：与蔡京、童贯等并称六贼。钦宗即位，诛死。 ❹觊（jì）：希图。 ❺外舅：岳父。 ❻掌故：典章制度的沿革，以及人物文化等事迹。 ❼逆豫：指刘豫。建炎四年（1130）受金册封为齐帝，都大名，后迁汴京。 ❽煨烬：经焚烧而化为灰烬。

孙膑减灶[1]

【原 文】

孙膑胜庞涓之事[2]，兵家以为奇谋，予独有疑焉。云："齐军入魏地为十万灶，明日

【译 文】

孙膑战胜庞涓这件事，军事家都认为是奇谋，我却对此有所疑问。史书记载："齐军进入魏国后挖了十万

为五万灶，又明日为二万灶。”方师行逐利，每夕而兴此役，不知以几何人给之，又必人人各一灶乎！庞涓行三日而大喜，曰：“齐士卒亡者过半。”则是所过之处，必使人枚数之矣③，是岂救急赴敌之师乎！又云：“度其暮当至马陵，乃斫大树，白而书之，曰：‘庞涓死于此树之下。’遂伏万弩，期日暮见火举而俱发。涓果夜至斫木下，见白书，钻火烛之，读未毕，万弩俱发。”夫军行迟速，既非他人所料，安能必其以暮至不差晷刻乎④！古人坐于车中，既云暮矣，安知树间之有白书，且必举火读之乎！齐弩尚能俱发，而涓读八字未毕。皆深不可信。殆好事者为之而不精考耳。

个灶坑，第二天减为五万个，第三天减为两万个。”行军途中要争夺有利条件，齐军每天晚上要去做这些事，不知要费多少人工，难道一定要每人一口灶吗？庞涓行军三日后非常高兴，说：“齐军士兵已逃亡过半。”也就是说，每到一地，必定派人一一清点灶数，这哪里像是救急迎敌的军队呢！又说：“估计庞涓天黑时会到马陵，于是砍削大树，刮到树白，在上面写道：‘庞涓死于此树之下。’于是在此埋伏下一万名弓箭手，约定天黑时分看见火光就同时射箭。庞涓果然在天黑时来到树下，看见白色树干上面有字，钻木点火照亮，还没有读完，齐军万箭齐发。”按说行军时慢时快，不是他人所能预料，怎能料定庞涓必定在天黑时到达而片刻不差呢！古人坐在战车中，既然说天黑了，又怎会看到白色树干上有字，而且非得点起火把来读呢！齐军万箭尚已齐发，而庞涓却连八个字都没读完。这些都极不可信。这恐怕是好事者所编造却又考虑不周罢了。

注释

❶ 孙膑：战国时齐国人。曾与庞涓同学兵法，后庞涓为魏将，忌其才能，将他骗至魏国处以膑刑，故称孙膑。后经田忌推荐，被齐威王任为军师。先后设计大败魏军于桂陵和马陵，终使庞涓兵败自杀。 ❷ 庞涓：战国初期魏国名将。

❸ 枚数：一一查点。 ❹ 晷（guǐ）刻：片刻。

虫鸟之智

【原 文】

竹鸡之性，遇其俦必斗[①]。捕之者扫落叶为城，置媒其中[②]，而隐身于后操罔焉[③]。激媒使之鸣，闻者随声必至，闭目飞入城，直前欲斗，而罔已起，无得脱者，盖目既闭则不复见人。鹧鸪性好洁，猎人于茂林间净扫地，稍散谷于上，禽往来行游，且步且啄，则以黐竿取之[④]。麂行草莽中[⑤]，畏人见其迹，但循一径，无问远近也。村民结绳为环，置其所行处，麂足一絓，则倒悬于枝上，乃生获之。江南多土蜂，人不能识其穴，往往以长纸带粘于肉，蜂见之必衔入穴，乃蹑寻得之，熏取其子。虫鸟之智，自谓周身矣[⑥]，如人之不仁何！

【译 文】

竹鸡的天性，是遇到同类必定争斗。捕竹鸡的人扫集落叶围成一圈，把鸟媒放在里面，自己隐藏在后边操纵罗网。抓鸟的人刺激鸟媒让它鸣叫，竹鸡必定闻声而来，闭着眼睛飞进圈里，径直上前就要争斗，而鸟网已经收起，没有能就此逃脱的，这是因为闭上眼睛就看不见人了。鹧鸪生性喜欢干净，猎人在茂密的树林里扫出一块干净地方，稍稍撒上一点谷子，鹧鸪来来往往，边走边啄食，这时猎人就用黐竿粘取它。麂在荒草中出没，怕人发现它的踪迹，无论远近都只沿一条道走。村民把绳结成环，放置在麂所经过的地方，麂足一被绊住，就倒挂在树枝上，于是就被活捉了。江南土蜂很多，人们找不到它们的巢穴，就常将长纸带粘在肉上，土蜂见到必定衔入巢穴，人们就以此追寻到蜂窝，用火熏获取蜂蛹。虫鸟的聪明，自认为可以保全自身，奈何世人不仁！

注释

❶俦：同类。　❷媒：即鸟媒。用以引诱同类而拴系的活鸟。　❸罔：古同“网”。　❹檎竿：粘竿。　❺麂（jǐ）：小型鹿类。　❻周身：保全自身。

卷第十四

十七则

张文潜论《诗》[①]

【原 文】

前辈议论，有出于率然不致思而于理近碍者[②]。张文潜云："《诗》三百篇，虽云妇人、女子、小夫、贱隶所为[③]，要之非深于文章者不能作，如'七月在野'至'入我床下'，于七月已下，皆不道破，直至十月方言蟋蟀，非深于文章者能为之邪?"予谓三百篇固有所谓女、妇、小、贱所为，若周公、召康公、穆公、卫武公、芮伯、凡伯、尹吉甫、仍叔、家父、苏公、宋襄公、秦康公、史克、公子素[④]，姓氏明见于大序[⑤]，可一概论之乎？且"七月在野，八月在宇，九月在户"，本自言农民出入之

【译 文】

前辈的议论，有出于轻率不深入思考而在道理上不通的。张耒说："《诗经》三百篇，虽说是妇人、年轻女子、普通工匠、役隶所作，但总之不是精通文学创作之人写不出来，比如'七月在野'至'入我床下'，在七月以下，都不说破，直到十月才提及蟋蟀，若非精通文学创作之人能写出来吗?"我认为《诗经》三百篇固然有所谓年轻女子、妇人、普通工匠、役隶所作，但如周公、召康公、穆公、卫武公、芮伯、凡伯、尹吉甫、仍叔、家父、苏公、宋襄公、秦康公、史克、公子素，他们的姓氏却清清楚楚地出现在《诗大序》里，怎可一概而论？况且"七月在野，八月在宇，九月在户"，本是说农民农忙活动的时间，到郑玄时才并入下句，说都

时耳，郑康成始并入下句[6]，皆指为蟋蟀，正已不然，今直称此五句为深于文章者，岂其余不能过此乎？以是论《诗》，隘矣。

是就蟋蟀而言，本来已然是错了，如今特别称赞写这五句话的人精通文学之道，难道其他就没有超过这五句的吗？用这样的方法来评论《诗经》，未免太狭隘了。

注释

❶张文潜：即张耒。工于诗赋散文，为“苏门四学士”之一。　❷率然：轻率。　❸小夫：普通工匠。　❹家父：周幽王时大夫。史克：春秋时鲁国太史。　❺大序：《毛诗序》有大序和小序之分。　❻郑康成：即郑玄，字康成。

汉祖三诈

【原文】

汉高祖用韩信为大将，而三以诈临之：信既定赵，高祖自成皋度河[1]，晨自称汉使驰入信壁[2]，信未起，即其卧，夺其印符，麾召诸将易置之[3]。项羽死，则又袭夺其军[4]。卒之伪游云梦而缚信[5]。夫以豁达大度开基之主，所行乃如是，信之终于谋逆，盖有以启之矣。

【译文】

汉高祖任用韩信为大将，却三次用诈术对付他：韩信平定赵国故地后，高祖自成皋渡过黄河，一大早自称汉王使者闯入韩信军营，韩信还没起床，高祖便闯进他的卧室，没收了他的将印兵符，随后召集众将调整他们的职务。项羽死后，高祖再次袭夺韩信的兵权。最后假称巡游云梦而诱捕韩信。汉高祖作为一个豁达大度的开国君主，所作所为竟然如此，韩信最终谋反，看来也是事出有因。

注释

❶ 成皋：古邑名。在今河南荥阳汜水镇西。秦汉之际，刘邦同项羽曾相持于此。河：黄河。 ❷ 壁：军营。 ❸ 麾召：命令，召集。 ❹ 袭夺：乘其不备而夺取。 ❺ 伪游云梦：刘邦为袭夺韩信兵权，采取陈平伪游云梦之计，其间假借召集诸侯王之机，擒拿韩信，将其贬为淮阴侯。后以“云梦游”代指阴谋诡计。

有心避祸

【原文】

有心于避祸，不若无心于任运①，然有不可一概论者。董卓盗执国柄②，筑坞于郿③，积谷为三十年储，自云：“事不成，守此足以毕老。”殊不知一败则扫地，岂容老于坞耶！公孙瓒据幽州④，筑京于易地⑤，以铁为门，楼橹千重⑥，积谷三百万斛⑦，以为足以待天下之变，殊不知梯冲舞于楼上⑧，城岂可保耶！曹爽为司马懿所奏⑨，桓范劝使举兵⑩，爽不从，曰：“我不失作富家翁。”不知诛灭在旦暮耳，富可复得耶！张华相晋⑪，当贾后之难不能退⑫，少子以中台星坼劝其逊位⑬，华不从，曰：

【译文】

费尽心机躲避灾祸，不如随心听凭命运安排，不过也不能一概而论。董卓窃取国家大权，在郿地修筑库城，储存了三十年的粮食，自称：“即便大事不成，守着这座库城也可以终老天年。”竟然不知道既已一败涂地，哪能容他老死在库城呢！公孙瓒占据幽州，在易地修筑大粮仓，用铁造门，高台千重，积存粮食三百万斛，认为足以应对天下之变，竟没想到攻城的云梯冲车搭在楼前，城池哪里还能保住呢！曹爽被司马懿弹劾，桓范鼓动他发动兵变，曹爽不答应，说：“我再不济还可做个富家翁。”竟没想到杀头就在旦夕之间，富翁哪还当得成呢！张华为晋朝司空，正值贾南风之难而不能辞官避祸，小儿子因为中台星

"天道玄远，不如静以待之。"竟为赵王伦所害。方事势不容发，而欲以静待，又可蚩也。他人无足言，华博物有识，亦暗于几事如此哉⑭！

崩落劝他辞官，张华不听，说："天道玄奥，不如静心等待。"最后竟被赵王司马伦杀害。正当形势万分紧迫时，却想静心等待，太可笑了。其他人也就罢了，张华通晓众物有见识，在大事上也如此糊涂啊！

注释

❶运：运气，命运。 ❷国柄：国家大权。 ❸坞：防卫用的小堡。郿：今陕西眉县。 ❹公孙瓒：辽西人。汉末割据幽州，抗击乌桓，后与袁绍连年交战，兵败自杀。 ❺京：方形大谷仓。 ❻楼橹：古代军中用以瞭望、攻守的无顶盖的高台。建于地面或车、船之上。 ❼斛：古量器名。 ❽梯冲：云梯与冲车。古代攻城之具。 ❾曹爽：曹操族孙。曹芳继位后，曹爽受遗诏与司马懿共同辅政；后司马懿奏称曹爽兄弟擅权营私，将其诛杀。 ❿桓范：曹爽"智囊"。司马懿发动政变后，其与曹爽同时被杀。 ⓫张华：西晋文学家，博学能文，著有《博物志》等。 ⓬贾后：晋惠帝皇后贾南风。 ⓭中台：星名。汉代以来，以三台当三公之位，中台比司徒或司空，后遂成为司徒或司空的代称。星坼（chè）：崩落。 ⓮几事：机密大事。

《蹇》《解》之险

【原 文】

《蹇》卦艮下坎上，见险而止，故诸爻皆有蹇难之辞①。独六二重言"蹇蹇"②，说者以为六二与九五为正应，如臣之事君，当以身任国家之责，虽蹇之

【译 文】

《蹇》卦艮下坎上，遇见险阻便停下来，所以各爻都有蹇难之辞。唯独六二爻辞叠用"蹇蹇"，解卦者认为六二和九五为正应，正如臣子事君主，应当亲身肩负国家重任，即使难上加难，也应奋不顾身竭忠

又蹇，亦匪躬以济之[3]，此解释文义之旨也。若寻绎爻画[4]，则有说焉，盖外卦一坎，诸爻所同，而自六二推之，上承九三、六四，又为坎体，是一卦之中已有二坎也，故重言之。《解》卦坎下震上，动而免乎险矣。六三将出险，乃有"负乘致寇"之咎[5]，岂非上承九四、六五又为坎乎？坎为舆，为盗，既获出险而复蹈焉，宜其"可丑"而"致戎"也[6]，是皆中爻之义云。

尽智去做，这是解释卦辞的主旨。假如推演爻象，就有另外一种解释，外卦为一坎卦，这是各爻所相同的，而自六二向上推演，上承九三、六四，又是坎体，这样一卦之中已有二坎，所以六二爻辞说"蹇蹇"。《解》卦坎下震上，行动就能免除危险。六三将脱离危险，竟然又有"负乘致寇"的困境，难道不是因为六三上承九四、六五又为坎体吗？坎象车舆，象盗贼，既已脱险而又陷于危险，难怪说它"可丑"而"致戎"了，这些都是中爻所蕴含的意思。

注释

❶ 蹇难：困苦艰难。 ❷ 重言：一种修辞方式，也叫叠字。 ❸ 匪躬以济：竭忠尽智，奋不顾身。 ❹ 寻绎：反复探索。 ❺ 负乘致寇：居非其位，才不称职，就会招致祸患。 ❻ 致戎：用兵征讨。

士之处世

【原 文】

士之处世，视富贵利禄，当如优伶之为参军[1]，方其据几正坐[2]，噫呜诃棰[3]，群优拱而听命，戏罢则亦已矣。见纷华盛

【译 文】

读书人为人处事，看待富贵利禄，应该像优伶扮演参军，当他凭几正襟危坐，耀武扬威发号施令时，众优伶拱手听令，戏演完就结束了。

丽，当如老人之抚节物[4]，以上元、清明言之[5]，方少年壮盛，昼夜出游，若恐不暇[6]，灯收花暮，辄怅然移日不能忘，老人则不然，未尝置欣戚于匈中也[7]。睹金珠珍玩，当如小儿之弄戏剧[8]，方杂然前陈，疑若可悦，即委之以去，了无恋想。遭横逆机阱[9]，当如醉人之受骂辱，耳无所闻，目无所见，酒醒之后，所以为我者自若也，何所加损哉！

见到华丽盛大的场面，应该像老人对待节令景物，以上元、清明来说，正当年轻力壮的人，昼夜出游，唯恐不能尽观，一旦彩灯收起来，鲜花凋零了，就满腹惆怅好几天不能忘怀，老人就不这样，不曾把喜乐和忧戚放在心上。看见金银财宝，就像小儿玩玩具，当那些东西杂乱地摆在面前时，好像很高兴，但若全都丢开，也一点不留恋。遭遇强暴无理设计陷害的事，应该如同醉汉遭受辱骂，耳朵听不进，眼睛看不到，酒醒之后，我还是原来的我，又有什么损失呢？

注释

❶ 优伶：指古时以乐舞谐戏为业的艺人。参军：即参军戏。东汉至唐宋时期流行的一种表演形式，主要由参军、苍鹘两个脚色扮演。被戏弄的称“参军”，戏弄他的称“苍鹘”，两个脚色进行滑稽对话和表演。宋代也称“杂剧”。 ❷ 几：几案。 ❸ 噫呜：怒叱声。诃棰：呵斥梗打。 ❹ 节物：节候景物。 ❺ 上元：节日名。俗以农历正月十五日为上元节，也叫元宵节。 ❻ 不暇：没有时间。 ❼ 欣戚：喜乐和忧戚。 ❽ 戏剧：指玩具。 ❾ 机阱：设有机关的捕兽陷阱。比喻坑害人的圈套。

张全义治洛[1]

【原文】

唐洛阳经黄巢之乱，城无

【译文】

唐代的洛阳经历黄巢之乱，城中

居人，县邑荒圮，仅能筑三小城，又遭李罕之争夺，但遗余堵而已。张全义招怀理葺[②]，复为壮藩。《五代史》于《全义传》书之甚略[③]，《资治通鉴》虽稍详，亦不能尽。辄采张文定公所著《搢绅旧闻记》[④]，芟取其要而载于此[⑤]。“厥今荆、襄、淮、沔创痍之余[⑥]，绵地数千里，长民之官，用守边保障之劳，超阶擢职[⑦]，不知几何人，其真能仿佛全义所为者，吾未见其人也。岂局于文法讥议[⑧]，有所制而不得骋乎？全义始至洛，于麾下百人中，选可使者十八人，命之曰屯将，人给一旗一榜。于旧十八县中，令招农户自耕种，流民渐归。又选可使者十八人，命之曰屯副，民之来者绥抚之[⑨]，除杀人者死，余但加杖，无重刑，无租税，归者渐众。又选谙书计者十八人[⑩]，命之曰屯判官。不一二年，每屯户至数千。于农隙时，选丁夫，教以弓矢枪剑，为坐作进退之法[⑪]。行之一二

没有居民，县城荒芜破败，仅能筑起三座小城，后又遭到李罕之争夺，就只剩下断壁残垣而已。张全义招抚百姓修缮城邑，洛阳才又成为强盛的重镇。《五代史》中的《张全义传》记载非常简略，《资治通鉴》的记载虽然比较详细，但也不完备。这里选取张齐贤所著《洛阳搢绅旧闻记》中的主要部分记录在此。“如今荆襄地区及淮水沔水流域遭受战争创伤后，绵延数千里之内，管理百姓的官员，因为守边保障的功劳，越级擢升的，不知道有多少人，其中真能像张全义那样做的人，我还没有见过。难道是受限于文书法令怕人议论，而有所牵制不能施展其才能吗？张全义刚到洛阳时，在部下一百人中，选出可以任用的十八人，任命他们为屯将，每人给一面旗帜一张文告。命他们在洛阳原有十八个县中招募农户自行耕种，流亡的百姓逐渐回归。又选出可任用的十八人，任命他们为屯副，安抚那些前来归附的百姓，除杀人的处死外，其余犯法者只用杖刑，不用重刑，不收租税，归附的人越来越多。又选出十八个熟悉文书筹算的人，任命他们为屯判官。仅一两年的时间，每屯人口多至数千。在农闲时候，选拔青壮年，训练使用弓箭刀枪，教给他们坐作进退的战法。推行一两年之后，得

年，得丁夫二万余人，有盗贼即时擒捕。关市之赋[12]，迨于无籍，刑宽事简，远近趋之如市，五年之内，号为富庶，于是奏每县除令、簿主之。喜民力耕织者，知某家蚕麦善，必至其家，悉召老幼，亲慰劳之，赐以酒食茶彩，遗之布衫裙裤，喜动颜色。见稼田中无草者，必下马观之，召田主赐衣服；若禾下有草，耕地不熟，则集众决责之。或诉以阙牛，则召责其邻伍[13]，曰：'此少人牛，何不众助！'自是民以耕桑为务，家家有蓄积，水旱无饥人。在洛四十余年，至今庙食。"呜呼！今之君子，其亦肯以全义之心施诸人乎！

到壮丁二万余人，有盗贼就立即捕拿。关市的赋税，几乎等于没有征收。刑罚宽简，四方百姓纷纷前来归附。五年之内，号称富庶，于是才奏请任命县令、主簿进行管理。他喜欢那些努力耕织的百姓，了解到谁家蚕养得好、麦种得好，必定到那家去，召集此家的老小，亲自慰问他们，赐给他们酒食茶叶，送给他们布衫裙裤，喜悦之情难以言表。看见农田里没有杂草，必定下马察看，召来田主赐给衣服；如果田里有杂草，地耕得不透，就当众对田主进行斥责。若有人诉说缺少耕牛，就召来他的邻居责问，说：'这家没有耕牛，为何大家不帮助他！'从此百姓以耕种蚕桑为业，家家有积蓄，发生水灾旱灾都无人挨饿。张全义在洛阳四十多年，至今享受当地人的祭祀。"唉，今日做官的诸君，还有愿意像张全义一般一片善心施之百姓的吗？

注释

❶ 张全义：初名言，字国维。初随黄巢起义，巢败后降唐，昭宗赐名全义。历仕后梁、后唐。 ❷ 招怀：招抚，怀柔。理葺：修理，修补。 ❸《五代史》：北宋薛居正等撰。后世为区别于欧阳修所撰的《五代史记》，冠以"旧"字。记载后梁至后周史事。 ❹ 张文定公：即张齐贤，谥文定。《搢绅旧闻记》：即《洛阳搢绅旧闻记》，记述唐末五代洛阳遗闻轶事。搢绅：古时做官者插笏于绅带，因称士大夫为搢绅。 ❺ 芟（shān）取：选取。 ❻ 沔：水

名。这里指汚水流域。创痍：指战祸造成的破坏。 ❼ 超阶擢职：指越级擢升官职。 ❽ 文法：文书法令。 ❾ 绥抚：安定抚慰。 ❿ 书计：文字与筹算。 ⓫ 坐作进退之法：古代练兵科目，主要涉及坐与起、止与行的训练。 ⓬ 关市之赋：指关市的征税。关卡税与市场税的合称。 ⓭ 邻伍：邻居。古制，五家为一伍，故称。

《博古图》[1]

【原 文】

政和、宣和间，朝廷置书局以数十计，其荒陋而可笑者莫若《博古图》。予比得汉匜[2]，因取一册读之，发书捧腹之余，聊识数事于此。父癸匜之铭曰："爵方父癸。"则为之说曰："周之君臣，其有癸号者，惟齐之四世有癸公[3]，癸公之子曰哀公，然则作是器也，其在哀公之时欤？故铭曰'父癸'者此也。"夫以十干为号，及称父甲、父丁、父癸之类，夏、商皆然，编图者固知之矣，独于此器表为周物，且以为癸公之子称其父，其可笑一也。周义母匜之铭曰："仲姞义母作[4]。"则为之说曰："晋文公杜祁让偪姞而己次之[5]，赵孟云

【译 文】

徽宗政和、宣和年间，朝廷设置了数十个书局，所编书籍中最为荒唐粗陋引人耻笑的莫过于《博古图》。我近来得到一件汉匜，因而拿一册《博古图》来读，打开书捧腹大笑之余，随意记录几条在这里。父癸匜的铭文道："爵方父癸。"书中就解释说："周朝的君臣，其中称癸的，只有齐国第四代君主齐癸公，癸公之子为哀公，如此说来这件器物的制作，应该是在哀公时代了？之所以铭为'父癸'就源于此。"以十天干为号，以及称父甲、父丁、父癸之类，夏朝、商朝皆如此，编图的人应是知道的，唯独把这件器物标记为周朝文物，并且认为是癸公之子称呼其父，这是第一点可笑之处。周义母匜的铭文道："仲姞义母作。"书中就解释说："晋文公夫人杜祁让位于偪姞而把自己的位次

'母义子贵'，正谓杜祁，则所谓仲姞者自名也，义母者襄公谓杜祁也。"夫周世姞姓女多矣，安知此为偪姞，杜祁但让之在上，岂可便为母哉！既言仲姞自名，又以为襄公为杜祁所作，然则为谁之物哉？其可笑二也。汉注水匜之铭曰："始建国元年正月癸酉朔日制。"则为之说曰："汉初始元年十二月，改为建国，此言元年正月者，当是明年也。"案《汉书》王莽以初始元年十二月癸酉朔日，窃即真位，遂以其日为始建国元年正月，安有明年却称元年之理，其可笑三也。楚姬盘之铭曰："齐侯作楚姬宝盘。"则为之说曰："楚与齐从亲[6]，在齐湣王之时，所谓齐侯，则湣王也。周末诸侯自王，而称侯以铭器，尚知止乎礼义也。"夫齐、楚之为国各数百年，岂必当湣王时从亲乎！且湣王在齐诸王中最为骄暴，尝称东帝[7]，岂有肯自称侯之理！其可笑四也。汉梁山锠之铭曰[8]："梁山铜造。"则为之说曰："梁山铜者，纪其所贡

列于其下，赵盾说'母义子爱'，说的就是杜祁，所谓仲姞是自称，义母是晋襄公对杜祁的称呼。"周朝姞姓女子很多，怎么知道这里就是指偪姞，杜祁只是让她位次在前，怎么就成了襄公的义母呢！既说仲姞是自称，又认为该匜是襄公为杜祁制作，那么该匜究竟是谁的器物？这是第二点可笑之处。汉注水匜铭文道："始建国元年正月癸酉朔日制。"书中解释说："汉初始元年十二月，改年号为建国，这里说元年正月，应该是第二年。"案《汉书》记载王莽以初始元年十二月癸酉朔日，窃据帝位，就以当日为始建国元年正月，哪有第二年却称元年的道理，这是第三点可笑之处。楚姬盘铭文道："齐侯作楚姬宝盘。"书中解释说："楚与齐合纵相亲结为联盟，在齐湣王之时，所谓齐侯，就是指齐湣王。周朝末年诸侯自封为王，而在彝器铭文中自称侯，说明尚知遵从礼义。"齐、楚两国建国各有数百年，哪里一定是在齐湣王时结盟呢！况且齐湣王在齐国诸王中最为骄横暴虐，曾经自称东帝，哪有肯自称侯的道理！这是第四点可笑之处。汉梁山锠的铭文写道："梁山铜造。"书中解释说："所谓梁山铜，是记录其进贡的地方，梁孝王

之地，梁孝王依山鼓铸，为国之富，则铜有自来矣。”夫即山铸钱，乃吴王濞耳。梁山自是山名，属冯翊夏阳县，于梁国何预焉！其可笑五也。观此数说，他可知矣。

靠山冶铜铸钱，使封国富裕，那么铜的来源就清楚了。”靠山铸钱的，是吴王刘濞。梁山本是山名，属于冯翊郡夏阳县，和梁国有什么相干！这是第五点可笑之处。看了这几种说法，其他的也就可想而知了。

注释

❶《博古图》：即《宣和博古图》，三十卷，宋徽宗赵佶敕编。该书著录当时宣和殿所藏古代铜器，共二十类，八百三十九件。 ❷匜（yí）：古代盥器。形如瓢，与盘合用，用匜倒水，以盘承接。 ❸癸公：即齐癸公。 ❹姞（jí）：古姓。黄帝之后。 ❺杜祁：杜国祁姓之女，晋文公夫人，生公子雍。偪姞：为偪国姞姓之女，为晋襄公（文公之子）生母，杜祁因此让位偪姞使之地位在己之上。 ❻从亲：合纵相亲。指六国合纵结为联盟。 ❼尝称东帝：战国时，秦昭王为西帝，齐湣王为东帝，月余，皆复称王归帝。 ❽铜（xuān）：盆形平底有环的小锅。

士大夫论利害

【原 文】

士大夫论利害，固当先陈其所以利之实，然于利之中而有小害存焉，亦当科别其故①，使人主择而处之，乃合毋隐勿欺之谊。赵充国征先零，欲罢骑兵而屯田，宣帝恐

【译 文】

士大夫讲论利害关系，本来应当先陈说之所以有利的情况，但是在总体有利的情况下同时存在着微小的害处，对此也应当说明原因，让君主进行决断，这才符合对君主不隐不欺的君臣大义。赵充国征讨先零羌，想要解散骑兵进行屯田，汉宣帝担心羌胡听到骑兵解散的

虏闻兵罢，且攻扰田者。充国曰：“虏小寇盗，时杀人民，其原未可卒禁。诚令兵出而虏绝不为寇，则出兵可也。即今同是，而释坐胜之道，非所以视蛮夷也。”班勇乞复置西域校尉[2]，议者难曰：“班将能保北虏不为边害乎？”勇曰：“今置州牧以禁盗贼，若州牧能保盗贼不起者，臣亦愿以要斩保匈奴之不为边害也。今通西域，则虏势必弱，为患微矣。若势归北虏，则中国之费不止十亿。置之诚便[3]。”此二人论事，可谓极尽利害之要，足以为法也[4]。

消息后，会攻扰屯田之人。赵充国说：“羌人小规模抢掠，不时地杀害百姓，这种情况原本就不能彻底禁绝。果真令大军出征而羌人决不再来抢掠，那么就应该出兵。现在是否出兵都是这个结果，而放弃坐等胜利的方式，这不是对待蛮夷的办法。”班勇请求重新任命西域校尉，议事的人责问道：“班将军能保证北方匈奴不再为害边境吗？”班勇说：“现在任命州牧来禁绝盗贼，如果州牧能够保证州境不出现盗贼的话，臣也愿以腰斩之刑担保匈奴不再为害边境。如今和西域往来交好，那么匈奴势力必定削弱，为祸就很小了。如果西域大部为匈奴所控制，那么我中国损失不止十亿。重置西域校尉确实有利。”这两人分析事情，可以说把利害的要点都讲透彻了，足以成为效法的榜样。

注释

❶ 科别：区分，甄别。 ❷ 西域校尉：官名。掌管西域少数民族事务。 ❸ 便：有利。 ❹ 为法：效法。

舒元舆文[1]

【原 文】

舒元舆，唐中叶文士也，今

【译 文】

舒元舆，为唐代中期文士，今

其遗文所存者才二十四篇。既以甘露之祸死，文宗因观牡丹摘其赋中桀句[2]，曰："向者如迓[3]，背者如诀[4]。拆者如语[5]，含者如咽。俯者如怨，仰者如悦。"为之泣下。予最爱其《玉箸篆志》论李斯、李阳冰之书[6]，其词曰："斯去千年，冰生唐时，冰复去矣，后来者谁？后千年有人，谁能待之？后千年无人，篆止于斯。呜呼主人，为吾宝之。"此铭有不可名言之妙，而世或鲜知之。

天他的遗文保存下来的仅有二十四篇。元舆因甘露之变而死，唐文宗因观赏牡丹，摘取他《牡丹赋》中的佳句，吟诵道："向者如迓，背者如诀。拆者如语，含者如咽。俯者如怨，仰者如悦。"且为之潸然泪下。我最喜欢他在《玉箸篆志》中对李斯、李阳冰书法的评论，文中写道："斯去千年，冰生唐时，冰复去矣，后来者谁？后千年有人，谁能待之？后千年无人，篆止于斯。呜呼主人，为吾宝之。"这段文字有无法用言语表达的妙处，而世间或许很少有人知道。

注释

❶ 舒元舆：唐宪宗元和八年（813）进士，因与李训、郑注等谋诛宦官事泄，死于甘露之变。 ❷ 桀：古通"杰"，杰出。 ❸ 迓（yà）：迎接。 ❹ 背：相背。诀：诀别。 ❺ 拆：同"坼"。裂开，绽开。 ❻ 玉箸篆：篆书的一种。即指书写时线条无粗细变化，竖笔无垂脚，且结体圆长。其书写笔道，圆润温厚，形如玉箸，故名。

绝唱不可和

【原文】

韦应物在滁州[1]，以酒寄全椒山中道士，作诗曰："今朝郡斋

【译文】

韦应物在滁州时，寄酒给全椒山中的道士，作诗言："今朝郡斋

冷[2]，忽念山中客。涧底束荆薪[3]，归来煮白石[4]。欲持一樽酒，远慰风雨夕。落叶满空山，何处寻行迹？”其为高妙超诣[5]，固不容夸说，而结尾两句，非复语言思索可到。东坡在惠州，依其韵作诗寄罗浮邓道士曰：“一杯罗浮春[6]，远饷采薇客[7]。遥知独酌罢，醉卧松下石。幽人不可见[8]，清啸闻月夕。聊戏庵中人，空飞本无迹。”刘梦得“山围故国周遭在，潮打空城寂寞回”之句，白乐天以为后之诗人无复措词。坡公仿之曰：“山围故国城空在，潮打西陵意未平[9]。”坡公天才，出语惊世，如追和陶诗，真与之齐驱，独此二者，比之韦、刘为不侔。岂非绝唱寡和[10]，理自应尔邪？

冷，忽念山中客。涧底束荆薪，归来煮白石。欲持一樽酒，远慰风雨夕。落叶满空山，何处寻行迹？”诗文高深玄妙、超凡脱俗，自是毋庸夸说，而结尾两句，更不是以平常语言思索就能达到的。苏轼在惠州时，依其韵作了一首诗寄给罗浮山的邓道士，诗言：“一杯罗浮春，远饷采薇客。遥知独酌罢，醉卧松下石。幽人不可见，清啸闻月夕。聊戏庵中人，空飞本无迹。”刘禹锡“山围故国周遭在，潮打空城寂寞回”之句，白居易认为后来诗人无法就此写出更好的诗句了，苏轼仿其体写道：“山围故国城空在，潮打西陵意未平。”苏轼是天才，出语惊世，比如他和陶渊明的诗，真可与渊明并驾齐驱，唯独这两首诗，不能与韦应物、刘禹锡二人比肩。难道不是绝唱之作鲜少有人能与之唱和，按理本该如此吗？

注释

❶ 韦应物：唐代诗人。少以三卫郎事玄宗，后官至苏州刺史，世称韦苏州等。 ❷ 郡斋：郡守的住所。 ❸ 荆薪：柴草。 ❹ 煮白石：旧传神仙、方士烧煮白石为粮，后因借为道家修炼的典实。 ❺ 超诣：高深玄妙，高超脱俗。 ❻ 罗浮春：酒名，后亦泛指美酒。 ❼ 采薇客：相传殷商遗民伯夷、叔齐于武

王克殷之后，义不食周粟，隐居首阳山采薇而食，临终作《采薇歌》以彰显其志。后借指隐居山林。 ❽幽人：幽隐山林之人。 ❾西陵：西陵城，传为春秋时范蠡所筑。 ❿寡和：能唱和的人很少。

赠典轻重[①]

【原 文】

国朝未改官制以前，从官丞、郎、直学士以降[②]，身没大氐无赠典，唯尚书、学士有之，然亦甚薄。余襄公、王素自工书得刑书[③]，蔡君谟自端明、礼侍得吏侍耳[④]。元丰以后，待制以上皆有四官之恩，后遂以为常典，而致仕又迁一秩。梁扬祖终宝文学士、宣奉大夫，既以致仕转光禄，遂赠特进、龙图学士，盖以为银青、金紫、特进只三官[⑤]，故增其职，是从左丞得仆射也。节度使旧制赠侍中或太尉，官制行，多赠开府[⑥]。秦桧创立检校少保之例，以赠王德、叶梦得、张澄，近岁王彦遂用之，实无所益也。元祐中，王岩叟终于朝奉郎、端明殿学士[⑦]，以尝签书枢密院[⑧]，故超赠正议

【译 文】

本朝元封改制以前，属官丞、郎、直学士以下，去世以后通常没有封赠的恩典，只有尚书、学士才有，然而封赠也很菲薄。余靖、王素以工部尚书得赠刑部尚书，蔡襄以端明殿学士、礼部侍郎得赠吏部侍郎而已。元丰改制以后，待制以上官员都有加官四级的恩典，以后就成为制度，而致仕者则在此基础上又升迁一级。梁扬祖官终宝文阁学士、宣奉大夫，既以致仕转官光禄大夫，又赠特进、龙图阁学士，这是因为从光禄大夫算起，只有银青光禄大夫、金紫光禄大夫、特进三级，所以增加职衔，这就是从左丞得赠仆射了。节度使按以往制度追赠侍中或太尉，元丰官制推行，多赠予其开府仪同三司。秦桧创立检校少保先例，以此追赠王德、叶梦得、张澄，近年王彦就得赠此称，其实并没有增加什么。元祐年间，王岩叟官终朝奉郎、端明殿学士，因为

大夫[9]。杨愿终于朝奉郎、资政殿学士[10]，但赠朝请大夫。以执政而赠郎秩[11]，轻重为不侔，皆掌固之失也。

曾任签书枢密院事，所以超赠正议大夫。杨愿官终朝奉郎、资政殿学士，只获赠朝请大夫。以执政官而赠郎官的品级，赠典轻重不相当，这都是对先前制度不了解造成的。

注释

❶ 赠典：古代朝廷推恩重臣，对其先人或本人死后追封爵位官职。 ❷ 以降：犹言以下。 ❸ 余襄公：即余靖，谥襄。 ❹ 端明：即端明殿学士。 ❺ 银青：银青光禄大夫。金紫：金紫光禄大夫。 ❻ 开府：即开府仪同三司。 ❼ 朝奉郎：官名。北宋前期，为正六品上文散官。 ❽ 签书枢密院：即签书枢密院事。枢密院副贰中资浅者。 ❾ 正议大夫：散官名。隋炀帝大业三年（607）始置。宋神宗元丰三年（1080）置为新寄禄官，取代旧寄禄官六部侍郎，从三品。 ❿ 资政殿学士：官名。宋置，以前任执政为之，出入侍从，以备顾问，资望极高。 ⓫ 郎秩：郎官的职位、品级。

《扬之水》[1]

【原 文】

《左传》所载列国人语言书讯[2]，其辞旨如出一手。说者遂以为皆左氏所作，予疑其不必然，乃若润色整齐，则有之矣。试以《诗》证之：《扬之水》三篇，一《周诗》[3]，一《郑诗》[4]，一《晋诗》[5]，其二篇皆曰“不流

【译 文】

《左传》所记载各国人的说语和书面辞令，其辞旨如出一人。有人说这些都是左丘明所作，我怀疑未必如此，至于润色和加工统一风格，那自然是有的。试以《诗经》为证：《国风》有三篇《扬之水》，一篇在《王风》，一篇在《郑风》，一篇在《唐风》，其中有两篇都说

束薪”“不流束楚”[6]。《邶》之《谷风》曰“习习谷风，以阴以雨”，《雅》之《谷风》曰“习习谷风，维风及雨”[7]。“在南山之阳”“在南山之下”“在南山之侧”，“在浚之郊”“在浚之都”“在浚之城”，“在河之浒”“在河之漘”“在河之涘”[8]，“山有枢，隰有榆”“山有苞栎，隰有六駮”“山有蕨薇，隰有杞桋”[9]，“言秣其马”“言采其虻”“言观其旂”“言韔其弓”[10]，皆杂出于诸诗，而兴致一也。盖先王之泽未远，天下书同文，师无异道，人无异习，出口成言，皆止乎礼义，是以不谋而同尔。

“不流束薪”“不流束楚”。《邶风》中的《谷风》说“习习谷风，以阴以雨”，《小雅》中的《谷风》说“习习谷风，维风及雨”。其他如“在南山之阳”“在南山之下”“在南山之侧”，“在浚之郊”“在浚之都”“在浚之城”，“在河之浒”“在河之漘”“在河之涘”，“山有枢，隰有榆”“山有苞栎，隰有六駮”“山有蕨薇，隰有杞桋”，“言秣其马”“言采其虻”“言观其旂”“言韔其弓”，都分别出自《诗经》各篇，而情致旨趣是一致的。这是因为先王德泽尚未泯灭，天下用同一种文字，老师没有异道杂说，人们没有不同的习俗，张口说话，都受到礼义制约，因此就不谋而合了。

注释

❶《扬之水》：《诗经》篇名。 ❷书讯：即致书问事。犹今言书信。 ❸《周诗》：即《诗经·王风》。东周洛邑之诗。 ❹《郑诗》：即《诗经·郑风》。为先秦时代郑地民歌。 ❺《晋诗》：即《诗经·唐风》。为先秦时代唐国（晋国）民歌。 ❻束楚：一捆荆柴木。 ❼《邶》：即《诗经·邶风》。为先秦时代邶地民歌。故址在今河南汤阴东南。谷风：东风。 ❽浒、漘（chún）、涘（sì）：均指水边。 ❾枢（oū）：木名，即刺榆。隰（xí）：低湿的地方。苞栎（lì）：即栎树。六駮（bó）：树木名。即梓榆。蕨薇：蕨与薇。均为山菜。杞桋（yí）：枸杞和赤楝（shè）。 ❿秣（mò）：喂马。旂（qí）：上绘龙并有铃铛的旗子。

韔（chàng）：弓袋，这里用作动词，把弓装进袋里。

李陵诗[1]

【原 文】

《文选》编李陵、苏武诗凡七篇[2]，人多疑“俯观江汉流”之语，以为苏武在长安所作，何为乃及江汉？东坡云皆后人所拟也。予观李诗云“独有盈觞酒，与子结绸缪”[3]，盈字正惠帝讳[4]，汉法触讳者有罪，不应陵敢用之，益知坡公之言为可信也。

【译 文】

《文选》编入李陵、苏武诗共七篇，很多人怀疑“俯观江汉流”这句诗，认为既是苏武在长安作的诗，为什么会提到江汉？苏轼说都是后人托名所作。我读李陵诗，其中有言“独有盈觞酒，与子结绸缪”，盈字正是汉惠帝名讳，按汉朝法律触犯帝王名讳者有罪，李陵应不敢用此字，由此更觉着苏轼的话可信。

注 释

❶ 李陵：飞将军李广之孙。武帝以为有李广之风，使其率兵出击匈奴，后矢尽粮绝战败投降，居匈奴二十余年，后病死。 ❷ 苏武：汉武帝天汉元年（前100）以中郎将出使匈奴，被扣留。匈奴将其远徙北海（今贝加尔湖），以牧羊为生，前后十九年。始元六年（前81）得归长安，得任典属国。 ❸ 觞酒：杯酒。绸缪：情意深厚。 ❹ 惠帝：即汉惠帝刘盈。

大曲《伊》《凉》[1]

【原 文】

今乐府所传大曲，皆出于唐，

【译 文】

现在乐府所流传的大曲，都

而以州名者五，《伊》《凉》《熙》《石》《渭》也。凉州今转为梁州，唐人已多误用，其实从西凉府来也。凡此诸曲，唯《伊》《凉》最著，唐诗词称之极多，聊纪十数联，以资谈助[②]。如："老去将何散旅愁，新教小玉唱《伊州》[③]。""求守管弦声款逐，侧商调里唱《伊州》。""钿蝉金雁皆零落[④]，一曲《伊州》泪万行。""公子邀欢月满楼，双成揭调唱《伊州》[⑤]。""赚杀唱歌楼上女[⑥]，《伊州》误作《石州》声。""胡部笙歌西部头，梨园弟子和《凉州》[⑦]。""唱得《凉州》意外声，旧人空数米嘉荣。""《霓裳》奏罢唱《梁州》，红袖斜翻翠黛愁[⑧]。""行人夜上西城宿，听唱《凉州》双管逐。""丞相新裁别离曲，声声飞出旧《梁州》。""只愁拍尽《凉州》杖，画出风雷是拨声[⑨]。""一曲《凉州》今不清，边风萧飒动江城。""满眼由来是旧人，那堪更奏《梁州曲》。""昨夜蕃军报国仇，沙州都护破梁州[⑩]。""边将皆承主恩泽，无人解道取凉州[⑪]。"皆王建、张

出自唐代，而以州命名的大曲有五个，即《伊州》《凉州》《熙州》《石州》《渭州》。凉州现在变成了梁州，唐人已有多处误用，其实是就西凉府来说的。在这些大曲里，只有《伊州》《凉州》最为突出，唐代诗词中提到的极多，姑且记下十几联，以为谈资。如："老去将何散旅愁，新教小玉唱《伊州》。""求守管弦声款逐，侧商调里唱《伊州》。""钿蝉金雁皆零落，一曲《伊州》泪万行。""公子邀欢月满楼，双成揭调唱《伊州》。""赚杀唱歌楼上女，《伊州》误作《石州》声。""胡部笙歌西部头，梨园弟子和《凉州》。""唱得《凉州》意外声，旧人空数米嘉荣。""《霓裳》奏罢唱《梁州》，红袖斜翻翠黛愁。""行人夜上西城宿，听唱《凉州》双管逐。""丞相新裁别离曲，声声飞出旧《梁州》。""只愁拍尽《凉州》杖，画出风雷是拨声。""一曲《凉州》今不清，边风萧飒动江城。""满眼由来是旧人，那堪更奏《梁州曲》。""昨夜蕃军报国仇，沙州都护破梁州。""边将皆承主恩泽，无人解道取凉州。"这些都是王建、

祜、刘禹锡、王昌龄、高骈、温庭筠、张籍诸人诗也。

张祜、刘禹锡、王昌龄、高骈、温庭筠、张籍等人的诗。

注释

❶大曲：乐曲种类名称，为中国古代大型乐舞套曲。❷谈助：谈话的资料。❸小玉：神仙侍女名。这里指侍女。❹钿蝉：筝饰。亦借指筝。金雁：筝柱。斜列有如雁行，故用为美称。❺双成：即董双成。西王母侍女名，代指美女。揭调：高亢的调子。❻赚杀：赢得，博得。❼胡部：唐代掌管胡乐的机构。梨园弟子：唐玄宗时梨园中宫廷歌舞艺人的统称。❽《霓裳》：即《霓裳羽衣曲》，唐宫廷乐舞名。翠黛：比喻美女。❾《凉州》杖：原诗作"凉州破"。乐曲入破之后，变为繁弦急响。❿蕃军：宋代在边境地区招募少数民族组成的边境守军。沙州：今甘肃敦煌。⓫解道：懂得，知道。

元次山《元子》

【原文】

元次山有《文编》十卷，李商隐作序，今九江所刻是也。又有《元子》十卷，李纾作序，予家有之，凡一百五篇，其十四篇已见于《文编》，余者大氐澶漫矫亢[①]。而第八卷中所载㕡方国二十国事，最为谲诞[②]，其略云："方国之儃，尽身皆方，其俗恶圆。设有问者曰汝心圆？则

【译文】

元结著有《文编》十卷，李商隐为之作序，就是现在九江所刊刻的本子。另有《元子》十卷，李纾为之作序，我家有这本书，共一百零五篇，其中十四篇已收入《文编》，其余大都纵逸漫衍标新立异。而第八卷中所记录的㕡方国等二十国事，最为诡谲怪诞，大意说："方国的野人，全身都是方形，他们的风俗厌恶圆形。假设有人问他：'你的心是不是圆的？'他就双手扒开胸膛

两手破胸露心，曰：‘此心圆耶？’圆国则反之。言国之儸，三口三舌。相乳国之儸，口以下直为一窍。无手国足便于手。无足国肤行如风。”其说颇近《山海经》[3]，固已不韪[4]，至云：“恶国之儸，男长大则杀父，女长大则杀母。忍国之儸，父母见子，如臣见君。无鼻之国，兄弟相逢则相害。触国之儸，子孙长大则杀之。”如此之类，皆悖理害教，于事无补。次山《中兴颂》与日月争光[5]，若此书，不作可也，惜哉！

露出心脏，说：‘这颗心是圆的吗？’圆国就事事与此相反。言国的野人，有三张嘴三条舌头。相乳国的野人，嘴巴以下只有一窍。无手国的野人脚比手灵便。无脚国的野人用皮肤行走像风一样快。”这些说法近似于《山海经》，本已荒谬不堪，至于说：“恶国的野人，男子长大就杀掉父亲，女子长大就杀掉母亲。忍国的野人，父母见子女，就像臣子见君主。无鼻之国，兄弟相逢就相互残害。触国的野人，子孙长大就杀掉。”像这一类，都违背情理有伤教化，对社会没有益处。元结《大唐中兴颂》与日月争光，像这本书，不写又何妨，可惜啊！

注释

❶大氐：大抵，大都。澶（dàn）漫：纵逸。矫亢：标新立异，自命清高。❷谲（jué）诞：诡谲怪诞。❸《山海经》：十八卷，计分《山经》五卷和《海经》十三卷。书中记述山川地理、民族、巫医、祭祀、物产等。❹不韪：过错。❺《中兴颂》：即《大唐中兴颂》，元结撰文，书法家颜真卿书写刻石，为歌颂唐王朝平定“安史之乱”之作，今存湖南祁阳。

次山谢表

【原 文】

元次山为道州刺史，作《春陵行》[1]，其序云：“州旧四万余户，经贼以来，不满四千，太半不胜赋税。到官未五十日，承诸使征求符牒二百余封[2]，皆曰：‘失期限者罪至贬削。’於戏！若悉应其命，则州县破乱，刺史欲焉逃罪！若不应命，又即获罪戾[3]。吾将静以安人，待罪而已。”其辞甚苦，大略云：“州小经乱亡，遗人实困疲[4]。朝餐是草根，暮食乃木皮。出言气欲绝，意速行步迟。追呼尚不忍，况乃鞭扑之。邮亭传急符[5]，来往迹相追。更无宽大恩，但有迫催期。欲令鬻儿女，言发恐乱随。奈何重驱逐，不使存活为。安人天子命，符节我所持。逋缓违诏令[6]，蒙责固所宜。”又《贼退示官吏》一篇，言：“贼攻永破邵，不犯此州，盖蒙其伤怜而已，诸使何

【译 文】

元结任道州刺史时，作《春陵行》，诗序写道：“道州旧有四万多户，经历战乱以来，民户不到四千，多半承担不起赋税。到任不满五十天，就接到诸使臣催交赋税的公文两百多件，都说：‘误期限者就降职免官。’於戏！假如这些命令全部予以执行，那州县定会破败不堪，刺史怎么能够逃脱罪责呢！如果拒命不遵，又会立即获罪。我决定不收赋税以安百姓，自己坐等惩处。”这首诗的基调甚为凄苦，大略写道：“州小经乱亡，遗人实困疲。朝餐是草根，暮食乃木皮。出言气欲绝，意速行步迟。追呼尚不忍，况乃鞭扑之。邮亭传急符，来往迹相追。更无宽大恩，但有迫催期。欲令鬻儿女，言发恐乱随。奈何重驱逐，不使存活为。安人天子命，符节我所持。逋缓违诏令，蒙责固所宜。”又有《贼退示官吏》一篇，写道：“贼攻破永州、邵州，却没有进犯道州，大概是可怜这个州贫穷吧，诸位使臣如何忍心征收赋税！”其诗写道：“城小贼不屠，

为忍苦征敛！”其诗云：“城小贼不屠，人贫伤可怜。是以陷邻境，此州独见全。使臣将王命，岂不如贼焉。今彼征敛者，迫之如火煎。”二诗忧民惨切如此，故杜老以为：“今盗贼未息，知民疾苦，得结辈十数公，落落参错天下为邦伯[⑦]，天下少安，立可待矣。”遂有“两章对秋月，一字偕华星”之句[⑧]。今《次山集》中，载其《谢上表》两通，其一云：“今日刺史，若无武略以制暴乱，若无文才以救疲弊，若不清廉以身率下，若不变通以救时须，则乱将作矣。臣料今日州县堪征税者无几，已破败者实多，百姓恋坟墓者盖少[⑨]，思流亡者乃众，则刺史宜精选谨择以委任之，固不可拘限官次[⑩]，得之货贿[⑪]，出之权门者也。”其二云：“今四方兵革未宁[⑫]，赋敛未息，百姓流亡转甚，官吏侵刻日多[⑬]，实不合使凶庸贪猥之徒[⑭]，凡弱下愚之类，以货赂、权势而为州县长官。”观次山表语，但因谢上，而能极论民穷吏恶，劝天子

人贫伤可怜。是以陷邻境，此州独见全。使臣将王命，岂不如贼焉。今彼征敛者，迫之如火煎。”这两首诗如此凄惨恳切，所以杜甫《同元使君舂陵行》诗序写道：“如今盗贼没有平息，知晓百姓疾苦的，能有元结这样的十几人，分散到各地为州郡长官，全国安定的局面，很快就可到来。”所以诗里有“两章对秋月，一字偕华星”这样的句子。如今《次山集》中，收入其《谢上表》两篇，其一写道：“今日刺史，倘若没有军事谋略以平定暴乱，没有文治才能以纠治困穷，不能清正廉洁以身示范，不能灵活变通以应对时局，那么祸乱必将发生。臣估计今日州县能负担赋税的很少，已经破败的很多，老百姓依恋故土的很少，打算流亡的很多，那么刺史的人选就应当精心挑选再予以任命，切不可局限于原有官阶，不可是买官所得，也不可出自豪门。”其二写道：“如今四方战乱尚未停息，征收赋税不止，百姓流亡更加严重，官吏侵害百姓之事日益增多，实在不应让那些凶残庸碌贪鄙之徒，平庸懦弱愚蠢之人，凭借买官或权势而担任州县长官。”从元结谢表中的话来看，其借着谢恩，透彻揭示百姓穷困、官吏凶恶的现状，劝谏天子精心选择州县长

以精择长吏，有谢表以来，未之见也。世人以杜老褒激之故，或稍诵其诗，以《中兴颂》故诵其文，不闻有称其表者，予是以备录之，以风后之君子[15]。次山临道州，岁在癸卯，唐代宗初元广德也[16]。

官，自有谢表以来，还未见过这种写法。世人因为杜甫极力褒扬该表，或多或少读过元结的诗，或以《大唐中兴颂》的缘故读过他的文，没听说有称赞其章表的，我因此全部抄录下来，以感化后世君子。元结赴任道州，是在癸卯年，即唐代宗广德元年。

注释

❶《舂陵行》：诗篇名，唐元结作。行（xíng）：古诗的一种体裁。❷符牒：符移关牒等公文的统称。❸罪戾：罪恶过失。❹遗人：劫后幸存者。❺邮亭：古代传递信件的人沿途休息之所。❻逋缓：拖欠，延缓。❼邦伯：州牧。古代用以称一方诸侯之长。后称州刺史为邦伯。❽两章：指《贼退示官吏》《舂陵行》二诗。❾坟墓：此处代指故土。❿官次：官阶。⓫得之货贿：指买卖官职。⓬兵革：指战争。⓭侵刻：侵害，剥夺。⓮贪猥：犹贪婪卑鄙。⓯风：感化。⓰初元：皇帝登极改元，元年称“初元”。广德：唐代宗李豫年号。

光武仁君

【原文】

汉光武虽以征伐定天下，而其心未尝不以仁恩招怀为本。隗嚣受官爵而复叛，赐诏告之曰：“若束手自诣[1]，保无他

【译文】

汉光武帝虽然靠武力征伐平定天下，可是他内心未尝不是以仁爱恩德招抚怀柔为根本。隗嚣接受官爵后再次反叛，光武帝给他下诏说：“倘若你放弃抵抗主动投降，我保你无事。”

也。”公孙述据蜀[2]，大军征之垂灭矣，犹下诏喻之曰：“勿以来歙、岑彭受害自疑[3]，今以时自诣，则家族全，诏书手记不可数得，朕不食言。”遣冯异西征，戒以平定安集为急。怒吴汉杀降，责以失斩将吊民之义[4]。可谓仁君矣。萧铣举荆楚降唐[5]，而高祖怒其逐鹿之对[6]，诛之于市，其隘如此。《新史》犹以高祖为圣[7]，岂理也哉。

公孙述割据蜀中，大军征伐即将剿灭之，光武帝还下诏晓喻他说：“不要因为你杀了来歙、岑彭而有顾虑，现在及时归降，就可保全家族，皇帝亲笔诏书不可多得，朕决不食言。”派遣冯异西征，告诫他以平定地方安抚百姓为急务。怒斥吴汉杀降，责备他不该斩杀降将而失却了抚慰百姓的大义。可称得上是仁义之君了。萧铣以荆楚之地降唐，而唐高祖怒其对答不屈，将其斩于闹市，心胸狭隘至此地步。《新唐书》还称赞唐高祖圣贤，真是毫无道理。

注释

❶ 自诣：主动投降，自首。 ❷ 公孙述：王莽时起兵，据有益州，自立为帝，国号“成家”。后为汉军所破，重伤而死。 ❸ 来歙、岑彭：均为东汉名将，因讨伐公孙述遇刺身亡。 ❹ 吊民：抚慰百姓。 ❺ 萧铣：隋末起兵，进据巴陵自称梁王，次年称帝，迁都江陵。后为唐军所败，被杀。 ❻ 逐鹿：指隋末失政，群雄并起争夺天下。 ❼《新史》：即《新唐书》。

卷第十五

十九则

张文潜哦苏、杜诗[1]

【原 文】

“溪回松风长，苍鼠窜古瓦。不知何王殿，遗缔绝壁下[2]。阴房鬼火青，坏道哀湍泻。万籁真笙竽，秋色正萧洒[3]。美人为黄土，况乃粉黛假。当时侍金舆[4]，故物独石马[5]。忧来藉草坐，浩歌泪盈把[6]。冉冉征途间，谁是长年者?”此老杜《玉华宫》诗也。张文潜暮年在宛丘，何大圭方弱冠，往谒之，凡三日，见其吟哦此诗不绝口。大圭请其故，曰：“此章乃《风》《雅》鼓吹[7]，未易为子言。”大圭曰：“先生所赋，何必减此?”曰：“平生极力模写，仅有一篇稍似之，然未可同日语。”遂诵其《离黄州》诗[8]，偶同此韵，曰：

【译 文】

“溪回松风长，苍鼠窜古瓦。不知何王殿，遗缔绝壁下。阴房鬼火青，坏道哀湍泻。万籁真笙竽，秋色正萧洒。美人为黄土，况乃粉黛假。当时侍金舆，故物独石马。忧来藉草坐，浩歌泪盈把。冉冉征途间，谁是长年者?”这是杜甫的《玉华宫》诗。张耒晚年在宛丘，何大圭年方二十岁，前去拜见张耒，一连三天，都见张耒吟咏这首诗。何大圭请教其中缘故，张耒说：“这首诗堪称《风》《雅》的羽翼，不容易给您讲清楚。”何大圭说：“先生所写的诗，未必比这首差吧?”张耒说：“我一生都极力模仿此诗，仅有一篇稍稍相似，但也不可与之同日而语。”于是吟诵他的《离黄州》诗，正好与杜甫诗

“扁舟发孤城，挥手谢送者。山回地势卷，天豁江面泻[9]。中流望赤壁，石脚插水下[10]。昏昏烟雾岭，历历渔樵舍[11]。居夷实三载[12]，邻里通假借[13]。别之岂无情，老泪为一洒。篙工起鸣鼓，轻橹健于马。聊为过江宿，寂寂樊山夜。”此其音响节奏[14]，固似之矣，读之可默谕也[15]。又好诵东坡《梨花》绝句，所谓“梨花淡白柳深青，柳絮飞时花满城。惆怅东栏一株雪，人生看得几清明”者，每吟一过，必击节赏叹不能已[16]，文潜盖有省于此云。

同韵，诗写道：“扁舟发孤城，挥手谢送者。山回地势卷，天豁江面泻。中流望赤壁，石脚插水下。昏昏烟雾岭，历历渔樵舍。居夷实三载，邻里通假借。别之岂无情，老泪为一洒。篙工起鸣鼓，轻橹健于马。聊为过江宿，寂寂樊山夜。”这首诗的声韵节奏，与杜甫诗相似，一读就能暗中领会。又喜欢吟诵苏轼《梨花》绝句，就是“梨花淡白柳深青，柳絮飞时花满城。惆怅东栏一株雪，人生看得几清明”这首诗，每吟诵一遍，必定击节赏叹不能自已，张耒对这首诗的理解还是很深的。

注释

❶哦（é）：吟咏。 ❷遗缔：原诗为“遗构”。前代遗留的建筑物。 ❸萧洒：清丽，爽朗。 ❹金舆：帝王乘坐的车轿。 ❺石马：石雕的马。古时多列于帝王及贵官墓前。 ❻浩歌：放声高歌，大声歌唱。盈把：满把。 ❼鼓吹：谓阐发意义，引申为羽翼、辅佐者。 ❽黄州：今湖北黄冈。 ❾天豁：天气晴朗。 ❿石脚：山脚。 ⓫历历：分明可数。 ⓬居夷：本指居住在东方九夷之地。后泛指居住在少数民族地区。 ⓭通假借：互相借用东西。 ⓮音响：指诗文的声韵效果。 ⓯默谕：暗中领会。 ⓰击节：形容对诗文或艺术等的赞赏。节：一种乐器。

任安、田仁[1]

【原 文】

任安、田仁，皆汉武帝时能臣也，而汉史载其事甚略。褚先生曰："两人俱为卫将军舍人，家监使养恶啮马[2]。仁曰：'不知人哉家监也！'安曰：'将军尚不知人，何乃家监也！'后有诏募择卫将军舍人以为郎。会贤大夫赵禹来，悉召舍人百余人，以次问之，得田仁、任安，曰：'独此两人可耳，余无可用者。'将军上籍以闻。诏召此二人，帝遂用之。仁刺举三河[3]，时河南、河内太守皆杜周子弟，河东太守石丞相子孙，仁已刺三河，皆下吏诛死。"观此事，可见武帝求才不遗微贱，得人之盛，诚非后世所及。然班史言："霍去病既贵，卫青故人门下多去事之，唯任安不肯去。"又言："卫将军进言仁为郎中。"

【译 文】

任安、田仁，都是汉武帝时能力出众的大臣，而汉代史书对他们事迹的记载很简略。褚少孙在《史记·田叔列传》补叙道："两人都是卫青大将军舍人，家臣派他们饲养烈马。田仁说：'这个家臣不了解人啊！'任安说：'将军尚且不了解人，何况他的家臣呢！'后来皇帝下诏从卫将军舍人中挑选人做郎官。恰逢贤大夫赵禹来访，他把卫将军的一百多名舍人全部召集起来，一一询问，选得田仁、任安，说：'只有这二人可用，其余都不可用。'卫将军把这两人的履历上报汉武帝。武帝下令召见两人，随即委以重任。田仁检举河南、河东、河内三郡太守贪赃枉法，当时河南、河内太守都是杜周的子弟，河东太守为石丞相子孙，田仁查办完毕，三郡太守都被下狱诛杀。"从这件事情来看，汉武帝求贤并不遗漏出身低微之人，由此得到的人才之多，实非后世君主所能及。然而，班固《汉书·霍去病传》记载："霍去病显贵之后，卫青的故友门人纷纷转投霍去病门下，只有任安不肯离去。"《田叔传》又说："卫将军推荐田仁做了郎中。"这都和褚先生与褚生所书为不同。《杜周传》云："两子夹河为郡守[4]，治皆酷暴。"亦不书其所终，皆阙文也[5]。

的记载不同。《杜周传》说："杜周的两个儿子分别为河南、河内太守，治事都极为残酷暴虐。"也没有记载他们最终的结局，这些都是文字遗漏所致。

注释

❶田仁：汉武帝时为卫青舍人，多次从击匈奴，召为郎中。拜京辅都尉，迁丞相司直，名闻天下。巫蛊之祸时以坐纵太子出亡，下吏诛死。 ❷家监：家臣。恶啮马：凶暴咬人的烈马。 ❸刺举：检举。三河：汉代时河南、河东、河内三郡的合称。 ❹夹河：河内郡在今河南北部，处黄河之北；河南郡在今河南西部，处黄河以南，两郡夹河相对。 ❺阙文：脱漏的字句。

杜延年、杜钦[1]

【原文】

《前汉书》称杜延年本大将军霍光吏，光持刑罚严，延年辅之以宽，论议持平[2]，合和朝廷；杜钦在王凤莫府，救解冯野王、王尊之罪过，当世善政，多出于钦。予谓光以侯史吴之事，一朝杀九卿三人，延年不能谏。王章言王凤之过，天子感寤，欲退凤，钦令凤上疏谢罪，上不忍废凤，

【译文】

《汉书》载杜延年原本是大将军霍光属吏，霍光主持刑罚很严厉，杜延年以宽仁辅助，量刑公正，不偏不倚，使朝廷和睦团结；杜钦在王凤幕府，曾解救冯野王、王尊，当时一些好的政策措施，大多出自杜钦。我认为霍光因为侯史吴之事，一天内就杀了三位位列九卿的大臣，杜延年不能谏止。王章上书揭发王凤的罪过，天子感动有所省悟，想罢免王凤。杜钦让王凤上疏谢罪。皇帝不忍罢免王凤，王凤想借机引退，杜钦劝说他打消了这种念头。王章死后，天

凤欲遂退，钦说之而止。章死，众庶冤之，钦复说凤，以为："天下不知章实有罪，而以为坐言事，宜因章事举直言极谏，使天下咸知主上圣明不以言罪下。若此，则流言消释矣。"凤白，行其策。夫新莽盗国，权舆于凤[3]，凤且退而复止，皆钦之谋。若钦者，盖汉之贼也，而谓当世善政出其手，岂不缪哉！

下人都认为他冤枉，杜钦又劝说王凤，认为："天下人不了解王章确实有罪，而认为他因上言国事被杀，应该趁着王章这件事提拔直言敢谏的人，让天下人都知道皇上圣明，不以能言劝谏治臣下之罪。如果这样做，那么流言自会消失。"王凤把这些话告诉皇帝，皇帝按其计策行事。王氏窃国，就是从王凤那里开始的，王凤将要引退而又中止，都是出于杜钦的谋划。像杜钦这种人，就是汉朝的国贼，班固却说当时天下善政都出自他手，这难道不荒谬吗！

注释

❶ 杜延年：西汉大臣，杜周之子。汉昭帝时，因告发燕王旦、上官桀等谋反事，封建平侯，麒麟阁十一功臣之一。杜钦：杜延年之子。 ❷ 持平：不偏不倚。 ❸ 权舆：开始。

范晔作史[1]

【原文】

范晔在狱中，与诸甥侄书曰："吾既造《后汉》，详观古今著述及评论，殆少可意者。班氏最有高名，既任情无例，不可甲乙[2]，唯《志》可推耳。

【译文】

范晔在狱中，给他的外甥和侄子写信说："我已经撰成《后汉书》，详阅古往今来的著述及评论，几乎没有合意的。班固最有名望，但写作随意而无体例可循，不值得评判优劣，只有《志》的部分可取而已。就材料的博赡可不及之[3]，整理未必愧也。吾杂传论，皆有精意深旨。至于《循吏》以下及‘六夷’诸序论[4]，笔势纵放[5]，实天下之奇作。其中合者，往往不减《过秦篇》。尝共比方班氏所作，非但不愧之而已。赞自是吾文之杰思[6]，殆无一字空设，奇变不穷，同合异体，乃自不知所以称之。此书行，故应有赏音者[7]。自古体大而思精，未有此也。”晔之高自夸诩如此[8]，至以谓过班固，固岂可过哉？晔所著序论，了无可取，列传如邓禹、窦融、马援、班超、郭泰诸篇者[9]，盖亦有数也。人苦不自知，可发千载一笑。

全面丰富而言我可能比不上，但对于史料的整理加工却未必不如。我所作杂传和论，都有精深的意旨。至于《循吏传》以下及‘六夷传’各篇序论，文章气势豪放，实在是天下奇作。其中好的篇章，不次于贾谊的《过秦论》。我曾将其同班固的《汉书》一同比较，不仅仅是无愧于它。赞语部分来自我出色的构思，可以说没有一个字是虚设，变化奇妙无穷，融会各体，我都不知道从哪里称赞才好。这部书通行以后，必定会有知音赏识。自古以来结构宏大而思虑精深之作，还没有比得上我这本书的。”范晔如此自夸，甚至认为已超过班固，班固岂是能够随便超越的吗？范晔所撰序论，毫无可取之处，列传中也不过描写邓禹、窦融、马援、班超、郭泰等有限的几篇可取。人苦于没有自知之明，范晔的自夸可真是贻笑千年。

注释

❶ 范晔：字蔚宗。南朝宋史学家。少好学，善文章。元嘉初年，左迁宣城太守。不得志，乃删取诸家而作《后汉书》。后因涉及孔熙先等欲迎立彭城王刘义康事，被杀。 ❷ 甲乙：谓等级次第。 ❸ 博赡：渊博，丰富。 ❹ 六夷：指《后汉书》中的《东夷列传》《南蛮西南夷列传》《西羌传》《西域传》《南匈奴列传》《乌桓鲜卑列传》。 ❺ 笔势：文章的气势。纵放：雄健奔放。 ❻ 杰思：出色的构思。 ❼ 赏音：知音。 ❽ 夸诩：夸耀。 ❾ 邓禹：少与刘秀为

友，后辅佐刘秀称帝，封鄛侯，更封高密侯，云台二十八将之一。窦融：累世为河西官吏。建武五年（29），归附刘秀，后与刘秀联兵击败隗嚣军队，封安丰侯。郭泰：字林宗。东汉末太学生首领，博通典籍，善谈论。尝游洛阳，与河南尹李膺相友善，名震京师。后归乡里，闭门教授，弟子数千。

唐诗人有名不显者

【原 文】

《温公诗话》云[①]："唐之中叶，文章特盛，其姓名湮没不传于世者甚众，如河中府鹳雀楼有王之奂、畅诸二诗[②]，二人皆当时所不数，而后人擅诗名者岂能及之哉！"予观《少陵集》中所载韦迢、郭受诗[③]，少陵酬答，至有"新诗锦不如""自得随珠觉夜明"之语[④]，则二人诗名可知矣，然非编之杜集，几于无传焉。又有严恽《惜花》一绝云："春光冉冉归何处，更向花前把一杯。尽日问花花不语，为谁零落为谁开？"前人多不知谁作，乃见于皮、陆《唱和集》中。大率唐人多工诗，虽小说戏剧鬼物假托，莫不宛转有思致[⑤]，不必颛门名家而后可称也[⑥]。

【译 文】

《温公诗话》写道："唐代中期，文学尤其兴盛，其中姓名湮没不传于世的人非常多，如河中府鹳雀楼有王之涣、畅诸二人的两首诗，这二人在当时都是数不上的，可是后代以诗得名的诗人难道比得上他们吗！"我读《少陵集》中所载韦迢、郭受的诗，杜甫酬答中甚至有"新诗锦不如""自得随珠觉夜明"的句子，那么两人的诗名可想而知，然而如果不是编入杜甫集中，几乎湮灭无传。还有严恽《惜花》绝句写道："春光冉冉归何处，更向花前把一杯。尽日问花花不语，为谁零落为谁开？"前人大多不知道是何人所作，原来见于皮日休、陆龟蒙《松陵唱和集》中。大体而言，唐人多数工于作诗，即使小说戏剧中假托鬼物所作，也都宛转而有意趣，不一定非得自成一家才值得称道。

注释

❶《温公诗话》：司马光撰。诗话：评论诗歌、诗派、诗人创作得失和记载诗家故事的撰述。❷鹳雀楼：位于今山西永济。王之奂：即王之涣，盛唐诗人，与王昌龄、高適齐名。畅诸：盛唐诗人。❸《少陵集》：又名《杜工部集》。❹随珠：即隋珠。比喻珍贵的宝物。❺思致：新颖独到的构思、意趣。❻颛（zhuān）门：谓独立门户，自成一家。指某一门学问。

苏子由诗

【原文】

苏子由《南窗》诗云："京城三日雪，雪尽泥方深。闭门谢还往，不闻车马音。西斋书帙乱[①]，南窗朝日升。展转守床榻[②]，欲起复不能。开户失琼玉[③]，满阶松竹阴。故人远方来，疑我何苦心。疏拙自当尔[④]，有酒聊共斟。"此其少年时所作也。东坡好书之，以为人间当有数百本，盖闲淡简远[⑤]，得味外之味云。

【译文】

苏辙《南窗》诗写道："京师三日雪，雪尽泥方深。闭门谢还往，不闻车马音。西斋书帙乱，南窗朝日升。展转守床榻，欲起复不能。开户失琼玉，满阶松竹阴。故人远方来，疑我何苦心。疏拙自当尔，有酒聊共斟。"这是他少年时的诗作。苏轼很喜欢书写这首诗，认为人世间应当有几百本流传，因为这首诗安闲恬淡简古深远，有着无穷的韵味。

注释

❶西斋：指文人的书斋。书帙：泛指书籍。❷展转：形容卧不安席、忧思萦牵。❸琼玉：比喻霜雪。❹疏拙：懒散笨拙。❺简远：简古深远。

呼君为尔汝[①]

【原 文】

东坡云："凡人相与号呼者，贵之则曰公，贤之则曰君，自其下则尔汝之。虽王公之贵，天下貌畏而心不服，则进而君公、退而尔汝者多矣。"予谓此论特后世之俗如是尔，古之人心口一致，事从其真，虽君臣父子之间，出口而言，不复顾忌，观《诗》《书》所载可知矣。箕子陈《洪范》[②]，对武王而汝之。《金縢》策祝[③]，周公所以告大王、王季、文王三世祖考也[④]，而呼之曰尔三王，自称曰予，至云："尔之许我，我其以璧与珪[⑤]，归俟尔命；尔不许我，我乃屏璧与珪[⑥]。"殆近乎相质责而邀索也。《天保》报上之诗[⑦]，曰"天保定尔，俾尔戬穀"[⑧]，《閟宫》颂君之诗[⑨]，曰"俾尔富而昌""俾尔昌而炽"，及《节南山》《正月》《板》《荡》《卷阿》《既醉》《瞻卬》

【译 文】

苏轼说："大凡人们相互称呼，认为尊贵就称为公，认为贤德就称为君，自此以下就称尔汝。即使以王公的尊贵，天下人表面畏惧而内心不服，就当面称君称公，背后称尔汝，这种情况太多了。"我认为这种说法只是后世的习俗而已，古代人心口一致，行事真率，即使在君臣父子之间，张口说话，也无所顾忌，看《诗经》《尚书》的记载就知道了。箕子陈述《洪范》，对周武王称汝。《金縢》为简册祝告鬼神之辞，讲周公祝告太王、王季、文王三世祖先，而直称尔三王，自称予，甚至说："尔答应了我的要求，我就奉上璧和珪，等待尔的命令；如果尔不答应我，那我就把璧和珪藏起来。"这几乎近于质问责备和要挟勒索了。《天保》是报答君主的诗，其中说"天保定尔，俾尔戬穀"，《閟宫》是歌颂君主的诗，说"俾尔富而昌""俾尔昌而炽"，以及《节南山》《正月》《板》《荡》《卷阿》《既醉》《瞻卬》等诗，都称君王诸诗，皆呼王为尔。《大明》曰“上帝临女”[10]，指武王也。《民劳》曰“王欲玉女”[11]，指厉王也。至或称为小子，虽幽、厉之君，亦受之而不怒。呜呼，三代之风俗，可复见乎！晋武公请命乎天子[12]，其大夫赋《无衣》[13]，所谓“不如子之衣”，亦指周王也。

为尔。《大明》说“上帝临女”，女指的是周武王。《民劳》说“王欲玉女”，女指的是厉王。甚至有时候称为小子，即使像周幽王、厉王那样的昏君，也坦然接受而不恼怒。唉，上古三代的淳朴风俗，还可以再见到吗？晋武公向天子请命，其大夫赋《无衣》之诗，说“不如子之衣”，子也是指的周王。

注释

❶ 尔汝：古代对人的轻蔑称呼。 ❷ 箕（jī）子：名胥余。商纣王叔父，封于箕（今山西太谷东）。见纣王暴虐，屡谏不听，披发佯狂，为纣所囚。周武王灭商后被释放。《洪范》：《尚书》篇名。相传内容为箕子向周武王陈述的“天地之大法”。 ❸《金縢（téng）》：《尚书》篇名。策祝：古代祭祀或求神时，以简册祝告鬼神。 ❹ 大王：即周太王古公亶父。周文王的祖父。王季：又称公季，名季历。古公亶父幼子，文王之父。 ❺ 珪（guī）：同“圭”。古玉器名。长条形，上尖下方。 ❻ 屏：隐藏。 ❼《天保》：《诗经·小雅》篇名。是一首臣子祝颂君主的诗。 ❽ 戬（jiǎn）穀：尽善。 ❾《闷（bì）宫》：《诗经·鲁颂》篇名。歌颂鲁僖公的文治武功。闷宫：后稷之母姜嫄的神庙。 ❿《大明》：《诗经·大雅》篇名。历述周祖之德，突出歌颂了周武王在牧野打败商纣王的胜利。 ⓫《民劳》：《诗经·大雅》篇名。主要内容是劝告周厉王要体恤民力，防范奸宄。 ⓬ 晋武公：即曲沃武公。春秋时期晋国国君。 ⓭《无衣》：《诗经·唐风》篇名。《毛诗序》断言其是对晋武公的赞美诗，现在一般认为是一个男子对亡故妻子的思怀诗。

世事不可料

【原 文】

秦始皇并六国，一天下，东游会稽，度浙江①，撊然谓子孙帝王万世之固②，不知项籍已纵观其旁③，刘季起喟然之叹于咸阳矣④。曹操芟夷群雄⑤，遂定海内，身为汉相，日夜窥伺龟鼎⑥，不知司马懿已入莫府矣。梁武帝杀东昏侯⑦，覆齐祚，而侯景以是年生于漠北。唐太宗杀建成、元吉，遂登天位，而武后已生于并州。宣宗之世，无故而复河、陇，戎狄既衰⑧，藩镇顺命，而朱温生矣。是岂智力谋虑所可为哉！

【译 文】

秦始皇吞并六国，一统天下，东游会稽，渡浙江，威风凛凛地说子孙帝王万世的基业已经牢固，殊不知项羽已在一旁冷眼窥伺，刘邦已在咸阳大发慨叹了。曹操铲除群雄，平定天下，身为汉朝宰相，日夜觊觎皇帝宝座，殊不知司马懿已经进入他的幕府了。梁武帝杀东昏侯，灭南齐，而侯景在这一年出生于漠北。唐太宗杀了李建成、李元吉，登上帝位，而此时武则天已经于并州出生。唐宣宗时，偶然得以收复河、陇地区，戎狄衰落，藩镇听命，而颠覆唐朝的朱温却出生了。这些难道是智虑谋略所能改变的吗？

注释

❶浙江：古水名，即钱塘江，上游为新安江。　❷撊（xiàn）然：威猛的样子。　❸项籍：项羽。　❹刘季：刘邦。　❺芟夷：铲除。　❻龟鼎：元龟与九鼎。古时为国之重器。因以比喻帝位。　❼东昏侯：萧宝卷，南齐末帝，后因萧衍起兵围建康，城破被杀，被追封为东昏侯。　❽戎狄：古代民族名。西方曰戎，北方曰狄。后泛指西北少数民族。

蔡君谟帖语

【原 文】

韩献肃公守成都时①，蔡君谟与之书曰：“襄启：岁行甫新，鲁钝之资，日益衰老。虽勉就职务，其于精力不堪劳苦。念君之生，相距旬日，如闻年来补治有方，当愈强健，果如何哉？襄于京居，尚留少时，伫君还轸②，伸眉一笑，倾怀之极。今因樊都官西行③，奉书问动靖④，不一一。襄上子华端明阁下。”此帖语简而情厚，初无寒温之问，寝食之祝，讲德之佞也。今风俗日以偷薄⑤，士大夫之狷浮者⑥，于尺牍之间，益出新巧，习贯自然，虽有先达笃实之贤，亦不敢自拔以速嘲骂。每诒书多至十数纸⑦，必系衔，相与之际，悉忘其真，言语不情，诚意扫地。相呼不以字，而云某丈，僭紊官称，无复差等，观此其少愧乎！忆二

【译 文】

韩绛任成都知府时，蔡襄给他写信说：“襄启：又过了一年，我以鲁钝之资，日益衰老。虽然勉强还能做事，但是精力不济，劳苦不堪。想起您的生日，和我只差十天，听说您近年来补养有方，想来身体更加强健，实际如何呢？襄在京城居住，还要居留一段时间，等您回京，彼此相见开颜一笑，欢欣至极。现在趁着樊都官西行，奉上书信问候您，其余不再一一详说。襄上子华端明阁下。”这封柬帖语言简洁、情意深厚，毫无嘘寒问暖之言，祝福饮食起居、恭维道德之类的佞言。如今风俗日渐浇薄，那些轻浮的士大夫，在书信之中，层出不穷地玩弄出新巧花样，习惯久了就成自然，即便是通达笃实的贤士，也不敢超越时俗而招致嘲骂。每次写信多达十几张纸，信中必定写上官衔，相互交流的时候，全无真诚可言，言语之间没有真情，诚意扫地无余。彼此不称字，而称某某丈，官职错乱僭称，等级次序混乱，这些人读了这封柬帖或许会心有所愧吧！回想二十多年前，我在馆阁的时候，见少监曾吉

纪之前[8]，予在馆中，见曾监吉甫与人书，独不作札子[9]，且以字呼同舍[10]，同舍因相约云："曾公前辈可尊，是宜曰丈，余人自今各以字行，其过误者罚一直。"行之几月[11]，从官郎省欣然皆欲一变[12]，而有欲败此议者，载酒饮同舍，乞仍旧。于是从约皆解，遂不可复革，可为一叹。

甫给人写信，偏偏不用官府公文的形式，并且对同僚以字相称，同僚于是相互约定说："曾公为前辈，宜加尊敬，称呼他为丈是应该的，其余的人从今往后都以字相称，弄错的人受罚一次。"这样实行将近一个月，各部署的官员也都欣然想着改变旧俗，但有人想要取消这一约定，就带着酒请同僚共饮，请求恢复从前的做法，于是约定的事情就此作罢，从此该俗就再也不能改变，真可为之一叹。

注释

❶ 韩献肃公：即韩绛，谥献肃。 ❷ 还轸（zhěn）：犹回车。 ❸ 都官：宋神宗元丰改制以后，掌管全国徒流、配隶、吏役之政。 ❹ 动靖：动静。犹言各方面的情况。 ❺ 偷薄：浇薄，浮薄。 ❻ 狷浮：轻浮，虚浮。 ❼ 诒书：寄书，写信。 ❽ 纪：古时以十二年为一纪。 ❾ 札子：用来上奏或下发指令的一种文书。 ❿ 同舍：指同僚。 ⓫ 几月：指将近一个月。 ⓬ 从官郎省：指兼任馆职的侍从官、郎官及秘书省各级职事官。

孔氏野史

【原文】

世传孔毅甫《野史》一卷[1]，凡四十事，予得其书于清江刘靖之所，载赵清献为青城

【译文】

世间流传孔平仲《野史》一卷，共记四十件事，我在清江刘靖之那里得到这本书，书里记载赵抃任青

宰，挈散乐妓以归[2]，为邑尉追还[3]，大恸且怒，又因与妻忿争，由此惑志。文潞公守太原，辟司马温公为通判，夫人生日，温公献小词，为都漕唐子方峻责[4]。欧阳永叔、谢希深、田元均、尹师鲁在河南，携官妓游龙门[5]，半月不返，留守钱思公作简招之[6]，亦不答。范文正与京东人石曼卿、刘潜之类相结以取名，服中上万言书[7]，甚非“言不文”之义[8]。苏子瞻被命作《储祥宫记》，大貂陈衍干当宫事[9]，得旨置酒与苏高会，苏阴使人发，御史董敦逸即有章疏，遂坠计中。又云子瞻四六表章不成文字[10]。其它如潞公、范忠宣、吕汲公、吴冲卿、傅献简诸公，皆不免讥议。予谓决非毅甫所作，盖魏泰《碧云騢》之流耳[11]。温公自用庞颖公辟，不与潞公、子方同时，其谬妄不待攻也。靖之乃原甫曾孙，佳士也，而跋是书云：“孔氏兄弟，曾大父行也[12]。思其人欲闻其言久矣，故录而藏之。”汪圣锡亦书

城令时，曾带着一名散乐妓回家，被当地县尉追上索回，于是痛哭生气，又因为和妻子在愤怒下相争，由此心志惑乱。文彦博任职太原府时，征召司马光为通判。文彦博夫人生日，司马光献上小词，被都漕唐介严厉斥责。欧阳修、谢绛、田况、尹洙在河南，携官妓游览龙门，半个月不归，留守钱惟演写信要他们回来，他们也不理睬。范仲淹与京东路的石延年、刘潜等人相互结交以博取名声，服丧期间上万言书，这不符合居丧期间言辞要质朴的规范。苏轼奉命作《上清储祥宫记》，侍中陈衍管理宫廷事务，奉旨置办酒席和苏轼同饮，苏轼却暗地里让人揭发，御史董敦逸随即上奏弹劾陈衍，正落入苏轼的圈套。又说苏轼的四六章表写得不成体统。其他如文彦博、范纯仁、吕大防、吴充、傅尧俞诸公，都不免有所讥议。我认为此书绝不是孔平仲所作，大概是魏泰《碧云騢》一类托名所作而已。司马光自是因为庞籍青睐而为并州通判，不与文彦博、唐介同时，这种谬误不攻自破。靖之乃是刘敞的曾孙，是位优秀的读书人，却为这本书作跋语说：“孔氏兄弟，与我的曾祖父同辈。因为怀念他们的为人，在很久之前就想读他们的文章，故而抄录收藏。”汪应辰也在书后有

其后，但记上官彦衡一事，岂弗深考云！

跋，只记上官均一件事，难道就没有深加考辨该书的内容吗？

注释

❶ 孔毅甫：即孔平仲，字毅父。长于史学，工文辞，著有《孔氏杂说》《谈苑》等。 ❷ 散乐：民间歌舞百戏的总称。 ❸ 邑尉：县尉。 ❹ 都漕：宋代都转运使的简称。 ❺ 龙门：即伊阙。在今河南洛阳南。以龙门山和香山隔伊河夹峙如门，因名。 ❻ 留守：北宋以洛阳为西京，置留守。 ❼ 服中：服丧期间。 ❽ 言不文：即丧言不文。指居丧期间言辞要质朴。 ❾ 大貂：唐代侍中的别称。因侍中在西汉时为加官，冠服之左有貂尾为饰，故名。这里指太监。 ❿ 四六：文体名。骈文的一种。多以四字、六字为对偶，故名。 ⓫《碧云騢(xiá)》：宋张邦基《墨庄漫录》卷二，"又有一书，讥评巨公伟人阙失，目曰《碧云騢》，取庄献明肃太后垂帘时，西域贡名马，颈有旋毛，文如碧云，以是不得入御闲之意。嫁其名曰都官员外郎梅尧臣撰"。 ⓬ 曾大父：曾祖父。

有　若[1]

【原 文】

《史记·有若传》云："孔子没，弟子以若状似孔子，立以为师。他日，进问曰：'昔夫子当行，使弟子持雨具，已而果雨。弟子问何以知之，夫子曰：《诗》不云乎？月离于毕，俾滂沱矣。[2]昨暮月不宿毕乎？他日，月宿毕，竟不雨。商瞿年长无

【译 文】

《史记·有若列传》记载："孔子去世后，弟子们因为有若相貌像孔子，便拥立他为老师。有一天，弟子们上前请问道：'从前夫子出行，让弟子们带上雨具，后来果然下雨了。弟子问夫子是怎么知道的，夫子说：《诗经》上不是说过吗？月离于毕，俾滂沱矣。昨晚月亮不是停留在毕宿吗？然而又有一天，月

子[3]，孔子曰：瞿年四十后当有五丈夫子，已而果然。敢问何以知此？’有若无以应。弟子起，曰：‘有子避之，此非子之座也。’”予谓此两事殆近于星历卜祝之学[4]，何足以为圣人，而谓孔子言之乎？有若不能知，何所加损，而弟子遽以是斥退之乎！《孟子》称子夏、子张、子游以若似圣人[5]，欲以所事孔子事之，曾子不可，但言“江汉秋阳不可尚”而已，未尝深诋也[6]。《论语》记诸善言，以有子之言为第二章，在曾子之前；使有避坐之事，弟子肯如是哉！《檀弓》载有子闻曾子“丧欲速贫，死欲速朽”两语，以为“非君子之言”，又以为“夫子有为言之”，子游曰：“甚哉！有子之言似夫子也。”则其为门弟子所敬久矣。太史公之书，于是为失矣。且门人所传者道也，岂应以状貌之似而师之邪！世所图《七十二贤画象》[7]，其画有若遂与孔子略等，此又可笑也。

亮停留在毕宿，第二天却没有下雨。商瞿年纪大了却没有儿子，孔子说商瞿四十岁后会有五个儿子，后来果然如此。请问夫子是怎么知道的？’有若回答不上来。弟子们站起来，说：‘有子您让开吧，这不是您的座位。’”我认为这两件事近乎星象占卜之学，就凭这两件事哪里能称得上圣人，竟然说孔子说过这些话？有若不知道，有什么损害，而弟子们立刻因此斥退他！《孟子》里说子夏、子张、子游因为有若长得像圣人，就想用侍奉孔子的礼仪来侍奉他，曾子不同意，也只是说“江汉秋阳不可尚”而已，并未极力诋毁有若。《论语》记载孔门有益之言，把有子的话排在第二章，在曾子之前；假如发生过子若避坐这件事，弟子们哪能这样编排呢！《礼记·檀弓》记载有若听到曾子“丧欲速贫，死欲速朽”这两句话，认为“非君子之言”，后来又认为“夫子是有所指而说的”。子游说：“太好啦，有子的话很像夫子所说！”那么，有若受同门敬重由来已久了。司马迁的《史记》，在这件事的记载上是错误的。而且弟子们传承的是夫子的道德学问，怎能因为面貌相似就尊其为师呢！世间所画的《七十二贤画像》，把有若和孔子画得很像，这又很可笑。

注释

❶ 有若：字子有。春秋末鲁国人，孔子弟子。 ❷“月离于毕”二句：月亮运行至毕宿附近时，预示着有滂沱大雨。毕：毕宿。二十八宿之一，以其形状像毕网得名。 ❸ 商瞿：字子木。春秋末鲁国人。孔子弟子。 ❹ 星历卜祝之学：星象占卜之学。 ❺ 子张：颛孙氏，名师，字子张。春秋末陈国人。孔子弟子。子游：即言偃，名偃，字子游。春秋末吴国人。孔子弟子。 ❻ 深诋：极力诋毁。 ❼ 七十二贤：对孔子门下才德出众的学生的美称。

张天觉为人

【原 文】

张天觉为人贤否，士大夫或不详知。方大观、政和间，时名甚著，多以忠直许之，盖其作相适承蔡京之后，京弄国为奸，天下共疾，小变其政，便足以致誉，饥者易为食，故蒙贤者之名，靖康初政，遂与司马公、范文正同被褒典①。予以其实考之，彼直奸人之雄尔。其外孙何麒作家传，云：“为熙宁御史，则逐于熙宁；为元祐廷臣，则逐于元祐；为绍圣谏官，则逐于绍圣；为崇宁大臣，则逐于崇宁；为大观宰相，则逐于政和。”其迹是

【译 文】

张商英为人贤明与否，士大夫或许不太清楚。在大观、政和年间，其人名望甚高，很多人称赞他忠直，因为他担任宰相刚好在蔡京之后，蔡京操纵国政朋比为奸，为天下人所痛恨，后继者只要稍微变更施政措施，就足以获得赞誉，就像人饥不择食一样，所以张商英得到了贤者的名声。靖康初年，他得以和司马光、范仲淹一道受到朝廷褒奖。我以他的实际情况进行考证，发现他不过是个欺世盗名的奸臣而已。他的外孙何麒作家传，写道：“熙宁年间任御史，就在熙宁年间被贬逐；元祐年间为廷臣，就在元祐年间被贬逐；绍圣年间为谏官，就在绍圣年间被贬逐；崇宁年间为辅臣，就在崇宁年间被贬逐；大观年间任宰

矣，而实不然。为御史时，以断狱失当，为密院所治，遂摭博州事以报之，三枢密皆乞去，故坐贬[2]。为谏官时，首攻内侍陈衍以摇宣仁[3]，至比之于吕、武；乞追夺司马公、吕申公赠谥，仆碑毁楼；论文潞公背负国恩，吕汲公动摇先烈[4]；辩吕惠卿、蔡确无罪[5]。后以交通颍昌富民盖渐故[6]，又贬。元符末[7]，除中书舍人，谢表历诋元祐诸贤，云："当元祐之八九年，擢党人之二十辈。"及在相位，乃以与郭天信交结而去耳[8]。平生言行如此，而得美誉，则以蔡京不相能之故。然皆章子厚门下客[9]，其始非不同也。京拜相之词，天觉所作，是以得执政云。

相，就在政和年间被贬逐。"他的宦迹确是如此，实际原因却并非如此。当御史时，他因为断案不当，被枢密院惩处，就挑起博州之事进行报复，结果三位枢密使都请求离任，所以他被贬。任谏官时，首先攻击内侍陈衍以动摇宣仁太皇太后的地位，甚至把她比作吕雉和武则天；又请求追夺司马光、吕公著的封赠谥号，推倒其墓碑，拆毁其碑楼；又说文彦博辜负国家的恩典，吕大防动摇祖先的功业；为吕惠卿、蔡确申辩，称其无罪。后来因为勾结颍昌府富人盖渐，又被贬。元符末年，授为中书舍人，上谢表一一攻击元祐诸贤臣，说："在元祐的八九年间，这些人提拔了朋党之徒二十多人。"后来在相位上，因为交结郭天信被贬去职。他这一生的言行如此卑劣，却得到了美名，就是因为蔡京和他互不相容。但是他们都出自章惇门下，开始并没有不同。蔡京拜相的制书，是张商英所作，因此得以为执政官。

注释

❶褒典：褒奖。　❷坐贬：坐罪贬职。　❸宣仁：即宋英宗皇后高氏。神宗即位，尊为皇太后。哲宗嗣立，尊为太皇太后。以恢复祖宗法度为先务，起用司马光、吕公著等，斥逐变法派，凡熙宁、元丰所建新政，次第废止，史称"元祐更化"。　❹先烈：祖先的功业。　❺吕惠卿：字吉甫，泉州晋江（今福

建泉州）人。宋仁宗嘉祐二年（1057）进士，初为王安石所信任，参与制定青苗、均输等法。王安石罢相后，其任参知政事，继续推行新法。至王安石再相，两人交恶，出知陈州等地。哲宗即位，其被劾，贬建州。绍圣年间，知延安府。徽宗时，再度被贬。❻颍昌：今河南许昌。❼元符：宋哲宗赵煦年号。❽郭天信：字佑之。徽宗为端王时，天信密白"王当有天下"。徽宗即位后，官至枢密都承旨、节度观察留后。见蔡京乱国，利用占星术暗示徽宗不宜让蔡京执政，京党因此弹劾其漏泄禁中语，从此累贬行军司马，窜新州，数月卒。❾章子厚：即章惇，字子厚。

为文论事

【原　文】

为文论事，当反复致志，救首救尾，则事词章著，览者可以立决。陈汤斩郅支而功未录，刘向上疏论之。首言："周方叔、吉甫诛猃狁[1]。"次言："齐桓公有灭项之罪[2]，君子以功覆过。李广利靡亿万之费[3]，捐五万之师[4]，廑获宛王之首，孝武不录其过，封为列侯。"末言："常惠随欲击之乌孙[5]，郑吉迎自来之日逐[6]，皆裂土受爵。"然后极言："今康居国强于大宛[7]，郅支之号重于宛王，杀使者罪甚于留马，而不烦汉士，不费斗粮，比于

【译　文】

写文章论述事情，应当用心反复思考，使首尾呼应，这样就事理显明，读者可以立即决断。陈汤斩杀郅支单于而未被录功，刘向上疏议论此事。首先说："周代方叔、吉甫讨伐猃狁。"其后又说："齐桓公有灭亡项国之罪，君子认为他有尊周之功而忽略了他的过错。李广利耗费亿万钱，损失五万大军，仅得大宛国王的首级，汉武帝不计其过，封为列侯。"末尾说："常惠跟随欲行进攻的乌孙部众攻击匈奴，郑吉迎接自愿归附的日逐王，都被封土授爵。"最后竭力陈说："如今康居比大宛强大，郅支的名号也比大宛王重要，诛杀汉朝使臣的罪过也超过大宛私留良马不进贡，而陈汤不用汉朝一兵一卒，不费升斗粮草，相比贰师

贰师，功德百之。”又曰：“言威武勤劳则大于方叔、吉甫，列功覆过则优于齐桓、贰师，近事之功则高于安远、长罗，而大功未著，小恶数布，臣窃痛之。”于是天子乃下诏议封。盖其一疏抑扬援证，明白如此，故以丞相匡衡、中书石显出力沮害，竟不能夺。不然，衡、显之议，岂区区一故九卿所能亢哉[8]！

将军李广利，功劳超过百倍。”又说：“要论威武勤劳则超过方叔、吉甫，要论以功抵过则超过齐桓公、贰师将军，论近来立功则高过安远侯郑吉、长罗侯常惠，这么大的功劳竟未得录功，于其小错则到处传扬，臣内心为此感到痛惜。”于是，汉元帝下诏议论封赏。因为他一封奏章抑扬顿挫、旁征博引，说理如此清楚明白，故而虽有丞相匡衡、中书石显极力诋毁，终究没能改变。不然，匡衡、石显的意见，难道是一个小小的前九卿所能对抗的吗！

注释

❶ 猃狁（xiǎnyǔn）：古代北方少数民族，周称猃狁，秦时称匈奴。 ❷ 项：姬姓诸侯国名，在今河南东部。 ❸ 李广利：武帝宠姬李夫人之兄。太初元年（前104），任贰师将军，攻大宛，得善马三千余匹而还，次年封海西侯。后出击匈奴，兵败投降，旋被匈奴贵族所杀。 ❹ 捐：舍弃。 ❺ 乌孙：古族名。初在祁连、敦煌间。文帝前元三年（前177）为大月氏所破，附匈奴。文帝后元年间，迁至伊犁河和伊塞克湖一带，都赤谷城。 ❻ 郑吉：西汉名将。多次出使西域。神爵二年（前60）发兵迎匈奴日逐王降汉，由是威震西域。次年，任西域都护，封安远侯。日逐：匈奴王号。 ❼ 康居国：古西域国名。约在今中亚巴尔喀什湖与咸海之间。大宛（yuān）：古西域国名。其地在今乌兹别克斯坦费尔干纳盆地。 ❽ 亢：抵抗，匹敌。

《连昌宫词》

【原 文】

元微之、白乐天，在唐元和、长庆间齐名。其赋咏天宝时事，《连昌宫词》《长恨歌》皆脍炙人口，使读之者情性荡摇，如身生其时，亲见其事，殆未易以优劣论也。然《长恨歌》不过述明皇追怆贵妃始末，无它激扬，不若《连昌词》有监戒规讽之意，如云："姚崇、宋璟作相公，劝谏上皇言语切。长官清平太守好，拣选皆言由相公。开元之末姚、宋死，朝廷渐渐由妃子。禄山宫里养作儿[①]，虢国门前闹如市[②]。弄权宰相不记名，依稀忆得杨与李[③]。庙谟颠倒四海摇[④]，五十年来作疮痏[⑤]。"其末章及官军讨淮西，乞"庙谋休用兵"之语，盖元和十一、二年间所作，殊得风人之旨[⑥]，非《长恨》比云。

【译 文】

元稹、白居易，在唐代元和、长庆年间齐名。他们吟咏天宝年间的诗作，如《连昌宫词》《长恨歌》都脍炙人口，令读者读后思绪激荡，好像身处当时，亲见其事，似乎不好评判这些诗的优劣。但是《长恨歌》不过是讲唐明皇追怀杨贵妃的始末，并没有激扬的文字，比不上《连昌宫词》存有鉴察往事、警戒将来、规劝讽谕之意，比如诗中写道："姚崇、宋璟作相公，劝谏上皇言语切。长官清平太守好，拣选皆言由相公。开元之末姚、宋死，朝廷渐渐由妃子。禄山宫里养作儿，虢国门前闹如市。弄权宰相不记名，依稀忆得杨与李。庙谟颠倒四海摇，五十年来作疮痏。"诗的末尾说到官军征讨淮西之事，有请求"庙谋休用兵"之语，大概是元和十一、二年间所作，深得诗人讽谏的旨趣，绝非《长恨歌》所能比。

注释

❶禄山宫里养作儿：指安禄山以杨贵妃为养母事。 ❷虢国：即虢国夫人，杨贵妃姊。与其姊韩国夫人、妹秦国夫人并得玄宗宠遇，皆赐第京师，出入宫掖。安禄山攻陷长安后，其穷蹙自杀。 ❸杨与李：指杨国忠与李林甫。 ❹庙谟颠倒：朝政倾覆。 ❺疮痏（wěi）：伤痕。 ❻风人之旨：指诗人在诗中语含讽刺意在言外的旨趣。风人：古有采诗官，采四方风俗以观民风，所采之诗即为“风”，因以采人为风人。

二士共谈[1]

【原文】

《维摩诘经》言[2]，文殊从佛所将诣维摩丈室问疾[3]，菩萨随之者以万亿计，曰：“二士共谈，必说妙法。”予观杜少陵寄李太白诗云：“何时一尊酒，重与细论文。”使二公真践此言，时得洒扫撰杖屦于其侧[4]，所谓不二法门[5]，不传之妙，启聪击蒙[6]，出肤寸之泽以润千里者[7]，可胜道哉。

【译文】

《维摩诘经》说，文殊菩萨从佛那里去维摩诘的丈室问候疾病，跟随他的菩萨数以万亿计，都说：“二士共谈，必说妙法。”我读杜甫寄李白诗，其中有言：“何时一尊酒，重与细论文。”倘使两位大诗人果真践行了这一诺言，那时若有幸在他们身边为之洒扫持杖，立于一旁，听他们谈论作诗的不二法门、不传之妙，启发智慧击退蒙昧，以肤寸之泽便能润泽千里，其中的妙处说不完啊。

注释

❶士：大士。佛教对菩萨的通称。 ❷《维摩诘经》：全称《维摩诘所说经》，大乘佛教经典。 ❸文殊：即文殊菩萨。维摩：维摩诘。与释迦牟尼同时

的一位大乘居士。 ❹撰杖屦（jù）：即撰杖捧屦。谓侍奉长者。 ❺不二法门：佛教用语，“法门”指修行入道的门径。后来用作比喻独一无二的门径、方法。 ❻击蒙：启蒙。 ❼肤寸：古长度单位。一指为寸，四指为肤。

张子韶祭文[1]

【原 文】

先公自领外徙宜春，没于保昌，道出南安，时犹未闻桧相之死。张子韶先生来致祭，其文但云：“维某年月日具官某[2]，谨以清酌之奠[3]，昭告于某官之灵。呜呼哀哉，伏惟尚飨[4]！”其情旨哀怆，乃过于词，前人未有此格也。

【译 文】

先父自岭南移徙宜春，在保昌逝世，我扶柩途经南安，当时还没听到秦桧丞相的死讯。张九成先生前来致祭，祭文只说：“维某年某月某日具官某某，谨以清酒之奠，昭告于某官在天之灵。呜呼哀哉，伏惟尚飨！”其情旨凄怆，远在文辞之上，以前的祭文没有这种格式。

注 释

❶张子韶：即张九成，南宋人，字子韶，自号横浦居士，又号无垢居士。理学家杨时弟子。 ❷具官：官爵品级的简称。唐朝以后，在公文信件来往上，常把官爵品级简写为“具官”。 ❸清酌：古代祭祀所用的清酒。 ❹尚飨（xiǎng）：祭文结语。希望死者享用祭品。

京师老吏

【原 文】

京师盛时，诸司老吏，类

【译 文】

京师全盛时，朝中各司精通事务

多识事体，习典故[1]。翰苑有孔目吏[2]，每学士制草出[3]，必据案细读，疑误辄告。刘嗣明尝作《皇子剃胎发》文，用“克长克君”之语，吏持以请，嗣明曰：“此言堪为长堪为君，真善颂也。”吏拱手曰：“内中读文书不如是，最以语忌为嫌，既克长又克君，殆不可用也。”嗣明悚然亟易之。靖康岁，都城受围，御敌器甲刓弊。或言太常寺有旧祭服数十，闲无所用，可以藉甲。少卿刘珏即具稿欲献于朝，以付书史。史作字楷而敏，平常无错误，珏将上马，立俟之，既至，而结衔脱两字[4]。趣使更写，至于三，其误如初。珏怒责之，逡巡谢曰[5]：“非敢误也，某小人窃妄有管见，在《礼》‘祭服敝则焚之’。今国家迫急，诚不宜以常日论，然容台之职[6]，唯当秉礼。少卿固体国，不若俟朝廷来索则纳之，贤于先自背礼而有献也。”珏愧叹而止。后每为人言，嘉

的老吏，大多能识得事体，熟悉典故。翰林院有位孔目吏，每次有学士所拟诏令文稿写成，必伏案仔细研读，有疑误之处就告诉拟诏令的人。刘嗣明曾作《皇子剃胎发》一文，用了“克长克君”的话，孔目吏拿着稿子请教，刘嗣明说：“这句话的意思是能做长，能为君，的确是好的颂辞。”孔目吏拱手说：“宫内读文书不是这样，最憎恨语言犯忌，既克长又克君，这句话不能用。”刘嗣明大为惊惧，急忙予以改正。靖康年间，都城被围，御敌的兵器铠甲都坏了。有人说太常寺存有旧祭服数十套，闲置无用，可用来垫衬铠甲。少卿刘珏立即起草奏章想要上奏朝廷，把拟好的草稿交给书史抄写。书史写字又快又工整，平常不曾出错，刘珏将要上马，便站着等。书史写罢拿来一看，官衔处漏了两个字，刘珏催促他重新写，连写三回，错误还都一样。刘珏生气地责备他，书史小心翼翼地道歉说：“本不敢写错，但小人窃有浅见，是关于《礼记》‘祭服敝则焚之’的说法。如今国家处于危急之中，固然不应该以平常规矩办事，然而礼部的职责，就应该按礼法行事。少卿您固然是体念国家，不如等朝廷来索要再交上去，这比先自违背礼法献上去要好。”刘珏听罢又愧又叹，立即作罢。后来经常对人谈起，赞扬书史的良苦用心。现在的胥吏，即便身

赏其意。今之胥徒，虽公府右职[7]，省寺掌故，但能鼓扇狷浮，顾赇谢为业[8]，簿书期会之间[9]，乃漫不之晓，求如彼二人，岂可得哉！

居公府要职，为各省寺的掌故官员，也只能鼓动虚浮之风，忙着以收受贿赂为业，至于处理文书和财务统计，竟然完全不懂，再找像上述两位那样的人，哪里找得到呢！

注释

❶ 典故：典制和掌故。 ❷ 孔目吏：官名。唐始置，掌文书簿籍或财计出纳之事。因军府细事皆经其手，一孔一目无不综理，故名。宋时多负检点文字之责。 ❸ 制草：诏令的文稿。 ❹ 结衔：官吏签署官衔。 ❺ 逡巡（qūnxún）：有所顾虑而徘徊不前。 ❻ 容台：礼部的别称。 ❼ 右职：重要的职位。 ❽ 赇（qiú）谢：受贿。 ❾ 期会：在特定时期内实施政令，多指有关朝廷或官府的财物出入。

曹操、唐庄宗

【原 文】

曹操在兖州，引兵东击陶谦于徐[1]，而陈宫潜迎吕布为兖牧[2]，郡县皆叛，赖程昱、荀彧之力，全东阿、鄄、范三城以待操。操还，执昱手曰："微子之力，吾无所归矣。"表为东平相[3]。唐庄宗与梁人相持于河上，梁将王檀乘虚袭晋

【译 文】

曹操在兖州，领兵东至徐州讨伐陶谦，可是陈宫暗地里迎吕布做兖州牧，所辖郡县都反叛了，最后依靠程昱、荀彧的力量，保全了东阿、鄄、范三城以等待曹操。曹操归来，握着程昱的手说："要是没有您出力，我就无处可去了。"上表举荐程昱为东平相。后唐庄宗与后梁军队相持于黄河边上，梁将王檀乘虚偷袭晋阳。城中没有防备，多次差点失陷，全仗着

阳。城中无备，几陷者数四，赖安金全帅子弟击却之于内，石君立引昭义兵破之于外[4]，晋阳获全。而庄宗以策非己出，金全等赏皆不行。操终有天下，庄宗虽能灭梁，旋踵覆亡，考其行事，概可睹矣。

安金全率领子弟坚守城内击退敌兵，石君立率领昭义兵在城外打败敌人，晋阳才得以保全。而唐庄宗却因计策不是自己所出，没有对安金全等人进行赏赐。曹操最终据有天下，唐庄宗虽然能灭梁，但后唐转眼间便灭亡了，考察他们平时所为，大概就能看出端倪。

注释

❶ 陶谦：字恭祖。东汉末为徐州牧，初平四年（193）为曹操所败，旋病死。 ❷ 陈宫：字公台。初从曹操，深得信爱。兴平元年（194）说张邈起兵反曹，据濮阳，迎吕布为兖州牧。后为曹操所败，不屈被杀。 ❸ 东平：郡国名。治无盐（今山东东平东南）。相：郡国国相。 ❹ 昭义：唐、五代方镇名，治潞州（今山西长治）。

云中守魏尚

【原 文】

《史记》《汉书》所记冯唐救魏尚事，其始云："魏尚为云中守，与匈奴战，上功莫府，一言不相应，文吏以法绳之[1]，其赏不行。臣以为陛下赏太轻、罚太重。"而又申言之云："且云中守魏尚，坐上

【译 文】

《史记》《汉书》所记载冯唐相救魏尚的事，冯唐在开始时说："魏尚担任云中郡太守，与匈奴作战，向幕府上报战功，有一句话说错了，文法吏就以法令制裁他，对他的奖赏也未施行。臣以为陛下奖赏太轻，惩罚太重。"又进一步申述说："况且云中郡太守魏尚，因上报战功时多报了六颗

功首虏差六级，陛下下之吏，削其爵，罚作之②。”重言云中守及姓名，而文势益遒健有力，今人无此笔也。

人头，陛下就把他下狱，削夺他的爵位，罚他做苦役。”这里两次言及云中郡太守及姓名，而文章气势更加雄健有力，现在的人没有这等文笔了。

注释

❶文吏：文法吏，即执法吏。❷罚作：汉代轻微劳役刑罚之一。

卷第十六

十九则

文章小伎

【原 文】

“文章一小伎，于道未为尊。”虽杜子美有激而云，然要为失言，不可以训。文章岂小事哉！《易·贲》之《彖》言：“刚柔交错，天文也；文明以止，人文也。观乎天文，以察时变；观乎人文，以化成天下。”孔子称帝尧“焕乎有文章”。子贡曰：“夫子之文章，可得而闻。”《诗》美卫武公，亦云有文章。尧、舜、禹、汤、文、武、成、康之圣贤，桀、纣、幽、厉之昏乱，非《诗》《书》以文章载之何以传？伏羲画八卦，文王重之，非孔子以文章翼之，何以传？

【译 文】

“文章一小伎，于道未为尊。”这虽是杜甫有感而发，然而应该算失言，不值得效法。文章哪能是小事！《周易·贲卦》的《彖传》说：“阴阳刚柔相互交错，构成自然法象；用文明来约束人类行止，这是人类社会的典章制度。考察自然气象，可洞察预知时序的变化；考察社会典章制度的得失，可以化育成就天下之人。”孔子称赞尧“礼乐制度光辉美好”。子贡说：“夫子所传授的《诗》《书》《礼》《乐》等典籍方面的学问，我们是可以听到的。”《诗经》赞美卫武公，也称赞他有文章。尧、舜、禹、商汤、周文王、周武王、周成王、周康王的圣明贤能，夏桀、商纣、周幽王、周厉王的昏愦浊乱，倘若没有《诗经》《尚书》以文章的形式记载下来，又怎能流传后世？伏羲制作八孔子至言要道，托《孝经》《论语》之文而传。曾子、子思、孟子传圣人心学，使无《中庸》及七篇之书[①]，后人何所窥门户？老、庄绝灭礼学，忘言去为[②]，而《五千言》与《内》《外篇》极其文藻[③]。释氏之为禅者，谓语言为累，不知大乘诸经可废乎？然则诋为小伎，其理谬矣。彼后世为词章者，逐其末而忘其本，玩其华而落其实，流宕自远，非文章过也。杜老所云“文章千古事”“已似爱文章”“文章日自负”“文章实致身”“文章开穾奥”“文章憎命达”“名岂文章著”“枚乘文章老”“文章敢自诬”“海内文章伯”“文章曹植波澜阔”“庾信文章老更成”“岂有文章惊海内”“每语见许文章伯”“文章有神交有道”[④]，如此之类，多指诗而言，所见狭矣。

卦，周文王推演为六十四卦，倘若不是孔子用文章形式作“十翼”，又如何传之后世？孔子的至理名言，寄托于《孝经》《论语》等文章中流传后世。曾子、子思、孟子传播圣人的儒家学说，假使没有《中庸》及《孟子》七篇，后人从哪里窥知学问门径？老子、庄子要灭绝儒学，得意忘言说什么无为之事，但《道德经》与《庄子》的《内篇》《外篇》却又极富文采。佛教的禅宗，说语言是累赘，不知大乘诸佛经是否可以废弃？如此说来，诋毁文章为小技，个中理由是很荒谬的。那些后世作诗文的人，舍本逐末，追求华美的文辞却忽视其内容，逐世放荡越走越远，这不是文章本身的过错。杜甫在诗中所说的“文章千古事”“已似爱文章”“文章日自负”“文章实致身”“文章开穾奥”“文章憎命达”“名岂文章著”“枚乘文章老”“文章敢自诬”“海内文章伯”“文章曹植波澜阔”“庾信文章老更成”“岂有文章惊海内”“每语见许文章伯”“文章有神交有道”，如此等等，大多是针对诗歌而言，他对于“文章”的识见狭隘至此。

注释

❶ 七篇之书：即《孟子》一书，共七篇。 ❷ 忘言：谓心中领会其意，不须用言语来说明。去为：无为，不进行人为干预。 ❸《五千言》：即《道德经》一书，共五千言。 ❹ 致身：原谓献身。后用作出仕之典。宎奥：喻高深的境界。文章憎命：谓工于为文，而命运多乖。

三长月

【原文】

释氏以正、五、九月为三长月，故奉佛者皆菇素。其说云："天帝释以大宝镜，轮照四天下①，寅、午、戌月，正临南赡部洲，故当食素以徼福②。官司谓之'断月'③，故受驿券有所谓羊肉者④，则不支。俗谓之'恶月'，士大夫赴官者，辄避之。或人以谓唐日藩镇莅事⑤，必大享军，屠杀羊豖至多，故不欲以其月上事，今之它官，不当尔也。"然此说亦无所经见。予读《晋书·礼志》，穆帝纳后欲用九月，九月是"忌月"。《北齐书》云高洋谋篡魏，其臣宋景业言："宜以仲夏受

【译文】

佛家称正月、五月、九月为三长月，所以信佛的人在此期间应当吃素。佛教说法："天帝释用大宝镜，轮流照耀四大部洲，寅、午、戌三个月，正好临照南赡部洲，所以信佛的人应当吃素以祈福。官府称之为'断月'，因此其间驿站若收到驿券中的羊肉券，就不支付。世俗称这三个月为'恶月'，士大夫上任做官，总是避开这三个月。有人说是因为唐时藩镇大员到官视事，一定要大肆犒赏军队，屠杀的羊、猪非常多，所以官员不愿在这三个月上任，现在做其他官，不应当如此。"然而这种说法也无法查考。我读《晋书·礼志》，晋穆帝司马聃想在九月迎娶皇后，而九月是"忌月"。《北齐书》记载高洋密谋篡夺东魏政权，他的大臣宋景业说："最好在仲夏五月接受禅让。"有

禅。”或曰：“五月不可入官，犯之，终于其位。”景业曰：“王为天子，无复下期，岂得不终于其位乎。”乃知此忌相承，由来已久，竟不能晓其义及出何经典也。

人说：“五月不能到官上任，要是违犯了，就会老死在那个官位上。”宋景业说：“大王做了天子，不会再有更大的职位等着，哪能不终于其位呢？”由此可知这一禁忌递相传承，由来已久，始终不能明了它的内涵及出自哪部经典。

注 释

❶四天下：即四大部洲。古印度神话中人类居住的世界，即位于须弥山周围海上的东胜身洲、西牛货洲、南赡部洲、北俱卢洲构成，称为四洲或四大部洲。❷徼（yāo）福：祈福，求福。❸官司谓之“断月”：即官府在正月、五月、九月不行死刑，禁屠杀。❹驿券：古代官吏使用驿站及车马、役夫等的凭证。❺藩镇：唐代在边要各地设置节度使，镇守土地，抵御外侮，称为“藩镇”。莅事：视事，处理公务。

兄弟直西垣[1]

【原 文】

《秦少游集》中，有《与鲜于子骏书》，云：“今中书舍人皆以伯仲继直西垣，前世以来，未有其事，诚国家之美，非特衣冠之盛也[2]。除书始下，中外欣然，举酒相属。”予以其时考之，盖元祐二年，谓苏子由、曾子开、刘

【译 文】

《秦少游集》中，有一篇《与鲜于子骏书》，写道：“现在中书舍人职都以兄弟相继入值中书省，前代以来，没有这样的事，这实为国家兴盛的表现，不仅仅是仕宦之家的美事。任命文书刚颁下，朝廷内外都非常高兴，举酒相庆。”我根据时间考证，这是说元祐二年，

贡甫也[3]。子由之兄子瞻，子开之兄子固、子宣[4]，贡甫之兄原甫，皆经是职，故少游有此语云。绍兴二十九年，予仲兄始入西省[5]，至隆兴二年，伯兄继之，乾道三年，予又继之，相距首尾九岁。予作谢表云："父子相承，四上銮坡之直[6]；弟兄在望，三陪凤阁之游[7]。"比之前贤，实为遭际，固为门户荣事，然亦以此自愧也。

苏辙、曾肇、刘攽之事。苏辙的兄长苏轼，曾肇的兄长曾巩、曾布，刘攽的兄长刘敞，都曾任此职，所以秦观才有这一说法。绍兴二十九年，我二兄开始入值中书省，到隆兴二年，长兄接着入值中书省，乾道三年，我又接着入值，前后相差九年。我作谢表说："父子相承，四入翰林之值；弟兄在望，三陪凤阁之游。"与前贤相比，实在是适逢其遇，这固然是家族的荣光，但也内心有愧。

注释

❶ 西垣：唐宋时中书省的别称。因设于宫中西掖，故称。宋以中书舍人判省事，处理日常事务，称直西垣。 ❷ 衣冠之盛：指仕宦之家为人称美的美事。 ❸ 刘贡甫：即刘攽，北宋史学家，助司马光修《资治通鉴》，专任汉代部分，著有《彭城集》等。 ❹ 子固：即曾巩，字子固，世称南丰先生。唐宋八大家之一。 ❺ 予仲兄：即洪遵，南宋钱币学家，著有《泉志》等。 ❻ 銮坡：唐德宗时，尝移学士院于金銮殿旁的金銮坡上，后遂以銮坡为翰林院的别称。 ❼ 凤阁：唐武则天改中书省为凤阁，遂用为中书省的别称。

《续树萱录》

【原 文】

顷在秘阁抄书[1]，得《续树萱录》一卷，其中载隐君子元撰

【译 文】

最近在秘阁抄书，得到《续树萱录》一卷，书中记载隐士元

夜见吴王夫差与唐诸诗人吟咏事。李翰林诗曰[②]："芙蓉露浓红压枝，幽禽感秋花畔啼。玉人一去未回马，梁间燕子三见归。"张司业曰[③]："绿头鸭儿咂萍藻，采莲女郎笑花老。"杜舍人曰[④]："鼓鼙夜战北窗风[⑤]，霜叶沿阶贴乱红。"三人皆全篇。杜工部曰："紫领宽袍漉酒巾[⑥]，江头萧散作闲人。"白少傅曰[⑦]："不因霜叶辞林去，的当山翁未觉秋。"李贺曰："鱼鳞甃空排嫩碧，露桂梢寒挂团璧。"三人皆未终篇。细味其体格语句，往往逼真。后阅《秦少游集》，有《秋兴》九首，皆拟唐人，前所载咸在焉。关子东为秦集序云"拟古数篇，曲尽唐人之体"，正谓是也。何子楚云："《续萱录》乃王性之所作，而托名它人。"今其书才有三事，其一曰贾博喻，一曰全若虚，一曰元撰，详命名之义，盖取诸子虚、亡是公云[⑧]。

撰夜见吴王夫差及与唐代各位诗人吟诗之事。李白有诗写道："芙蓉露浓红压枝，幽禽感秋花畔啼。玉人一去未回马，梁间燕子三见归。"张籍有诗写道："绿头鸭儿咂萍藻，采莲女郎笑花老。"杜牧有诗写道："鼓鼙夜战北窗风，霜叶沿阶贴乱红。"三人的诗都是全篇。杜甫有诗写道："紫领宽袍漉酒巾，江头萧散作闲人。"白居易有诗写道："不因霜叶辞林去，的当山翁未觉秋。"李贺有诗写道："鱼鳞甃空排嫩碧，露桂梢寒挂团璧。"三人都没有写完。仔细品味这些诗句的风格与用字，每每感觉非常逼真。后来读《秦少游集》，集中有《秋兴》九首，都是模拟唐人所作，上述所有诗句都被载入。关子东为秦集作序说"模拟古诗数篇，婉曲细腻地表现出唐人的体裁格调"，正是说的这几首诗。何蘧说："《续树萱录》为王铚所作，而托名他人。"这部书里有三个托名，一个叫贾博喻，一个叫全若虚，一个叫元撰，详考其命名用字之义，是仿照司马相如的子虚、亡是公而来的。

注释

❶ 秘阁：宋代官方藏书机构。 ❷ 李翰林：即李白。因曾供奉翰林，故称。 ❸ 张司业：即张籍。因曾为国子司业，故称。 ❹ 杜舍人：即杜牧。因曾为中书舍人，故称。 ❺ 鼓鼙：军中常用的乐器。指大鼓和小鼓。借指征战。 ❻ 漉酒巾：滤酒的布巾，泛指葛巾。 ❼ 白少傅：即白居易。因曾为太子少傅，故称。 ❽ 子虚：司马相如作《子虚赋》，假托子虚、乌有先生、亡是公三人互相问答。后因称虚构或不真实的事为“子虚”。

馆职名存

【原 文】

国朝馆阁之选[①]，皆天下英俊，然必试而后命。一经此职，遂为名流。其高者，曰集贤殿修撰、史馆修撰、直龙图阁、直昭文馆、史馆、集贤院、秘阁；次曰集贤、秘阁校理；官卑者，曰馆阁校勘、史馆检讨；均谓之馆职。记注官缺[②]，必于此取之，非经修注，未有直除知制诰者。官至员外郎则任子[③]，中外皆称为学士。及元丰官制行，凡带职者，皆迁一官而罢之，而置秘书省官，大抵与职事官等，反为留滞。政和以后，增修撰、直阁贴职为九

【译 文】

本朝馆阁人选，都是天下的英才，然而都必须经过考试方才任命。一经担任此职，就成为天下名流。官位高的，称集贤殿修撰，史馆修撰，直龙图阁，直昭文馆、史馆、集贤院、秘阁；其次称集贤、秘阁校理；官位低的，称馆阁校勘、史馆检讨；都称之为馆职。记注官空缺，必定从馆职中选补，馆职没有不经历记注官，而直接任命为知制诰的。官至员外郎就可以保举子弟一人为官，朝廷内外都称之为学士。后来元丰官制推行，凡是带职的，都升一级而罢去馆职，而设置秘书省官，其大抵和职事官相当，反而不易升迁。政和年间以后，增设修撰、直阁贴职，共为九等，于是略具吏材的官员、乳臭未干

等[4]，于是材能治办之吏，贵游乳臭之子[5]，车载斗量，其名益轻。南度以来，初除校书、正字，往往召试，虽曰馆职不轻畀[6]，然其迁叙[7]，反不若寺监之径捷[8]，至推排为郎[9]，即失其故步，混然无别矣。

的贵族子弟都对此染指，车载斗量数量极多，馆职名望越加轻微。南渡以后，开始任命为校书、正字，往往召见考试，虽是说馆职不轻易授予，然而他们的升迁，反不如各个寺监来得快捷，至于推排为郎官，这就失去了原来的地位，和其他官职混同无别了。

注释

❶馆阁：官署名合称。宋朝有史馆、昭文馆、集贤院，称为三馆，又有秘阁、龙图阁及天章阁等，统称馆阁。❷记注官：指随侍皇帝左右，记录皇帝言行的官员。❸任子：因父兄的功绩，得保任授予官职。❹贴职：兼职。宋代以他官兼任馆职者，称为贴职。❺贵游：指无官职的王公贵族。亦泛指显贵者。❻畀（bì）：给予，授予。❼迁叙：谓旧时官吏根据考核劳绩而进行晋职或奖励。❽寺监：古时太常寺、光禄寺、将作监、都水监等寺、监两级官署的并称。❾推排为郎：指馆职人员的迁叙不以馆职为重，反而按郎官的资格推排。

南宫适[1]

【原　文】

南宫适问羿、奡不得其死[2]，禹、稷有天下，言力可贱而德可贵。其义已尽，无所可答，故夫子俟其出而叹其为君

【译　文】

南宫适向孔子请教为什么羿、奡都不得好死，而大禹、后稷却得到天下，认为武力不值一提而道德最为可贵。他的话已经把道理说清楚了，没有什么可回答的了，所以夫子等他退

子，奖其尚德，至于再言之，圣人之意斯可见矣。然明道先生云：“以禹、稷比孔子，故不答。”范淳父以为禹、稷有天下，故夫子不敢答，弗敢当也。杨龟山云：“禹、稷之有天下，不止于躬稼而已[③]，孔子未尽然其言，故不答。然而不止之者，不责备于其言，以沮其尚德之志也，与所谓‘雍之言然’则异矣[④]。”予窃谓南宫之问，初无以禹、稷比孔子之意，不知二先生何为有是言。若龟山之语，浅之已甚！独谢显道云：“南宫适知以躬行为事，是以谓之君子。知言之要，非尚德者不能，在当时发问间，必有目击而道存[⑤]，首肯之意，非直不答也。”其说最为切当。

出之后感叹他是君子，嘉奖他崇尚道德，以至于反复赞叹，圣人的深意从这里就可以看出来。但是程颢说：“将大禹、后稷与孔子相比，因而孔子不答。”范祖禹认为大禹、后稷拥有天下，所以夫子不敢回答，是不敢与之相比。杨时说：“大禹、后稷拥有天下，不仅缘于亲理农事，孔子并不完全同意南宫适的话，所以不回答。可是没有打断他，是不对他的话求全责备，以免阻碍他崇尚道德的志向，和所谓‘雍之言然’全然不同。”我私下认为南宫适的问话，肯定没有以大禹、后稷与孔子相比较的意思，不知道两位先生为什么这样说。杨时所说的话，浅陋至极！唯有谢良佐说：“南宫适知道把亲力施行当成大事，所以孔子称他为君子。明白他说话的要点，不是道德高尚的人做不到，在南宫适发问的时候，孔子必是心领神会，点头同意，只是没有回答。”这一说法最为恰当。

注释

❶ 南宫适（kuò）：春秋时期鲁国人，孔子弟子。南宫：复姓。 ❷ 羿：有穷氏首领，传说其善射不理朝政，后为东夷族首领寒浞所杀。奡（ào）：夏代寒浞（zhuó）之子。相传是个大力士，善荡舟。 ❸ 躬稼：亲自治理农事。 ❹ 雍：冉雍，孔子弟子。 ❺ 目击而道存：眼光一触及，便知道之所在。形容

意气相通，心领神会。

吴王殿

【原 文】

汉高祖五年，以长沙、豫章、象郡、桂林、南海立番君吴芮为长沙王[1]。十二年，以三郡封吴王濞，而豫章亦在其中。又，赵佗先有南海[2]，后击并桂林、象郡。则芮所有，但长沙一郡耳。案，芮本为秦番阳令，故曰番君。项羽已封为衡山王，都邾。邾，今之黄州也。复侵夺其地。故高祖徙之长沙而都临湘，一年薨，则其去番也久矣。今吾邦犹指郡正听为吴王殿[3]，以谓芮为王时所居。牛僧孺《玄怪录》载[4]，唐元和中，饶州刺史齐推女，因止州宅诞育，为神人击死，后有仙官治其事[5]，云："是西汉鄱阳王吴芮，今刺史宅，是芮昔时所居。"皆非也。

【译 文】

汉高祖五年，以长沙、豫章、象郡、桂林、南海诸郡之地册封鄱君吴芮为长沙王。十二年，把三郡封给吴王刘濞，而豫章郡也在其中。另外，赵佗先据有南海郡，后来攻占桂林、象郡。那么吴芮所据有的，仅仅长沙一郡而已。据查考，吴芮本为秦末番阳令，所以称鄱君。项羽后来封他为衡山王，建都于邾。邾，就是现在的黄州。后来又侵夺了他的封地。所以高祖把吴芮迁至长沙而建都临湘，一年后吴芮去世，那么他离开鄱阳已经很久了。现在我的家乡还称郡府正厅为吴王殿，说是吴芮为王时居住过的。牛僧孺《玄怪录》记载，唐朝元和年间，饶州刺史齐推的女儿，因为在州府官宅分娩，被神人击死，后来有道士做法事，说："这是西汉鄱阳王吴芮作祟，现在刺史的官宅，是吴芮当年所居住的地方。"这都不对。

注释

❶ 长沙：郡名。治今湖南长沙。番君吴芮：吴芮于秦时为番阳（今江西鄱阳东北）令，号曰番君，秦末率越人起兵。高祖即位后，改封长沙王。其国传至汉文帝时始绝，为当时唯一异姓诸侯王。 ❷ 赵佗：秦末为南海郡龙川县令，后行南海尉事。兼并桂林、象郡，建立南越国。汉高帝十一年（前 196），受封为南越王。 ❸ 吾邦：指鄱阳。洪迈为鄱阳人。正听：即正厅。 ❹ 牛僧孺：字思黯。唐代中晚期政治家、文学家，“牛李党争”中牛党的领袖，撰有传奇集《玄怪录》。 ❺ 仙官：道教指称有尊位的神仙。这里代指道士。

王卫尉[1]

【原文】

汉高祖怒萧何，谓王卫尉曰：“李斯相秦皇帝，有善归主，有恶自予，今相国请吾苑以自媚于民[2]，故系治之。”卫尉曰：“秦以不闻其过亡天下，李斯之分过，又何足法哉！”唐太宗疑三品以上轻魏王[3]，责之曰：“我见隋家诸王，一品以下皆不免其踬顿[4]，我自不许儿子纵横耳。”魏郑公曰：“隋高祖不知礼义[5]，宠纵诸子，使行非礼，寻皆罪黜，不可以为法，亦何足道！”观高祖、太宗一时失言，二臣能因

【译文】

汉高祖恼怒萧何，对王卫尉说：“李斯做丞相辅佐秦始皇，有了好事归于皇帝，有了过失自己承担，如今萧相国请求拿我的园林去讨好百姓，所以要把他囚禁治罪。”王卫尉回答说：“秦朝皇帝因为听不到自己的过失而丢了天下，李斯代皇帝承担过失，又哪里值得效法呢！”唐太宗怀疑三品以上官员轻视魏王，责备他们说：“我见隋朝诸王，一品以下官员都不免受其挫辱，是我自己不许皇子肆意横行罢了。”魏徵回答说：“隋文帝不知礼义，溺爱放纵自己的儿子，使儿子们的所作所为不合礼义，不久都因罪被黜，这种做法不可取，也不值一提！”汉高祖、唐太宗一时失言，

其所言随即规正，语意既直，于激切中有婉顺体，可谓得谏争之大义。虽微二帝，其孰不降心以听乎[6]！

两位大臣能够就君主的话正言规劝，语意坦率，言辞虽激切但不失委婉恭顺之意，可以说深得谏诤大义。即便不是这两位明君，难道还不能平抑心气听取吗！

注 释

❶ 卫尉：统率卫士守卫宫禁之官。 ❷ 自媚：讨好，巴结。 ❸ 魏王：即李泰，唐太宗李世民第四子。 ❹ 踬（zhì）顿：挫辱。 ❺ 隋高祖：即隋文帝杨坚。 ❻ 降心：平抑心气。

前代为监

【原 文】

人臣引古规戒，当近取前代，则事势相接，言之者有证，听之者足以监。《诗》曰：“商监不远，在夏后之世。”《周书》曰：“今惟商坠厥命，我其可不大监。”又曰：“我不可不监于有商。”又曰：“有商受天命，惟有历年。惟不敬厥德，乃早坠厥命。”周公作《无逸》，称商三宗[1]。汉祖命群臣言吾所以有天下，项氏所以失天下，命

【译 文】

大臣引述古代事例来规诫君主，应当选取较近的前代史实，这样史事与当时前后相续，说的人言之有据，听的人足以为戒。《诗经》说：“殷监不远，在夏后之世。”《尚书·周书》说：“现在殷商已经丧失了上天授予的大命，我哪能不深刻总结经验教训呢？”又说：“我们不能不以殷商为鉴戒。”又说：“殷商上受天命，已有多年。其因不敬重德行，才早早地丧失了上天授予的大命。”周公作《无逸》篇，称赞商代的三位君主。汉高祖命群臣谈谈他为什么能得天

陆贾著秦所以失天下[2]。张释之为文帝言秦、汉之间事，秦所以失，汉所以兴。贾山借秦为谕。贾谊请人主引商、周、秦事而观之。魏郑公上书于太宗，云："方隋之未乱，自谓必无乱；方隋之未亡，自谓必无亡。臣愿当今动静以隋为监。"马周云："炀帝笑齐、魏之失国，今之视炀帝，亦犹炀帝之视齐、魏也。"张玄素谏太宗治洛阳宫[3]，曰："乾阳毕功，隋人解体。恐陛下之过，甚于炀帝。若此役不息，同归于乱耳。"考《诗》《书》所载及汉、唐诸名臣之论，有国者之龟镜也[4]，议论之臣宜以为法。

下，项羽为什么失天下，命陆贾写文章论述秦朝灭亡的原因。张释之为汉文帝讲论秦、汉之际的历史，解释秦朝为什么灭亡，汉朝为什么兴起。贾山也借秦朝来讲明道理。贾谊建议皇帝了解商、周、秦几代的历史。魏徵上书唐太宗，说："当隋朝尚未乱时，自认为必定不会乱；当隋朝尚未灭亡时，自认为必定不会灭亡。臣希望当今施政要以隋为鉴。"马周说："隋炀帝嘲笑北齐、西魏亡国，今天来看炀帝，正如同炀帝看待北齐、西魏。"张玄素谏阻唐太宗修洛阳宫，说："乾阳宫修成，隋朝瓦解。我担心陛下的过失，比炀帝更严重。倘若这项工程不停止，将会像隋朝一样陷于动乱。"《诗经》《尚书》的记载及汉、唐各位名臣的言论，是治国者的镜鉴所在，谏诤之臣应以此为准绳。

注释

❶ 称商三宗：《无逸》篇中，周公称赞殷商中宗、高宗、祖甲，以其为国君之典范。 ❷ 陆贾：西汉政论家、辞赋家。早年随刘邦平定天下，有辩士之称，力倡儒学，著有《新语》。 ❸ 张玄素：唐初著名诤臣，以直言敢谏著称。 ❹ 龟镜：龟可卜吉凶，镜能别美丑，因以比喻可供人对照学习的榜样或引以为戒的教训。

治盗法不同

【原　文】

唐崔安潜为西川节度使，到官不诘盗①，曰："盗非所由通容，则不能为。"乃出库钱置三市②，置榜其上，曰："告捕一盗，赏钱五百缗③。侣者告捕④，释其罪，赏同平人⑤。"未几，有捕盗而至者。盗不服，曰："汝与我同为盗十七年，赃皆平分，汝安能捕我？"安潜曰："汝既知吾有榜，何不捕彼以来？则彼应死，汝受赏矣。汝既为所先，死复何辞！"立命给捕者钱，使盗视之，然后杀盗于市。于是诸盗与其侣互相疑，无地容足，夜不及旦，散逃出境，境内遂无一人之盗。予每读此事，以为策之上者。及得李公择治齐州事，则又不然。齐素多盗，公择痛治之，殊不止。它日得黠盗⑥，察其可用，刺

【译　文】

唐朝崔安潜为西川节度使，到任后不究办盗贼，说："盗贼如果不是相互通同容纳，就不能为非作歹。"于是他拿出官库中的钱置于闹市，并且张榜告示："告发捕获一名盗贼，赏钱五百缗。若为同伙告捕，就免去他的罪过，赏钱和平常人一样多。"没过多久，就有人捕获盗贼而来。盗贼不服气，对告捕他的人说："你和我一起当盗贼十七年，赃物都是平分，你有什么资格抓我？"崔安潜说："你既然知道我有告示，为什么不把他抓来？那样的话他就当死，你就受赏。你既被他抢了先，死到临头还有什么话可说？"当即下令给捕盗的人赏钱，让被捕的盗贼亲眼看过，然后把盗贼在闹市中杀了。于是盗贼团伙内部相互猜疑，无地容身，一夜之间，逃散出境，西川境内再无一个盗贼。我每次读到这事，都认为是高明的计策。后来知道李常治理齐州的事，就不这样认为了。齐州一向盗贼众多，李常严加惩治，无法禁绝。有一天抓到一名狡黠的盗贼，经观察后发现这名盗贼可以利用，就将他脸上刺字编为士卒，让

为兵[7]，使直事铃下[8]，间问以盗发辄得而不衰止之故。曰："此繇富家为之囊，使盗自相推为甲乙，官吏巡捕及门，擒一人以首，则免矣。"公择曰："吾得之矣。"乃令凡得藏盗之家，皆发屋破柱[9]，盗贼遂清。予乃知治世间事，不可泥纸上陈迹。如安潜之法，可谓善矣，而齐盗反恃此以为沉命之计，则变而通之，可不存乎其人哉！

他在自己身边做侍从小吏，得空儿问他盗贼一抓就得而屡禁不止的缘故。那贼回答说："这是由于富豪之家做窝主，他们让盗贼自个儿排序，官吏上门搜捕，就推出一人来自首，其余盗贼就可以逃脱了。"李常说："我有办法了。"于是命令凡是藏匿盗贼的人家，都要拆屋破柱彻底搜查，盗贼就此根除。我由此明白管理政事，不可拘泥于书本上的历史事迹。比如崔安潜的治盗方法，可谓高明，而齐州的盗贼反而据此想出了藏匿保命的计策，可见事情需要变化贯通，关键还在于人！

注释

❶ 诘盗：究办强盗。 ❷ 三市：指大市、朝市、夕市。这里泛指闹市。 ❸ 缗（mín）：穿铜钱的绳子。用于成串的铜钱，每缗一千文。 ❹ 侣：同伙。 ❺ 平人：平民百姓。 ❻ 黠盗：狡黠的盗贼。 ❼ 刺为兵：宋代招募士兵入伍时，为防止其逃亡，于脸上刺字，称为"黥兵"。 ❽ 铃下：官署侍从小吏，在铃阁之下，有警则掣铃以呼，故名。 ❾ 破柱：破柱求奸，搜索坏人，以正国法。

和诗当和意

【原 文】

古人酬和诗，必答其来意，

【译 文】

古人作诗唱和，必要酬答对

非若今人为次韵所局也[1]。观《文选》所编何劭、张华、卢谌、刘琨、二陆、三谢诸人赠答[2]，可知已。唐人尤多，不可具载。姑取杜集数篇，略纪于此。高適寄杜公，云："愧尔东西南北人。"杜则云："东西南北更堪论。"高又有诗云："草《玄》今已毕[3]，此外更何言。"杜则云："草《玄》吾岂敢，赋或似相如。"严武寄杜云："兴发会能驰骏马，终须重到使君滩[4]。"杜则云："枉沐旌麾出城府[5]，草茅无径欲教锄。"杜公寄严诗云："何路出巴山……重岩细菊班[6]。遥知簇鞍马，回首白云间。"严答云："卧向巴山落月时……篱外黄花菊对谁。跋马望君非一度……"杜送韦迢云："洞庭无过雁，书疏莫相忘。"迢云："相忆无南雁，何时有报章[7]。"杜又云："虽无南去雁，看取北来鱼[8]。"郭受寄杜云："春兴不知凡几首。"杜答云："药裹关心诗总废[9]。"皆如钟磬在虡[10]，扣之则应，往来反复，于是乎有余味矣。

方的来意，不像现在的人仅仅拘泥于次韵。观《文选》所编何劭、张华、卢谌、刘琨、二陆、三谢等人的赠答诗，就可知晓。唐人的例子特别多，不能一一记下。姑且从杜甫诗文集中选取几首，略纪于此。高適寄给杜甫的诗中写道："愧尔东西南北人。"杜甫答诗则道："东西南北更堪论。"高適又有寄杜诗道："草《玄》今已毕，此外更何言。"杜甫答诗道："草《玄》吾岂敢，赋或似相如。"严武寄杜甫诗道："兴发会能驰骏马，终须重到使君滩。"杜甫答诗道："枉沐旌麾出城府，草茅无径欲教锄。"杜甫寄严武诗道："何路出巴山……重岩细菊斑。遥知簇鞍马，回首白云间。"严武答诗道："卧向巴山落月时……篱外黄花菊对谁。跋马望君非一度……"杜甫送韦迢诗道："洞庭无过雁，书疏莫相忘。"韦迢答诗道："相忆无南雁，何时有报章。"杜甫又道："虽无南去雁，看取北来鱼。"郭受寄杜甫诗道："春兴不知凡几首。"杜甫答诗道："药裹关心诗总废。"这些诗都如同高悬在架子上的钟磬，叩击则有回响，往来反复，因而余味无穷。

注释

❶次韵：也叫“步韵”，和诗的一种方式。按照原诗的韵和用韵的次序来和诗。 ❷二陆：西晋陆机、陆云兄弟，文名俱高，并称二陆。三谢：南朝宋诗人谢灵运、谢惠连及南朝齐诗人谢朓的并称。 ❸草《玄》：指汉扬雄作《太玄》。 ❹使君滩：滩名。在今重庆万州区东。 ❺枉沐：白白地蒙受。对人来访的敬辞。旌麾：借指总揽军政的地方长官。 ❻重岩：高峻、连绵的山崖。 ❼报章：酬答的书信或诗文。 ❽鱼：古乐府《饮马长城窟行》“客从远方来，遗我双鲤鱼。呼儿烹鲤鱼，中有尺素书”。后因以鱼书称书信。 ❾药裹关心：指身体不好，常常服药。药裹：药囊。 ❿虡（jù）：挂钟磬的架子上的立柱。

稷有天下

【原 文】

稷躬稼而有天下，泰伯三以天下让[1]，文王一怒而安天下之民，皆以子孙之事追言之。是时，稷始封于邰[2]，古公方邑于梁山之下，文王才有岐周之地[3]，未得云天下也。禹未尝躬稼，因稷而称之。

【译 文】

后稷亲理农事而拥有天下，泰伯曾三次辞让天下，文王一怒而使天下百姓安定，这些都是以子孙之事追述而言。当时，后稷刚受封于邰，古公亶父刚在梁山之下修筑城邑，周文王刚据有岐周之地，不能说拥有天下。大禹不曾亲理农事，因而提到后稷便称扬他。

注释

❶泰伯：一作“太伯”，周太王古公亶父长子。相传古公亶父看重幼子季历之子姬昌，欲传季历，后再传给昌（周文王）。泰伯知父意，故让。 ❷邰（tái）：古邑名。在今陕西武功西。 ❸岐周：即西周。周族古公亶父因受戎狄威逼，

自豳迁居岐山下周原，故称岐周。

一世人材

【原 文】

一世人材，自可给一世之用。苟有以致之，无问其取士之门如何也。今之议者，多以科举经义、诗赋为言[①]，以为诗赋浮华无根柢[②]，不能致实学，故其说常右经而左赋。是不然。成周之时，下及列国，皆官人以世[③]。周之刘、单、召、甘，晋之韩、赵、荀、魏，齐之高、国、陈、鲍，卫之孙、宁、孔、石，宋之华、向、皇、乐，郑之罕、驷、国、游，鲁之季、孟、臧、展，楚之斗、芳、申、屈，皆世不乏贤，与国终毕。汉以经术及察举[④]，魏、晋以州乡中正[⑤]，东晋、宋、齐以门地[⑥]，唐及本朝以进士，而参之以任子，皆足以尽一时之才。则所谓科目，特借以为梯阶耳，经义、诗赋，不问可也。

【译 文】

一代的人才，自然可以供一代之用。只要有办法得到人才，不必计较取士的途径方法如何。今天议论这事的人，大多以科举经义、诗赋来说，认为诗赋浮华没有根基，不能以此选得有真实学问的人，所以往往推崇经义而贬低诗赋。这种看法其实不对。成周之时，直到战国时期，都是世代为官。周朝的刘、单、召、甘，晋国的韩、赵、荀、魏，齐国的高、国、陈、鲍，卫国的孙、宁、孔、石，宋国的华、向、皇、乐，郑国的罕、驷、国、游，鲁国的季、孟、臧、展，楚国的斗、芳、申、屈等世家大族，历代都不缺贤才，与国共始终。汉代以经学及察举选拔人才，魏、晋以州乡中正选拔人才，东晋、宋、齐以门第高下选拔人才，唐代及本朝以进士同时参用任子之法选拔人才，都足以取尽一代人才。所谓取士科目，不过是被借用的阶梯而已，至于是经义还是诗赋，完全不用计较。

注释

❶经义：宋代科举考试科目之一种。以儒家经书的文句为题，应试者作文阐明其义理，故称。❷根柢：比喻事物的根基、基础。❸官人以世：官吏世袭，即世卿世禄制。❹经术：经学。察举：选官制度。汉代规定：由公卿、列侯、刺史及郡国守相等推举人才，由朝廷考核后任以官职。始于汉文帝，至武帝时形成较为完备的制度，主要有岁举和诏举。❺中正：即九品中正制。魏晋时的官吏选拔制度。❻门地：犹门第。指门阀制度。

王逢原[1]

【原 文】

王逢原以学术，邢敦夫以文采[2]，有盛名于嘉祐、元丰间。然所为诗文，多怨抑沉愤，哀伤涕泣，若辛苦憔悴不得其平者，故皆不克寿[3]，逢原年二十八，敦夫才二十。天畀其才而啬其寿，吁，可惜哉！

【译 文】

王令凭借学术，邢居实凭借文采，在嘉祐、元丰年间享有盛名。然而他们所作诗文，大多抑郁忧愤，哀伤涕泣，好像是辛苦憔悴而不得公道，所以都未能长寿，王令享年二十八岁，邢居实才二十岁。上天赋予他们才华而舍不得让他们长寿，唉，太可惜啊！

注释

❶王逢原：即王令，初字钟美，长于广陵（今江苏扬州），世称广陵先生。与王安石为知己，有《广陵先生文集》。❷邢敦夫：即邢居实。少时以奇童著称，为苏轼称赏，由是知名。❸克寿：谓能长寿。

吏文可笑

【原 文】

吏文行移[1]，只用定本，故有绝可笑者。如文官批书印纸[2]，虽宫、观、岳、庙，亦必云不曾请假；或已登科级，见官台省清要，必云不曾应举若试刑法。予在西掖时，汉州申显惠侯神顷系宣抚司便宜加封昭应公[3]，乞换给制书。礼寺看详[4]，谓不依元降指挥于一年限内自陈，欲符下汉州[5]，告示本神知委[6]。予白丞相别令勘当[7]，乃得改命。淳熙六年，予以大礼恩泽改奏一岁儿，吏部下饶州，必欲保官状内声说被奏人曾与不曾犯决笞[8]，有无翦刺[9]，及曾与不曾先经补官因罪犯停废，别行改奏；又令供与予系是何服属[10]。父之于子，而问何服属，一岁婴儿，而问曾与不曾入仕坐罪，岂不大可笑哉？

【译 文】

官府公文行移，只用定本，因此有一些极为可笑的情况。比如文官批书印纸，即使是宫、观、岳、庙等闲职，也必定写上不曾请假；有的已经科举登第，现任台省清贵要职，必定写着不曾应举和参加司法考试。我在中书省时，汉州申奏显惠侯神先前由宣抚司便宜加封昭应公，请求朝廷换发正式诏书。太常寺审核后，说没有依照原先的指示在一年期限内上奏此事，准备给汉州下达公文，令其告示本神知晓事情原委。我建议丞相重新审核议定，这才得以改变成命而正式加封。淳熙六年，我因为朝廷大礼恩泽改奏一岁的儿子，吏部把公文发到饶州，要求必须在保官状内声明被保奏人是否被判过笞刑，有无削发黥面的处罚，以及是否先经补官后来又因为犯罪被罢黜，另写一份奏状进呈；又要求说清楚被奏人和我是什么亲属关系。明明是亲父子，却被问是什么亲属关系，一岁的婴儿，而问是否做过官坐过牢，岂不是太可笑了？

注释

❶ 行移：古代官署用于通知事项的文件。 ❷ 批书印纸：宋时由相关部门在官员印纸上填报、记述官员仕履相关内容，是人事核验的凭据。印纸：旧时官府印发的各种表、簿及证件等。 ❸ 宣抚司：官署名。掌宣布威灵、抚绥边境及统护将帅、督视军旅之事。 ❹ 看详：中国古代上级主管官署对下级报送的案件根据律令进行批示。 ❺ 符：符书。古代官府下行公文的一种。 ❻ 知委：知道。 ❼ 勘当：审查核定。 ❽ 决笞：一种笞刑，以荆条责打犯人的臀腿部。 ❾ 翦刺：指削发黥面。 ❿ 服属：五服内的亲族。

靖康时事

【原 文】

邓艾伐蜀，刘禅既降，又敕姜维使降于钟会[1]，将士咸怒，拔刀斫石。魏围燕于中山[2]，既久，城中将士皆思出战，至数千人相率请于燕主[3]，慕容隆言之尤力[4]，为慕容麟沮之而罢[5]。契丹伐晋连年[6]，晋拒之，每战必胜。其后杜重威阴谋欲降[7]，命将士出陈于外，士皆踊跃，以为出战，既令解甲，士皆恸哭，声振原野。予顷修《靖康实录》[8]，窃痛一时之祸[9]，以堂堂大邦，中外之兵数十万，曾不能北向发一矢、获一胡，端坐都城，束手

【译 文】

邓艾伐蜀，刘禅既已投降，又命令姜维向钟会投降，将士们无不愤恨，拔刀砍石。北魏围困后燕于中山，历时既久，城中将士都渴望出战，以至于数千人纷纷向燕主请战，慕容隆言辞尤为恳切，结果被慕容麟阻止而作罢。契丹连年讨伐后晋，后晋抵抗，每战必胜。后来杜重威暗地里要投降，命将士出城列阵，将士踊跃，以为是出战杀敌，既而命令脱下铠甲投降，将士都放声痛哭，声震原野。我不久前编修《靖康实录》，心里对靖康之祸痛恨万分，作为堂堂大国，内外拥兵数十万，竟然不能向北发一箭，不能俘获一敌，端坐都城，束

就毙！虎旅云屯[10]，不闻有如蜀、燕、晋之愤哭者。近读朱新仲诗集，有《记昔行》一篇，正叙此时事。其中云："老种愤死不得战[11]，汝霖疽发何由痊[12]。"乃知忠义之士，世未尝无之，特时运使然耳。

手待毙！勇猛善战的军队云集，没有听说有谁如蜀、燕、晋的将士那样愤怒痛哭的。近来读朱翌诗集，有一首《记昔行》，正是记述那时的事情。诗中写道："老种愤死不得战，汝霖疽发何由痊。"才知道忠义之士，当今朝中不是没有，只是时运使得国事如此罢了。

注释

❶ 姜维：字伯约。三国蜀汉名将。诸葛亮卒后，姜维统率蜀军，多次伐魏。后主刘禅降魏后，乃受命降于魏将钟会。后以钟会谋据蜀叛魏，他伪与合谋，拟乘机复蜀，事泄被杀。 ❷ 中山：今河北定州。 ❸ 燕主：指十六国时期后燕国君慕容宝。 ❹ 慕容隆：后燕宗室名将，封高阳王。 ❺ 慕容麟：后燕宗室大臣，后燕开国君主慕容垂之子，封赵王。 ❻ 契丹：指五代时由契丹族建立的辽国。 ❼ 杜重威：又名杜威。后晋高祖石敬瑭妹夫。晋出帝石重贵时为元帅御契丹，战败投降。后被杀。 ❽《靖康实录》：即《钦宗实录》。 ❾ 一时之祸：指靖康之变。 ❿ 虎旅云屯：勇猛善战的军队云集。 ⓫ 老种（chóng）：指种师道。因抵御西夏有功，被尊称为"老种"。 ⓬ 汝霖：即宗泽，字汝霖。宋抗金名将。靖康之难二帝被金人俘虏后，其入援京师，用岳飞为将，屡败金兵。建炎二年（1128），宗泽因壮志难酬，积愤成疾，疽发，在三呼"过河"之后便与世长辞。疽（jū）：毒疮。

并 韶

【原 文】

梁武帝时，有交趾人并韶

【译 文】

梁武帝时，有个名叫并韶的交趾

者，富于词藻，诣选求官，而吏部尚书蔡撙以并姓无前贤，除广阳门郎[1]。韶耻之，遂还乡里谋作乱。夫用门地族望为选举低昂，乃晋、宋以来弊法[2]，蔡撙贤者也，不能免俗，何哉？

人，善于辞赋，来到吏部求取官职，而吏部尚书蔡撙因为并姓前代没有名人，便让他充广阳门郎。并韶深以为耻，于是返回乡里图谋反叛。以门第地域和家族声望作为选官等级的标准，是晋、宋以来不合时宜的法度，蔡撙是位贤臣，却也不能免俗，为什么呢？

注释

❶ 广阳门郎：官名。掌广阳门启闭等事。 ❷ 弊法：指不合时宜的法度。

谶纬之学[1]

【原文】

图谶、星纬之学[2]，岂不或中，然要为误人，圣贤所不道也。眭孟睹“公孙病已”之文，劝汉昭帝求索贤人，禅以帝位，而不知宣帝实应之，孟以此诛。孔熙先知宋文帝祸起骨肉，江州当出天子，故谋立江州刺史彭城王[3]，而不知孝武实应之，熙先以此诛。当涂高之谶[4]，汉光武以诘公孙述，袁术、王浚皆自以姓名或

【译文】

图谶、星纬这种学问，怎会没有偶然应验的时候，然而终归是误人，是圣贤所不愿提及的。眭弘看到“公孙病已”几个字，就劝谏汉昭帝寻访贤人，禅让帝位，却不知应验在汉宣帝身上，眭弘因此被诛。孔熙先预知宋文帝将祸起骨肉之间，江州将出天子，所以图谋拥立江州刺史彭城王刘义康，却不知应验在孝武帝刘骏身上，孔熙先因此被诛。当涂高之谶，汉光武帝以此责问公孙述，袁术、王浚都认为是应验在

父字应之，以取灭亡，而其兆为曹操之魏。两角犊子之谶，周子谅以劾牛仙客，李德裕以议牛僧孺，而其兆为朱温。隋炀帝谓李氏当有天下，遂诛李金才之族，而唐高祖乃代隋。唐太宗知女武将窃国命，遂滥五娘子之诛[5]，而阿武婆几易姓[6]。武后谓代武者刘，刘无强姓，殆流人也[7]，遂遣六道使悉杀之，而刘幽求佐临淄王平内难[8]，韦、武二族皆殄灭。晋张华、郭璞，魏崔伯深[9]，皆精于天文卜筮，言事如神，而不能免于身诛家族，况其下者乎！

自己的姓名或父亲的字上，结果自取灭亡，而它的兆验却是曹操的曹魏。两角犊子之谶，周子谅以此弹劾牛仙客，李德裕以此非议牛僧孺，而其兆验却是朱温。隋炀帝听说李氏将据有天下，于是诛灭李金才宗族，结果却是唐高祖李渊取代隋朝。唐太宗听说有武姓女子要篡夺国政，于是就诛杀了李君羡（小字五娘子），其实是武则天差点儿改换了李家政权。武则天听说替代武周的是刘姓，刘姓里没有望族，便认为大概出于流人，于是派遣六道使杀尽流人，而刘幽求辅佐临淄王平定内乱，韦、武两族都被诛灭。晋代张华、郭璞，北魏崔浩，都精于天文占卜，料事如神，却不能免除身死族灭的命运，何况占卜不如他们的人呢！

注释

❶ 谶纬之学：汉代流行的一种迷信学说。谶：指巫师或方士制作的一种隐语或预言，作为吉凶的符验或征兆。纬：指方士化的儒生编集起来附会儒家经典的各种著作。这种学说把自然界某些偶然现象神秘化，看作社会安危的决定因素，以之为封建统治服务。西汉后期盛行。王莽利用图谶“改制”。东汉光武帝用图谶或“符命”作为“中兴”汉王朝的根据。东汉章帝召集白虎观会议，并命班固对会议内容予以记录、总结，撰成《白虎通义》，使儒学神学化，谶纬学也更为发展。东汉末年，谶纬学逐渐衰落。 ❷ 星纬：天文星象。亦指以

星象占定人事吉凶祸福的方术。❸江州刺史彭城王：即刘义康，宋文帝刘义隆异母弟。因范晔、孔熙先等图谋拥立，坐罪被废，后被杀。❹当涂高：汉代谶书中的隐语。❺五娘子：即李君美，小字五娘子。❻阿武婆：指武则天。❼流人：被流放的人。❽临淄王：唐玄宗李隆基。❾崔伯深：即崔浩，历仕北魏三帝，后受"国史之狱"牵连，被株连夷族。

真假皆妄

【原 文】

江山登临之美，泉石赏玩之胜，世间佳境也，观者必曰如画，故有"江山如画""天开图画即江山""身在画图中"之语。至于丹青之妙[1]，好事君子嗟叹之不足者，则又以逼真目之。如老杜"人间又见真乘黄""时危安得真致此""悄然坐我天姥下""斯须九重真龙出""凭轩忽若无丹青""高堂见生鹘""直讶杉松冷，兼疑菱荇香"之句是也[2]。以真为假，以假为真，均之为妄境耳[3]。人生万事如是，何特此耶！

【译 文】

江山登临之美，山水品鉴之胜，这才是人间佳境，观者必定称其优美如画，所以有"江山如画""天开图画即江山""身在画图中"这样的诗句。至于绘画的美妙之处，好事君子在感叹之余，则又用逼真来评价它。如老杜的"人间又见真乘黄""时危安得真致此""悄然坐我天姥下""斯须九重真龙出""凭轩忽若无丹青""高堂见生鹘""直讶杉松冷，兼疑菱荇香"等诗句都是如此。把真的当作假的，把假的当作真的，同样是虚妄不实之境。人生万事无不如此，哪能只限于艺术呢！

注 释

❶丹青：丹为朱砂，青为青雘，古人常以此为颜料作画，故代指绘画。❷乘

黄：传说中的神马。天姥（mǔ）：天姥山，在今浙江嵊州与新昌之间。九重：天之极高处，比喻天子居处。鹘：一种性情凶猛的隼。菱荇（xìng）：水生草本植物名。菱有菱角，可食。荇开黄花，可入药。 ❸ 妄境：佛教语。谓妄心所现的虚妄不实的境界。